当代世界学术名著

The Immigrant Press and its Control

移民报刊及其控制

新闻与传播学
译丛
大师经典系列

[美] 罗伯特·E·帕克/著
Robert E. Park

陈静静 展江/译
展江 彭鹏/校

中国人民大学出版社
·北京·

新 闻 与 传 播 学 译 丛 · 大 师 经 典 系 列   展江　何道宽 /主编

"当代世界学术名著"
出版说明

　　中华民族历来有海纳百川的宽阔胸怀，她在创造灿烂文明的同时，不断吸纳整个人类文明的精华，滋养、壮大和发展自己。当前，全球化使得人类文明之间的相互交流和影响进一步加强，互动效应更为明显。以世界眼光和开放的视野，引介世界各国的优秀哲学社会科学的前沿成果，服务于我国的社会主义现代化建设，服务于我国的科教兴国战略，是新中国出版工作的优良传统，也是中国当代出版工作者的重要使命。

　　中国人民大学出版社历来注重对国外哲学社会科学成果的译介工作，所出版的"经济科学译丛"、"工商管理经典译丛"等系列译丛受到社会广泛欢迎。这些译丛侧重于西方经典性教材；同时，我们又推出了这套"当代世界学术名著"系列，旨在迻译国外当代学术名著。所谓"当代"，一般指近几十年发表的著作；所谓"名著"，是指这些著作在该领域产生巨大影响并被各类文献反复引用，成为研究者的必读著作。我们希望经过不断的筛选和积累，使这套丛书成为当代的"汉译世界学术名著丛书"，成为读书人的精神殿堂。

　　由于本套丛书所选著作距今时日较短，未经历史的充分淘洗，加之判断标准见仁见智，以及选择视野的局限，这项工作肯定难以尽如人意。我们期待着海内外学界积极参与推荐，并对我们的工作提出宝贵的意见和建议。我们深信，经过学界同仁和出版者的共同努力，这套丛书必将日臻完善。

中国人民大学出版社

"新闻与传播学译丛·大师经典系列"
总　　序

　　新闻与大众传播事业在现当代与日俱增的影响与地位，呼唤着新闻学与传播学学术研究的相应跟进和发展。而知识的传承，学校的繁荣，思想的进步，首先需要的是丰富的思想材料的积累。"新闻与传播学译丛·大师经典系列"的创设，立意在接续前辈学人传译外国新闻学与传播学经典的事业，以一定的规模为我们的学术界与思想界以及业界人士理解和借鉴新闻学与传播学的精华，提供基本的养料，以便于站在前人的肩膀上作进一步的探究，则不必长期在黑暗中自行摸索。

　　百余年前，梁启超呼吁："国家欲自强，以多译西书为本；学子欲自立，以多读西书为功。"自近代起，许多学人倾力于西方典籍的迻译，为中国现代社会科学和自然科学的建立贡献至伟。然而，由于中国新闻学与传播学的相对年轻，如果说梁任公所言西学著述"今之所译，直九牛之一毛耳"，那么新闻学与传播学相关典籍的译介比其他学科还要落后许多，以至于我们的学人对这些经典知之甚少。这与处在社会转型过程中的中国的社会经济文化发展的要求很不协调，也间接造成了新闻与传播"无学"观点的盛行。

　　从1978年以前的情况看，虽然新闻学研究和新闻教育在中国兴起已有半个世纪，但是专业和学术译著寥寥无几，少数中译本如卡斯珀·约斯特的《新闻学原理》和小野秀雄的同名作等还特别标注"内部批判版"的字样，让广大学子避之如鬼神。一些如弥尔顿的《论出版自由》等与本学科有关的经典著作的翻译，还得益于其他学科的赐福。可以说，在经典的早期译介方面，比起社会学、政治学、经济学、法学、心理学等现代社会科学门类来，新闻学与传播学显然先天不足。

　　1978年以后，尤其是20世纪90年代中期以来，新闻与传播教育和大众传播事业在中国如日中天。但是新闻学与传播学是舶来品，我们必须承认，到目前为止，80%的学术和思想资源不在中国，而日见人多势众的研究队伍将80%以上的精力投放到虽在快速发展、但是仍处在"初级阶段"的国内新闻与大众传播事业的研究上。这两个80%倒置的现实，导致了学术资源配置的严重失衡和学术研究在一定程度上的肤浅化、泡沫化。专业和学术著作的翻译虽然在近几年渐成气候，但是其水准、规模和系统性不足以摆脱"后天失调"的尴尬。

我们知道，新闻学产生于新闻实践。传播学则是社会学、政治学、心理学、社会心理学等学科以及新闻学相互融合的产物。因此，"新闻与传播学译丛·大师经典系列"选择的著作，在反映新闻学研究的部分代表性成果的同时，将具有其他学科渊源的传播学早期经典作为重点。我们并不以所谓的"经验学派/批判学派"和"理论学派/务实学派"划线，而是采取观点上兼容并包、国别上多多涵盖（大致涉及美、英、德、法、加拿大、日本等国）、重在填补空白的标准，力争将20世纪前期和中期新闻学的开创性著作和传播学的奠基性著作推介出来，让读者去认识和关注其思想的原创性及其内涵的启迪价值。

法国哲学家保罗·利科（Paul Ricoeur）认为，对于文本有两种解读方式：一种是高度语境化（hypercontextaulisation）的解读，另一种是去语境化（decontextaulisation）的解读。前者力图从作者所处的具体社会语境中理解文本，尽可能将文本还原成作者的言说，从而领会作者的本意；后者则倾向于从解读者自身的问题关怀出发，从文本中发现可以运用于其他社会语境的思想资源。本译丛的译者采用的主要是第一种解读方式，力图通过背景介绍和详加注释，为读者从他们自身的语境出发进行第二种解读打下基础。

"译事之艰辛，惟事者知之。"从事这种恢弘、迫切而又繁难的工作，需要几代人的不懈努力，幸赖同道和出版社大力扶持。我们自知学有不逮，力不从心，因此热忱欢迎各界读者提出批评和建议。

"新闻与传播学译丛·大师经典系列"
编委会

译序一

如何理解"生活在别处"的"边际人"？

——帕克的社会学思想漫谈

吴 飞

　　2009 年 12 月 23 日早上 8 点 47 分，上海电台"动感 101《音乐早餐》"的直播节目中，主持人晓君和小畅用上海话聊天逗听众。一名听众给节目热线发了一条短信："求你们不要说上海话了，我讨厌你们上海人！"晓君在节目中回应说："……这位听众，请你以一种，团成一个团的姿势，然后，慢慢地比较圆润的方式，离开这座让你讨厌的城市，或者讨厌的人的周围。"小畅则接着说："其实呢，我一直都不明白，他一边说讨厌，为什么一边还要待在这里。"这一节目，随后演变成网络热点，有意思的是，上海人对主持人的言论赞同者多，而外地人反对者众。这一论争，反射的是我们如何看待现代社会中人员跨国、跨省、跨社区的流动所导致的各种社会问题，映射出了我们行走于文化边缘的各种类型的"陌生人"的态度和价值观。这样的问题，对于中国来说，出现的时间并不长，因为从严格意义上说，中国的工业化、现代化开启的时间不过百年，人员的大规模流动更是在近三十年左右才出现。因此，移民问题（在中国大陆主要是农民工和基于大型的工程——如三峡工程——而出现的移民问题）、文化融合与冲突问题，今天才真正成为一个问题。

　　媒体的报道和学术界，已经就这样的问题进行过激烈的讨论和深入的思考，西方对这一问题的思考，也越来越多地被介绍进来。帕克的这本《移民报刊及其控制》就是其中最重要的著作之一。展江教授邀我为这本书写点什么，出于对帕克的喜爱，我欣然同意了。但写点什么呢？介绍帕克的生平、思想来源、学术成就，分析其新闻社会学知识和思想，这样的文章已经相当多了，如丹尼尔·杰·切特罗姆的《传播媒介与美国人的思想》（1991）、罗杰斯的《传播学史》（2005）、科塞的《社会学思想名家》（1990）、马丁·布鲁默的《芝加哥社会学派》（1984）等都有详细的介绍和分析，而国内学者于长江的专著《从理想到实证——芝加哥学派的心路历程》、胡翼青的博士论文《再度发言》也有较详细的评介，因此没有再重述的必要。故下文试图紧扣帕克的社会学思想，尤其是其"边缘人"思想谈点自己的看法。因为这是一个虽然被许多人提及，但仍然有深入讨论必要的研究领域：一方面是因为边际人现象是当今社会发展越来越重要的社会问题，不过相关的研究还不深入；另一方面，透过对帕克的关于"边缘人"思想的分析，也能让我们感悟到一个优秀的社会科学家应该有怎样的学术追求与学术品位。

一、从齐美尔的"陌生人"理论说起

　　要理解帕克的边缘人思想，我们得先看看他的老师齐美尔的观点。因为透过帕克的著作，我们经常能看见齐美尔的影子，而齐美尔的思想受到美国学界的关注，也得益于帕克和米德的传播。

　　齐美尔一向被称为社会学的奠基人之一，不过长期以来，他的思想似乎没有得到足够的重视，而他的研究方法甚至还受到不少批评。但今天，齐美尔已经被公认为"最重要的现代社会理论家之一"[1]，哈贝马斯甚至称他为我们这个时代富有预见而又才华横溢的"诊断专家"。

---

　　[1]　［美］乔治·瑞泽尔主编，凌琪、刘仲翔、王修晓等译：《布莱克维尔社会理论家指南》，249页，南京，江苏人民出版社，2009。

　　齐美尔认为，社会并非如涂尔干所宣称的实体，或者看得见的独特物体，而是一个变动不居的过程，一种具有意识的个体之间互动的过程，正是人与人之间的互动才构成了现实的社会。他写道："社会存在于许多个体发生互动（wechselwirkung）的地方"，他指出："这种互动总是基于一定的动机或为了一定的目的而产生"①。因此，他认为，社会学应该研究人们交往的基本过程和形式以及社会组织的类型，研究历史和现实中人们相互作用、联系和行为的基本模式。他指出："我们应该谈论社会交往，而不是社会。社会只不过是由社会互动联系起来的许多个体的名字。"因此，社会学就应该"探索人们之所为及其行为规则，但并不是探索个体如何可以在整体中存在，而是他们如何通过互动而形成群体并由这个群体的存在而决定。"② 社会学首先要脱离社会具体内容，研究社会关系形式或人际互动交往形式，再返回到社会具体内容中来。形式体现了社会本质的共同性，在这方面，齐美尔深受康德和新康德主义的影响。统治、顺从、竞争、交换、模仿、冲突、协作、分工、隔离、联合、接触、反抗等社会关系的一般形式，是齐美尔研究的重点。而他对"陌生人"现象的发现，正是其社会学思想的必然结果。

　　1908 年，60 岁的齐美尔写了一篇题为《陌生人》的文章，在文中，齐美尔提出了一个如今被人广泛引用的概念："陌生人"。齐美尔指出："这里陌生人不是此前常常接触过的意义上的外来人，即不是指今天来、明天走的流浪者，而是指今天来、明天留下来的慢游者——可以说潜在的流浪者"，"陌生人是群体本身的一个要素……它的内在的和作为环节的地位同时包含着一种外在和对立……进行叛逆的和引起疏离作用的因素在这里构成相互结合在一起和发挥作用的统一体的一种形式。"③

　　显然齐美尔认为"陌生人"与本地人最大的不同在于"陌生人"在

---

　　① Grorg Simmel，Edited by Donald Levine，*On Individuality and Social Forms：Selected Writings*，Chicago：University of Chicago Press，1971.

　　② D. Weinstein from Kurt Wolff（Trans.），*The Sociology of Georg Simmel*，New York：Free Press，1950，pp. 10 - 11.

　　③ ［德］齐美尔著，林荣远编译：《社会是如何可能的——齐美尔社会学文选》，341～342 页，桂林，广西师范大学出版社，2002。

空间上的二重性：在物理空间上接近，在社会空间上疏远。身处本地人群体之中，但是不属于本地人群体。而导致这种二重性产生的根源就在于"陌生人"具有的空间流动能力。也就是说，"陌生人"离我们不太远也不太近。就像太平洋的一些小岛国，因为与中国人的距离太远，联系很少，因此与我们的生活也无多大关联。所以齐美尔说："天狼星的居民对我们来说并非是真正陌生……而是他们根本不是为了我们而存在的，他们处于远与近之外，没有远近之分，无所谓远近"①。可见，"陌生人"与我们的关系的意义，在于这种若即若离、不即不离的特殊关系，这使得我们以一种特殊的方式发生互动。若距离太近，便成了熟人，谈不上什么陌生了。由于他们不是熟人，所以我们对"陌生人"有一种特殊的信任，可以把不便对熟人倾诉的事情向他倾诉。正是这种特殊的距离决定了我们与"陌生人"之间的特殊互动，也就是说，在齐美尔的概念框架中，"陌生人"不是一类特殊的人，而是一种特殊的互动形式。

对此，吉登斯解释说，在齐美尔看来，在传统社会，"陌生人"指的是来自其他地方、不与当地人进行对话交流的人。从这一角度而言，在现代性社会，人们无时不与"陌生人"擦肩而过。但吉登斯发现，在现代生活中，人们当面遭遇"陌生人"时，大多以纯仪式性的客套与寒暄，表现出礼貌的疏远（polite estrangement）的刻意控制。这些方面与戈夫曼的论述存在类似之处。当你在大街上遇到素不相识的人时，你不会对他们产生多大的兴趣，但你知道他们的确在那里。在那些更加传统的文化中，内部与外部有着严格的划分。如果你是一名来自"外面"的人，他们可能目不转睛地盯着你，或者对你指指点点，这是因为"陌生人"不经常出现在他们的日常生活中，他们对"陌生人"也不信任。同时，他们对大规模机构也不怎么信任，因此，农民经常不把钱存入银行，而是把它们换成金子埋在床底下，他们相信的是另一种抽象机构，因为如果把钱存入银行，就如近来所能见到的那样，所有的金融机构都

---

① ［德］齐美尔著，林荣远编译：《社会是如何可能的——齐美尔社会学文选》，342 页，桂林，广西师范大学出版社，2002。

出现了问题，产生了严重的信任问题。据此，吉登斯指出，齐美尔预示了帕森斯对于货币的符号性质的论述，这种符号与信任联系在一起。"近年来，信任出现了严重的问题。在我看来，当代社会的人们经常处于半信任或者不信任状态。例如，在民意调查中，总是反映出对个人关系的较低信任水平，这些情况就像是个人关系领域的'陌生人'那样。因此，把齐美尔与所有这些方面结合在一起并不困难。但我那个时候却没有充分这样做，因为我没有把他置于核心的地位。"①

按照拉文（Levine）对于"陌生人"的分类研究，"陌生人"是一个很复杂的分类系统。究竟属于哪一类分类，由两个大的维度决定："陌生人"试图与当地社区建立的关系、本地人对"陌生人"的反应。将这两个维度交叉，就可以得出"陌生人"的两种主要类型②：

第一种类型是"过访者"（visitor），这样的过访者，多半是抱着好奇之心到某处的，他们没有在当地定居的计划。因此，他不可能在短时间内形成"地方性知识"，对当地社区的欣赏与批评标准都是外来的。这也是为什么人类学研究强调在田野调查时必须待比较长的时间。长时间居住的目的是可以与当地人沟通，掌握丰富的地方知识，甚至可以用当地人的思维进行思维。不过，如果做到了这一点，人类学家的"访客"身份就会发生一定程度的转化了。

第二种类型的"陌生人"是指"新来者"（newcomer）。这样的人也是一种外地人，不过他们虽然也是"陌生人"，却是试图理解当地文化，加入到当地人行列的"新来者"。③这种"陌生人"对于本地文化以及本地人生活的态度与本地人有很多重合之处。

在我看来，现代社会中也许还应该有另外两种不同类型的"陌生人"，一种我称之为"熟悉的陌生人"。这种"熟悉的陌生人"至少在两

---

① 转引自郭忠华：《访安东尼·吉登斯：权力、结构与社会再生产》，载《中国社会科学报》，2009 - 12 - 03。

② See D. N. Levine ，"Simmel at a Distance：On the History and Systematics of the Sociology of the Stranger," *Sociological Focus*，1997，Vol. 10，pp. 15 - 29.

③ See Alfredd Schutz，"The Stranger：An Essay in Social Psychology," *The American Journal of Sociology*，1994，Vol. 49，No. 6，pp. 499 - 507.

种情况下出现：第一种存在于移民组成的社会里，在这里，人们虽然长期生活在同样的时空之中，但因为文化背景不同，沟通仍然存在很大的障碍。如在缅甸、爪哇，这些地区人种混杂——欧洲人、中国人、印度人和土著人。这是在最严格意义上的一种混杂，因为他们尽管混合在一起，却没有互相融合。每一群体的构成都有自己的宗教、文化和语言，自己的思想和行为方式。只有在市场上，在买卖关系中，他们才作为个人相遇。这是个存在于同一政治单元中的多元的社会，社区的各个不同部分并存，却又彼此隔离……① 这种"陌生人"，可以借捷克流亡作家米兰·昆德拉（Milan Kundera）的经历来说明。昆德拉曾用法国著名诗人兰波的一句名言"生活在别处"做书名，隐含的正是他的"陌生人"感觉。昆德拉属于离开了熟悉的故土捷克的流亡者，也就是所谓"生活在别处"的人。历史上由于战争、疾病、民族问题等原因，很多背井离乡的人也是流亡者。作为流亡者，他们的命运一般是与灾难，受到惩罚被逼迫而离开故土联系在一起的。他们与故土产生了距离，与新居产生了陌生感。就像萨义德所感受到的那样："流亡者存在于一种中间状态，既非完全与新环境合一，也未完全与旧环境分离，而是处于若即若离的困境，一方面怀乡而伤感，一方面又是巧妙的模仿者或秘密的流浪人。精于生存之道成为必要的措施，但其危险却在过于安逸，因而要一直防范过于安逸这种威胁"②。

　　另一种，我称之为"现代都市漂客"。在现代都市社会中，即使我们没有什么文化背景的差异，现代社会的单位区隔和小区设计却使得我们对面相见不相识，即使住在同一个小区或者同一层公寓里，我们之间仅有点头之交。对方是谁？有什么爱好？我们之间存在着什么共同点？我们总是被动地期望着交流与互动，但结果常常是"老死不相往来"。

　　不过，这样的分类终究显得粗糙，因为，在我看来，"陌生人"既

　　① 参见〔美〕唐纳德·布莱克著，唐越、苏力译：《法律的运作行为》，北京，中国政法大学出版社，1994。

　　② 〔美〕爱德华·W·萨义德著，单德兴译，陆建德校：《知识分子论》，45页，北京，三联书店，2002。

是一个社会事实的概念，也是一个心理事实的概念；既是一个时间的概念，也是一个空间的概念。1995年笔者曾经在《杭州日报·下午版》策划并编辑了一个副刊《视网》，其中几期主题是讨论"文化家园"的。策划这一讨论主题的原因是我自己在杭州生活多年后那种挥之不去的"陌生感"：不懂杭州本土方言，不了解他们的日常生活规则，难以进入他们的生活世界。我一直觉得像上海或者杭州这样的自恋性文化的城市，"主人"很难放下身段真诚面对他们的"访客"和"新来者"，他们以一种防范和蔑视的矛盾心理拒斥着外来者。当然，这样的拒斥是双向的，即彼此之间的不认同。是以，齐美尔写道："生活的本质，如果说不是固定在社会环境的某一个地域空间的位置上，那么它就固定在社会环境的某一个思想的位置上。"对于外乡人来说，"只要他自己感到是外乡人，那么，在其他人的眼里，他就不是'土地所有者'"。①

二、帕克对老师的超越

帕克的一生拥有丰富的经历，如果按照简单的二分法，可以将其学术生涯分为前后两个阶段："1887—1912年的早年阶段，作为记者在中西部及纽约为不同的报纸工作，在哈佛、柏林、海德堡及斯特拉斯堡学习，作为布克·T·华盛顿的影子写手和文书匿名工作；1913—1944年的后期阶段，作为专业的学者供职于芝加哥大学和费斯克大学，继承了当时的社会学家使社会学具有科学特征的合法化和在社会学与调查新闻学间建立更宏大知识区分的愿望"②。帕克在密歇根大学师从实用主义哲学家约翰·杜威，后又在哈佛大学受教于另一位实用主义哲学大师威廉·詹姆斯，他在德国学习时，在很大程度上吸收了齐美尔的社会学思想。综述其学术生涯，可以明显感受到，他关注现实社会问题、寻求解释解决之道。而浸淫于美国社会的进步主义思潮中的乐观社会改革与社会进步的观念，为帕克这样

---

① ［德］齐美尔著，林荣远编译：《社会是如何可能的——齐美尔社会学文选》，343页，桂林，广西师范大学出版社，2002。

② Lyman, Stanford M., "Robert E. Park's Congo Papers: A Gothic Perspective on Capitalism and Imperialism," *International Journal of Politics, Culture, and Society*, 1991, Vol. 4, No. 4, p. 502.

的社会学家建构自己的社会改造梦想，提供了丰富的想象力，这也引导帕克早年作为记者对城市种族问题特别关心，以及作为职业社会学家对移民文化和报刊控制特别关注。

　　而对于当时的芝加哥来说，大量的移民导致的社会"边缘人"的出现，以及如何让这些移民尽快地融入美国社会，如何减少移民社区的社会偏失问题，就成为帕克后半生的重要学术关怀。之所以如此选择，是因为帕克将社会学定位为"集体行为的科学"，而其中，社会控制是社会的核心事实和核心问题。在与伯吉斯合著的《社会科学导论》一书中，帕克创造性地提出了四种递进的社会秩序深化进程。第一个阶段是竞争，这是社会相互作用的低级的、普遍的和基本的形式，是没有接触的相互作用；第二个阶段是冲突，在这一阶段，竞争性彼此有意识地确认对手或者敌人；第三个阶段是顺应，它意味着敌意的停止和冲突的中断，在这一阶段，冲突虽然仍然以潜在的力量遗留下来，但不再以公开行动的形式出现；第四个阶段是同化阶段，此时，个人和团队都知晓其他团队的记忆、情感和处世态度，他们共享彼此的经验，互相在一种共同的文化生活之中融合。① 这显然是一种理想化的社会文化融合模型，问题是社会整合或者说融合的机制是什么？阻力又在哪里？对"边缘人"进行深入的研究，就成为帕克社会整合思想的必然选题了。

　　1928 年，帕克提出了"边缘人"（marginal man，亦译为"边际人"）的概念，在一定程度上超越了他的老师关于"陌生人"的论述。帕克在《人类的迁徙与边缘人》一书中指出，"边缘人是一种新的人格类型，是文化混血儿，边缘人生活在两种不同的人群中，并亲密地分享他们的文化生活和传统。他们不愿和过去以及传统决裂，但由于种族的偏见，又不被他所融入的新的社会完全接受，他站在两种文化，两种社会的边缘，这两种文化从未完全互相渗入或紧密交融。"② 国内学者周晓虹曾将

――――――――――

　　① 参见［美］丹尼尔·杰·切特罗姆著，曹静生、黄艾禾译：《传播媒介与美国人的思想——从莫尔斯到麦克卢汉》，125 页，北京，中国广播电视出版社，1991。
　　② 转引自贺晓星、仲鑫：《异乡人的写作——对赛珍珠作品的一种社会学解释》，载《南京大学学报》，2003（1）。

"边缘人"划为两种类型：其一是处在两种社会形态的转折点，或者说是两种时代交界处的特定人格，就像当年恩格斯称但丁是"中世纪的最后一位诗人，同时又是新时代的最初一位诗人"，这是所谓历时态边际人；其二是处在两种文化接壤处的特定人格，他们由于国际联姻、出访、留学、移民等原因而生活于两种不同的文化中，因此又称共时态边际人。①

不过，这种边缘性，虽然是一种负担，但同时也是一种财富。因为"相对于他的文化背景，他会成为眼界更加开阔，智力更加聪明，具有更加公正和更有理性观点的个人。'边缘人'相对来说是更为文明的人类。""正是在边缘人的思想中，由新文化的接触而产生的道德混乱以最显著的形式表现出来。也正是在边际人的内心——那里正在发生文化的变迁和融合——我们可以最佳地研究文明和进步的过程"②。

费孝通认为，乡土中国是"熟人社会"，而"现代社会是个陌生人组成的社会"，无论我们是否愿意与"陌生人"发生交往，他们就在我们身边，因为现代工业文明和市场经济的发展，导致"陌生人"不断地涌入我们的生活，人们要花费大量时间与他们打交道。而这些"陌生人"，与我们的利益休戚相关，关乎我们的情感投向并构成生活意义的一部分。因此，如果现代生活要持续下去，就必须保持和培养陌生关系（strangehood）。近年来，在欧美社会广泛流行的"freehugs"（抱抱团）一词，主要是针对"陌生人"所产生的伦理态度——"拥抱陌生人"③。

---

① 参见周晓虹：《现代社会心理学——多维视野中的社会行为研究》，532 页，上海，上海人民出版社，1997。

② Park，R. E.，"Human Migration and Marginal Man," *The American Journal of Sociology*，1928，Vol. 33.

③ 据悉，最早向世界推行这个活动的是美国人贾森·亨特。活动的灵感来自于他去世的母亲。5 年前亨特在母亲的葬礼上听到许多关于母亲的事迹，得到过亨特母亲帮助关心过的人回忆从她那里得到的温暖，一方面受到母亲故事的感召，另一方面感觉自己需要借助他人提供的温暖来克服丧母的悲痛，亨特做了个写着"真情拥抱"的纸牌走上家乡的大街。第一个与他"真情拥抱"的人是一个路过的姑娘，她停了下来，看了看纸板，毫不犹豫地向亨特张开了双臂。从这一天起，"FREEHUGS"这个关于爱和分享的运动开始在全美蔓延。2007 年，一位名叫 Juan Mann 的澳大利亚男子在悉尼闹市街头手举"自由拥抱"的牌子将这项运动推向了全球化的网络世界。他在大街上举上牌子，上面写着"Free Hugs"，让大家体验拥抱带来的快乐和温暖的感觉。

帕克之所以将自己的热情投入到"边缘人"的研究当中，是基于当时美国社会发展的现实需要。一百多年前，大量的移民进入美国，大多数移民在家乡是农民。在他们那个小而封闭的村庄，生活曾经是、而且至今仍然是固定而平静的。习惯和传统提供了日常生活应急所需的一切。行为建立在面对面关系的基础上——也就是谈话和邻里间的闲话。在美国，他们很可能成为体力劳动者，或多或少参与到现代工业城市喧闹的大都会生活之中。这里人们关系疏远，缺乏传统，人口流动快，所有事情都在变动之中，在这里，农夫抛弃了原来的习惯获得了"思想"。显然，这些移民们，不过是美国土地上的"陌生人"。尽管他们的后代，将会成为美国人，但在那个年代，他们只能生活在自己的圈子里。

帕克分析说："随着城市的发展，社区中人与人的联系中，间接关系或称次级关系（secondary relation）已经取代了原来的直接关系、面对面的首属关系（primary relation）"①。帕克和伯吉斯发现，在大城市都建立起了移民集居区，在这结集居区里，外来移民生活在完全的隔离状态中，这种情况与伦敦东区不同，但在某些方面，却超过了伦敦东区的封闭隔离。这一结果，导致移民们"在情感和了解方面互相远离，他们完全生活在相互依存的状态，而不是生活感情亲密的状态中，因而社会控制的条件发生了很大的变化，所遇到的困难也大大增加"②。

如何让这些移民尽快融入美国的文化圈，帕克将社会整合的功能赋予报刊，他写道："乡村是民主的，我们的国家是一个村民的国家，我们的制度、机构基本上是乡村的制度，机构。在乡村，社会控制主要是出自公众舆论和议论。"③帕克在对移民社区的调查中发现，这些移民大多数在欧洲是农民，到美国的时候大多数人也都不识字，更谈不上读报。但他们到美国不久，就养成了读报的习惯。在美国，外来移民对应的外语报纸和期刊数要高于在自己国家同等人口对应的报刊数。"单单

---

① ［美］R. E. 帕克、E. W. 伯吉斯、R. D. 麦肯齐著，宋俊岭等译：《城市社会学》，23页，北京，华夏出版社，1987。

② 同上书，28页。

③ Park, R. E. ,"The Natural History of the Newspaper," *the American Journal of Sociology*，1923，Vol. 29，No. 3，pp. 273 - 289。

是居住和被雇佣，移民对美国的事件、习俗和思想产生了兴趣。为了
'过日子'，他需要熟悉这些东西。外语报刊必须刊登美国新闻以满足它
的读者的需要，这就必然促进了个人对美国产生兴趣。"① 这样，"定居
在我们城市中的移民就打破了对地方和省际的忠诚，代之以程度稍弱
的，但更为广泛的民族忠诚……很有趣的现象是，移民美国化的第一
步，不是变得像美国人，而是成为不那么地方性的外国人。"②

三、作为"边缘人"的移民与移民报刊

将现代传媒看作是社会进步的力量，这样的观点是库利、杜威和帕
克共有的。"他们都在本质上将现代媒介解释为在美国恢复广泛的道义和
政治一致的力量，他们认为这种一致性已受到19世纪的工业化、城市化
和移民等扭曲性破坏的威胁。"③ 他们乐观地认为，现代传媒是最有效的
社会整合力量，是可能用来消除美国当时的社会问题的关键手段。杜威
和帕克甚至策划创办一份新型报刊，来从事他们伟大的社会改造实验。④

在这三个理论家中，帕克更因为其丰富的记者经历⑤，对报刊及其
影响有着特别的学术兴趣。他对社会学家的定位，用他自己的话说，就
是那种类似于超级记者（super reporter），像位《财富》的记者。他认
为社会学家与超级记者不同的地方，是社会学家应该报道得稍微更准确
一些，以及以一种稍微与通常不同的方法。也就是说，社会学家提供的
是一种"大新闻"（big news），这种"大新闻"是一种长期的趋势，它
记录的是确切在发生的事情，而非浮于表面的，仅是好像要发生的事

---

① Park, R. E., *The Immigrant Press and Its Control*, New York: Harper and Brothers Publishers, 1922, p. 87.

② Park, R. E., *Society*, Illinois: Free Press, 1955, p. 157.

③ ［美］丹尼尔·杰·切特罗姆著，曹静生、黄艾禾译：《传播媒介与美国人的思想——从莫尔斯到麦克卢汉》，98页，北京，中国广播电视出版社，1991。

④ 这份拟办的刊物叫《思想新闻》，目的是通过提供关于长期的社会趋势的有用信息而将大学学者的专长和报纸的读者连结起来。《思想新闻》第一期的稿子写于1892年4月，但从未发表过，因为对于订户来说，每年12期的1.5美元的定价太贵了。

⑤ 帕克1887年毕业以后，在明尼阿波利斯、底特律、丹佛和纽约担任新闻记者。他是一个搞调查的记者和改革家。

情。他写道：

> 我们这一群人相信，由于纯粹的事实报道，加上哲学的洞察和科学的精确，并从最近事态的趋势看，报纸注定会带来巨大迅速的变革。一旦报纸达到了能够也愿意以报道股票市场和球赛的同样精纯来报道政治和社会事件，就是一场不折不扣的静默而连续的简要革命，这是我们所期待的。①

帕克对美国报刊业的发展过程有过认真的梳理，从英格兰乡绅对城镇和法庭趣闻的兴趣产生新闻信娓娓道来，一直讲到普利策和赫斯特的报业帝国，并关注到《纽约时报》在 20 世纪初未定型的严肃模式。他以其职业记者的社会观察和职业学者的学术视角诠释社会变迁及社会发展为报业带来的深刻影响。他认为："报刊的自然历史是求生物种的历史，是人口中大众教育启迪最显著的成果。……现代报纸是城市生活的产物，它不再是宣传和观点充斥的机构，而是具有了大众出版物的形式。……发行量的上升使报纸脱离了政党机关的附属而成为可刊载广告独立生存的商业主体。"② 在他看来，"最明显的便利或阻碍传播进程的条件主要是物理上的，在现代由技术设备的方法包括字母表、印刷媒体和广播等来解决"③。虽然技术的进步已经大大减少了阻碍传播扩散的因素，但报刊传播方式、社会成员构成等，仍赋予社会交流沟通和共同行动形成以新的挑战。

帕克发现，大城市是一个由众多小的语言群落和文化领地组成的马赛克，小群落互相分离又在更大的大都会生活圈中相互依存。每一个小群落当然有某种协作或互助团体，很可能是教会、学校，可能是剧场，但最有可能的是报刊。美国作为移民国家，报刊业的生存亦同移民直接

---

① 转引自［美］丹尼尔·杰·切特罗姆著，曹静生、黄艾禾译：《传播媒介与美国人的思想——从莫尔斯到麦克卢汉》，113 页，北京，中国广播电视出版社，1991。

② Park, Robert E. , "The Natural History of the Newspaper," *The American Journal of Sociology*，1923，Vol. 29，No. 3，pp. 273 - 289.

③ Park, Robert E. , "Reflections on Communication and Culture," *The American Journal of Sociology*，1938，Vol. 44，No. 2，pp. 187 - 205.

相关。帕克认为，现代美国报刊"新闻业的问题之一就是将移民及其后代变成当地报纸读者的一员"，"赫斯特的巨大成功即有报纸对移民读者的不断吸引，其报纸每六年即可有一批新的订阅人群，他们明显主要来自移民群体，由外文报刊的读者变成赫斯特报纸的读者"。而且，他引用某俄文报刊所做的调查结果，该调查发现"俄国移民到美国后由少数人阅读变为几乎所有人都是俄文报纸的订阅者或读者，移民的阅读范围也由母语报纸转向本地报纸，其视野也从狭隘的移民社区转向更广阔的外部世界"①。他研究了一系列意第绪语、波兰语、日本语、意大利语和其他外语的报纸，发现这些报纸可以帮助那些在原有国家不看报的人们建立阅读的习惯。这样的报纸在保存本民族文化和通过民族语言为读者打开更广阔的世界性视野上发挥着作用。用帕克的话说，那些外文报纸从旧的遗产中培养出了新的忠诚，使移民更容易融入美国生活。

帕克深刻地认识到报刊对移民的文化传承和社会融入产生的重大影响。"作为社会或社会组织的成员，人们以传播传递社会的遗产"，"习俗、膳宿、情感、态度及理想的特别部分通过传播和教育流传构成社会的传统"②。而传播的方式除了家庭的日常生活和口头语言的环境熏陶与教育强化外，母语报刊传播的新闻故事和传递的社会准则同样是传统的重要来源。"传播一方面带来文化特点的散播，扩大了文化领域，另一方面倾向于使共同理解的新观点产生，将不同的文化影响带到传播的中心。传播的社会功能看起来即是在个人与社会之间造成和维持理解与文化团结"③，而移民对报刊此种社会功能的需要就显得更为迫切。移民既难抛弃母国文化和语言的传统，又需尽快融入新社会的族群中，这种身份的双重困扰使凸显了报纸的作用。

从本质上讲，帕克是在社会学大的理论框架中关注报刊及其影响，

---

① Park, Robert E., "The Natural History of the Newspaper," *The American Journal of Sociology*, 1923, Vol. 29, No. 3, pp. 273 - 289.

② Park, Robert E., "The Conflict and Fusion of Cultures with Special Reference to the Negro," *The American Journal of Sociology*, 1919, Vol. 4, No. 2, pp. 111 - 133.

③ Park, Robert E., "Reflections on Communication and Culture," *The American Journal of Sociology*, 1938, Vol. 44, No. 2, pp. 187 - 205.

是在个人与社会的共同行动中寻找报刊的意义。"个人是社会、对其角色阐释及间接共同行动的产物，其行为受习惯和传统的控制。社会不只是个体的集合，而且是有能力做出共同行动的集合。"① 政治冲突和政治行动是帕克对共同行动研究的重要切入点。以美国黑人为例，对种族或民族的少数派来说，当他们认识到报纸评论所言的方针与其事业相一致时，他们会同其他的少数派一道成为寻找其在美国社会受难源头的积极参与者，报纸评论所给出的方针成为使少数派受难理性化的重要力量，并且赋予他们的事业以重要角色。②

公共舆论是政治行动的基础，帕克在政治领域寻找共同行动的价值。按照帕克的理解，"只有具有共同基础的一致性意见及对事件的共同理解才能出现所谓的公共舆论"，"公共舆论一旦形成并固定下来就会变成稳定保守而非创新的力量"③。在此方面，报刊不仅能引导公众，而且可以导致共同意志和政治力量的形成，帕克细致地区分了新闻和评论对此所起的不同作用。"新闻以短小独立的传播形式存在，可被顺利快速地理解，使人产生向他人复述的愿望。这样，围绕新闻可以产生对话、发表深层评论及可能开始一场辩论，在公众中激起的不同观点和情感最终以共识终止——即公共舆论，它孕育于新闻中，取决于对当前事件的阐释。"④ "评论的角色与新闻相关但并不一致，评论被设计为新闻的补充，它寻求一致性的意见。"⑤ "在政党纪律得以维持时，评论在主导政治行动中倾向于成功。有时当政党纪律比较松弛时，新闻更倾向于形成舆论。"⑥

不论报刊的新闻或者评论在公共舆论中的作用为何，帕克同他的两位实用主义哲学的老师及李普曼一样，关注的是民主精神的持续流传和

---

① Park，Robert E.，"Human Nature and Collective Behavior," *The American Journal of Sociology*，1927，Vol. 32，No. 5，pp. 733 - 741.

②③ See Park，Robert E.，"News and the Power of the Press," *The American Journal of Sociology*，1941，Vol. 47，No. 1，pp. 1 - 11.

④ Park，Robert E.，"News as a Form of Knowledge: A Chapter in the Sociology of Knowledge," *The American Journal of Sociology*，1940，Vol. 45，No. 5，pp. 669 - 686.

⑤⑥ Park，Robert E.，"News and the Power of the Press," *The American Journal of Sociology*，1941，Vol. 47，No. 1，pp. 1 - 11.

民意表达的自然形成。历史学家弗里曼说，历史是过去的政治，政治是当下的历史。新闻虽同二者紧密相关，但却二者皆非。正如帕克对新闻在公共舆论形成中的作用的认识，他认为："看来，我们正处于新闻的时代，美国文明中最重要的事件之一就是记者的崛起。"① 帕克的这种认知也体现在他对社会学家的认识中，他的自传笔记中写着："按照我最早对社会学家的概念理解，他应该类似超级记者，像位《财富》的记者。他应该报道得稍微更准确一些，以及以一种稍微与众不同的方法……'大新闻'是一种长期的趋势，它记录的是确切在发生的事情，而非浮于表面的仅是好像要发生的事情。"②

四、帕克的影响

在现代生活中，当人们与"陌生人"相遇时，可能发生的不过是一种"转瞬即逝的交往形式"——如一低头时的微笑、一声没有任何所指的"你好"，如此而已——这种交往方式体现的是陌生关系所特有的暂时性、脆弱性和"非私人性"。沿着齐美尔和帕克的思路，鲍曼分析了"陌生人"产生的原因，也分析了"陌生人"在现代社会和后现代社会的不同处境。在《现代性与矛盾性》中，鲍曼探讨了"陌生人"同朋友和敌人的关系。在鲍曼看来，"陌生人"是处于朋友和敌人之间的那类人，他既不是朋友，也不是敌人；但是，他既可能是朋友，也可能是敌人。可见，"陌生人"好像是没有被分类，而且难以分类的"杂种"和"怪物"。

可见，鲍曼眼中的"陌生人"既像戈夫曼所说的要被除掉的"污点"，又像萨特所说的混淆了事物边界的"黏液"，因此，他们的出现破坏了同周围的环境，影响了特定社会秩序（或生活世界）的建构。从这种意义上说，"陌生人是现代性的祸根"。鲍曼进一步指出："陌生人总

---

① Park, Robert E., "News as a Form of Knowledge: A Chapter in the Sociology of Knowledge," *The American Journal of Sociology*, 1940, Vol. 45, No. 5, pp. 669 – 686.

② Lyman, Stanford M., "Robert E. Park's Congo Papers: A Gothic Perspective on Capitalism and Imperialism," *International Journal of Politics, Culture, and Society*, 1991, Vol. 4, No. 4, pp. 501 – 516.

是处在朋友和敌人之间、秩序和无序之间、内与外之间。他象征着背信弃义的朋友，象征着狡猾的伪装过的敌人，象征着混乱的秩序，象征着容易受到攻击的内部"①。在《后现代性及其缺憾》一书中，鲍曼指出，在每一种社会中，"陌生人"都使清晰的边界变得模糊难辨，使确定的事物变得变化莫测。但是，他们在现代社会和后现代社会中的处境是不一样的：在追求秩序、完美、和谐的现代社会中，"陌生人"始终处于一种被消灭的状态，"秩序建构就是反对陌生人的拉锯战"②。而在多元化的后现代社会中，"陌生人"的存在得到了人们的普遍认可，问题不再是一劳永逸地消灭"陌生人"，而是如何去适应他们（这时，就穷人而言，"陌生人"的存在犹如紧紧粘在身上的令人不悦的"黏液"；而就富人而言，"陌生人"是快乐的提供者，是无聊世界的"有聊"）。

　　鲍曼还分析了城市里的不同的"公共空间"，如在音乐会、展览馆、旅游景点、健身中心和购物中心这样的公共空间里，"陌生人"的相遇是必然的，但这种相遇有别于亲戚、朋友和熟人之间的约会，它是一件"既没有过去的事情，而且多半也是没有将来的事情"，只是一次巧合，是一个"无法持续下去"的故事，因为"陌生人"之间并没有任何实际的社会互动。③ 所以，他指出，为了聊天和社会交往（sociate），人们是不会挤进这些购物天堂的。④

　　帕克认为，因为生活在边缘，所以导致移民社区个人之间与集团之间的社会距离越大，彼此间的相互影响就越小。种族意识或阶级意识指的就是人群之间的社会距离。它们"描述了一种思想状态，由此我们开始……意识到那种把我们和我们并不全然理解的种族和阶级分隔开，或

---

　　① Bauman, Zygmant, *Modernity and Ambivalence*, Cambridge ：Polity Press, 1991, p. 61.

　　② Bauman, Zygmant, *Postmodernity and its Discontents*, Cambridge：Polity Press, 1997, p. 18.

　　③ See Bauman, Zygmant, *Liquid Modernity*, Cambridge：Polity Press, 2000, p. 95. 中译本参见［英］齐格蒙特·鲍曼著，欧阳景根译：《流动的现代性》，148 页，上海，上海三联书店，2002。

　　④ 参见上书，152 页。

者好像分隔开的距离。"① 在美国，特别是种族关系，是一种固定的习俗的社会距离，它确保黑人"在他自己地位上的安分守己"。只要他安分地待在他的地位，保持他的距离，就可能出现一种上层与下层之间的脉脉温情。房子的女主人也许和她的厨师关系极为密切，但是这种关系只能在厨师对她的关系保持"适当距离"时才能维持。

　　法学家唐纳德·布莱克（Donald Black）在帕克"社会距离"的基础上，创造了一个新的概念——"关系距离"（relational distance）。布莱克认为，每一个人都有自己的生活世界或交际网（networks of interaction），这里面人们之间的关系远近随着他们对他人生活的参与程度变化而变化。他认为，这种参与程度界定了他们的亲密性或关系距离。② 他指出，最亲密的关系是相互完全渗透，最远的关系是没有任何相互渗透。关系距离可以通过多种方式测定，如关系范围、交往频率、人们相互交往的长短、交情的年头，以及在社会网络中他们之间联系的性质和数量。正如可能测定人们相互之间的分层一样，也可以通过每个人之间或每个群体之间的平均关系距离和关系最远的人们之间的关系距离来测定较大场合的亲密程度。

　　他指出，在现代社会中，关系距离很少达到人们完全相互隔绝的状态，但比在简单社会中的关系距离要大。现代化摧毁了部落和其他传统社会组织之间的亲密关系，削弱了亲属关系和其他社区关系。同时，它使人们聚集起来，把曾是隔绝的世界组合起来。人们相互之间日益成为陌生人，但陌生本身就是一种关系。布莱克引用了齐美尔的一段话③：

　　　　每一种人类关系中的远和近的统一是以一种方式在陌生人这种现象中组合的，最简单地可以这样来表述：相对于一个人而言，距

　　① Park, R. E., *Race and Culture*, Glencoe Ⅲ: The Free Press, pp. 257. 转引自［美］刘易斯·A·科瑟著，石人译：《社会学思想名家》，400 页，北京，中国社会科学出版社，1990。

　　② 参见［美］唐纳德·布莱克著，唐越、苏力译：《法律的运作行为》，47 页，北京，中国政法大学出版社，1994。

　　③ 同上书，48 页。

离意味着对方虽在身旁但（在心理感觉上）遥远，陌生意味着对方虽（在心理感觉上）遥远实际上（空间距离上）却很接近。因为，成为一个陌生人很自然地是一种积极的关系；是互动作用的一种特殊形式。西里乌斯的居民对我们来说并不是、至少在社会学意义上不是真正的陌生人，对我们来说他们并不存在；因此，也就根本不存在远和近的问题。就像穷人和各种各样的"群体内部的敌人"一样，陌生人也是一个群体的构成因素。作为群体的一个完全有资格的成员，陌生人的地位在于他既处于该群体之外同时又与之相对……尽管陌生者对该群体的依附不是有机的，却仍为该群体的一个有机成员。①

布莱克分析道，现代生活使人群高度聚集而生活高度分化。即使人们在时间和空间上聚集在一起，他们的关系距离还是在加大。实际上，几乎每个人对他人来说都是陌生的。而关系距离则随着人口的增加而增大。② 布莱克的研究，也许对我自己长期关注的社会传播网络的分析有一定的借鉴意义，当然这是题外话了。

常住人口对于"陌生人"的态度，无外乎列维·斯特劳斯（Claude Lévi-Strauss）分析的那样，往往有两种不同的策略：第一种是"吞噬策略"（anthropophagic），这一策略指在把陌生人"吞没掉"，从而消灭他们的不同性、差异性（otherness）；而第二种是所谓的"禁绝策略"（anthropoemic），即"把不适于成为我们"的他者（the others）"吐出来"，或者把他们禁闭在少数民族聚居区的有形界线内，或禁闭在文化禁令的无形界线内，要么通过把他们赶到一起，放逐他们或是强迫他们离开，就像当今在种族清洗和净化的名义下所做的那样，从而把他们隔离起来。然而，思想逻辑很少和事迹逻辑结合在一起，因而在言词和实践之间，没有任何一对一的关系，而且这两种策略中的每一种策略，都

① D. Weinstein from Kurt Wolff（Trans. ），*The Sociology of Georg Simmel*，New York：Free Press，1950，pp. 402 - 403，408.

② 参见［美］唐纳德·布莱克著，唐越，苏力译：《法律的运作行为》，53 页，北京，中国政法大学出版社，1994。

可能与两种修辞的其中一种缠绕在一起。记住了这一点，就算是深谋远虑。①

上海电台"动感101《音乐早餐》"的主持人晓君和小畅未能以宽容之心对待外乡人，其实正体现了他们的无知与浅薄。事实上，这样的"陌生人"、"外乡人"有着比当地人更大的优势来看待当地的文化。因为，其一，外来人"没有从根本上被群体的某些个别的组成部分或者一些片面的倾向固定化，面对所有这一些，他采取'客观'的特殊的姿态，这种姿态并不意味着某种单纯的保持距离和不参与，而是一种由远而近、冷淡和关怀构成的特殊的姿态"②；其二，"陌生人"的客观性，可谓一种自由。"客观的人是不受任何确定性约束的，确定性可能会给他对既定事物的接受、理解和权衡造成先入之见"，"这种自由也让外来人犹如从鸟瞰的视角来经历和对待近的关系。"③

五、社会科学研究的底层关怀意识

帕克当年到中国给学生讲课时，第一话就是"在这门课程里我不是来教你们怎么念书，而是要教你们怎样写书"，多年后，费孝通还刻骨铭心地说"这句话打动我们的想象力，开了我们的心窍"④。不过，作为芝加哥社会学派的主将，帕克虽然写有大量的论文，可他出版的专著就是这本《移民报刊及其控制》了。虽然帕克开创了大众传播、种族关系、人类生态学和集体行为等研究领域，成为当时美国社会学研究的引领者⑤，但仅从传播学研究的角度看，我们似乎不应该给予太高的评价，即便他的研究已涉及后来的传播效果研究的多个面向，提出了许多到

---

① 参见［英］齐格蒙特·鲍曼著，欧阳景根译：《流动的现代性》，157～159页，上海，上海三联书店，2002。

② ［德］齐美尔著，林荣远编译：《社会是如何可能的——齐美尔社会学文选》，343～344页，桂林，广西师范大学出版社，2002。

③ 同上书，344页。

④ 参见《费孝通文集》，第十五卷，138页，北京，群言出版社，2001。

⑤ 帕克的学生埃弗里特·休斯认为："帕克无意创造一个系统，然而他首先是一位系统的社会学家。"（参见 Hughes, Everett C., "Robert E. Park," in: *The Founding Fathers of Social Science*, Baltimore：Penguin Books, 1969, pp. 162 - 169。）

今天看来仍然有价值的问题，但就这本书而言，不过重复了他早已成熟的观点，或者从某种意义上说，不过是对杜威、齐美尔、米德，甚至是 W. 詹姆斯这些思想家观念的回应。

我更感兴趣的是帕克对社会底层的关怀意识，他一生观察和研究了大量的边缘群体和移民社区，揭示他们的生活状况，试图为社会改善他们的困境提供政策性方案。这也许更应该是所有的社会科学研究者应该具有的道德情怀和价值追求。透过帕克的学术生涯，我倒是体悟了帕克"写书"的另一层意思，即他的"写书"，是用"心"去"书写"底层民众的生活。费孝通介绍说：

> 派克对我印象最深切的教导就是他亲自领我们这批小伙子到北京的天桥去参观"下层社会"。他不仅要我们用眼睛看，用耳朵听，而是一再教导我们要看出和听出动作和语言背后的意义来，就是要理解或体会到引起对方动作和语言的内心活动。别人的内心活动不能靠自己的眼睛去看，靠自己的耳朵去听，而必需联系到自己的经验，设身处地去体会。这种"将心比心"的活动在我国传统是经常受到重视的。①

帕克于 1903 年在德国完成了他的博士论文。回到美国后在哈佛大学获得了哲学助理教授的职位。不过这时他开始厌倦了学术界，他甚至为他的博士论文及根据该论文所出版的小册子而感到羞愧。他认为自己是一个思想领域的流浪者，一直都找不到落地的感觉。后来他说："我讨厌我在大学里所做的事，并得出了这样的结论：我不能靠我自己作出任何一流的事情。我断定我能做的最好的事情是使自己依附于某个正在做某些第一流的事情的人。"②

历史的机遇注定会落到有准备的人身上，帕克在哈佛当助教时，住在波士顿附近的昆西区。当时此地正爆发反对刚果虐待黑人的运动，这

---

① 《费孝通文集》，第十五卷，175 页，北京，群言出版社，2001。

② 转引自［美］罗杰斯著，殷晓容译：《传播学史》，183 页，上海，上海译文出版社，2002。

个运动引起帕克的兴趣，他和一位牧师发起成立了一个群众性的"刚果改革协会"，并成为该协会的秘书。这一工作，让他对黑人社会有了较深入的了解。在刚果改革协会工作期间，帕克主动联系了当时的黑人领导人布克·T·华盛顿（Booker T. Washington）。他督促帕克在访问刚果之前拜访塔斯基吉，帕克接受了这个邀请，两人会晤后从此结成了亲密的合作伙伴，长达七年之久，一起为争取黑人的解放奔走。1942年，帕克在一次演讲中，回忆起当年的情况说：

> 在见到卜干[①]·华盛顿之前，我除了书本知识外对黑人和美国南方一无所知。我就是这样到脱斯开奇来的。我到了这黑人地区后有充分的时间可以阅读所有地方报纸，跟我所见到的黑人进行谈话，像是一个探险者进入了一块新的待开发的土地。我当时开始觉察到当时黑人和白人分别生活在两个不同的世界里。这两个世界是互相接上的，但是从来并不相沟通。正如卜干·华盛顿所说的有如一个手掌分成不同的手指。我在南方各地旅行一直到达 New Orleans[②]，碰到种种新鲜动人的事，但是给我最深刻的印象是黑人生活底子里存在着一种不安全的悲惨感觉。[③]

1910年，华盛顿和帕克一起作了一次漫长的欧洲旅行，收集有关农民、工厂劳动者等方面的信息。帕克以前在欧洲留学时，曾接触到过德意志的农民，后来在美国，他又遇到大量漂洋过海移入新大陆的欧洲农民和他们的后裔。他急于了解那些在欧洲农村的农民工的情况。在长达六周的欧洲之行中，帕克和华盛顿从伦敦到东欧的沙俄边界，横跨七八个国家，一路讨论了他们的所见所闻。这次旅行的成果是他们俩唯一的一本共同署名的著作《最底层的人》，在这本书中，他们论证说，欧洲所做的帮助工人阶级的事远远多于美国为帮助黑人所做的事情。

现代化一直被认为是一种进步的力量和过程，但是现代化的进程也

---

① 即布克。
② 即新奥尔良。
③ 转引自《费孝通文集》，第十五卷，154页，北京，群言出版社，2001。

是一个无情的扬弃过程。任何不适应现代化进程的人和团体，在现代化单向度进步过程中，都会变成那个时代的边缘人，无论他们曾经多么主流，多么辉煌。比如说，工业革命兴起时，纺织工人曾经是时代拥抱的对象，但信息革命之后，曾经时代的骄子很快又成为社会的边缘人。诚如帕克所观察到的那样，"在我们的大城市中，正如那些对它们作过调查研究的人所知道的那样，充满了渣滓，其中大多是人类的渣滓，那些男男女女由于某种原因，是在工业进步的行列中被淘汰下来，并且被工业组织所废弃的，而原先他（她）们是这些组织的一部分"①。用"人类的渣滓"这样的词汇来描述这种社会边缘人，虽然多少有些令我难以接受，但我不得不承认，帕克以他的慧眼，洞察到了现代化带来的社会问题。

现代社会充满苦难，富士康员工连续自杀，数起被认为有"神经疾病"的人向毫无利益关联的小学生、妇女举起了屠刀，我发现，与这些悲剧事件勾连的解释性词汇包括"神经疾病"、"抑郁症"、"报复心理"、"社会公平"、"个体间的疏离"、"异化"等。但这样的解释显然是不够的，因为个体的苦难就是社会的苦难，这样的结论，早已被社会学家们证实。涂尔干在《自杀论》中就分析说，将自杀仅仅看做一种心理现象是肤浅的，它其实是一种社会现象，促使人自杀的主要因素是信仰的崩溃、社会的原子化以及由此而来的人际关系的冷漠，或者是过度的社会集权吞噬了个人生存的价值和空间。他认为一个社会的自杀状况反映着社会秩序的混乱程度，因为社会的苦难必然变成个人的苦难。

法国的著名社会学家皮埃尔·布迪厄（Pierre Bourdieu）的最后一本著作就是与 22 位合作者合著的《世界的重量：当代社会的社会苦难》，这一著作的主题，似乎也向世人昭示着什么。事实上，布迪厄是将"社会痛苦"这一充满病理学隐喻的概念转换为社会学概念，他写道："把社会上难以明言的病患转化成清晰可辨的症候，从而可以用政治的手段加以治理"。他将政治比喻为医学，认为政治家如同医师：仅

---

① ［美］R.E. 帕克、E.W. 伯吉斯、R.D. 麦肯齐著，宋俊岭等译：《城市社会学》，105 页，北京，华夏出版社，1987。

仅记下症状和病人的陈述是不够的，必须努力去发现疾病，而疾病并不是显而易见的，必须着眼于推理，从而揭示结构性的原因。社会科学要能够解释社会病患的最明显的征兆，判断和理解导致病患的真实原因，就需使人们意识到被掩盖的各种形式的不幸的社会起源，包括人们最熟悉的和最隐秘的。①

关注社会的底层，揭示苦难生成的社会根源，为底层民众脱离苦海奔走呼吁，这应该是知识分子的使命。而这一使命，使得优秀的知识分子自身也往往会有"边缘人"的孤独感和陌生感。布尔迪厄曾经写道："在学术界，我是一个陌生人，无疑正是基于这种情感，使我针对知识分子提出了许多质疑……我之所以质疑这个世界，那是因为这个世界对我也满怀狐疑，而且这种感觉已经远远超出了纯粹的社会排斥感：我从未感到心安理得地做个知识分子，我并没有'宾至如归'的感觉；我觉得我自己必须为那种对我来说是毫无根据的特权作出交待，尽管该向谁负责，向谁作出交代，我并不知晓。"② 其实以"陌生人"来描述现代知识分子的身份的不只是布尔迪厄，曼海姆也有类似的描述，如"漂泊不定、被疏离的知识分子"，"他们与之抗争的与其说是地方性社会，不如说是自己的那些地位巩固、自满自足的官僚们的地方性观念"。现代知识分子是"永远的流浪者，是普存的异乡人。正是由于这一原因，没人真正喜欢他；无论在哪里，他都不得其所"③。

帕克虽然是一代社会学大师，但他的学术生涯也充满孤独感，他与芝加哥早期的社会学大师托马斯大有相见恨晚的感觉，且最终促成他到芝加哥大学任教，应该归因于帕克发现托马斯与他有着相通的气质。用帕克自己的话来说就是，"我在托马斯这个人身上初次找到了一个和我

---

① See Bourdieu, Pierre, *The Weight of the World: Social Suffering in Contemporary Society*, Cambridge: Polity Press, 1999, pp. 627-629.

② ［法］布迪厄著，李猛等译：《实践与反思：反思社会学导引》，273 页，北京，中央编译出版社，1998。

③ ［英］齐格蒙特·鲍曼著，邵迎生译：《现代性与矛盾性》，138～139 页，北京，商务印书馆，2003。

说同样语言的人（a man who speak the same language as myself）"①。

帕克的学生评价说："他一直是个拥有自己独特思想和持续哲学思辨的人，不会在未经实践之前让一个思想溜走，同时他对身边的新闻保持兴趣。他身上具有的两个品质——反思的哲学品质和对于新闻的敏感——两个特点的结合使他成为有创造力的人"②。费孝通先生曾经这样评价帕克：

> 派克老师在大学里时曾着重提到两件事，一是他师从杜威博士，二是他喜欢读歌德的《浮士德》。这两件事加在一起就可以明白他在大学里读书时，心中已有了个要追求的对象了，有了这个对象使他拒绝走他父母所走过的现成道路，成一个一生不甘心为稻粱谋的人，可见他当时已决心冲进思想领域里遵循杜威博士的实证主义方法用平白的语言来表达歌德诗剧里的浮士德所经历的那个哀乐无常，悲欢交织的人生。他要求自己能理解这个世界上在芸芸众生里生活的人们，懂得他们为什么这样行动和具有怎样的感受。③

1943 年 6 月，第二次世界大战的硝烟正浓，帕克的心，仍然在社会底层。他走到南达科他州的乡村去观察农民收获土豆。这里原是一个穷地方，不过此时他发出了令人开心的信息"他们翻身了，土地又绿起来了。满地奔跑着猎物，鸟在树上歌唱"。据他的朋友 H. C. 布里尔利（H. C. Brearley）说，在最后的日子里，帕克还在思考法律社会学、知识社会学和传教士对文化传播等问题。1944 年 2 月 7 日，这位伟大的社会学家停止了呼吸。费孝通先生曾感叹说："如果他多活 7 天，他就到 80 岁生日了。"

---

① 转引自《费孝通文集》，第十五卷，167 页，北京，群言出版社，2001。

② Bulmer, Martin. , *The Chicago School of Sociology: Institutionalization, Diversity, and the Rise of Sociological Research*, Chicago: University of Chicago Press, 1984，p. 112.

③《费孝通文集》，第十五卷，158 页，北京，群言出版社，2001。

译序二

胡翼青

　　自 2005 年着手写《再度发言》一书时，就一直盼望着《移民报刊及其控制》一书能在国内早日出版。五年过去了，看着展江老师发来的电子译稿，心潮仍然很不平静。这本书是传播学知识拼图上不可或缺的一环，然而很多年来，我们都不知道它的缺失。

　　《移民报刊及其控制》是社会学芝加哥学派时期的学术当家人罗伯特·帕克一生唯一的一部学术专著。帕克的目的是想通过一个独特的社会视角去关注当时的美国移民问题，而不是写一部新闻学或传播学的专著。《移民报刊及其控制》是一部典型的芝加哥社会学著作，然而这本书却很少出现在社会学思想史的视野中。在社会学界，似乎帕克的论文集《城市社会学》和经典教材《社会学引论》更受青睐和抬爱。

　　无心插柳柳成荫，这部书最后倒更像是一部传播学的著作。从传播学的角度来说，该著作在传播的社会功能方面的杰出论述给人留下了深刻印象。它几乎是一语中的地向我们展示了传播的两大社会功能：一是社会认同，二是社会区隔。我曾经评价说："在我阅读的传播学著作中，分析传播社会功能如此透彻的作品可以说是凤毛麟角。尽管此书在1922 年就已经问世，但相比于 1948 年拉斯韦尔及 1972 年施拉姆在各自作品中对传播社会功能的论述，帕克的相关论述显得更为深刻。"①
的确，与帕克相比，拉斯韦尔的传播学三功能说更多地只是在讨论社会
认同功能中的一个侧面，即社会控制，视野显得非常狭窄。当然，如果
我们能够清楚地认识到拉斯韦尔视野中的传播侧重政治学意义上的宣
传，而帕克视野中的传播还保留着大量交流的文化内涵的话，那么这种
差别也就不难理解了。

我想简单地展示一下帕克这本书的逻辑：

帕克曾经在1921年的经典教材《社会学引论》中指出，本地社会
群体和移民之间的重组，将会经历四个阶段：敌对、冲突、适应和同
化。帕克显然认为前两个阶段是导致原有社会解体和失范的重要原因。
但两者的不同在于，敌对是个人的和无意识的，而冲突则是有意识的和
结构性的。"通常可以说，敌对决定着个人在社区中的地位；冲突使他
在社会中有一个位置。"帕克认为，这两个阶段对于移民的融入具有关
键性的作用：如果没有敌视和冲突，移民就不可能团结一致地进入美国
社会生活；但如果敌视和冲突过于激烈，则有可能将社会问题激化为民
族和种族之间的矛盾。只有在适度的敌视和冲突气氛中，为了减少冲
突、控制敌对和自我保护，移民群体才被迫去适应新的环境并渐渐融合
到新的环境中。直到"在互相渗透和融合的过程中，个人获得他人的记
忆、感情和态度，通过分享他人的经验和历史，融合到一种共同的文化
生活中"②，移民就渐渐被同化到新的社会之中。

在本书中，帕克认为，移民报刊在上述四个阶段中都有着积极的社
会功能：

一方面，它可以将敌视和冲突保持在适当的范围之内。帕克认为，
在适应美国文化之前，移民的社会心理通常是非常焦虑的："对新环境
的陌生加强了他们对原有亲属关系的依恋"，"民族意识不可避免地变得

---

① 胡翼青：《再度发言：论社会学芝加哥学派传播思想》，250页，北京，中国大百科全
书出版社，2007。

② Robert E. Park and Ernest W. Burgess, *Introduction to the Science of Sociology*, Chi-
cago：University of Chicago Press，1924，p. 574，735。

特别突出"。正是有了移民报刊,"分散在全美洲和全美国各地的本民族成员可以保持联系与相互理解"①。在帕克看来,移民多源自农村,移民报刊首先帮助移民放弃原有的地方主义观念,形成民族认同,为融入美国社会做好了准备。也就是说,是移民报刊帮助移民形成维系着他们的民族感情和民族意识,减少了他们的焦虑。移民报刊有助于将敌视与冲突阶段群体之间的矛盾控制在适度的范围之内。

另一方面,它可以像催化剂一样推动移民的适应与同化。移民用本民族语言和报刊帮助他找到在新世界的出路。如果说外语报纸可以保持移民们旧的记忆,那么与此同时它也是通往新经验的入口。因为这个原因,外国语报纸经常被看作移民美国化的一个代理机构。移民报刊身处美国,势必会用移民国的语言传播美国人的新闻、观念和文化;而移民久处美国,也有美国化的需要。"在美国,移民希望保持其祖国的传统,而且越久越好。这些突出地表现在其语言和宗教信仰上。而与此同时,他又想参与美国的公共生活并在美国的社区中找到自己的位置。"② 两者互相推动,导致移民报刊的编辑方针越来越贴近本地生活,而移民则渐渐模糊了他们的文化界限,介于美国与母国文化之间,适应和同化因此渐渐发生。

据此,帕克指出,对于移民报刊的管理不能采取过于严厉的措施,这样不但有可能激化敌视与冲突,而且也不利于适应与同化。帕克采取了他一贯的自然主义和自由主义风格,建议有关部门创造条件,让移民报刊获得与本土报纸同样的发展条件,这样一来,移民的美国化也就自然而然地完成了。比如说政府应一视同仁地为移民报刊提供新闻稿源,美国企业应利用移民报刊刊登广告等。

几乎可以这么说,《移民报刊及其控制》这部著作几乎体现出了帕克和社会学芝加哥学派主流传统学术研究的所有特点:

---

① Robert E. Park, *The Immigrant Press and Its Control*, New York: Harper and Brothers Publishers, 1922, pp. 49, 55.

② Robert E. Park, *The Immigrant Press and Its Control*, New York: Harper and Brothers Publishers, 1982, pp. 449, 467–468.

　　首先，它以当时的焦点社会问题为导向，有着强烈的问题意识和社会敏感，甚至有着新闻记者般的新闻敏感性。对于当时的美国而言，移民及其适应是一个不容小视的社会问题，而帕克生活的芝加哥更是当时整个世界移民问题最突出的城市，"1900 年时，芝加哥半数以上居民都是由在美国以外出生的人组成的。"① 与这些移民相关的，是社会的失范。贫富差距问题、犯罪问题、种族歧视问题等严重地困扰着美国各大城市。而帕克希望从移民问题入手，解决令人头疼的社会失序问题。这可以说是抓住了问题的关键。很显然，长期的新闻记者职业生涯给帕克以很灵敏的新闻嗅觉。当然，需要注意的是，学术的问题意识未必见得就是一种新闻敏感，后者常常会给学术带来负面影响，事实上两者经常还是相互冲突的，想将二者统一得像帕克那样是不容易的。

　　其次，它有强烈的解决问题和提出对策的意识，而其对策的提出基于强烈的自由主义传统。这部著作长于分析与描述，并希望通过这些分析为社会改良提出自己的对策。其实，在帕克那个时代，许多学者都关注到了群体意识和认同的问题。比如曼海姆就认为，我们生活在一个"群体以各种形式相互直面的世界中，而这些群体在以前都相互隔离，并将自身和自己的思想世界绝对化"，"互动并不能保证社会和谐或相互理解，它能保证的只是某类幻想的终结"②。曼海姆看到了敌对与冲突，但他拒绝寻求融合的方法，而是进一步强调意识形态由此进入了人们的视野，人们需要寻求表达背后的利益和结构。而帕克在密歇根大学的同学库利也关注到了这一点，因此提出了著名的初级群体和次级群体的划分，并从心理哲学的角度提出了"镜中我"理论。这些学者并不关注如何解决问题，而是关注如何理解和阐释这些问题。而帕克却不是理论取向的，他更希望他的研究是有用的，能够直接提出对策来解决社会问题，为社会的进步服务，也正因为如此，帕克的研究总是具有自由主义的政治色彩。

---

　　① ［法］阿兰·库隆著，郑文彬译：《芝加哥学派》，3 页，北京，商务印书馆，2000。
　　② 参见［德］卡尔·曼海姆著，徐彬译：《卡尔·曼海姆精粹》中译本序，1 页，南京，南京大学出版社，2002。

最后，它强调的是基于经验材料的研究而不是理论思辨的研究。帕克的研究方式如果从进化论的角度来说，是一种过渡类型。这种研究方式首先并不是一种特别思辨的研究，与欧洲的理性主义传统并不是一回事，它强调的是研究必须建立在对经验事实的掌握与理解的基础之上。然而它也不是一种严格的实证研究，与逻辑实证主义的传统似乎并不搭边。《移民报刊及其控制》中有一些统计数据，有一些观察和感受，有一些访谈资料，也有一些文本的分析，但似乎都不精确严谨，也都不追求与结论之间构成直接的可重复验证的因果关系。从今天的角度来看，即使是用最宽泛的质化研究的标准去衡量这些研究方法，我们仍然觉得这是一种原始的和粗糙的经验研究方法，缺乏对方法论的基本反思，可以说与社会调查没有本质的区别。"不仅芝加哥社会学对定量研究方法一直有着天然的排斥，而且定性的人种学方法在早期也是非常粗鄙的，有些甚至和单纯的社会报道没有什么区别。"① 后来，这种方法构成了芝加哥学派主要的研究方法，并经常与以奥格本为代表的芝加哥社会学定量研究的一派发生冲突。

帕克的研究具有极其明显的针对性，并非以理论建构为主要目的——尽管他从来没有宣称自己排斥理论；帕克的方法强调观察与体验，强调具象而不是理论抽象。这是一种奇特的反叛：帕克是美国哲学大师詹姆斯的研究生，而且还是德国著名的新康德主义大师文德尔班的博士，他的几位老师都是世纪之交全世界赫赫有名的哲学大师，以形而上学与理性主义闻名于世。帕克为什么会摒弃理论思辨的传统而开创一种新的美国式的社会研究路径，这种摒弃与开创，对美国社会学和传播学的研究意味着什么呢？

有人说帕克是一个大器晚成的学者，因为这位 1864 年出生的学者近 50 岁时（1913 年）才在芝加哥大学开始他的学术生涯（而且还是兼职的，这种边缘的学术地位持续了整整九年），59 岁那年他才成为芝加哥大学社会学系的教授。其实。与其说帕克是不鸣则已，一鸣惊人，不

---

① 周晓虹：《芝加哥社会学派的贡献与局限》，载《社会科学研究》，2004 (6)。

如说是他本人对是否要专职进行学术研究始终摇摆不定。从在宾夕法尼亚州的一个农庄出生直到在密歇根大学毕业，帕克可能都没有想过像杜威那样成为一个职业的学者，更不用说像默顿或帕森斯那样的职业社会学教授。罗杰斯曾经这样评价帕克的成长经历："帕克是一个活跃的男孩，不是一个书呆子。他不是在一个知识分子的背景下成长起来的。"①在密歇根大学，尽管深受杜威的影响，但帕克的兴趣始终都在社会事务而不是学术上。在杜威与福特想要共同出版一份名为《思想新闻》的报纸时，已经当了几年新闻记者的帕克饶有兴趣地参加了进来。这么一份没有任何市场价值的报纸当然没有前途，但却是杜威、福特与帕克在办报宗旨上的分歧导致了它的迅速流产。杜威指出，这份报纸不是用来改造新闻界的，而是用来改造哲学的："不是引介哲学进入报纸，来改革报纸事业，而是要引介一点报纸进入哲学，来转换哲学"；而帕克却指出："报纸即使仅仅是报道时事的趋势，如果怀有哲学和科学正确性，则一定会带来绝大而立即的改变"②。从上述表述中可以看出，帕克兴趣的着眼点不是学问，而是社会活动。所以在密歇根大学毕业以后，帕克首先投身于新闻行业，在明尼阿波利斯、底特律、丹佛和纽约担任新闻记者。然而，新闻工作的经历给他带来的是更多的问题和困惑。于是，从1898年开始，帕克辞去报社的工作，回到哈佛大学攻读硕士研究生。帕克回忆说："我回到大学，在那里一共度过了七年时光……我这样做是因为我对传播和集体行为有兴趣，并想知道这些大学会对传播说些什么"。然而休斯回忆，到1903年，当帕克在德国获得博士学位后有机会在哈佛大学获得一个哲学助理教授的职位时，他却说："我讨厌我在大学里所做的事"③。对于那一时刻的帕克来说，他可能感到很绝望。他居然没有选择进入学术圈，而是追随黑人领袖B. T. 华盛顿，成

---

①　〔美〕E. M. 罗杰斯著，殷晓蓉译：《传播学史——一种传记式的方法》，180页，上海，上海译文出版社，2002。

②　转引自〔美〕丹尼尔·杰·切特罗姆著，陈世敏译：《美国大众传播思潮：从摩斯到麦克卢汉》，157、161页，台北，远流出版公司，1994。

③　转引自〔美〕E. M. 罗杰斯著，殷晓蓉译：《传播学史——一种传记式的方法》，182、183页，上海，上海译文出版社，2002。

为其助手。这些职业经历使帕克免不了将学术研究也当作一种社会职业
来对待。

帕克的人生转折发生在 1912 年，在一次学术研讨会上，他遇到了
早期芝加哥社会学的领军人物托马斯，并一见如故，这才让帕克真正下
决心去做一位学者。然而即使到了芝加哥大学，即使过上了学院式的学
术生活，帕克终身都没有成为一个严格意义上的学院派学者。他尽管师
承德国的学术传统，但他并不真正认同这一传统的实际价值，没有在美
国将这种传统发扬光大。相反，他摒弃了欧洲传统知识分子的理性主义
学术立场，将学术与日常社会生活更紧密地结合在了一起，成为了一位
典型的专家型知识分子。帕克及其追随者的出现使西方学术的主体——
知识分子产生了自文艺复兴以后最重要的决裂。在多数知识社会学学者
眼中，真正的知识分子"本质上不是追求实用的目的，而是在艺术、科
学或形而上中寻求乐趣"，知识分子行动的准则是："在涉及自由与正义
时，全人类都有权期望从世间权势或国家中获得正当的行为；必须勇敢
地指证、对抗任何有意无意地违犯这些标准的行为"①。而帕克却渐渐
超越了这一传统：他在开创一种类似于专家的知识分子道路。专家们是
这个社会的智库，在他们的专业方向上能够像工程师一样地解决问题；
他们是这个社会的建设者，他们的批评是建设性的，而不是否定性和革
命性的。在帕克的时代，知识分子开始分野：专家与自由知识分子此后
成为知识主体的两种对立类型。这种变异的过程有其非常复杂的时代背
景，很难在本文中说清楚，但在社会和传播研究领域，这一变化最明显
地体现在了帕克身上。在这个方面，帕克对于美国的社会科学界影响
很大。

今天看来，帕克对社会学的改造有其成功的一面，这也正是社会学
芝加哥学派的成功所在。一方面，他使社会学研究变得敏锐而灵巧，让
我们关注到了类似于移民报刊这样不受人重视的，或者说会被学院派学
者忽略的重要社会元素。另一方面，他让理论变得鲜活，脱离了那种空

---

① ［美］爱德华·W·萨义德著，单德兴译，陆建德校：《知识分子论》，12、17 页，北
京，三联书店，2002。

洞的学术研究，从而使理论与真正的社会文化关系变得紧密起来，这为社会和传播研究带来了活力。而且，这种学术的针对性和实用性给社会科学带来无限的风光和崇高的地位。在帕克逝世以后不久，更加强调服务于当权者的结构功能主义范式兴起，由于其国家哲学的地位在战后受到了肯定，因此，像帕森斯和默顿等学者在美国获得巨大的声誉和充足的资源，进一步巩固了社会科学在当代社会中的地位。

然而在另一个方面，这种改造不可避免地将社会学者、传播学者纳入到政治或商业权力控制的范畴，使其变成一种行政研究。在失去了社会批判的锋芒之后，对当权阶级而言，社会科学家开始变得有用。他们的学识和思想可以帮助政治或商业的统治者制造神话，改进社会管理和控制方式，完善各种制度。于是，专家式的知识分子被整建制地纳入到现行体制中，并成为社会的既得利益阶层，为统治者的合法性做注脚。冷战时期，社会科学的所谓专家们为美国意识形态的扩张肝脑涂地，这几乎是人尽皆知的事实，而这种为政府和商业机构而进行学术研究的传统在美国就是源自帕克和芝加哥学派。帕克在《移民报刊及其控制》一书的前言中写道："本书是由纽约卡内基公司提供资金而准备的以美国化方式开展研究的成果。"这种课题和学术运作方式是从帕克那个时代开始，并得到芝加哥学派的认可和推广的，这种方式使得知识与权力之间的交换关系赤裸裸地呈现在我们面前。说实话，正是因为有这种对策研究的色彩，使这部书的学术价值打了不少折扣，它在学术史上无法与同时代托马斯研究移民问题的皇皇巨著《身处欧美的波兰农民》相比肩。

美国可能是第一个将学术当做项目来运作的国家，美国学者也是世界上最早具有专家色彩的社会科学研究者，这与帕克和芝加哥学派的倡导关联紧密。一旦站在专家或者说专业主义的立场上，不是每个学者都能坚持自己的学术理想，而且最终往往很容易成为意识形态机器的御用文人。当然，从现有的资料来看，帕克并不想把自己变成政府或商业机构的智库。他的学术研究的立场是为社会进步服务，是为民主自由服务的，他还是坚持自己职业操守的，这也是为什么后来芝加哥学派渐渐失宠的重要原因。① 即便如此，就《移民报刊及其控制》的许多结论而言，该书仍然可以被看作为美国政府及其相关机构出谋划策。这说明，即使专家自身想保持价值中立，但他的立场还是会使他无法摆脱被权力利用的命运。而后来的美国学者如罗斯托、斯托弗之流则是变本加厉，直接且自觉地成为美国现代化神话的有力鼓吹者，或成为美国政府部门的高参，其境界与帕克自然还不能比，更加等而下之。在另一个方面，帕克就更不能完全摆脱专家立场的致命后果：那就是以现实为导向的对策性研究很难在理论创新上有所突破。比如你就很难从《移民报刊及其控制》中看到什么理论方面的建构，调查性的描述是这本书的主要特点。哲学和社会科学知识创新的成果当然要源于生活，但必须通过理性的扬弃而达到高于生活的境地。过分地强调应用于生活的有效性，就会失去学术的创造性。

在这个意义上，不得不反思帕克：不是他的理论与方法，而是他的专家立场，他的实用主义。帕克从新的起点上路，但却走到了其宗旨的对立面上。其结果是：许多现代思想的出现源于对中世纪经院哲学的反动，而美国的社会科学界却是从帕克和芝加哥学派以来一直在重建一种新的"经院哲学"。荒诞的是，这种新的"经院哲学"竟是来源于对学院派学术传统的反动。这个问题是以前包括我在内的许多对芝加哥学派充满好感的学者所忽略的。

帕克在中国社会学界和传播学界的知名度相当高，这与费老的学术经历有关。1943 年，费孝通先生应邀到芝加哥大学社会学系去访学，并在那里写就《乡土中国》。他对他的这段经历的某个奇特细节做了如下的叙述："到了这大学之后，一位书记小姐把我带到社会科学大楼五层楼的五○二号，很客气地说：'若你觉得还可以将就的话，这就是你的书房。'我在门上一看，一小方的铜格里写着 Robert Park 字样。""派克先生是我的老师。他曾在我在大学里念书时到过燕京来。我那时虽则还是个莫名其妙的学生，在他班上，除了怨恨这老头偏偏喜欢在清

---

① 参见胡翼青：《传播学科的兴起：一段重新阐释的历史》，载《中国地质大学学报·社会科学版》，2009（1）。

早七点钟上课，既不缺课，又不迟到，弄得我早点都吃不成外，我对他可以说是十分崇拜的。就在他的课上，我决定了此后十多年的运命，苦的甜的都不能不归功或归罪于这老头。他是芝加哥学派社会学的始祖，他主张社会学的主题是在了解人。我喜欢他的理由也许是在他不要我多读社会学大纲而多读一些小说，小说不够，得自己去实地体验各色各样的生活。"①

从费老的这段话中可以看出他对帕克老师的那种无比的崇敬。其实，帕克及其领导的芝加哥学派不仅对费孝通，而且对后来整个的社会学燕京学派乃至中国的社会学研究传统都产生了深远的影响。这种芝加哥情结整整延续了一个世纪。费老生前一直希望自己有一位博士生能够从思想史的角度为芝加哥学派的大师尤其是帕克立传，于是便有了他的关门弟子于长江的题为《从理想到实证》的博士论文。当然，深受费老芝加哥情结影响的不仅仅是费门弟子，几乎中国的社会学者们都多多少少有一点芝加哥情结，然而，这不是一种正确的学术态度，我们需要穿越具有神话色彩的帕克情结去解读帕克。在对帕克的认同中我们是否也应检讨一下中国学术界的功利主义的取向和轻理论的倾向。

我们需要从《移民报刊及其控制》一书中看到，帕克以其独特的人生经历与学术经历打开了一扇大门，但与此同时，也为 20 世纪的社会科学带来了前所未有的威胁。这提醒我们每一位传播学人，在做学问时要警惕是否会成为各种权力的代言人，我们应当把什么作为做学问最重要的追求？

胡翼青于南京新城市广场
2010 年 7 月 31 日

---

① 费孝通：《美国与美国人》，91 页，北京，三联书店，1985。

出版者按语

　　本书的材料是由"美国化方式研究移民报刊处"（Division of the Immigrant Press of Studies of Methods of Americanization）收集的。

　　本书中的美国化，被认为是在我们的国民生活中一切最具有基础性的关系和活动中，本土出生者与外国出生者的结合。这是因为，美国化就是本土出生者与新美国人在更加充分的共同理解和欣赏中通过自治的手段来达致最大福祉的那种对接。这种美国化不应该是一劳永逸地交给我们父辈的那种不可改变的政治、国内和经济体制的永久存在，而应该是一种成长中的和拓展中的国民生活——包括在任何地方所能发现的最佳者——绵延不绝。有了我们如此丰富的文化遗产，又基于共同福祉通过较新的与较老的美国人对其贡献的互相施授，美国精神定会发扬光大至最佳。本书所遵循的是这样一种对美国化的理解。

前　言

　　本书是由纽约卡内基公司（Carnegie Corporation of New York）①
提供资金而准备的以美国化方式开展研究的成果。它源于这样一个事
实，即该公司经常捐助许多从事各种社会活动的机构，这类活动旨在扩
展美国人民的知识——关于他们的政府和对政府的义务。理事们认为，
一项研究如果不去阐述社会改良的理论，而是描述不同机构从事这种工
作的方法，那么它对这项事业本身和对公众会具有独特的价值。

　　本书的成果包括以下主题的 11 本书：移民的入学；报刊；家园和
家庭生活调整；法律保护和矫正；健康标准和保健；归化和政治生活；
工业和经济联合；移民文化遗产的处理；邻里机构和组织；乡村发展；
总结。整个研究一直是在艾伦·T·伯恩斯（Allen T. Burns）② 的总
体指导下进行的。每本书的署名作者直接负责该书打算覆盖的特定
领域。

---

　　① 美国钢铁大王、慈善家安德鲁·卡内基（1835—1919）于 1911 年建立的美国最老、
最大和最有影响的基金会之一，宗旨是"促进知识和理解的进步和散播"。——译者注
　　② 艾伦·T·伯恩斯（1876—1953），美国进步主义时代社会学家。曾任美国社区组
织协会执行主任、卡内基公司美国化项目研究主任等职。——译者注

应卡内基公司的邀请，一个由已故的西奥多·罗斯福（Theodore Roosevelt）[1]和约翰·格雷厄姆·布鲁克斯（John Graham Brooks）[2]教授、约翰·M·格伦（John M. Glenn）[3]博士、约翰·A·沃尔（John A. Voll）[4]先生组成的委员会担任主任的顾问。由塔尔科特·威廉斯（Talcott Williams）[5]博士、雷蒙德·B·福斯迪克（Raymond B. Fosdick）[6]博士和埃德温·F·盖伊（Edwin F. Gay）[7]博士组成的编辑委员会阅读并审议了书稿。卡内基公司的理事们向这两个委员会深表谢忱。

本书旨在给出关于各机构在这一领域中实际运用的有效方法的尽可能清晰的见解，而不是为处理相关的复杂问题提供理论。

---

[1] 西奥多·罗斯福（1858—1919），美国军事家、政治家。第26任总统（1901—1909）。人称老罗斯福，昵称特迪，以其独特个性和改革主义政策，成为美国历史上最伟大的总统之一。——译者注

[2] 约翰·格雷厄姆·布鲁克斯（1846—1938），美国进步主义时代社会学家。全国消费者联盟首任主席，1904年任美国社会科学协会会长。——译者注

[3] 约翰·M·格伦（1858—1950），美国进步主义时代社会学家。长期任拉塞尔·塞奇基金会总干事和美国统计学会会员，美国社会学学会终身会员。——译者注

[4] 约翰·A·沃尔（1868—1924），美国劳工领袖。曾任玻璃瓶工人协会会长。——译者注

[5] 塔尔科特·威廉斯（1849—1928），美国新闻工作者和教育家。生于土耳其，父亲为公理会传教士。1873年毕业于阿默斯特学院后供职于纽约《世界报》、《太阳报》、《旧金山纪事报》和马萨诸塞州《斯普林菲尔德共和党人报》。1882—1912年任费城《新闻报》主编，1912年任约瑟夫·普利策设立的哥伦比亚大学新闻学院总监。1913年任美国新闻学教师联合会会长。曾主编《新国际百科全书》。——译者注

[6] 雷蒙德·B·福斯迪克（1883—1972），美国商人。曾在财政上支持伍德罗·威尔逊，1936—1948年任洛克菲勒基金会会长。——译者注

[7] 埃德温·F·盖伊（1867—1946），美国经济史学家。哈佛大学商学院第一任院长。1919年任《纽约邮报》主编兼社长，1922年组建一个辛迪加买下《纽约邮报》，1924年因财政困难而出售，同年他重返哈佛大学。——译者注

导　言

　　本书可以看作是《旧大陆特质的移植》（*Old World Traits Transplanted*）的续篇。这是因为，前书实际上是对移民在这个国家建立的移民社会及其文化机构的研究。而本书是对其中一个单独的公共机构——移民报刊——进行更为详细的调查。两书互为补充。

　　从许多观点来看，移民报刊界都能引发人们的兴趣，但是主要是从以下角度，即它的历史和内容揭示了移民的内部生活和他们在新文化环境中调整自己的努力。为了使这项调查能够忠实地反映这种生活，有必要从鲜为人知的多种渠道收集大量晦涩难懂的材料并研究人类生活的广泛领域。在收集和阐释这些资料时，产生判断上和事实上的错误是不可避免的。它不可能像作者准备时设想的那样完整和正确，但是尽管如此，在此展示出来的不完全的图景，也是许许多多不可能历数其姓名的人善意帮助的结果。

　　本书编者们感谢邮政部法务官威廉·H·拉马尔（William H. Lamar）允许查阅邮政部的外文报纸档案，感谢提供外文出版物的外语信息服务局（Foreign Language Information Service）、感谢美国外文报纸协会（American Association of Foreign Language Newspapers）

以及 N. W. 艾尔父子广告公司（N. W. Ayer & Son)①。

本书还向以下人士谨致谢忱：纽约公共图书馆犹太人部主管 A. S. 弗雷德斯（A. S. Freidus）、《前进报》（*Forward*）主编亚伯拉罕·卡恩（Abraham Cahan）② 和《犹太晨报》（*Jewish Morning Journal*）主编彼得·威尔尼克（Peter Wiernik)③；提供犹太人报刊信息的《俄罗斯言论报》（*Russkoye slovo*)④ 主编马克·维尔彻（Mark Villchur）和提供日文报刊资料的加利福尼亚日本人协会（Japanese Association of California）的志功草间（音译）(Shiko Kusama)。

但是，本书尤其要感谢威尼弗雷德·劳申布施（Winifred Rauschenbusch)⑤，她对本书准备过程中的帮助是无法估量的。

罗伯特·E·帕克
芝加哥大学
1921 年 10 月 11 日

---

① 艾尔父子广告公司是美国第一家广告公司，1869 年创立于费城，曾创造了许多经久不衰的广告语。1973 年迁往纽约，在经历了一系列兼并和重组后被法国公众集团收购，2002 年终止业务。——译者注

② 亚伯拉罕·卡恩（1860—1951），美国新闻记者、小说家。生于俄国，因沙皇迫害而逃往美国，曾就学于纽约法学院。1897 年到《前进报》工作。著有长篇小说《戴维·莱文斯基的发迹》和《白色恐怖与红色恐怖》、短篇小说集《进口新郎和其他故事》等。曾用意第绪文撰写两卷《美国史》。——译者注

③ 彼得·威尔尼克（1865—1936），美国报人。《犹太晨报》主编，美国犹太人联合分配委员会（American Jewish Joint Distribution Committee）执行委员会成员。——译者注

④ 创办于 1910 年，为美国历史最久、最大的俄文报纸，百年来一直致力于使它的俄裔读者适应美国的文化、历史和政治，帮助俄罗斯移民适应新国家的生活。——译者注

⑤ 威尼弗雷德·劳申布施（1894—1979），美国社会活动家、作家、社会民主派人士。奥伯林社会主义讨论俱乐部首任主席，曾任帕克私人秘书，著有《罗伯特·E·帕克：一名社会学家的传记》。其父为社会福音派运动中心人物沃尔特·劳申布施（Walter Rauschenbusch，1861—1918），其子理查德·罗蒂（Richard Rorty，1931—2007）是美国当代著名哲学家。——译者注

目 录

第二部分　外文报刊的内容

第三部分　移民报刊的自然史

第一部分
移民报刊的土壤

第一章　为何有一个外文报刊界？

　　在 1919 年的美国，各民族移民操持 43 或 44 种语言和方言。要准确区分语言和方言并非易事，例如，在意大利阿尔卑斯山区，当地人所说的拉亭语（Ladin）① 和罗曼什语（Romansh）②，可被认为既是方言，又是独立语言。实际上，拉亭语和罗曼什语都是古拉丁语的变种，与意大利语相比变异较少。而与拉亭语不同的是，罗曼什语今天仍然是一种正式语言，在格里松州（Grisons）③，它与德语和意大利语都得到官方承认。也有其他语言，例如已经死亡 2 000 多年的希伯来语，尽管仍然由犹太教的《塔木德》（Talmud）④ 学者所使用，但是产生了一大批现代文献，因此它现在在犹太复国主义运动（Zionist movement）⑤ 的影

---

① 瑞士东南部格劳宾登和奥地利西南部蒂罗尔的一种方言。——译者注
② 尤指瑞士东部和意大利北部方言。——译者注
③ 瑞士最大的州，位于该国东端。——译者注
④ 关于犹太人生活、宗教、道德的口传律法集，主体部分成书于 2 世纪末到 6 世纪初。全书分《密西拿》（即《口传律法典》）及其注释篇《革马拉》两部分，为犹太教仅次于《圣经》的主要经典。——译者注
⑤ 由犹太人发起的一种政治运动，也泛指对犹太人在以色列土地建立家园表示支持的一种意识形态。——译者注

响下，在美国和欧洲正经历着一场复兴。

> 希伯来语在犹太人中享有中世纪拉丁语在欧洲各民族中的那种地位。它是一种宗教和学习的语言。人们期望每一个犹太男孩熟习希伯来语，至少能用它来念读祈祷文。它是犹太民族的书面语，也是学者间的传播媒介。所有学者都能读，许多学者会说。有人提议在赎回他们的家乡之后，将希伯来语作为巴勒斯坦犹太人的语言。[1]

1905 年的《犹太人百科全书》（*Jewish Encyclopedia*）记载，各国有 1 059 种以各种文字出版的犹太人报刊，其中有 199 种使用希伯来文。

美国的许多小语种群体代表着欧洲那些被遗忘的民族，例如生活在捷克斯洛伐克南部边境的喀尔巴阡罗斯人（Russo-Carpathians）[2]、西班牙东部的反叛加泰罗尼亚人（Catalonian）和文德人（Wends）[3]。

方言和语言难以定义、统计的另一个原因是，在欧洲被认为是贫穷的城市地区，方言和语言以一种难以察觉的方式互相影响。这些区域往往是向跨种族交流和传播开放的地区。当一般人的谈吐既没有被学校教育强化、也不作为教会和报刊用语时，语言就分解为各种地方方言；谈话的差别被荡涤，最终消失了。

> （乌克兰的）农民们能够毫不费力地互相理解，虽然他们各自操着差别巨大的方言，有的方言融合了波兰语，有的融合了斯洛伐克语，还有的融合了俄语。一张录有黑海岸边的库班哥萨克人（Kuban Cossacks）[4] 民间传说的留声机唱片能为普热梅希尔（Przemysl）[5] 周边的人欣赏。虽然农民们知道他们的语言与大俄罗

---

① *Jewish Encyclopedia*，vol. ix.
② 喀尔巴阡罗斯过去属于捷克斯洛伐克，称鲁塞尼亚，苏联时代被吞并，称外喀尔巴阡乌克兰。——译者注
③ 中世纪德意志人对西斯拉夫人的称呼，即索布人。——译者注
④ 指居住在俄罗斯库班地区的哥萨克人。——译者注
⑤ 波兰东南部一城市，曾为俄国占领。——译者注

斯人（Great Russian）① 的有别，虽然大俄罗斯人在他们的村庄里
被当作陌生人，但也许可疑的是，他们的政治意识是否远远超越了
这一点。当他们被问及自己的民族时，除非受过知识分子的教导，　5
否则他们很可能轻率地回答说："信东正教的"②。

基于语言的人类交往

方言和语言之所以重要，是因为母语是人类协作和组织的天然基
础。世界大战使整个欧洲充满了起义民族的喧嚣，这充分证明了旧的政
治边界没有将所有同质的人口包括在内。另一方面，战争也揭示了，在
旧的政治边界内，欧洲是在语言及其保存的记忆和文化遗产的基础上被
组织起来的。同样明显的是，当其他的连接被打破后，语言和文化遗产
的连接依然存在。作为语言群体的民族，而不是种族，在欧洲分裂的过
程中获得了独立。

民族和语言独立于种族，这是显而易见的。事实上，一般人，
甚至历史学家口中的"种族"，都有其约定俗成的含义。至于种族
的科学含义，并不存在所谓的"拉丁人"、"凯尔特人"、"德国人"、
"斯拉夫人"③，甚至"雅利安人"或"高加索人"这样的种族。它

---

①　即俄罗斯人，因为旧时乌克兰被称为"小俄罗斯"。——译者注

②　Ralph Butler, *The New Eastern Europe*, 1919, pp. 133 - 134.

③　欧洲各民族和语言集团中人数最多的一支，其分布范围主要在欧洲东部和东南部，少
数居住地则跨越亚洲北部，远达太平洋地区。其语言隶属印欧语系，习惯上分为东斯拉夫人，
主要是俄罗斯人、乌克兰人、白俄罗斯人；西斯拉夫人，主要是波兰人、捷克人、斯洛伐克
人、文德人（或称索布人）；南斯拉夫人，主要是塞尔维亚人、克罗地亚人、斯洛文尼亚人、
马其顿人。保加利亚人虽然与匈牙利人同属混合族源，却讲斯拉夫语，因而常被划为南部斯
拉夫人。斯拉夫人的宗教信仰传统上分两个主要集团：一是东正教教徒，包括俄罗斯人、大
部分乌克兰人、少数白俄罗斯人、塞尔维亚人和马其顿人；二是天主教徒，包括波兰人、捷
克人、斯洛伐克人、克罗地亚人、斯洛文尼亚人、少数乌克兰人和大部分白俄罗斯人。这种
区别还可以进一步以前者使用西里尔字母，后者使用拉丁字母作为标志（不过乌克兰人和白
俄罗斯人都使用西里尔字母）。还有许多人数很少的宗教集团，如穆斯林、基督教新教徒和犹
太教徒。——译者注

们只是语言学的词汇，与身体特征并无关联。①

在美国，与在欧洲一样，语言和文化遗产比政治忠诚更能使外来人口团结一致。毕竟，讲同种语言的人们觉得住在一起更方便。

6　　　　在讲同一外语、聚居在乡村或大城镇的外国人或多或少有那么一种明显倾向，这种倾向诱发一种不可避免的宗族性（clannishness），这种宗族性不是哪个阶级特有的，因为移民自然地遵循着生存的最低准则。他们与自己认识的人、与自己语言相通的人和与能提供经验、建议和帮助的人交往。但是，瑞典人、挪威人和丹麦人凭借其英语能力、公共学校、文化上的归化和日益增加的财富，摆脱了宗族性，走向更广阔的社会联系。②

这种倾向导致了排斥，尤其是不同的民族间的互相排斥。在租户区，这种现象是很普遍的，但这种现象也在别处存在，例如得克萨斯州的乡村小镇。我在那里发现，德国裔人和波希米亚裔人构成了主要居住人口，但他们各行其道，如同水油般分离。他们有各自的公共学校，德国裔人的学校讲授英语和德语，波希米亚裔人的学校只讲授英语，而且没有得到官方（县或州，我不知道是哪一个）的批准。大部分以前在那里居住的美国人都搬走了。他们之间似乎没有摩擦，只是没有融合的愿望罢了。人们常常不禁想到，那些老住户搬走大概是因为他们开始厌烦这种外来人的气氛。③

移民报刊的规模

当我们仔细观察我们的大城市，会发现它是一个由众多小的语言群

---

① Leon Dominian, *The Frontiers of Language and Nationality in Europe*, New York, 1917. Introduction by Madison Grant, p. xvi.

② C. H. Babcock, "The Scandinavian Element, Religious and Intellectual Standpoint," in *University of Illinois Studies in the Social Sciences*, 1914, p. 111.

③ Emily G. Balch, *Our Slavic Fellow Citizens*, 1910, p. 410.

落和文化领地组成的马赛克,小群落互相分离又在更大的大都会生活圈
中相互依存。每一个小群落当然有某种协作或互助团体,很可能是教
会、学教,可能是剧场,但最有可能的是报刊。据我所知,在纽约市,
没有一个语言群体觉得自己不够格办一份印刷报刊或者某种期刊。

> 纽约市的阿尔巴尼亚人、亚美尼亚人、保加利亚人、华人、捷
> 克人、克罗地亚人、丹麦人、芬兰人、法国人、德国人、希腊人、
> 意大利人、日本人、犹太人、黎凡特①犹太人、列托人②、立陶宛
> 人、马扎尔人③、波斯人、波兰人、葡萄牙人、罗马尼亚人、俄国
> 人、塞尔维亚人、斯洛伐克人、斯洛文尼亚人、西班牙人、德国斯
> 瓦比亚④人、瑞典人、瑞士人、叙利亚人都有报刊。在战争开始
> 后,印度人和土耳其人的报刊才停办。还有希伯来文报刊,与其说
> 是一个语种的代表,不如说是一个阶级的代表。纽约的亚述人⑤、
> 比利时人、荷兰人、爱沙尼亚人、佛兰芒人⑥、挪威人、加泰罗尼
> 亚的西班牙人、乌克兰—俄罗斯人 (Uhro-Russians)、威尔士人和
> 文德人还在市外办有刊物。

虽然没有事实证明这是个值得称许的现象,但要指出,在美国,外
来移民对应的外文报纸、期刊出版和阅读量,要高于在自己国家同等人
口对应的报刊数量。有例为证:以下文章基于《俄罗斯言论报》(*Russ-koye Slovo*) 回收的读者调查问卷。

> 90%以上的俄国移民是农民和体力劳动者。根据 1910 年的人

---

① 指地中海东部诸国及岛屿,即包括叙利亚、黎巴嫩等在内的自希腊至埃及的地区。——译者注
② 居住在今日拉脱维亚和立陶宛等地的波罗的海人,构成拉脱维亚主要人口。——译者注
③ 即匈牙利人。——译者注
④ 德国西南部一个前公爵领地。——译者注
⑤ 居住在两河流域北部(今伊拉克的摩苏尔地区)的一支闪米特人。闪米特人起源于阿拉伯半岛的游牧民,相传诺亚的儿子"闪"即为祖先,阿拉伯人、犹太人都是闪米特人,或者更确切地说是与非闪米特人融合了的闪米特人。闪米特人在人种上有许多特点:长脸钩鼻、黑头发、多胡须、皮肤黝黑。——译者注
⑥ 即比利时的荷兰人,为该国两个民族之一。——译者注

口普查，14 岁以上俄国移民的识字率是 38.4％。但即便那些识字的人在本国也极少看报纸，更不用提戏剧了。大部分移民的家乡是俄国农村，那里既没有报刊也没有剧院。

据 312 份问卷显示，只有 16 人在俄国时经常阅读报刊；另外 10 人在沙俄时代的小行政区即乡村行政中心，间或读过报刊；有 12 人订阅周报。

在美国，他们每个人都订阅或阅读俄文报纸。他们中的 200 人是戏院常客，每个人都去看过电影。

他们中 25％的人还阅读美国的英文报纸。但有人说他们"5 个单词里面只认识 1 个"。其他人虽然买美国日报，但只是浏览一下标题。有一份问卷上写道："它们（标题）很好理解，而且你也知道了所有的新闻。"

大多数俄国读者对他们是否喜欢美国报纸的问题给出了否定的回答。有的人抱怨说这些报纸太本地化了。例如，威利曼蒂克（Willimantic）① 的一份报纸 90％以上的篇幅是有关本地的。对他们而言，威利曼蒂克的事件要比全国甚至全世界的问题还要重要。俄国读者习惯于即使在他们的省报上也要看到世界的情况。……总的来说，对问卷的回答描绘了一幅俄国人在美国获得文化胜利的图画。来自格罗德诺（Grodno）②、明斯克（Minsk）③、沃伦（Volyn）④ 的移民写道，在家乡时，他们拿报纸卷烟卷；现在他们变成期刊的经常读者。对报刊的兴趣引发了对图书、戏剧的兴趣，并且扩宽了他们对在美国的俄国人整体状况的认识。他不仅感到他自身的兴趣、家庭和交往圈子的兴趣离自己越来越近，而且祖国、旅居国家，进而整个世界的问题，也离他越来越近了。⑤

① 美国康涅狄格州东部一城镇。——译者注
② 位于今白俄罗斯西部涅曼河畔，为格罗德诺州的首府，邻近波兰、立陶宛边境。1920—1939 年属波兰，1939 年划入苏联白俄罗斯加盟共和国。——译者注
③ 今白俄罗斯首都。——译者注
④ 今乌克兰一州。——译者注
⑤ Mark Villchur, article in the *Russkoye Slovo*, New York City, June 10，1919.

基于情感和需求的人缘

外文报刊繁荣的原因不一而足。移民之所以如此热衷于阅读母语报刊，原因之一就是他们的祖国禁止他们这样做。他们要么不知道如何阅读；要么被禁止阅读；要么他们可能会读的刊物很无趣或很愚蠢。"被压迫的和依附的"欧洲人通常是不允许在本国出版报刊的。那些在本国就为出版和阅读母语报刊斗争过的移民，对在美国用母语出版的报刊一定会产生某种惆怅的感觉。

为什么移民在美国比在国内阅读更多，一个原因是他们需要知道更多事态的变动。而且在美国也有更多新奇的事物和更多的新闻。

新闻是人们在做调整以应对新环境时所需要的一种应急信息，人们靠它来改变旧的习惯，形成新的观点。艾米莉·巴尔奇（Emily Balch）[1] 小姐在她对美国斯拉夫移民的研究中指出，移民感到最无助的是，缺乏一个度量美国环境新奇性的标尺，从而也就无法据此做出调整。

他的无助使他成为骗子和贪污者掠夺的对象；移民官员做的所有事就是从移民上岸开始即让他们放任自流。当他一离开慈爱的埃利斯岛（Ellis Island）[2]，大规模的打击就开始了。供膳寄宿处的老板、可疑的招聘代理人、出售假冒服装的商人、敲诈勒索的出租车司机和快递工都使他困扰。无论从美国人还是斯拉夫人那里都可以听到各式各样的欺压的故事——矿场老板行贿以开采和分派好的矿脉，本应公正的官员滥用职权，因为抗拒不公正的收费和罚款被逮

---

① 艾米莉·巴尔奇（1867—1961），美国学者、作家、和平主义者。1946 年与约翰·瑞利·马特同获诺贝尔和平奖，因主持"女性争取和平和自由国际同盟"的工作而闻名。曾主编著名自由派意见杂志《民族》（*The Nation*）。——译者注

② 埃利斯岛，美国纽约市曼哈顿岛西南的一个小岛，曾是美国入境移民的主要检查站。——译者注

捕、消财免灾，等等。官司缠身的斯拉夫人被"讼棍"律师剥削，直到他们从经历中学到智慧。[①]

大多数移民在家乡是农民。在他们那个小而封闭的村庄，生活曾经是，而且至今仍然是固定而平静的。习惯和传统提供了日常生活应急所需的一切。行为建立在面对面关系的基础上——也就是谈话和邻里间的闲话。在美国，他们很可能成为体力劳动者，或多或少参与到我们现代工业城市喧闹的大都会生活之中。这里人们关系疏远，缺乏传统，人口流动快，所有事情都在变动之中，在这里，农夫抛弃了原来的习惯获得了"思想"。

最重要的是，在美国，移民组织起来了。他们的组织是他们的新需要和新思想的体现。他们成为社会主义者、民族主义者或者兄弟会的成员；他们阅读报纸，因为实际上每个移民组织都出版某种形式的报纸。

报纸紧密地与各社团联系起来，因此自身也获得了惊人的发展。在斯拉夫人中间，或许也在其他民族中间，本族语言报纸在美国的流通比在本国还广，因为在本国，被压迫民族的报纸受到政治上的种种阻碍……

当然，斯拉夫裔美国人报刊代表着全然不同的立场。许多报纸受教士们的指导，以教化为目的；有的是政治性报刊，其中一部分是工人和社会党报刊；有的则是作为某个社团的机关报。《和谐报》（*Zgoda*）属于后一类，它是全国波兰人联盟（Polish National Alliance）的机关报，发行55 000份；《兄弟会机关报》（*Organ Bratstva*）是 C. S. P. S.[②] 的机关报，它是由这个社团的最高机构出版的，向成员发售，每份每月 40 美分，每个月初刊登亡故名单和随后的财产评估……

有些出版物，尤其是月刊，属于文学评论；有的是连环画册；

---

① Emily G. Balch, *Our Slavic Fellow Citizens*，1910，pp. 418 - 419.

② 捷克人—斯洛伐克人保护协会（Czecho-Slovak Protective Society）的缩写。——译者注

有的则服务于特殊兴趣,例如《鹰报》(*Sokol*)①、波兰裔人的《和谐报》(*Harmonia*)②、《波兰裔农民报》(*Polsky Farmer*)和波希米亚裔人的《农民报》(*Hospodar*)。

　　芝加哥的《女报》(*Zenske Listy*)是一个女性协会的机关报,采编、印刷、发行都由女性负责。它不把篇幅花在"美容课"和"家务指南"上,而是致力于争取女性选举权和"改善职场女性的心理状态"。它有 6 000 个订户,面向全国的波希米亚裔上层女性和男性。③

外文报刊存在的另一个原因,是它在满足移民用自己的母语表达这一普通的人类愿望时所体现出的价值。我们中的大部分人使用的语言有两套词汇表。一个由惯用的、个人的和有表现力的词语构成。这是日常用语,狭义地解释起来相当于母语。另一个由更正式的、更准确的,但却不那么有表现力的词语组成。

　　与学习一个民族更具表达力的习惯用语相比,学习这个民族的正式语言要容易很多。因此,对大多数移民而言,他们的本国语永远是他们的母语。尽管他们学习了我们语言中的惯用语,并成为他们新的社会关系和记忆的储藏库,但是,他们早先的记忆是和他们以前的语言息息相关的,这也是为什么卡尔·舒尔茨(Carl Schurz)④毫无疑问地用德文而不是英文写作自传的第一卷。

　　民族语言是穷人的文学作品和民间传说,是他的历史和文化遗产,它反映了他对自己国家和外在世界的认识,这是他音乐和歌曲的储藏,是他祷文的仓库,是他座右铭的来源;在这里,他发泄自

---

①　波希米亚(捷克)裔人报纸。——译者注

②　Harmonia(哈耳摩尼亚)为希腊神话中爱与美的女神阿佛洛狄忒和战神阿瑞斯的女儿,腓尼基王子卡德摩斯之妻,象征和谐与秩序。——译者注

③　Emily G. Balch, *Our Slavic Fellow Citizens*,1910,pp. 383 - 384.

④　卡尔·舒尔茨(1829—1906),德裔美国报人、政治家。内战中曾任北方志愿军将军、1866 年任《底特律邮报》总编,1867 年任密苏里州圣路易斯的德文日报《西部邮报》两业主之一兼主编,其间聘用约瑟夫·普利策为记者。1867 年底到德国采访俾斯麦。1869 年成为第一个当选的德国裔美国参议员。——译者注

己的情感、期望和恐惧；在这里，他听到朋友的安慰和鼓励；也是在这里，牧师在他通往永生的道路上平抚他的心灵。他向自己的孩子教授这种语言，不是使用某种系统的教授法，而是在自然的学校里运用父母的影响力，当婴儿躺在他的怀里用小手抓他泛出皱纹的脸颊时，那婴儿就是他的学生。但在教他的婴儿和小孩语言时，他使他们成为一个拥抱过去和现在的王国的居民；他使他们继承先人的思想、智慧、想象和旋律；他给他们提供了一个媒介，通过它，他们可以继续和前人之间被打断的谈话，增进他们的智慧，迸发出妙语和诙谐的言词；所有这些都以一种亲切自然的方式进行，就像他们的祖先还居住在这世上，在他们耳边对他们唱着歌谣，重复着至理名言。①

13　　只要这个国家还存在着对种族和民族主义有共同兴趣的人，他们就会通过报纸以他们独特的视角来阐释事件。因此在美国，爱尔兰人、犹太人和黑人都有用英文出版的报刊，更不用说其他种族了。加拿大、路易斯安那州和各大都会都有法文报刊。西班牙裔美国人、南美裔人和墨西哥裔人都用西班牙文出版报刊。报刊成为言论机关。每个群体都有自己的报刊。

---

①　Rev. P. S. Dineen，*Lectures on the Irish Language Movement*，1904，p. 12.

第二章　移民报刊的欧洲背景

美国的移民大量来自欧洲，这些移民主要是农民，在本国从来没有*14*
见过图书、报纸，或者其他用自己熟习的日常口语印刷的阅读材料。这
都是真的，因为书面语是知识阶层的语言，和村野日常用语差别很大。
有势力的统治阶级要么把发展出一套标明其强势的种族语言标准当作他
们学术的兴趣，要么用自己的语言作为书面和官方交流的工具。

为了达到政治上的统一，统治阶级已经有意识地培养起了后一种垄
断的形式。许多例子表明，当被统治的人们试图用自己的语言出版图书
和报纸时，征服者总是强制性地制止这种努力。有两种情况：其一，一
种书面语言建立起来，成为统治阶级独享的财富；其二，报刊对于大多
数人而言是无法理解的。这两种情况的结果是一样的。

智识发展和阅读习惯

除自己说的语言以外，一般人很少掌握其他语言。当他在学校学习 *15*
的书面语言和他的日常语言相差太大时，他就很少阅读。当图书或者报

纸是用一种与他日常生活完全不同的语言印刷时，很可能他根本就不去读它。

当一个人不阅读时，他只能通过言谈了解他人的想法。如果一个大区域的人们都缺乏阅读习惯，那一般人就很少有机会了解外面世界的情况和观点。他的思想就会被禁锢在他的教区或社区。智识的退化是毫无疑问的。

书面语和口语的分殊

无论何种语言，书面语和口头语、学校和市集使用的语言都有清楚的区分。每个人都能看到区别的存在，但是很少人能感知到这种区别的程度，或者明白它实际上的重要性。最近，有一名作家唤起人们对一个事实的注意，即一般美国人不仅不会说书面语，而且他们对"一般政治演说家和神职人员的言论"只能听懂三分之二强。

　　　　到这个国家的任何一个地区，北部、东部、南部或是西部，你能找到许多他的弟兄［也就是像约瑟夫·雅各布斯（Joseph Ja-cobs）①那样的普通美国人］——费城的司机、纽约东区的第二代移民、匹兹堡（Pittsburgh）的铁匠、圣路易斯（St. Louis）的街角杂货店老板、亚特兰大和新奥尔良的小公务员、堪萨斯州和肯塔基州的小农场主、俄亥俄州的造房木匠、芝加哥的锡矿工人和水管工——都是真正的美国人、平凡的移居美国者。这些标准的美国人勉强懂英语。他们能够阅读——除了那些"难词"——其中90％是源自希腊文和拉丁文的词汇。也许他们能够理解政治演说家和神职人员三分之二的言论。他们感到，这些言词比自己平时的言谈晦涩难懂。他们体会到这种言词是一个"聪明"和"受过教育的"人、

16

---

　　① 约瑟夫·雅各布斯（1854—1916），美国学者、作家。生于澳大利亚，执教于纽约市犹太神学院，著有许多研究犹太人历史的书籍，编辑出版《犹太人百科全书》。——译者注

一个"有说话天赋的"人的显著标志。但他们自己从不说这种语言，也不试图去说它，也不赞赏他们的伙伴学习这种语言的努力。[①]

一般人不能完全理解这些"自以为有高度文化修养的人"的言谈，也许是正在讨论的问题对他们而言太过深奥了。而且这些自以为有高度文化修养的人也有可能未必全然理解自己在说什么。然而在大多数情况下，一般人之所以不能理解，是因为他们不像那些学者一样讲这种语言，正如没有人能完全理解一种他平时不讲的语言。这种联系让人觉得有趣和重要的一点是，无论在美国书面语和口语之间的差距有多大，它都比世界上任何一个地方的差距要小。

再没有一个国家能够在扩展和完善艺术方面做出如此真诚的努力，这不仅体现在印刷，还体现在出版和公共宣传方面。不仅报刊的文字更简单、直接和尖锐，比任何国家都接近市井语言，而且书面语和口语的区别也在稳步下降，尽管"这个国家最典型的文学作品还是刊登在《大西洋月刊》（*Atlantic Monthly*）上优雅的小品文"[②]。

《星期六晚邮报》（*Saturday Evening Post*）和类似杂志的巨大发行量表明了书面语接近口语的倾向（见表 2—1）。 *17*

表 2—1　　　　　　　　　　发行量逾百万的杂志[③]

《针匠杂志》（*Needlecraft Magazine*）	1 003 832
《农场杂志》（*Farm Journal*）	1 015 791
《女性世界》（*Women's World*）	1 018 448
《大都会》（*Cosmopolitan*）[④]	1 021 037
《美国杂志》（*American Magazine*）	1 038 422
《柯里尔周刊》（*Collier's Weekly*）	1 064 294
《女性家庭之友》（*Woman's Home Companion*）	1 085 360
《舒适》（*Comfort*）	1 197 410
《麦考尔》（*McCall's*）	1 201 386

---

① H. L. Mencken, *The American Language*，1919，pp. 185 – 186.

② Ibid.，p. 305.

③ Census of manufacturers，1914，Vol. II，p. 653.

④ 1868 年创刊，1900 年发行量达 85 万份，后来变成时尚杂志，当今中文版名为《时尚》。——译者注

续前表

《巴特里克三姊妹刊》(*Butterick Trio*)①	1 411 839
《图片评论》(*Pictorial Review*)	1 605 301
《妇女家庭杂志》(*Ladies' Home Journal*)	1 822 577
《星期六晚邮报》(*Saturday Evening Post*)	2 020 930
《美国周刊》(*American Weekly*)(星期日杂志组)	2 395 246

1. *American Newspaper Annual and Directory*，1920，N. W. Ayer & Son.

表 2—2 显示了日报数量的增长幅度赶不上发行量的增长幅度，表明越来越多的读者对现有报刊产生了兴趣。

表 2—2 　　　　　　日报总发行量：1904、1909 和 1914 年②

年份	数量	总发行量	平均发行量
1904	2 452	19 632 603	8 006
1909	2 600	24 211 977	9 312
1914	2 580	28 777 454	11 154

18 　美国人中"自以为有高度文化修养的人"的言谈和"教养浅薄的人"的言谈相对细微的区别来自于人们不同经历和兴趣的倾向，要么是地域因素，要么是职业因素使他们产生了不同的讲话方式。发展到极端，这种倾向首先造就了方言，后来又产生了不同的语言。

在美国，实际上没有方言，这也是这个国家的独特之处。

吉尔伯特·M·塔克（Gilbert M. Tucker）③ 说："在语言方面，合众国与大不列颠重要的区别在于，我们这里没有方言。""我们现在和过去有的县就有大不列颠那样大，"另一个美国观察家说："在我们的有些州，英格兰可能是不存在的。除了外国人，在我们 4 039 000 平方英里的领土上，美国人的言谈没有什么差别。来自得克萨斯州、缅因州、明尼苏达州、路易斯安那州或阿拉斯加州的

---

① 指美国裁缝、发明家、制造商和时尚业经理人埃比尼泽·巴特里克（1826—1903）创立的巴特里克出版公司推出的三份女性时尚杂志《裁制》(*Delineator*)(1873—1937)、《设计师》(*Designer*)和《新理念女性杂志》(*New Idea Woman's Magazine*)(1896—1912)，知名小说家西奥多·德莱塞曾在 1907—1909 年间任总编。——译者注

② Census of manufacturers，1914，Vol. II，p. 653.

③ 吉尔伯特·M·塔克（1847—1935），美国新闻工作者，曾在纽约州首府奥尔巴尼主编《耕者》(*Cultivator*)和《乡绅》(*Country Gentleman*)。——译者注

代表聚集在此处，无论来自什么行业，他们都能相互理解。无论走到这个国家 75 000 个邮局中的任何一家，我们买张邮票或者借根火柴，都完全相信别人能听懂我们的要求。

别的国家都没有如此一致的语言，或者接近这样——加拿大也不能，因为那里有很大一部分人抵制学习英语。彼得格勒（Petrograd）① 的市民难以听懂来自乌克兰的小俄罗斯语（Little Russian）②；意大利北方人几乎听不懂西西里语的对白；对慕尼黑（Munich）而言，来自汉堡（Hamburg）的低地德国人是外国人；布列塔尼人（Breton）③ 在加斯科涅（Gascony）④ 有语言障碍。即便是在联合王国，也有很大的不同。《新国际百科全书》（*New International Encyclopædia*）说："我们记得，英格兰各种方言有明显区别——确实明显，以至于我们都怀疑兰开夏郡（Lancashire）的矿工和林肯郡（Lincolnshire）的农民是否可以相互理解——我们感到骄傲的是，严格说来我们辽阔的国家只有一种语言。"⑤

语言差异的自然发展

在许多地方，书面语和口语的区别成为许多种族的重大阅读障碍。报刊语言往往是经过规范化的母语。 *19*

在希腊，各学校正在开始教授口语。另一方面，书面语是很少说的，正如恺撒（Caesar）时代的意大利人很少说拉丁语那样。有人试图将日常用语变成正式语言，但对古代言谈方式的敬畏使得这种努力迄今看来还是不爱国的。1901 年 11 月，雅典大学学生发动反政府起义，因

---

① 即圣彼得堡，1914 年易名彼得格勒，1924 年起改为列宁格勒。——译者注
② 小俄罗斯是 20 世纪前的旧地名，今属乌克兰，生活在那里的人被称为小俄罗斯人。——译者注
③ 法国西北部布列塔尼半岛上的居民。——译者注
④ 法国西南部一地区。——译者注
⑤ H. L. Mencken, *The American Language*，1919，pp. 20 - 21，*passim*.

为根据王后①的建议，教会当局冒险用方言出版了《圣经》。

希腊之所以保护独特的正式语言，很可能不是出于单纯的爱国情怀。现实的原因是，希腊方言之间的区别很可能比欧洲任何一个语言群体都要复杂。在这种情况下，尽管人们从来不说书面语，但它是受教育阶层交流的媒介。尽管人们来自不同省份，方言的差异使他们不能相互理解，但应该记住，战前在 1 000 万表示效忠希腊的公民之中，只有250 万住在希腊本土。② 书面希腊文所起的作用，就像中世纪拉丁文在欧洲和希伯来文在犹太人中的作用。它是学习和书面论述的语言。

20　　　一种语言用于"写"而不是"说"，中国提供了一个经典例证。在中国，不同省份的口语差异是如此之大，以至于为了使这些来自这个辽阔国家各个地区的代表能彼此理解，一个本土基督徒会议不得不用英语来进行。1910 年 6 月，中国政府批准了国子监③的一项建议，将英语列为科技教育的官方语言。

在中国，情形的复杂还不仅于此。它的书面语，尤其是古文，采用极简练而正式的文体，只有学者才能掌握。一般认为，即便对受过教育的中国人而言，如果只是依照书本朗诵出来，尽管它在文字上没有特殊的风格，也是让人费解的。一个说书人不得不把故事转译成口语才能让他的观众接受。

中国也有文学觉醒或者相应的东西。在欧洲，觉醒的产物是铸就为人们所能理解的语言的文学。在中国，这种觉醒采取了改造书面语使之用于通俗报刊的方式。

汉语文体的演变经历了古典的和报刊的两个阶段。现在，它正进入另一个阶段，即白话文阶段。大约 25 年前，古典文体④让位于报刊文体⑤。虽然必须清楚说明的是，后者还是带有前者的色

---

① 指希腊王后奥尔加（1851—1926），俄国沙皇尼古拉一世之女。——译者注

② See Charles Vellay, " L'Irredentisme Hellenique," in *La Revue de Paris*, 1913, pp. 884 -886.

③ 我国元、明、清三代国家管理教育的最高行政机关。——译者注

④ 即文言文。——译者注

⑤ 应该指梁启超为代表的"时务文体"。——译者注

彩，而前者仍然在使用，尽管使用范围缩小了。报刊文体和古典文体的区别在于动词、介词和连词的使用频度不同，导致文体简化和典故减少。报刊文体引入之初，受到旧文人的鄙视，但是由于大众欢迎，它在短期内获得了无上的地位。白话文出现在大约两年前，一群中国青年和几位留美学生意识到以简单语言为手段普及教育的重要性，试图将口语转变为书面语，以此来进行文学革命。当然，在此之前口语已经可以书写出来，但是只限于相对没受过多少教育的一小部分人。它未经雕琢，文体粗糙。革新派，即文学革命者对白话文满怀期望，努力把它塑造得优美而文雅，除了它，没有任何一种中国文学，或其他什么文学，能够得到这样的尊重和拥有这样永恒的价值。用白话文出版的杂志如雨后春笋般涌现出来；全国知名人士也表示支持。有些著名支持者被政府关进监狱，文学纷争的结果还有待观察。

　　……笔者认为，白话文文体现在看来也许是不雅的，但是假以时日，通过年轻文学天才们的妙笔，会成为简洁、有表现力、高贵和优美的书面语。①

有时，文学领域会被外来征服者的语言所垄断。古罗马先在意大利，后在各行省推行胜利了的强势民族的语言，拉丁语在欧洲处处可闻。无论征服者在哪里，在强加和平与秩序的同时，也强加了他们的语言和文化。古罗马的中心势力聚集在大城市，帝国政府的法律和法令在这里发布出去，被征服部族的贡品进贡上来。随后是一连串小胜利，统治者占据了其他城市。统治者的语言成为官方用语、正式语言、商业和宗教活动的媒介，成为通向官场和特权的唯一道路。

　　……在高卢的罗马官员鼓励和奖赏对拉丁语的掌握和对罗马文化、习俗和仪态的习得。由于古罗马政府非常明确的政策，土生高卢人即便在恺撒时代也能担任要职。高卢—罗马人（Gallo-Ro-

---

① Jennings P. Chu, unpublished paper on "The Development of the Chinese Language."

man)① 担任官职的数量迅速增加，其影响的稳步发挥有利于促进这种对罗马文化的习得。高卢人之所以学习其征服者的文化和行事方式，还有一个更具吸引力的动因，那就是被雇佣的前景，或者说政治特权，以及古罗马帝国本身的荣誉。在外交上受到如此的压力，在高卢到处可见古罗马商人、教师、哲学家、律师、画家、雕塑家和追逐职位的政客。整个城市中，学习拉丁语及其语法、文学和演讲术成为热潮。拉丁语成为各行各业成功的象征。②

拉丁语就这样成为西欧的学习和宗教用语。稍晚些时候，法国人、不列颠人、德意志人和新近的俄罗斯人，都以同样的方式将他们的语言传递给他们政治势力范围内的人们。但是，除了在城市，这些入侵的和殖民的语言并没有取代本地言谈的方式。在城市以外，旧语言和相对原始的文化仍然存在。结果，在今日欧洲的广大区域，城里人使用一种语言，乡下人使用另外一种。这在很大程度上反映了挪威的真实情况。

23　　　　尽管挪威在1814年脱离了丹麦，但是代表了更具活力和受教育的丹麦人的丹麦语仍然是官方语言。由于这两个国家长达四个半世纪的合并，丹麦语成为整个挪威知识发展的媒介。但是语言的入侵也伴随着丹麦语的显著改进。挪威人的语调和发音清晰度适应了这种语言，今天讲的挪威—丹麦语逐渐开始得到使用。

　　然而，这种混合语言没有取得压倒性的胜利。根据区域估算，大约95%的挪威人分别操从古代挪威语中演化出的不同方言。挪威—丹麦语也叫里克斯莫尔语（Riksmaal）③，是有教养的上流社会的语言，也是外国人在挪威必然要学习的语言。这片土地上的语

---

① 罗马帝国统治下的（西欧古国）高卢人。——译者注

② *Encyclopædia Americana*，vol. ii，1918，p. 646.

③ 由经过逐渐改造的丹麦书面语发展而成的挪威书面语。1917年以来，挪威书面语存在着两种不同的规范：布克莫尔语和新挪威语。布克莫尔语的前身称里克斯莫尔语，指丹麦—挪威联盟时期（1380—1814）在书面丹麦语的强烈影响下形成的一种丹麦—挪威混合语。——译者注

言，也就是挪威人所谓的挪威语，要比丹麦语或者瑞典语具有更单质的优点。①

在波森（Posen）② 和波罗的海诸省，德意志人占据了城市，拥有大片土地；波兰人、列托人和爱沙尼亚人代表了农民阶层。在特兰西瓦尼亚（Transylvania）③ 和斯洛伐克，马扎尔人主要住在城里，罗马尼亚人和斯洛伐克农民则待在乡下。在立陶宛和（西班牙）加利西亚省的东部和南部，波兰人是城里人，代表了该省的知识阶层，立陶宛人和鲁塞尼亚④人，即小俄罗斯人生活在农村。土耳其人在 1912—1913 年的巴尔干战争之前一直占据着城市，而保加利亚人和塞尔维亚人则构成了农民阶层。在爱尔兰，同样的情形在早些时候出现，威尔士人和苏格兰高地人分别充当了这两种不同的角色。凯尔特语（Celtic）⑤ 在乡下，尤其在高地被广泛使用，在城里则鲜有所闻。

> 威尔士各郡的居民分为两个在人数上不均衡的阶级：一个是地主阶级，他们是贵族，大多数人只说英语，与英格兰的相似阶级来往，因同样的动机行事，有着同样的偏见；另一个是农民阶级，他们以种地为生，习惯说威尔士语，保有早期文明的人生观、思想和传统，性格活泼，富于想象，行动迅速，热情投入音乐和乡村事务……
> 作为一个阶层，威尔士农民和他们的家庭很有可能在被征服之后（在威尔士的宗教和语言复兴之前）在智识上鲜有提高。我们拥有的所有证据表明，他们中很少有人能读会写，而且我们很清楚教

24

---

①　Leon Dominian，"Scandinavian and Baltic Languages," in *The Frontiers of Language and Nationality in Europe*，1917，p. 98.

②　即今日波兰城市波兹南。——译者注

③　旧地区名。指罗马尼亚中西部地区。居民除罗马尼亚人外，其余多为马扎尔人。11世纪末成为匈牙利王国的一部分，1867 年归属奥匈帝国，1920 年归罗马尼亚。——译者注

④　今日乌克兰西部一地区。——译者注

⑤　属印欧语系，包括爱尔兰语、苏格兰盖尔语、马恩岛语、威尔士语和不列颠语等。——译者注

> 育的提供也是非常少的。[①]

这种情况的重要性在于，尽管被征服民族的语言最终还是存续了下来，它直到最近也还是作为一种口语保存的。随着文学的发展，它才被列入官方语言。

这通常是自然发展的结果。统治者在所有政府部门都使用他们的语言。他们建立学校，这个过程也是在建造者的语言指导下进行的。他们拥有雄厚资财和足够的闲暇以潜心于学习和艺术。他们的经济和社会声望使那些对文化和职权雄心勃勃的本地人汗颜。在这些或多或少去民族化（denationalized）的人们中间的那些高贵和受过教育的阶层，看待他们的种族语言就像英国人看待伦敦腔那样——如果不是低人一等，也是出生低微的标志。直到上世纪中叶，一个受过教育的波希米亚人和马扎尔人[②]还会犹豫，到底要不要在布拉格（Prague）或者布达佩斯（Budapest）街头使用他们从本土流传下来的语言。这很有可能被看作出身
25 农家的标志。

压迫导致的永久裂痕

到目前为止，一切顺利；但是如果臣服的种族变得难以控制，如果民族意识和想拥有自己报刊的愿望表现出来，统治者就用铁腕来压制他们的母语。尤其是在非常明确的政治和种族实体作为征服者的现代，在学校、报刊或者教堂的讲道坛使用本土语言是被法律禁止的。这个政策是为了保护胜利果实和促进政治团结。

> 直到1906年，立陶宛还只有乡村学校，在那里民族语言不仅作为教学语言而使用，甚至有人加以研习。一些较富裕的立陶宛人

---

① John Rhys and David Brynmor Jones, "The Religious Movement," in *The Welsh People*, chap. x, pp. 470 - 471.

② 即匈牙利人。——译者注

把子女送进库尔兰（Courland）① 的列托人学校，但是在 19 世纪早期，这种现象停止了。

从 1864 年到 1905 年的 40 年间，在立陶宛禁止用拉丁文印刷；政府出版社将使用西里尔字母②印刷的教科书和祈祷书提供给立陶宛的乡村学校和教堂。但是，人们不得使用"分裂教会的"（schismatic）的词典和语法；俄国警察的大搜查制造了丑恶可耻，有时是荒谬的场面，尽管如此，传统的拉丁文图书仍然比比皆是，它们在普鲁士印刷，走私入境；近年来又有了来自美国的立陶宛文印刷机印刷的图书。③

在乌克兰、俄属波兰和波罗的海诸国，各民族语言以在立陶宛的同样方式被禁用了。但是俄国人的专制是愚笨、和善、无效率的制度，只要承认它的权威，总能达成某种协议。结果是边境省份的许多人们阅读并保持了自己的民族语言和正式语言。他们的读物是非法的，这一点更增加了他们的阅读兴趣。

然而，德国的情况却不同。那里的专制是有效率的；它所施加的查禁如果说在形式上不那么严厉，实际上却是更有效的。1872 年，俾斯麦（Bismarck）在波森开始实行他的德语化新政策。他发布法令，德语必须是波兰学校的教学语言。同时，他指示警察制止任何用德语以外的语言进行的集会。这些政策马上招致了暴力抵抗。在德属波兰诸省，到处是骚动和暴乱。可以想见，这又导致了使用更严厉的手段。到 1906 年，事态发展到有人组织了一场 15 万学童参加的罢课。他们拒绝用德语回答问题。整个事件名声远播。博学的德国教授们进行了大量研究和调查，围绕此事件写出了一系列专著。

---

① 今日拉脱维亚西部的一个旧地名。在 16 世纪到 18 世纪期间，库尔兰地区曾经存在一个由波罗的海的德国人建立的小国库尔兰公国。18 世纪后，库尔兰先是一度被瑞典占领，后又成为俄罗斯帝国的一部分（库尔兰省）。现在的库尔兰是拉脱维亚的一部分。——译者注

② 9 世纪时由圣西里尔创制，系俄语、保加利亚语等斯拉夫语字母的本源。——译者注

③ Ralph Butler，*The New Eastern Europe*，1919，pp. 57 - 58.

种族身份的缺失

语言被禁止或替换掉的民族在文化上和政治上就不存在了。

当芬兰在 1808 年从瑞典转归俄国时，沙皇亚历山大①（Tsar Alexander）觉得他所吞并的是瑞典的一个省。文化是瑞典的，宗教是瑞典的；当他访问这个国家时，国会用瑞典语问候他。他被告知，农民们说的是自己的粗鄙语言；否则他一定以为这是瑞典的一种方言。他对此不感兴趣。那个时代很少有人对此感兴趣。②

在某些方面，立陶宛 50 或 60 年前的情况比较特殊。如同其他非斯拉夫民族一样，她受俄国泛斯拉夫主义的影响约有半个世纪之久，已经完全俄国化了。50 年前，很少有人区分立陶宛和波兰。政府的目的就是使立陶宛成为波兰的一部分。贵族都是波兰人；而俄国政府此时最要注意的就是贵族。在科夫诺（Kovno）③、维尔纳（Vilna）④ 和苏瓦乌基（Suvalki）⑤，受过教育的人从不说立陶宛语言。报纸是波兰文的。大学用的是波兰语，直到它们被俄语化。维尔纳大学在它还存在的时候使用波兰语，而它在 1830 年第一次波兰人起义⑥若干年后被俄国政府查封。如果没有教士，对书面立陶宛语的记忆可能已经失去了。⑦

从 1876 到 1905 年，再从 1914 到 1917 年，任何用乌克兰文出

---

① 指亚历山大一世（1777—1825），俄国历史上最著名的沙皇之一，1801—1825 年在位。他由祖母叶卡捷琳娜二世抚养，父亲保罗一世被暗杀后即位。——译者注

② Ralph Butler, *The New Eastern Europe*，1919，p. 8.

③ 今名考纳斯，立陶宛第二大城市。——译者注

④ 今名维尔纽斯，立陶宛首都。——译者注

⑤ 苏瓦乌基为波兰东北部城市。——译者注

⑥ 指 1830—1831 年沙俄统治下波兰争取民族独立的起义。1830 年 11 月，俄军中的波兰士官发动起义并取得华沙民众的支持。起义军曾在华沙建立独立政权，翌年 9 月在俄军镇压下失败。——译者注

⑦ Ralph Butler, *The New Eastern Europe*，1919，pp. 56 – 57.

版图书、进口图书、表演戏剧、演讲和布道的行为都是被禁止的
（实际操作上不时有所缓解）。从乡村学校到大学，所有教育机构都
使用俄语。受过教育的阶层有一大部分，可能是大多数，只有对佣
人或农民才会说乌克兰语。官员、军队、贵族和高级教士这些社会
较高阶层大部分都去民族化了。去民族化更大程度上也波及城镇里
的下层。即便是在乌克兰语普遍使用的乡村，乡村贵族、超过任期
的非委任官员、乡村官员、回到老家的前城镇工人构成了一种或多
或少俄语化的元素。大多数农民都能很好地理解一个讲俄语的
人——如果他们愿意的话；这是因为虽然许多人从没有上过学，更
多的人虽然上过学，但是已经忘了在学校两年里学过的东西，大多
数人在军队服役时重新学会了他们已然忘却的东西。[1]

读写能力受阻

　　虽然民族文化的缺失或压抑，可能会使这世界缺少些有价值的艺术
贡献，但是却不会阻止本地人的智识发展，如果他们能够吸收另一个民
族的文化并把它据为己有。欧洲的征服种族们预计，如果他们查禁所有
母文出版物和禁止在学校使用母语，本地人会接受他们的文化。他们预
计那些在学校学习他们的语言，在成长过程中读他们的图书和报纸，吸
收了他们观点的本地孩子，会从他们的角度看待生活，这将会使他们政
府的问题大大简化。

　　这项政策只对那些人数很少的种族起作用，对他们而言最首要的是
智识的发展。聪慧的人以牺牲种族身份为代价保证了教育；而一般人，
虽然他去了学校，但没有受到教育。

　　学生和知识分子，寻求着更广阔的视界，超越种族孤立的狭隘界
限，由此放弃了自己祖先的传统以获取对生活更广阔的认识。

---

[1]　Ralph Butler，*The New Eastern Europe*，pp. 132 - 133.

28

即便一名斯洛伐克人是为了教职而学习，他也必须上马扎尔人的神学院，在那里，任何对这个未来人群的语言的学习被看作是开除的依据。结果自然是，任何一个斯洛伐克人要想在小学之后继续他的教育，无论是宗教的还是世俗的，他都必须接受纯粹的马扎尔式训练，然后部分通过同化，部分通过谨慎的考虑，逐渐成为一个马扎尔人，而且如同大多数皈依者，他们并没有显示出高于对国王的忠诚（*plus royalist que le roi*）。这样，通过持续地失去最有才能和志向之士，斯洛伐克人失去了天然的领导者。①

一般的儿童受到的教育很少，尤其是一般农民的孩子。他从来没有学会如何把官方语言读得流畅；他离开学校后很少或者根本没有再听过官方语言，自然他也从不读它。征服者没有把自己的文化强加给被征服者，他们切断了被征服者和通过书面文字传承的所有文化的联系。

教学语言不是口语所造成的后果在这里得到了绝佳的证明。

从爱尔兰人和威尔士人的例子中可以看到，本地语转化到英语的过程常常伴随着智力的退化，这种退化不是单纯因为从一种语言转化为另一种语言，而是因为新的语言从来就没有被完全掌握过。

在从一种语言转化到另一种语言时，人们可能遭受着精神痛苦：他们和他们那些继续说着威尔士语的同胞们中发生的宗教运动以及其他运动之间的联系被切断了，而与此同时，他们语言上的变化又不能使他们融入诸如英格兰文化这样的氛围。这里我们可能要引述一位专员在 1846 年关于威尔士教育的报告，他写道："随着威尔士语周日学校（Sunday School）② 影响力的下降，居民的道德退化也更明显了。这在临近英格兰边界的地区是显而易见的。"在威尔士，人民承认这在某种程度上反映了他们的状况，但是很难说情况究竟如何……

通常……乡村地区的孩童在他们能够掌握英语、也就是能自由

---

① Emily G. Balch, *Our Slavic Fellow Citizens*，1910，p. 111.

② 指星期日对儿童进行宗教教育的学校。——译者注

舒适地用英语会话之前就离开了学校。他们中只有极少数人能掌握双语，因为他们习惯性地用威尔士语进行各种活动，家庭的、社会的和宗教的。他们至多保留着一些在学校学会的英语，或者足够以平实的词汇回答别人提出的简单的问题。①

用一种父母不使用的语言来教育儿童的困难，在农村地区更明显，在那里，人们从来不，或者极少使用学校用语，而在城市里，虽然教育用语和母语不同，但仍然是家庭以外日常对话的语言。

推行一种异于家庭和本地社区的外来语的困难，早在1824年就在基督教知识宣传协会（Society for Propagating Christian Knowledge）的理事报告中指出了。在提到对苏格兰高地人的教育工作时，报告写道：

> 在人们的头脑中，常常对作为一种学校语言的盖尔语（Gaelic）② 存在一种普遍的偏见——这种偏见最充分的体现是，甚至年长的人自己从不使用其他语言。但这些可怜的人的思考没有使他们足以认识到事情的真相，即只要他们的孩子除了盖尔语就不会说其他语言，那么他们保存几年对僵死和无意义的英语词汇的记忆也只是浪费时间和完全徒劳的。③

很明显，高地人根据常识认为，既然当时没有盖尔语文学，那么就没有理由让他们的孩子学习阅读盖尔语。

一些年后，诺曼·麦克劳德博士（Dr. Norman Macleod）④ 更加正

31

---

① John Rhys and David Brynmor Jones, "Language and Literature," in *The Welsh People*, 1913, chap. xii, pp. 527, 529. 只有考虑到威尔士人在周日学校里学习这一事实，对周日学校的影响的引用才显得如此重要。

② 包括苏格兰盖尔语、爱尔兰盖尔语在内的一个语族。苏格兰盖尔语（亦称苏格兰凯尔特语）是苏格兰最古老的语言，公元3世纪前后首先出现于苏格兰。5世纪罗马结束对英国统治后，盖尔语已成为苏格兰大多数人使用的语言。19、20世纪盖尔语逐渐被排斥出苏格兰学校教育和公众生活领域。——译者注

③ *The Teaching of Gaelic in Highland Schools*, published under the suspices of the Highland Association, London, 1907, p. 7.

④ 诺曼·麦克劳德（1812—1872），苏格兰牧师和作家。——译者注

面地表述了真实情况。

"据我们所知，在这世上除了高地，没有一个地方在学习母语之前就学习外语的。在低地，如果有人试图在他的孩子没有掌握母语之前就教他拉丁语或法语，而且把它们作为学习母语的工具的话，人们一定认为这个人发疯了。但在高地，这已经沿袭得太久了，而且鲜有好处。"①

苏格兰的情况与波森、立陶宛、库尔兰、乌克兰和世界大战前其他地方并非完全不同。但是，它们有一个重要的区别。苏格兰高地的盖尔人虽然自然地保持他们本身的语言和文化遗产，却一直在渴望学习让他们认为自己是其中一员的国家的语言。在主导群体和少数群体互相敌视的地方，推行外语教育——至少对本社区的人们来说是外语——的困难自然就增加了。

斯洛伐克人起而反对在他们身上实行的非常激烈的马扎尔语化措施，这些措施在德意志和俄罗斯都没有实行。他们说："为什么马扎尔语没有什么可读的东西，我们却还要学习它？"

与大多数斯拉夫人一样，斯洛伐克人是极端顽强的，他们以感情为基础，在行动上反对马扎尔化的政策。他们虽然很少使用自己的语言，实际上他们的语言却打开了他们通往斯拉夫世界的门户，这个世界包括俄国人（我们已经看到了他们真的是流浪者）。同样还有德国人，他们其中一大部分说的语言是商务和文化重要的媒介。"但是，"他们说，"马扎尔语给我们的孩子什么？他们从学校出来，大多数人不能真正掌握马扎尔语，同时他们对自己的母语一无所知，因为不允许他们学习如何用母语阅读和写作。这造成了我们人民中的人为文盲率。在美国，我们的人学习阅读斯洛伐克语，回来还可以阅读报纸。"②

---

① *The Teaching of Gaelic in Highland Schools*, published under the suspices of the Highland Association, London, 1907, p. 7.

② Emily G. Balch, *Our Slavic Fellow Citizens*, p. 110.

对德意志人和俄罗斯人将他们的语言强加给那些被征服者的行为的最严厉的批评莫过于说这些努力根本没有成功。如果成功了，当地人应该会掌握一种语言，这种语言可以让他们接触欧洲一般文化。但是，我们根本不能指望列托农民或爱沙尼亚农民在库尔兰的乡村学校学到的德语可以打开在德语中累积和保存的欧洲文化宝藏。

相反，对农民实行俄语和德语教育可能关闭了他们通向其他村庄和省份的知识的门户。一个普通农民受的教育还没达到可以通过德意志或俄罗斯文化渠道得到这些知识的程度，他也不知道或者占有其他渠道。正是如此，学习希腊语语法和拉丁语语法——这是一般学生在他中学期间学习这门语言的必修内容——通常招致他对整个学科的反感，认为语法就是他可以从语言中得到的全部。这就使他不可能欣赏任何希腊语和拉丁语文学，或者对希腊和古罗马式的生活有所了解。

大众和正式语言之间发生分裂，其结果是延迟了农民的发展，使乡村地区在知识上一直大大低于欧洲其他地区的水平。

语言的复兴

在 18 世纪下半叶的威尔士人以及 19 世纪上半叶其他地区的民族中，欧洲经历了一系列民间语言的复兴。这些语言的复兴无一例外地成为欧洲民族主义运动的前奏，它们并不限于任何一个国家。它们几乎是全局性的。它们在法国、西班牙、挪威和丹麦等国展开。在布列塔尼、爱尔兰、苏格兰和威尔士有凯尔特语的复兴，在中欧那些被称为受压迫民族和依附民族中也发生了类似的运动。最后，东欧犹太人中发生了哈斯卡拉运动（Haskala movement）①，这场运动使得——当然不是故意使然——犹太—德意志方言（意第绪语）②成为书面语言。

———————————

① 18 至 19 世纪欧洲犹太启蒙运动。——译者注

② 中欧和东欧大多数犹太人的主要语言之一，属印欧语系、日耳曼语族西日耳曼语支。——译者注

乍一看，民间语言的复兴在这样一个时代出现是很奇怪的。这个时代，火车和电报使商业和通讯可以无边弗界，所有的障碍都被打破，大都会生活和大社会的组织，就像格雷厄姆·沃利斯（Graham Wallis）[①]说的那样，好像注定要把所有小语种、方言、荒废的言语方式，连同地方风尚最后的支持者，统统赶到被遗忘的东西集结的监狱里去。世界上语言的竞争已经很激烈了；所有人数稀少、在欧洲被遗忘的民族——芬兰人、列托人、乌克兰人、喀尔巴阡罗斯人、斯洛伐克人、斯洛文尼亚人、克罗地亚人、西班牙东部的加泰罗尼亚人、捷克人和波兰人开始创立报刊和学校以复兴他们的语言，使其永存。顺便提及，加泰罗尼亚人的语言可追溯到古罗马统治之前的时期。

对于当时那些期望以世界语言来达到世界统一和全球和平的人来说，所有这些骚动虽说不上是异端，却都是时代错误的表现。似乎是处心积虑地在进一步要求它们垮台的地方设置障碍。这种运动如果胜利，似乎就一定会使这些人们完全与世隔绝，或者说，用自己的语言把自己禁锢起来，从而脱离一般欧洲文化。

然而，情况无论在当时还是现在，都没有像它预计的那样发生。首先，许多少数民族只有用以民族或种族语言印行的期刊的发行量来衡量时才是"小"的。这些语言在许多国家长期和系统地受压迫。统一的波兰[②]，包括诸多少数民族在内的总人口达 2 100 万。这比斯堪的纳维亚的三个国家：挪威、瑞典和丹麦的总人口都要多。

大多数语言复兴处于发展的早期阶段。在大多数情况下，复兴者甚至没有具有同一性的民族语言可供使用；或者说他们有，但那是词汇量有限的农民方言。从一种书写媒介转换到另一种自然会导致混乱，而且，这种新的语言必须要同时成为表达现代思想的工具，这就加剧了混乱，导致效率的暂时缺失，但是到最后，这种本国文学的发展给以前无

---

① 格雷厄姆·沃利斯（1858—1932），英国社会主义者、社会心理学家、教育家、费边社领袖之一。——译者注

② 波兰王国在历史上曾被普鲁士、沙俄和奥地利三次瓜分而亡国。1919 年末，波兰共和国成立。——译者注

法接触现代思想和文化的阶级提供了一个知识媒介。

在那些共同语有着巨大地域差别的国家，民族语言——即便存在的话——还没有完全形成。例如，在挪威，农民和普通人讲旧的挪威语。受过教育的人讲混合的丹麦－挪威语。民族语言还正在形成的过程之中。

> 民族性和民族语言在挪威迅速成长。在 19 世纪以前，使用挪威方言词语被看作是蹩脚的方式。1814 年《宪法》制定之时，强烈的民族感情弥漫了整个国家……这种精神反映在对旧挪威（Old Norse）文化的每一种形式的积极研究之上。一直受鄙视的方言词被挪威最重要的作家写进散文和诗歌，这是一个挪威化的运动，由此博克马尔语开始形成。
>
> 这些努力的结果是一种新语言，"兰茨莫尔语"（Landsmaal）①或称祖国语言，在 19 世纪中叶开始形成。艾弗·奥森（Ivor Aasen）②的名字永远和这种语言相连。这位天才的农民将自己的一生献给了通过统一既有的农民语言以复兴旧挪威语的信念……他的两部著作——1848 年出版的《挪威俗语语法》（*The Grammar of the Norwegian Popular Language*）和 1850 年的《挪威俗语词典》（*Dictionary of the Norwegian Popular Language*）——事实上建立了一种新的挪威语言媒介……根据挪威议会的许多法令，对新的民族语言的学习是强制性的……博克马尔语和兰茨莫尔语的出现与挪威的民族主义是紧密相连的，许多挪威人现在开始把丹麦语看作过去从属关系的标记。新挪威语，正是新获得的民族独立的体现。在爱国者的眼中，这是和他们的维京人③祖先传奇语言紧密连结在一起的语言。但是有人宣称，在挪威，不到 1 000 人在日常谈话中真正使用新挪威语。用定制的兰茨莫尔语排

36

---

① 即尼诺斯克语，亦称新挪威语，为挪威的两种官方语言之一，它以乡村方言为基础。——译者注

② 艾弗·奥森（1813—1896），挪威语言学家。——译者注

③ 公元 8—11 世纪时劫掠欧洲西北海岸的北欧海盗。——译者注

挤挪威—丹麦语需要很长时间。但是，将各种挪威方言焊接为一个单一民族语言已提上日程……最近几年，同时用挪威—丹麦语和兰茨莫尔语出版议会的所有法案成为惯例。①

与此相似，在欧洲大多数少数民族中，口语和书面语发生了巨变。世界大战无疑给依赖民族带来了独立，从而推动了这些变化。

一般而言，克罗地亚人的方言和他们省份的地理差异一样大。因此你能在达尔马提亚、伊斯特里亚（Istria）、利卡（Lika）、斯拉沃尼亚（Slavonia）、斯里耶姆（Srijem）、波斯尼亚、黑塞哥维那（Herzegovina）、萨戈列（Zagorje）等地找到不同的方言。根据语言风格的不同可以把方言分为三种——*Stokavsko narjecje*（用 *sto* 表示"什么"的方言），*Kajavsko narjecje*（用 *kaj* 表示"什么"的方言）和 *Cakavxko narjecje*（用 *ca* 表示"什么"的方言）。接着有一些小类别：Stokavsko narjecje 根据元音 e、ije 或 i 在一个词中不同的使用被分为三类，例如在 *ekavsko* narjecje 中，"好的"、"漂亮的"被写为和说成 lepo；在 *ijekavsko* narjecje 中是 lijepo，在 *ikavsko* narjecje 中是 lipo。现在在克罗地亚人报刊和图书中使用的官方版本是 Stokavsko ijekavsko narjecje，而塞尔维亚人报刊和图书使用 Stokavsko ekavsko narjecje。②

罗马尼亚和保加利亚展现了现今少数民族的民族语言普遍存在的困惑和可塑的特性。

在罗马尼亚，现在的官方语言可以追溯到 1830 年，当时拉丁语对这个国家文化产生了主导性影响。就是在那时，罗马尼亚人通过他们的语言和历史，与拉丁民族、而不是斯拉夫人联系起来。在这之前，罗马尼亚文学在早些时候被斯拉夫人控制，晚些时候被希腊人控制。所有这

37

---

① Leon Dominian, *Frontiers of Language and Nationality in Europe*, pp. 98, 99, 100, *passim*.

② Francis K. Kolander, editor of *Zajednicar*, organ of Narodna Hrvatska Zajednica Society, Pittsburgh, Pennsylvania. (Correspondence, October 27, 1919)

些都在日常用语中留下了印记。

战前的罗马尼亚王国有三种方言。但是，民族性是由正式王国之外的外侨代表的。比萨拉比亚（Bessarabia）[①]、巴纳特（Banat）[②]、布科维纳（Bukovina）[③] 和马其顿（Macedonia）都有自己的方言，特兰西瓦尼亚还有好几种。特兰西瓦尼亚人的语言一部分受马札尔语影响，一部分受德语或波兰语影响。

由于需要形成新的词汇，或从其他语言中借用词汇，以表达在民众语言中没有的技术和科学术语，语言的状况更加混乱了。这就给一直在强调自己和当地方言有区别的书面语一种人为的特征。

在这样的环境下，在大众中间建立起阅读的习惯将是困难的。结果是，报刊通常只针对受过教育的阶级。根据本研究，只有在波兰[④]，着眼于和诉诸农民利益和理解农民的报刊才可以出版。

文学觉醒为本土报刊的发展开辟了道路，后者把大众和现代政治思想联系起来。这在欧洲的知识和政治生活中引发了深远的影响。

所有这些运动，如果它们不是发端于乡村人群，那么也主要是获得了他们的支持。这些运动想要保存的语言，大部分是农民的语言。对农民而言，如同对在俄国、加利西亚和罗马尼亚的犹太人一样，他们经历的不仅是语言的复兴，而且是知识的觉醒。

38

---

①　东南欧旧地区名，指德涅斯特河、普鲁特河－多瑙河和黑海形成的三角地带，位于多瑙河下游北岸，介于普鲁特河和德涅斯特河之间，东南临黑海。面积 44 400 平方公里。公元 6 世纪斯拉夫人开始进入这一地区。14 世纪中叶属摩尔多瓦公国（今罗马尼亚）。16 世纪前期同摩尔多瓦一起并入奥斯曼帝国。1806—1812 年俄土战争后，被帝俄吞并。1918 年归还罗马尼亚。1919 年《凡尔赛条约》承认罗马尼亚对此地区拥有主权。第二次世界大战爆发后，1940 年被苏军占领。1947 年的《巴黎和约》将其划给苏联，与摩尔多瓦自治共和国合并，成为摩尔达维亚加盟共和国（今摩尔多瓦）。沿黑海部分地区划进乌克兰。——译者注

②　旧地区名，现为三个国家的领土，东部属于罗马尼亚，西部位于塞尔维亚，北部少量土地属于匈牙利。——译者注

③　东欧一地区，位于喀尔巴阡山脉和德涅斯特河之间，现分属乌克兰和罗马尼亚两国。曾是摩尔达维亚公国的组成部分，后先后为鄂图曼土耳其帝国和奥匈帝国占领。第一次世界大战后全境被划入罗马尼亚。在第二次世界大战中，北布科维纳被苏联占领，成为今乌克兰的一部分。——译者注

④　Thomas and Znaniecki, *The Polish Peasant*, vol. iv.

在（19世纪初的）赫尔辛基，一小群瑞典学者对生活如梦方醒，并且首先是发现了农民的语言。卢梭"高尚的野蛮人"（Noble savage）这一概念，在斯堪的纳维亚地区的上层社会受到普遍的称赞。这个概念赋予了面貌丑陋的蒙古人以新奇的气质，而大多数赫尔辛基知识分子是在这些人的簇拥下长大的。沃尔夫（Wolf）① 的著作《荷马引论》（*Prolegomena to Homer*），19世纪前25年在哲学领域之外产生了奇特的广泛反响，这本书引导人们注意不用书面记录而仅凭口头传统在长时期保存民族语言方面的可能性。沃尔夫有关芬兰民歌的论文吸引了赫尔辛基的文人雅士伦罗特（Lonnrot）② 的想象力。多年以来，他收集芬兰民歌，从乡村歌手的口中把它们记录下来。当他收集到12 000行的时候，他把它们整理为如尼文（Rune）③，也就是集结成书，如同庇西特拉图（Pisistratus）④ 整理荷马史诗那样。1835年，伦罗特出版了名为《卡勒瓦拉》（*Kalevala*）的芬兰民族史诗。斗胆做一个大小比较（*Si parva licet componere magnis*）：如果说伦罗特的《卡勒瓦拉》是用芬兰文写的，也是为芬兰人民写的，那就如同《神曲》（*Divine Comedy*）是意大利文的，也是意大利人的一样。现代芬兰的历史从这一天开启。

但是民族史诗只是建造民族语言大厦的基础。可以想象得到，万奈摩宁（Väinämöinen）⑤ 和美丽的爱诺（Aino）⑥ 的词汇中，还没有表示"比例代表制"、"集约化耕作"以及类似概念的词汇，而

---

① 即弗里德里希·奥古斯特·沃尔夫（1758—1824），德国古典学者、语文学家。著有《荷马引论》，认为荷马史诗是由许多作者口述而成的，另著有《古代文化研究阐述》、《罗马文学史》等。——译者注

② 埃利亚斯·伦罗特（1802—1884），芬兰语言学家、民俗学者。曾周游各地，搜集大量民间歌谣和古诗词，汇编成民族史诗《卡勒瓦拉》，还编有《芬兰民间谚语集》等。——译者注

③ 一种北欧古文字。——译者注

④ 庇西特拉图（公元前605—前527），古希腊雅典僭主。在帕伦尼战役获胜后，巩固其在雅典的统治，实行保护中小土地所有者及奖励农工商业的政策。——译者注

⑤ 万奈摩宁，《卡勒瓦拉》的男主人公。——译者注

⑥ 爱诺，《卡勒瓦拉》的女主人公。——译者注

这些都是现代芬兰人的兴趣所在。词汇量的扩大需要时间；芬兰复兴主义者发现加速这种进程是不可能的，这和同时期捷克人在波希米亚的发现相同，今天盖尔语联盟（Gaelic League）在爱尔兰的发现也一样。看一下数字说了什么。在芬兰的 300 万居民中有超过 250 万是芬兰人，不到 50 万人是瑞典人。一旦大部分人有了"语言意识"，就势必要胜过少部分人。这种语言在早期就获得了政治上的承认；1863 年，在《卡勒瓦拉》出版 28 年之后，它被允许在法庭和会议上作为瑞典语之外的另一选择；在 1886 年它被允许用于官方通讯；在 1894 年，它被参议院接纳。1915 年，有 274 家芬兰文报纸，103 家瑞典文报纸，7 家报纸有芬兰文和瑞典文并列的专栏。

列托人近年来非凡的知识活动来自于一种文学的出现。这种本地文学对思想和文化的表达吸收了俄国、德国和法国文学，它使广大民众广泛接触欧洲的知识生活，一位新近的作家说：

> 实际上，列托人遇到的麻烦是知识阶层的不对称增长。这在被严重压迫和争取自由的民族中并不少见。亚美尼亚的例子也有相似之处。只要民族对土地的自然渴求没有消亡，这种麻烦就永远是正当的。① 40

近年来知识的觉醒在欧洲所有黑暗的角落发生着，它不是通过和欧洲的文化语言之间的对话来实现，而是通过自己母语的书面语言，也就是人民的语言来完成的。

作为民族认同的语言

欧洲民间语言的文学复兴无一例外地成为国民的民族精神复兴的前奏。民族感情扎根于记忆，这种记忆依附于人们共有的东西，土地、宗

---

① Ralph Butler，*The New Eastern Europe*，1919，p. 55.

教、语言，尤其是语言。威尔士国歌中的一节表达了这种感情：

> 即使敌人抢夺了威尔士的土地，威尔士的语言也会永远存在。
> (Os Treisiodd y gelyn fy Ngwlad dan ei droed, mae Hen Iaith y Cymry mor fyw agerioed)[1]

波希米亚爱国者有言："只要语言在，民族就未亡。"1904 年，未来的挪威首相约恩·劳弗兰 (Jorgen Levland)[2] 在一次呼吁"自治、家庭、土地和自己语言的自由"的演讲中陈述如下：

> 政治自由不是最根本和最重要的。比它更重要的是一个民族用本土语言保存她的知识遗产。[3]

民众中民族意识的复兴无一例外与保持本土语言报刊的斗争相连。这是因为正是通过民族报刊，文学和语言复兴才得以发生。反过来，压迫正在发展的民族意识采取了检查或压迫民族报刊的形式。没有像这样压迫口语的情况；另一方面，只有当口语成功成为文学表达的媒介时，它才有可能在现代条件下被保存下来，并作为民族团结的象征表现出来。例如，立陶宛人谴责通过非母语接受教育和文化，指出其目的是使知识阶层去民族化，使他们的成员疏远他们的人民。如果没有民族报刊，就没有民族学校，当然，也没有民族教会。正是因为如此，保存民族语言和文化的斗争一直是保存民族报刊的斗争。

致力于使民族意识在人民中复兴的欧洲民族主义者，都寻求保存民族语言，清除外来习语，强调任何把民族语言和与之混淆的语言区别开来的标志。

> 正如民族主义者所写的那样，乌克兰语在表面上与俄语相差很大。它抛弃了 6 个俄语字母，使用 3 个俄语中没有的字母。民族主义者故意使乌克兰语拼写和俄语有差异，相差越大越好。他们创造

---

① Rev. Daniel Jenkins Williams, *The Welsh of Columbus*, *Ohio*, p. 108.

② 约恩·劳弗兰 (1848—1922)，挪威政治家。1898—1903 年任劳工大臣，1905 年任首相，1905—1907 年任外交大臣，1907—1908 年任首相兼外交大臣。——译者注

③ Leon Dominian, *The Frontiers of Language and Nationality in Europe*, pp. 97 – 98.

了一种新的乌克兰书面语，他们在这种语言里尽可能摈弃大俄语（Great Russian）中的科技术语。虽然乌克兰语产生了相当可观的文献，但是或许可以说这种语言还处于未成形状态。加利西亚的亲俄派使用一种俄语、乌克兰语和教会斯拉夫语（Church Slavonic）的混合语，用的是一种不完全的格拉哥里字母（semi-Glagolitic）[①]手写体；农民读者理解这种语言的程度和民族主义者理解新乌克兰语的程度一样深，或者说一样浅。[②]

在欧洲，在依附性种族的民族意识复活之前，上层和受教育阶层经常选择忘记他们的种族出身，而与占主导地位的统治阶级打成一片。因此，波兰民族英雄柯斯丘斯科（Kosciusko）[③] 是立陶宛人，匈牙利爱国者科苏特（Kossuth）[④] 是斯洛伐克人。随着民族主义的复活，这一切都改变了。把民间语言保护起来并把它看成一种文学——也就是说既是书面语又是口语——的斗争成为相互竞争的文明之间生死攸关的斗争。对种族语言的压迫意味着对种族个性的压迫。一如同意接受洗礼的犹太人，或者被看作白人却有黑人血统的人，波兰化的立陶宛人和马扎尔化的斯洛伐克人在他们同胞中被视作叛徒。去民族化的个体处于被同胞看作变节者和被驱逐者的危险之中。

民族主义作家常常抱怨，在加利西亚和匈牙利的鲁塞尼亚人中，受教育阶层对大众启蒙不感兴趣，他们不但不支持鲁塞尼亚民族主义，而且至少在匈牙利还允许自己去民族化。

鲁塞尼亚知识分子虽然感到恐惧，但在使他们看起来像好的马

---

① 一种现在所知最古老的斯拉夫字母表，当初用于将《圣经》等译成斯拉夫语。——译者注

② Ralph Butler, *The New Eastern Europe*，1919，pp. 133 - 134.

③ 即塔得乌什·柯斯丘斯科（Thaddeus Kosciusko，1746—1817），波兰民族解放运动领导人之一。曾参加北美独立战争，屡建战功；领导反对俄国和普鲁士瓜分波兰的克拉科夫民族起义，1794 年建立革命政权，兵败被俘，后流亡美国和法国，逝于瑞士。——译者注

④ 即拉约什·科苏特（Lajos Kossuth，1802—1894），匈牙利民族解放运动领袖，1849 年匈牙利独立后任该共和国元首后，在俄、奥军队进攻下因战事不利而被迫辞职，长期流亡国外，死于意大利。——译者注

扎尔人的任何事情上，他们倒从不畏缩。在体现爱国心方面，他们的表现甚至超过马扎尔人。这样做的后果是，他们成为叛徒和自己同胞最坏的敌人。他们是道德退化的人，纵情逸乐之徒，匈牙利人的溜须拍马者，对他们的任何谆谆劝导，或者试图激发他们任何高尚的感情都是徒劳的。他们已经不再接触他们的人民。人民轻视这些人；他们尽可能避免与加利西亚的鲁塞尼亚知识分子有任何接触，如果他们之间的谈话是不可避免的话，他们就使用德语。①

另一方面，正是这些同样的知识分子很有可能转变为种族独立的民族主义运动领袖，去教育大众，在更自由和更独立的基础上重建民族性。

类似的情况已经在许多欧洲国家发生。在这种环境下接受外来语言群体的标准和文化使这些知识分子感到低人一等的屈辱，从而怨恨外来者，最终使他回归自己的本土传统和语言。从一个语言群体转到另一个，使对不同语言的忠诚发生了冲突，在个人头脑中造成了威廉·詹姆斯（William James）② 所说的"自我分裂"（a divided self）。鲁塞尼亚人让自己马扎尔化，立陶宛人让自己波兰化，波兰人让自己德国化，这些事实，体现了对所有压迫和羞辱的愚蠢行为的默认，这些行为是主导民族在去民族化的过程中有意无意施加的。最后，当反弹发生时，对自然情感的压抑越彻底，反弹也就越猛烈。

库迪尔卡博士（Dr. Kudirka）③ 在玛利亚波利斯学院（College of Mariapolis）受到波兰民族主义的深刻影响。……他承认，他在华沙大学学习期间变得更波兰化了。这是那个时期全体立陶宛人的命运，他也不例外。但他突然转变了，从波兰人，变成为忠诚的立

① Y. Fedorchuk, "La Question des Nationalites en Autriche-Hongrie: Les Ruthenes de Hongrie," in *Annales des Nationalites*, 1915, vol. iii, pp. 52 - 56.

② 威廉·詹姆斯（1842—1910），美国哲学家和心理学家，实用主义者，机能心理学创始人。——译者注

③ 即文卡什·库迪尔卡（Vincas Kudirka，1858—1899），立陶宛医生、作家和爱国者，立陶宛国歌的词曲作者。早年学医学、历史和哲学，由于患严重肺病，行医时间不长。1889年创办地下刊物《钟声》（*Varpas*）并任主编。——译者注

陶宛爱国者。他是这样描述自己的转变的："那时我结束了在大学的学习，我认识到一个知识分子不可能是一个立陶宛人。当每个人都轻视立陶宛人时我就更这么想了。

我向每一个问及我民族的人说我是一个立陶宛—波兰人，因为事实上，立陶宛和波兰历史上曾经联合过。我把自己看作入了籍的波兰人。这好像是对成为立陶宛人这个错误的弥补。这是对事实多么虚伪的解释！尽管如此，对我而言，和对所有与我一样的人而言，这种解释是充分的，况且也没有什么迫使我对这事情仔细地思考。

正是本着对自己民族的这种认识，我进入了（华沙）大学，那里立陶宛人很少，即便有，他们彼此也不认识。我对立陶宛的感觉，变得越来越少。

我在假期回到了立陶宛。一天一名牧师告诉我一份立陶宛文报纸很快就要问世了。他给我看他用立陶宛文写的诗和一封巴萨纳维丘斯（Bessanavicius）①关于该报出版的信。我读了发刊词。有什么东西触动了我的心，但这种感情随即消失了。孩子们玩耍的时候，我自己思考的时候，用的都是波兰语。从那时起，关于立陶宛的想法就越来越频繁地出现在我脑海里，但我的心依旧对任何涉及立陶宛和立陶宛人的事情保持冷漠。

6个月过去了；我收到了《黎明报》（Austa）②的第一期；我看第一页，看见上面有巴萨纳维丘斯。我立即想到了'使徒'，但是这次闪现的是立陶宛语。我马上开始翻阅这份刊物，接着我就记不清了。我只记得我站了起来，低下了头，不敢抬起眼睛……好像我听到立陶宛人谴责、同时又宽恕我的声音：'被误导的人，此刻你在哪里？'

45

---

①　即约纳什·巴萨纳维丘斯（Jonas Basanavičius，1851—1927），立陶宛政治活动家、民族复兴领导人之一。第一份立陶宛文报纸《黎明报》（Aušra）的创办者。——译者注

②　正确名称为Aušra或Auszra，第一份全国性的立陶宛文报纸。1883年出版第一期，后改为每月出版。尽管该报仅出版40期，发行量不超过1 000份，但是它标志着立陶宛民族复兴的开端，并最终带来立陶宛的第一次独立（1918—1940）。——译者注

我立刻觉得我的心收紧了：我陷进椅子里，像孩子般哭泣起来。我为过去那些不曾为立陶宛出力的时光后悔，那些时光我永远都追不回来了。我为被误导了如此之久而羞愧……我的心充满了新的自豪和力量。就好像我突然膨胀了，世界也已经变小了。我觉得像巨人一样有力；我感到自己重新获得了立陶宛人的民族性。"

库迪尔卡就是这样叙述自己如何转变为一个立陶宛民族主义者的，他把这个转变看作自己的新生，认为这是他一生中最重要的时刻。[①]

对"高等"阶层——就是征服民族的后代——来说，他们看到的只是"低等"阶层对他们奇怪语言的奇怪依恋。他们没有足够地认识到，这种深刻而自然的不安是种族意识的前声，对自由、承认的渴望已经在"低等"阶级中觉醒。这种态度在下面一名瑞典裔芬兰年轻女子自传（未出版）中的一段话中也反映出来：

……我的家庭是非常瑞典化的。我们说瑞典语，读瑞典作家的作品，演奏瑞典的音乐，跳瑞典舞。我说的"瑞典的"不一定是直接从瑞典进口的；其中很多是由在芬兰出生的男人和女人在芬兰创作的。

我想强调的是我完全是被瑞典的方式抚养大的。我一直和芬兰人有接触。有时我的玩伴是芬兰人；女仆和雇工是芬兰人。所以像学会了瑞典语一样，我也学会了芬兰语。但是我不把它看得太高。对我而言，它是女仆和雇工的语言——农民的语言。很难描述我过去——和现在——对芬兰人的古怪的态度。我很喜欢他们中的一些人，我愿意在某种程度上使用他们的语言。有时，我甚至感觉到一种爱国热情，它包括了我的国家中的瑞典人和芬兰人。但是，优越感始终存在，我觉得自己属于一个更好的种族，和他们不一样。当我长大一点，因为芬兰人对我们瑞典人的态度，这种感觉加强了。

---

① Jean Pelissier, *Les Principaux Artisans de la Renaissance Nationale Lituanienne*, note on Doctor Kudirka, pp. 48 - 50.

它变成了绝对的蔑视。到我离开芬兰时候，因为他们的政治行为，我既不喜欢芬兰人也不喜欢他们的语言。我觉得他们背叛了国家——毫无疑问，他们中有的人已经这样做了。[①]

在各"依附性"少数民族和他们视为压迫者的那个民族之间，不只存在语言的差异，还有社会地位和身份的差别。各依附性少数民族中的大量民众是农民。他们反抗的是城里人。城里人不仅拥有他们固有的优越感的全部外在标志，同时他们内心还对这种优越感深信不疑。

民族主义运动，即依附民族争取独立的斗争，因为同样的群体介入了各地的种族和阶级冲突，自然发展成为包含了经济和阶级斗争的事件。例如，在库尔兰，如果日耳曼人是地主，那么列托人就是承租人，俄国人就是政府官员。在奥地利，如果资产阶级主要是日耳曼人的话，无产阶级就是斯拉夫人。

在此情况下，种族和阶级之间的对抗自然就大大加剧了。在库尔兰，情况与芬兰相似，种族仇恨是如此持久，根基是如此牢固，在人们的民歌中都能表现出来。

> 新近的作家杜莫格先生（M. Doumergue）尽力从列托人的民歌中展现他们所受的苦难。这项工作并不困难。这里引用的一首歌——它没有选入杜莫格的民歌集——唱道：
> "噢，可怜的日耳曼客人！
> 你到我们肮脏的小屋来做什么？
> 你不能留在院子里，
> 那里风雨交加。
> 你不能到里面来，
> 这里满是烟尘。
> 听着！我给你个建议！
> 到地狱的最下层去，
> 那里魔鬼生好了火，

---

① 手稿。

那里没有风雨，日耳曼人！那里没有烟尘！"

很难再想一个比这首歌更能生动地反映种族仇恨的例子了，还有什么比民歌更能真实地反映一个种族的灵魂的呢?①

48　　19世纪经济和社会变迁在欧洲"被压迫和依附民族"中激起的所有不安，逐渐聚焦于语言方面的斗争，就是将地方方言，也就是农民说的语言，提升到书面媒介，即学校和报刊语言的尊贵地位。

---

①　Ralph Butler, *The New Eastern Europe*, 1919, pp. 36 - 37.

第三章　移民报刊与同化

民族意识不可避免地因为移民而得到加强。孤独和陌生的环境使漂
泊者的思想和感情指向他的故土。在新环境下的举目无亲突出了他与他
离别的那些人的血缘关系。

对于还在争取政治承认的种族而言，这种一般性的影响得到了强
化。在移民群体中，最有能力的人一般是因为他的爱国行动而被放逐的
人。与在本国怀有敌意的政府统治相比，他们在新的国家有更多的自由
从事他们的事业，他们自然会鼓励他们的移民同胞给予帮助。

移民中天然的民族主义

民族主义运动往往源于国外的支持，这可能不仅仅出于巧合。在很
多情况下，民族意识的第一次出现就是在放逐者、难民和移民之中。当
本土语言学校在欧洲纷纷关闭时，它们却在美国开张了。当本国文字报
刊在故国敌意的新闻审查制度之下渐趋绝迹之时，它们却在这个新国家
格外繁盛起来，在那里政府似乎不知道它们的存在。

50 　　立陶宛人把美国称为其"民族性"的第二诞生地。爱尔兰人和其他民族可能也是如此。

　　到上世纪①中叶，立陶宛被完全波兰化了，受过教育的阶层禁止使用本地语言。直到 1883 年，民族主义政党"青年立陶宛人"（Young Lithuanians）才出版了他们的第一份杂志《黎明报》。而在 1834 年和 1895 年间，在美国出版的立陶宛文报刊就多达 34 种。

　　爱尔兰语复兴运动据说可能起源于波士顿。无论如何，1873 年在波士顿组建的菲尔—凯尔特人协会（Phil-Celtic Society）在吸引都柏林的爱尔兰学者们注意之前就已经存在了 3 年，并导致了 1876 年爱尔兰语保存协会（Society for the Preservation of the Irish Language）的成立，此后被更有人气的盖尔语联盟（Gaelic League）接替。

　　当马扎尔人关闭斯洛伐克语高级中学、打压马蒂卡（Matica）这个集文学、语言和教育一体的协会和曾经的民族主义运动中心时，美国纷纷建立斯洛伐克语学校，使斯洛伐克裔农民在美国学习他们在匈牙利不允许学习的东西——阅读他们的母语。

防止同化的努力

　　移民的民族主义倾向在各民族社团、教会和外文报刊上找到了他们的天然表达和最强烈的刺激。这些公共机构与保存种族语言的关系最为紧密。移民在那里最强烈地感觉到了与故国的联系，它们使移民同故国
51 国内的政治斗争保持联系，甚至给他提供参与其中的机会。人们也许有意或无意地期待这些机构将注意力集中于移民在欧洲的利益和活动，这样就使他与美国生活相分离。

　　大部分移民美国的立陶宛人没有明确的定居想法。他们只想挣钱并尽快回到国内。许多人归国后都成为地主，近年来大片领土回

---

① 指 19 世纪。——译者注

到了曾经流离失所的立陶宛人手中，在美国挣的钱增加了祖国的财富。其他的立陶宛人被迫留在美国，他们正在等待俄国政治统治有变，从而归还他们的土地。

至今，移民到美国的立陶宛人没有丧失其民族感情。这是因为他们的宗教把他们集合到教会里。在某种程度上，教会是他们的公共场所和爱国主义的真正温床。这也归功于将他们集合起来的众多组织，这些组织与各个群体，甚至是那些最与世隔绝的群体之间建立了联系。在立陶宛人聚集的大城市中，他们被很好地组织起来，可以更好地对抗同化；而幸运的是，数量稳定增长的爱国协会将活动的领域扩展到了所有移民区，在我们的同胞中散播对遥远故土的热爱和对民族传统的崇拜。同样的，报刊也是把散落在美国大地上的立陶宛人联系起来的有力纽带。在美国的立陶宛人编辑了大量报刊。我们列举其中重要的几种：《立陶宛报》（*Lietuva*）、《立陶宛人联盟》（*Vienybe Lietuvniku*）、《友报》（*Draugas*）、《天主教徒报》（*Kathalikas*）（芝加哥）、《工人的愿望》（*Darbininku Viltis*）[宾夕法尼亚州谢南多厄（Shenandoah）]、《祖国》（*Tevyne*）。①

根据神职人员的目的，教会已经被证明是各民族或同化或分隔的有效媒介。各主导性的种族利用它们对有传教团和学校的教会的控制，在初民和臣属民族中引入和确立它们的语言和文化。然而，一个民族自己的教会总是有一种保守的影响力。正是在宗教仪式中，古老的语言形式被最长久地保存着。伊斯兰教的神圣语言阿拉伯语比其他语言更彻底地保持了纯正性，因为穆斯林在孩提时代就要背诵《可兰经》的大部分，发错一个元音就被认为是一种背信行为。以下轶事说明了宗教可以将语言保存到何种程度：

一天，我惊奇地发现一位高个子的黑人老汉在开罗的总督图书馆对一部理论著作做摘录。他告诉我，他来自科沃拉河（Kwora

---

① J. G.，"Les Colonies Lituaniennes aux Etats-Unis," in *Annales des Nationalites*，1913，vol. ii，pp. 231 - 232.

River)① 畔的萨科多（Sakoto），虽然那里的人们使用截然不同的语言，但他们都在孩提时代就学习了阿拉伯语。他讲的是我听过的最完美的阿拉伯语，元音和音调变化极为准确。②

在立陶宛人中有一个有趣的事实，那就是教会至少承担着双重角色：施以民族化和去民族化的影响。在欧洲，波兰人似乎用他们在天主教会中的高等地位来使立陶宛人波兰化，俄国政府也使用同样手法力图使立陶宛人和波兰人俄国化，但他们的努力是不连贯的，自然也是不成功的。

53　　　　　波兰民族主义者在天主教神职人员那里找到了有力的支持。维尔诺主教教区的神职人员，以主教为首，对此事尤其殷勤，使教区居民波兰化的工作比教导他们天主教信条和道德占用了这些神职人员更多的时间。为了这个目的，所有的手段都是适宜的。讲道堂和忏悔室被神职人员改造为波兰语的课堂。很长一段时间，维尔诺的波兰主教运用单一的策略来提名牧师。他们委任只讲波兰语的立陶宛人担任教区教士。教士们怕麻烦不去学习教区居民的语言，而是把波兰语强加在教众的身上。③

另一方面，立陶宛民族主义者在美国担任天主教神职人员，他们成功地把那些已经开始波兰化的种族成员拉回到立陶宛事业中来。这些波兰化了的人显然不只是满意，而且为自己能够成为在文化地位上高于自己的种族的一员而自豪。

在外国，团结同族移民的最有力的纽带就是宗教和教会。虔诚的各民族，像波兰人、斯洛伐克人、立陶宛人等，伴随他们漂洋过海来到这片土地上的，还有他们自己深厚的宗教情感。他们在自己的教会里感觉到自在。教会是代表遥远祖国的一个小小角落。这就

---

① 科沃拉河是非洲尼日尔河的一个支流。——译者注

② E. T. Rogers, "Dialects of Colloquial Arabic," in *Journal of the Royal Asiatic Society*, 1879, p. 366.

③ A. Jakstas, "Lituaniens et Polonais," in *Annales des Nationalites*, 1915, vol. iii, p. 214.

是为何宗教在美国成为对抗美国化（同化）最有力的源泉。

有一段时间，立陶宛人是这个规则的一个例外。1869年，第一批立陶宛移民到达美国，那时还没有民族复兴的想法。立陶宛人来美国为波兰人建立教会。这是一件怪事，但是在美国，立陶宛人在他们自己的教会中被波兰化了。许多从涅曼河（Niemen）① 两岸新来的人在美国不学英语，不让自己适应新国家的环境，而是把精力浪费在学习波兰语和波兰习俗上。即便是在教区学校，尽管教得很糟糕，立陶宛裔的父母也坚持他们的孩子必须用波兰语来教。不过，这种反常的情形已经不存在了。说服这些无知者耗时多年：立陶宛人就是立陶宛人，应该保持自己的本色，让他们为别的民族而不是本民族的目的和计划服务是一种犯罪。这种说服工作仍未停止。举例来说，宾夕法尼亚州有一个叫里奇（Ridge）的小移民区，那里的立陶宛人自称为波兰人。他们反对使用立陶宛语，顽固地坚持他们的教会应该由连一个立陶宛语单词都不认得的波兰神父来主持。

立陶宛人和波兰人很少有共同点。他们建立个性鲜明的组织，建造独立的教堂和学校。美国现有80个立陶宛人教会，它们是美国立陶宛人民族性的坚强堡垒和卫士。他们有22所小学，他们的孩子在那里学习英语和母语。其中5所由波兰修女负责，1所由法国修女负责，其他由英国修女负责。但是教师们学习了立陶宛学者的语言并教孩子们立陶宛语。4所其他学校由圣卡西米尔教会（St. Casimir）② 的修女负责。多亏了教会和学校，数十万立陶宛人在这个巨大的国家才没有被并吞。只要立陶宛人建造和保持他们的教会和学校，立陶宛人的名称和民族性就会在乔治·华盛顿的国家

54

---

① 涅曼河，全长937公里，发源于今日白俄罗斯的山区（首都明斯克西南部），流经今日白俄罗斯、立陶宛和俄罗斯，最后在克莱佩达注入波罗的海。——译者注

② 即圣卡西米尔立陶宛人天主堂，位于艾奥瓦州苏城，1915年由苏城的立陶宛移民社区建造，并供临近教区使用到1998年。——译者注

保存下来。①

55　　移民报刊立即用来保存外国语，将它们从分崩离析变为纯粹的移民方言，变成用连字符连接的英语，维持了故国与它分散在美国和美洲各地的成员之间的交往和理解。报刊的这些功能天然地倾向于保存民族感情；但是除此之外，在保存民族身份与将母语书面化的愿望之间有着天然的联系。这种感情在各"被压迫的"种族的成员中最为明晰，它们将其争取政治承认的斗争等同于争取有自己报刊的斗争。然而据观察，没有一个自由的报刊界，民族主义就不可能有效地生存。在这样的情形下可以理解的是：为什么在美国，外文报纸经常为民族主义动机所激励，他们的主编又为什么寻求将报刊作为防止同化的手段来使用。

　　在上一代人中，成千上万名斯洛伐克农民带着他们的痛苦和对本土当局的憎恶之情移民美国。他们很快学会了如何在收留他们的国家的自由制度下获益；今天，美国的 40 万斯洛伐克人拥有一种民族文化和组织，这与他们在匈牙利的同胞狭促的发展形成了鲜明对比。美国的斯洛伐克文报纸比匈牙利的多；但是马扎尔人寻求通过匈牙利邮局拒绝投递这些美国刊物来矫正这种平衡。在有移民的每个地方，联盟、社团和俱乐部欣欣向荣——特别是斯洛伐克裔美国人联盟（Narodnie Slovensky Spolok）、天主教的联合会（Jednota）和女性联盟"兹维娜"（Zivena）②。这些社团竭力唤醒斯洛伐克裔的情感，并在物质上捐款支持在匈牙利的斯洛伐克文报刊。③

56　　在美国出版的其他外文报纸中，有 8 份用的是阿拉伯文。这些报纸的目标受众是这里的叙利亚人，他们为数不多，几乎不能支持如此多样的机关报，除非这些报纸在国外发行，尤其是在土耳其。亚伯拉罕·里

---

　　①　A. Kaupas，"L 'Église et les Lituaniens aux Etats-Unis d' Amérique," in *Annales des Nationalites*，1913，vol. ii，pp. 233 – 234.

　　②　斯洛伐克人的生活女神。——译者注

　　③　Seton-Watson，*Racial Problems in Hungary*，1908，pp. 202 – 203.

巴尼（Abraham Rihbany）① 在他的自传中讲述了国外报纸发行成为反对同化的力量。他一度主编美国第一家阿拉伯文报纸《美国之星报》（*Kowkab America*），现在是波士顿一位论派（Unitarian）② 教会的牧师。他对 1892 年的总统选战兴趣盎然，当时克利夫兰（Cleveland）③ 打败了哈里森（Harrison）④ 而当选总统。这种兴趣引导他敦促他的叙利亚读者成为美国人。

> 提出成为美国公民的可能性，并将它理想化的种种问题，是我第一个强大的动机。我再次前所未有地被以下这种更强烈的信念所打动：在《美国之星报》上再次呼吁我的叙利亚同胞汲取更高贵的精神，接受自由美国的习惯。

> 然而，与我充满信心的期待相反，老板对我的方针不屑一顾。他认为，我向叙利亚吹的遵循美国文明道路的冲锋号一定会引起土耳其当局的怀疑。他说，《美国之星报》注定要忠于苏丹（Sultan）⑤，仅因为它的大部分订户是土耳其居民。如果阿卜杜勒·哈米德（Abdul Hamid）⑥ 基于任何理由停止在他的帝国内发行本报的话，我们的整个事业也就中止了。发行人也反对在我们的各栏里有对抗土耳其的任何表现，那主要是因为他的兄弟在土耳其的一个行省当官，他给我们的办公室写信说，我们的一丁点不忠表现可能让他付出官职不保和丧失公民的自由权的代价。这对我来说是一件非常失望的事情。土耳其的手仍然重重地按着我，即便是在纽约的

---

① 亚伯拉罕·里巴尼（1869—1944），美国教士。生于奥斯曼帝国统治下的叙利亚（今该地区属黎巴嫩），1891 年移居美国。1916 年出版名著《叙利亚的基督》。——译者注

② 一位论派是认为上帝只有一位并否认基督神性的教派。——译者注

③ 即格罗弗·克利夫兰（1837—1908），美国民主党政治家，1885—1889 年、1893—1897 年任总统。——译者注

④ 即本杰明·哈里森（1833—1901），美国共和党政治家，1889—1893 年任总统。——译者注

⑤ 一译"素丹"。中亚的伽色尼王朝统治者马哈穆德（998—1030 在位）第一个被称为苏丹。11 世纪时被伊斯兰国家统治者广泛使用。13 世纪末，土耳其人建立奥斯曼帝国，其统治者亦称苏丹。苏丹统治的国家和地区，称为苏丹国家。——译者注

⑥ 阿卜杜勒·哈米德（1842—1918），奥斯曼帝国宗教和世俗最高统治者（1876—1909），其统治年代是该帝国历史上最黑暗的时代，史称"暴政时期"。——译者注

珀尔街（Pearl Street）。①

57　　为保护其语言免受英语习语和英语词汇的侵蚀，魁北克省的法裔加拿大人进行了长期的、痛苦的，而并不总是成功的斗争。随着法裔加拿大劳工进入新英格兰地区，这场斗争转移到了美国本土。在这个国家，法文报界似乎在这场斗争中发挥了领导作用。用法裔美国人报刊史学家贝利斯勒（Belisle）② 先生的话说，曾几何时，加拿大移民"在同化的深渊中""战栗"。根据《加拿大公众报》（*Le Public Canadien*）主编拉克鲁瓦（Lacroix）先生的说法，真实的情况甚至是这样：较年轻的一代人几乎对他们的母语感到羞愧。

　　　结果是那种漠不关心，混合了些许对他们自己血统的人民的嫉妒，引导他们（法裔加拿大人）向陌生人屈服，使他们丧失了他们应该永远努力保存的那种对周围人的优势。他们停止说母语之日，就是他们丧失聚合特点和社团意识之时。一旦他们的影响弱化了，他们就日复一日地看着他们的民族性沦丧。当他们在自己的严重漠然之下打算屈服时，同民族的一些朋友眼见他们正在自己脚下挖掘的深渊，在几年前做出了一种至高无上的努力，为的是将他们重新安放到一个他们的无动于衷使他们丧失的位置。正是为了这个目的，各个福利协会以及文学、历史和互助协会创建了，这是将高贵的法兰西的后代从彻底毁灭中拯救出来的唯一手段。③

58　　正是通过法文报纸的影响，法语和法兰西传统才得以保存。有段时间甚至有必要同天主教神职人员做斗争，在后来的红衣主教奥康奈尔（O'Connel）④ 任缅因州波特兰（Portland）主教时尤其是如此。在教会

---

①　Abraham Mitrie Rihbany, *A Far Journey*, 1914, pp. 239 - 240.

②　即亚历山大·贝利斯勒（1856—1923），法裔加拿大报人、新闻史学家。1893 年在美国马萨诸塞州伍斯特创办法文报纸《公共舆论报》，1911 年出版《法裔美国人报刊史》。——译者注

③　A. Belisle, *Histoire de la Presse Franco-Américain*, 1911, pp. 40 - 41.

④　即威廉·亨利·奥康奈尔（William Henry O'Connell, 1859—1944），美国天主教高级教士。1907 年起终身任波士顿大主教，1911 年晋升红衣主教。——译者注

和教区学校为保存法语的权利而斗争时，刘易斯顿（Lewiston）的《信使报》（*Messenger*）就极其猛烈地攻击这位主教：

> 在现任主教、1907 年任命的沃尔什先生（Monseigneur Walsh）任内，《信使报》的论调多少缓和下来。但是它没有投降，仍然为在教会和学校使用法语的权利而战——因为必须承认，沃尔什先生的行为多少激怒了我们在缅因州的同胞——即便到了今天，宗教和平在波特兰主教管区似乎还远远没有得到重建。只要高层的爱尔兰教士继续使用狡猾伎俩，罗马①将处于对在美国的法裔加拿大人的实际情况茫然不知的状态。只要我们的人占多数或构成人口相当一部分的主教管区继续由法国人厌恶的主教们占据，那么全部和平重建似乎的确会无限期地延宕。②

正是法裔加拿大人的报纸《加拿大公众报》（*Public Canadian*），在加拿大—法兰西人的基础上，成为地方互助协会的第一个全国性组织，在美国的每一个法国移民区至少有一个这样的互助协会。这个联合会成立于 1868 年，它一直发挥着这样的作用：将孤立而分散的、尤其是在纽约州和新英格兰的所有小社区联系起来，联合的目的是保护法裔加拿大人的语言和传统。

同样是在 1850 年，在第一批加拿大家庭移民美国许多年后，第一个圣·让·巴蒂斯特（St. Jean Baptiste）协会③在美国建立。这些家庭处在滑向同化的坡道上。加拿大人的传统、法语和家族姓氏，所有这些被我们的许多法裔加拿大好人丢弃了，因为他们相信，移民就不得不经历这种脱胎换骨。接下来，《加拿大公众报》应运而生。我们不应当苛责这份刊物从事一种极端民族主义的宣传。它的动机是非常值得称赞的。它是为了纠正《加拿大公众报》

59

---

① 指梵蒂冈。——译者注

② A. Belisle，*Histoire de la Presse Franco-Américain*，1911，p. 206.

③ 圣·让·巴蒂斯特是加拿大魁北克省的一个机构，致力于保护魁北克讲法语人的利益。——译者注

在相反的方向上走得有点过远的错误。今天，我们也许可以充分相信，为了达成我们追求的目标——也就是保卫我们的语言和我们的传统，这是目前我们可以做的最好的事情。确定的一点是——我们那时在纽约看到了一场伟大运动的组织，它从此在纽约州和新英格兰各地发展壮大起来。复兴是那么普遍，《加拿大公众报》制造的对民族感情的诉求形成了如此深刻的一种印象，结果是一份新刊物登场了。它就是《加拿大保护人报》（*Protecteur Canadien*），1868年5月由伯灵顿（Burlington）教区的大主教拉贝·泽菲林·德吕翁先生（Monsieur l'abbe Zephirin Druon）和安托万·莫塞特先生（Monsieur Antoine Moussette）创办于佛蒙特州圣奥尔本斯（St. Albans）。德吕翁先生写信给帕拉迪先生（M. Paradis），建议将两份报纸合并。但是，后者决定回到他几年前到达的伊利诺伊州的坎卡基（Kankakee），他在1868年10月停止出版《加拿大公众报》。虽然这份刊物寿命短暂，但是在法裔加拿大人中留下了极深的印象。在对各个基于民族主义和语言的组织进行的概述中，帕拉迪先生称赞这是法裔加拿大人社团的第一个联合会。①

民族主义的目标

60　　世界大战深刻地改变了在美国的大部分移民民族的境遇。他们所代表的许多种族现在赢得了独立，而这是欧洲民族主义运动的最终目标。这消除了存在于1914年之前的、在美国维持一个全国性组织和一个民族主义报界的这一强大动机，今天，它们的目标应该是保护各移民民族抵御那些使他们同化和美国化的力量。

　　但是外语机构、中介、教会、报界以及民族主义协会，追求的不仅是保护短暂居留的移民免于同化，还致力于在那些永久居留美国的移民

---

① A. Belisle, *Histoire de la Presse Franco-Américain*, 1911, pp. 44 - 46.

中保存祖国的传统和语言。各移民民族中的一些领袖至少曾经想过把美国作为欧洲人进行拓殖的一个地区，在那里每个语言群体都会保存自己的语言和文化，将英语用作各个不同民族之间的通用语（lingua franca）和传播工具。

　　英国人没有理由盗用美国人的名义。他们应该被称为新英格兰人（Yankees）。这是英裔美国人的名称。没有美利坚民族这一回事。波兰人形成一个民族，而美国是一个国家，在一个政府名下，由不同民族的代表居住。关于未来，我不知道它将带来什么。我认为不会有融合——一个由多民族组成的种族。波兰人、波希米亚人等继续这样一代一代地传承下去。瑞士几个世纪以来一直是一个共和国，但是从没有让她的人民使用一种语言。我当然赞同美国用一种语言——或是英语或是别的，人人都使用它，但是没有理由阻止人民使用其他语言；这（使用其他语言）是一个优点，因为它开启了通向欧洲和或其他什么地方的更多道路。[①]

从这种观点来看，可以想见的是，这个国家的每个种族和语言群体都应该继续努力向其他种族的语言和文化保持和扩展它的影响力。这是波兰人一直试图对立陶宛人做的事情。它是马扎尔人一直寻求对斯洛伐克人做的事情。正是为了这个相同目的，在美国的德国人一直努力争取在保存他们自己的种族特征的同时，还要让德语和德国方言尽可能成为美国人民文化生活中的不可缺少的一部分。

　　一些年前，一出戏剧以《熔炉》（The Melting Pot）之名公演了，作者是著名的犹太复国主义领袖伊斯雷尔·赞格威尔（Israel Zangwill）[②]，他宣布了其智者断语：美国已经变成一个熔炉，不同种族和民族以及作为其标志的一切——他们的方言、他们的传统、

———————

① Emily G. Balch, *Our Slavic Fellow Citizens*，1910，pp. 398 - 399.（与一名波兰裔美国神父的谈话。）

② 伊斯雷尔·赞格威尔（1864—1926），俄国裔英国剧作家和小说家，曾参加犹太复国主义运动，作品反映犹太移民生活，写有长篇小说《犹太区的儿童》、《犹太区的梦想者》及剧本《熔炉》（1908 年首演）、《战神》等。——译者注

他们的习俗以及他们的生活规则——都被投入这个熔炉，为的是他们可以被改造成美国人。

图3—1　《熔炉》海报（1916年）（译者提供）

对我们德裔美国人而言，这出戏剧的教义只不过是乏味辞藻和非历史思维的混合。我们所努力争取的与此正好相反。当这种教条被没有思想的下层社会热情接受时，它应该受到我们更尖锐和更果断的对抗。因为我们不是作为一个被放逐和被迫害的种族而来到美国寻求帮助和保护的，而是作为这个民族的一部分，有权做出像其他人一样的考虑，作为一个200多年来将这里视为第二故乡的高贵种族的一员，与有血统联系的盎格鲁-萨克森各民族一起，共同创立和建设这个国家。对我们来说，没有必要允许我们自己被扭曲和改造成美国人，因为我们在政治意义上是美国人——只是在这一点上——一旦我们宣誓效忠和将我们自己结合进德裔美国人的共同机体。然而，我们必须以最果决的态度反对这样一种不着边际的假说：它寻求将我们日耳曼人的人格强行装入一个被制造出来的民众类型的模子；这不仅是因为这种强迫的一致意味着摧毁我们所认为的、我们的人民和文化中所有最神圣东西，而且还因为这样的行为作为一种冒渎打击了德国人的心灵。但是，无论如何值得称道，通过每一种可能的手段强迫混聚在这片土地上的种族和人民变为单一的形态，上帝赐予的多样性丧失在人造的模子中，这似乎是一种短视的爱国主义；对于这个民族的未来而言更加不祥的是，我们德国人的心灵中一定会浮现罗马人—高卢人的人为统一的错误概念。有可能压制或摧毁种族类型的个性，或者有可能强制使用单一语言和单一政府形式的幻象，由于日耳曼人的抵抗而成为罗马帝国覆亡的原因。在一个民族熔炉的烟熏火燎的厨房中，公开或秘密地企图消灭德意志文化类型——也就是我们的语言、我们的习俗和我们的人生观，这在一个相似的幻象中有其根源，并且同样会报复它自己，即便是以其他方式。

让我们德裔美国人相信从我们的父辈那里继承的指环的神秘力量："互相争胜以彰显指环的力量。"说一千道一万，让我们相信自己；在我们的孩子的孩子中，在充满德意志理想的一个民族中，在未来的德裔美国人人民中，我们的指环的力量将显示自己。①

在美国，只剩下两个语言群体——它们都是犹太人——没有把自己的语言和某种运动联系起来，也没有哪怕一丁点保存民族性的企图。这两种语言是俄国和波兰犹太人的方言意第绪语，以及东方犹太人的方言拉迪诺语（Ladino）②。大多数犹太作家和主编不指望美国的意第绪文报刊可以在犹太移民潮结束之后支撑下去。犹太人日报《前进报》主编亚伯拉罕·卡恩说，他对意第绪语没有多大兴趣，不会为它辩解。他乐意用英语为犹太人写作，就像他用意第绪语一样。

另一方面，随着近年来意第绪文学的发展，意第绪语作家意识到了地方方言的文学价值：一个民族的本土感情和性格找到了天然和自发的表达渠道，对意第绪语新的、更加尊敬的态度得以产生。犹太复国主义是犹太种族和民族意识觉醒的表现，它无疑强化了这种情感，虽然使用的语言是希伯来语，而不是意第绪语。

63

---

① J. Goebel, *Kampf um deutsche Kultur in Amerika*，1914，pp. 11 - 13.

② 在巴尔干半岛和小亚细亚一带的西班牙和葡萄牙籍犹太人说的西班牙方言。——译者注

因此，近期有一位撰稿人在《今日报》（*Day*）上试图回答这样一个问题："谁在阅读意第绪文报刊?"其结论是：意第绪文报刊不再局限于"新移民"（greenhorns）。

> ……人们多少有点浅薄地认为，意第绪文报刊之所以有人阅读，是因为它们的读者没有其他选择——也就是，它们的读者是那些没有充分美国化，读不懂英文的人……普遍的看法是，犹太裔美国青年根本不读意第绪文，我们的智识阶层以意第绪语为耻，我们的医生、律师、工程师、教师等从来不看一眼意第绪文报刊，简而言之，阅读的只是那些"新移民"或未被美国化的犹太人。

> 我现在可以批驳这种观点……

> 我们的读者当然已经看到了我们新的"公务员"专栏，这个专栏冠以意第绪文标题"怎样获得政府职位"。每周有许多联邦的和州的职位宣布出来，我也回答有关公务员的问题。

> 我从这个国家各处收到的这些信件是个宝藏，它们回答了意第绪文读者在美国究竟归属于哪个阶级这一问题。

> ……当我第一次建议开设这个专栏时，这个建议遭到了嘲笑……"那些对公务员感兴趣的人不读意第绪文，他们会求助于专门介绍公务员的英文报纸，"他们说。

> 他们认为我们的读者是操作工、裁缝、小贩、贫穷的店主，而这些人不懂得公务员的意义……

> 首先，我们必须说，大多数《今日报》的公务员专栏的读者通晓英语。想要通过公务员考试……英语就要过关。我完全有理由相信5%到10%的《今日报》的读者对公务员感兴趣……根据我的统计，每10个或20个读者中有1人懂英语。而且，这些读者是美国公民……那么，他们不是"新移民"和"被迫"读意第绪文的。

> 我收到的信函有用英文、意第绪文、希伯来文、德文、俄文和法文写的。当然大部分是用英文和意第绪文，一半对一半。大多数英文信函都写得非常好，显示了它们的作者是高度美国化的……但是他们阅读意第绪文报纸……有些信函为没有用英文写作而道歉。

信函的作者包括律师、牙医、工程师、作家、语言学家、内科医师、药剂师、物理学家、打字员、速记员、簿记员和秘书……许多人都有职业，高度美国化，他们阅读英文报刊，但是没有抛弃意第绪文报刊……①

《前进报》上的另一篇文章从日常观察中得出结论说，犹太移民曾经极度渴望去掉他们的外国口音，而去学习英语，如今这种情况已经一去不复返了。同样有趣的是，这种变化在世界大战中发生，而正是在那个时期，欧洲移民潮停止了。

东区的儿童们与过去相比更多地使用意第绪语吗？他们是否对它有不同的感觉，或者说对它的复兴抱有更大的期望？

当然没有人就这个题目做过调查，但是可以根据一般事实和印象来判断。在街上，和过去一样，还是很少听到意第绪语，可能比过去听到得更少些。……大约10年以前"新移民"儿童占的比重比今天大些。所以，任何一群在屋前玩耍的孩子中总是有一个或几个只会说意第绪语不会说英语。

现在，"新移民"儿童的比重少了很多，尤其在战争爆发后的最近几年。这就是男孩和女孩们的意第绪语词汇比以前在街上更少听到的原因……

但是，观察犹太家庭，你会看到不同的图景。在千百个从事智力工作的家庭中，父母正在努力引导自己的孩子讲意第绪语。这是他们的原则。在过去的岁月里，这些有智识的家长会对他们的孩子多讲英语——不是为了孩子的利益，而是为了他们自己——让自己勉强可以使用英语……

……我们回忆那段时光，那时在家长和孩子之间存在一道鸿沟。即使比较有教养的孩子也与自己的父母很少接触，只是因为他们听不懂对方的话，也不试图去了解。现在境况不同了。在成百个犹太家庭中，只要上了高中的孩子们，无论长幼男女，都对犹太报

① R. Fink, *Day*, July 14, 1915.

65

刊、文学和戏剧感兴趣。

66　　　　犹太剧院经理们宣称，地道的美国犹太男孩和女孩是他们的常客。正因为如此他们觉得有必要在英文报纸上刊登他们的广告。与往昔相比，今天犹太人区的老一代和新一代的裂缝大大弥合了。父母更了解他们的孩子，孩子也同样更了解自己的父母。他们理解各自的精神和各自的语言。①

比起本地出生的人，也许移民们更成功之处在于：意识到要在美国保存他们的语言和理想，在家庭和社区中复制祖国的文化氛围。这种成功的一个例证是，移民在这个国家经常遇见讲他自己语言的人，所以就假定美国居民是他自己种族的人民构成的。

在一个像美国这样的组合民族中，不可避免的是，整体的颜色应该与那些从不同的角度观察的人看到的不同。英国人倾向于认为美国差不多就是新英格兰，是一个主要由两个阶层组成的国家：一个是 17 世纪英国殖民者的后裔，另一个是新来的外国人。

恰好相反，欧洲的大陆人容易陷入飘飘然的幻想。他们相信，事实上，新近的欧洲移民就是全体美国人，而且还主要是，或至少大部分是来自他自己的国家。法国人曾坚持对我说，大部分美国人是法国裔；德国人则经常相信主要人口是德国裔，因此一个人只要会说德语，就可以惬意地走遍全美。这是很自然的。一个人看到他的同胞大批赶往美国，也许还在一定程度上使得祖国人口大量减少；他收到过美国出版的祖国语言报刊；如果他在美国旅行，走到哪里都会被同胞宴请和招待，这样形成了他们眼中的美国。一位布拉格的朋友对我说："我在锡达拉皮兹（Cedar Rapids）② 走访过两个星期，除了波希米亚语，其他什么语言都不说"。波士顿的一名意大利裔女士用意大利语说："你知道的，在波士顿你很少有机会

①　Jewish Daily *Forward*，March 9，1917.
②　锡达拉皮兹是美国艾奥瓦州东部林县的一个城市。——译者注

听到英语，"这很像美国人常常在巴黎和柏林制造的类似抱怨。[①]

　　本土出生的美国人可能也怀有相似的幻想，相信我们人口的大部分是由殖民者的后代组成的。怀抱这个幻想，他们认为很有必要统一美国的语言和思想，而这种估计很可能大大超出现实所需。

　　人类的本性易于受这类幻想的影响，而这会造成实际的后果。可以想见，如果大家认为说外国语是不忠或低级的标志，我们就会以一种温和的方式复制种族敌视和冲突，这种敌视和冲突正在导致奥匈帝国、俄国和德国这些欧洲大陆强权的崩溃。在所有这些国家，这样的敌视似乎主要是由排挤各种母语的正式语言地位的种种措施造成的。

移民报刊的普及

　　迄今为止，移民已经发现美国宽容他们的语言。英语是政府和公共教育语言，但是除了战争期间这些出版物受到特别监视之外，使用外语没有任何限制。在这里，一个受压制种族的知识界代表可以放手做在原籍国被禁止的事情：用他的母语创办报刊。

　　美国的外文报刊是由那些将以下这种欧洲报刊的概念带到这个国家的人主编的：这种报刊只针对受过高等教育的、故作正式和深奥的人群。自然地，他们一开始想在这里复制他们在家乡阅读的报纸。他们在很大程度上成功了；但是，美国的生活条件，尤其是移民报刊的出版条件，严重限制了他们的努力。

　　最能痛感"高雅"语言会让报纸失去什么的是报纸的商业经理。芝加哥的波兰裔社会党报纸《人民日报》（*Dziennik Ludowy*）的商业经理说，他总是求编辑们写得简单些，但是编辑们坚持写那种没人能理解的乏味文章。俄文社会主义报纸《新大陆》（*Novy Mir*）的商业经理

68

---

① Emily G. Balch, *Our Slavic Fellow Citizens*, pp. 399 - 400.

说，报纸负债经营，但是没有一个编辑愿意写让人读得懂的文章。有的农民读者来信说："请寄一本字典给我。我读不懂你们的报纸"；有的寄来一份画了条条杠杠的报纸，并附言："请告诉我这是什么意思，再把报纸寄还给我。我为它付了钱，我有权利弄明白它的意思。"

《新大陆》刊登列宁写的社会主义文章。一个聪明却不了解大学中的技术词汇的俄国人说："我为了读列宁的文章买《新大陆》，阅读它让我心碎。"现任主编 I. 赫维奇（I. Hourwich）① 写 4 栏篇幅的社论，他的文章被认为是所有曾经为《新大陆》撰文的人当中最费解的。曾经与在美国的俄国人交往过的学者说，农民急切地想知道俄国发生了什么，但是被那些只有哲学家才能理解的文章搞糊涂了。

在克伦斯基（Kerensky）② 政府的号召下，许多为《新大陆》撰文的年轻作家和其他 2 000 到 3 000 名俄国人一起，在 1917 年春重新回到了俄国。第一个社论撰稿人杰什（Detsch）成为一名社会爱国者；无党派的最后一个社论撰稿人托洛茨基（Trotzky）变成了布尔什维克。许多新闻工作者现在供职于官方布尔什维克报纸《消息报》（Isvestia）和《真理报》（Pravda），就像他们在纽约市为知识分子而不是人民写作那样。只有《新大陆》的"问

69

---

① 即艾萨克·A·赫维奇（Isaac A. Hourwich，1860—1924），美国统计学家。生于俄属立陶宛的维尔纳。他在圣彼得堡大学求学时对无政府主义宣传发生兴趣，1879 年因被控敌视政府和帮助建立一家秘密出版社而被捕，未经审判被逐出圣彼得堡。1881 年作为"危险人物"被流放西伯利亚 4 年。1887 年毕业于捷米多夫法学院，开始当律师。为逃避再次被流放，他于 1890 年逃往美国。1893 年获哥伦比亚大学博士学位，任芝加哥大学统计学讲师。此后重返纽约当律师，1900 年作为统计学家进入美国政府。1919 年 4 月起供职于苏俄在美国设立的俄国苏维埃政府办事处。列宁曾在 1914 年 2 月 27 日写信给他，评论他在 1912 年出版的著作《移民与劳工：欧洲向美国移民的经济面相》（Immigration and Labour：The Economic Aspects of European Immigration to the United States）。还著有《俄国村庄经济学》（The Economics of the Russian Village）等。其子尼古拉·I·赫维奇是美国共产党创始人。——译者注

② 即亚历山大·克伦斯基（Aleksandr Kerensky，1881—1970），俄国政治家。社会革命党人、第四届国家杜马中劳动派领袖，在 1917 年二月革命后成立的临时政府中任临时政府司法部长、陆海军部长、最高总司令、总理，十月革命后组织反布尔什维克叛乱，失败后逃亡国外，后定居美国。——译者注

与答"专栏的沃洛达尔斯基（Volodarsky）① 发现了怎样在社会主义报纸上为人民写作，他后来成为为苏维埃政府工作的"报刊审查官"。

　　超越读者理解力的不只是美国社会主义报刊的文章。纽约市的希腊人日报《亚特兰蒂斯》（Atlantis）和《民族先驱报》（National Herald）的社论同样让读者费解。在雅典有 7 份方言报纸，在美国只有一种，即纽约市的《钟声报》（Campana），它是一份刊登讽刺诗的幽默报纸。在《亚特兰蒂斯》和《民族先驱报》上，口语般的平实语言只有在康斯坦丁（Constantine）② 和韦尼泽洛斯（Venizuelos）③ 之间激烈的派别论争中才会出现。④

　　正如移民知识分子在这个国家发现的那样，他一般对美国报纸和知识生活评价甚低。我们报纸有地方新闻，有私人闲话，有人情味轶事，这些都不是他那种概念的新闻事业。对他来说，报纸语言似乎与街头语言相近得令人痛惜。

　　在很多年以前，美国报纸经历过一阵虚浮的阶段。但是，自从老詹姆斯·戈登·贝内特（James Gordon Bennett）⑤ 发明黄色新闻事业——就是发明那种面向不避讳无知和低俗之人的新闻事业——以

70

---

　　① 即 V. 沃洛达尔斯基（V. Volodarsky，1891—1918），俄国犹太马克思主义革命者、苏联早期政治家和新闻官。原名莫伊塞·马科维奇·戈尔德斯坦。1911 年被流放，1913 年大赦后移居美国。1916—1917 年在纽约参与创办布哈林主编的月刊《新大陆》。1917 年 5 月回国，十月革命期间入选全俄中央执行委员会，担任彼得格勒《红色报》主编和北方公社联盟执行委员会新闻局局长，拥有广泛的新闻审查权。1918 年 6 月 20 日被社会革命党人暗杀。——译者注

　　② 即康斯坦丁一世（1868—1923），希腊国王。1913—1917 年和 1920—1922 年统治希腊，第一次世界大战中立场亲德，1915 年将立场亲协约国的首相韦尼泽洛斯解职。——译者注

　　③ 即埃莱夫塞里奥斯·韦尼泽洛斯（Eleftherios Venizelos，1864—1936），现代希腊最杰出的政治家之一。1910 年创立自由党并任首相，在 1913 年巴尔干战争和第一次世界大战中与康斯坦丁一世多次发生冲突，导致一场持续数十年的国家政治大分裂。后来重任首相，先后两次遇刺。——译者注

　　④ Winifred Rauschenbush, Notes on the Foreign-language Press，New York（手稿）。

　　⑤ 詹姆斯·戈登·贝内特（1795—1872），美国报人。苏格兰移民，1835 年创办廉价报纸《纽约先驱报》，大兴煽情主义。其子小詹姆斯·戈登·贝内特继承父业。——译者注

来，事情走到了另一个极端……正如一名观察家所言，我们的大多数报纸，包括所有那些高发行量的报纸，其写作主要"不是用英语，而是用让阿迪生（Addison）① 和弥尔顿（Milton）在绝望中颤抖的梦呓语"。②

也许，正是美国人对地方新闻的钟情，证明了美国作为"村夫民族"的性格。作为一个民族，我们感兴趣的似乎不是观念，而是闲话。多年前，哈钦斯·哈普古德（Hutchins Hapgood）③ 在犹太人区咖啡馆遇到过许多犹太知识分子，他们通过谨慎观察，得出的是相同的结论。

"在俄国，"其中一个人说，"少数真正有教养和有智识的人定调子，所有人跟从他们。在这个国家，公众定调子，剧作家和文人只不过替公众表达而已。"④

为了使陈述更完整，要补充的一点是，欧洲农民的第二代和第三代构成了美国公众的大部分。

正如前面所说，欧洲报刊是为知识分子而办的；但是在移民中间，除了犹太人、日本人和列托人，知识分子尽管活跃，为数却不多。据说乌克兰裔在美国只有 5 个知识分子。大多数移民都是农民；他们讲方言，阅读有困难。因此，移民报刊的主编有必要对他的民众的知识水平做出种种让步。

经验不足的移民报刊主编常常发现，他的读者有那种美国公众的低俗趣味，甚至是更原始的形态。要赢得他们的关注，他就必须违反自己的大部分新闻理念。

主编所做的第一个让步就是文体和语言。为了让他的报纸有人读，他必须用他的读者所说的语言写作。如果他的语言的文学形式和当地方言差别太大，他就要全部或部分丢弃它，以配合大部分读者讲的方言。

---

① 即约瑟夫·阿迪生（1672—1719），英国作家、英国期刊文学创始人之一。曾与理查德·斯蒂尔合办刊物《闲谈者》和《旁观者》。——译者注

② H. L. Mencken, *The American Language*, 1919, p. 313.

③ 哈钦斯·哈普古德（1869—1944），美国记者、作家、哲学无政府主义者。曾供职于《商业广告报》。——译者注

④ Hutchins Hapgood, *The Spirit of the Ghetto*, 1902 and 1909, p. 282.

在美国，所有的克罗地亚文报纸都用流行的文学体写作，与在克罗地亚毫无二致。有些报纸一直会出现某种方言写作的文章，在大多数情况下是幽默的、愉悦人的小说。在美国，我们有几个会这样写的能手。我自己一直也在写，用的是最有特色的方言凯卡夫斯蒂纳语（Kajkavstina）①，它是在文学改革之前（1835 年之前）我们的早期学者的方言。②

克利夫兰的《罗马尼亚人》（Romanul）是美国唯一的罗马尼亚文日报，它刊登用特兰西瓦尼亚方言写的文章，这是因为据估计，在美国的罗马尼亚人中有 90％来自特兰西瓦尼亚。纽约市的罗马尼亚文报纸《觉醒吧，罗马尼亚人报》（Desteaptate Romane）③ 刊登一名读者用特兰西瓦尼亚方言写的小说和诗歌。总的来说，在这份报纸上人们试图这样写文章：如果不是整篇用方言文体的话，至少要用所有罗马尼亚人都熟悉的方言词汇，而不是罗马尼亚王国的正统罗马尼亚文。"口袋"在方言里是 jep 或 jepul，在正统罗马尼亚文中是 luzanar。有时主编会折中一下，在社论版上使用正式语言讨论常见议题，其他版面则是从美国报纸上仓促翻译的内容，那是用行话和夹杂着有外国词尾的美国习语和美国方言词汇写的。

主编必须对他的读者的兴趣做出其他让步，这使他更加远离欧洲报刊的种种传统。

农民们是多愁善感的；主编为他们刊登本地方言的诗歌。他用廉价的小说和高调的社论填充报纸，使用双倍行距，以便于阅读。读者们对抽象的讨论兴趣索然，所以报纸就越来越专注于新闻的戏剧性方面和与他们生活有关的内容，那就是警事新闻、劳工新闻和本地闲话。

有时发行人自己就是一个无知的人，或者至少不是知识分子，他和

①　克罗地亚三种主要方言之一，主要在克罗地亚北部和西北部（包括首都萨格勒布）使用。——译者注

②　宾夕法尼亚州匹兹堡克罗地亚人全国联盟（Narodna Hrvatska Zajedinica Society）机关报《博爱报》（Zajedničar）主编弗朗西斯·K·科兰德（Francis K. Kolander）（1919 年 10 月 27 日通信）。

③　该报名源自 1848 年革命中诞生的罗马尼亚国歌《觉醒吧，罗马尼亚人》。——译者注

某些美国发行人一样，将自己的报纸看作广告媒介，刊登新闻只是为了获得发行量而已。这些人了解他们的读者，坚持在报纸上刊登他们的订户感兴趣和读得懂的内容。据说，美国最成功的华人主编之一无法阅读他自己报纸上的社论，因为他不懂书面语言。一些最成功的外文报纸，其发行人没有受过教育，而且他被他所雇用的撰稿人看成不学无术之辈。如果报刊撰稿人藐视他们的老板和读者——他们有时真的如此——73　我们就不能对他们出版的报纸有过多的指望。

　　对一份移民报纸内部的以下描述不能被视为所有移民报纸的特质。它当然也不能被视为社会主义报刊和激进报刊的特质。那些激进报纸主编对欧洲裔农民普遍有着非常真实的同情和充分的理解，当这个农民在美国变成劳工和无产者之后尤其是如此。于是，主编成为那个激进报刊主要是为了某阶级而存在的代表。但是，贵族式的移民知识分子主编将远离生活作为资本，这反映在以下描述中：

　　　　当我刚加入《自由报》（*Szabadsag*）的时候，这张报纸的编辑们有一个吓了我一大跳的怪论，不过我后来发现它还真管用。它被概括成这样的座右铭："凡是对'伙计'（buddy）足够好的东西"——伙计是用来指称匈牙利移民工人的普遍词语。这个词一开始由宾夕法尼亚州和西弗吉尼亚州的煤矿工人采用，现已被美式马扎尔文习语吸收，现在拼写为 bodi——"知识分子们"使用时通常带着温和的鄙视意味。普通的马扎尔文读者不知道新闻价值为何物；在边远地区，他们在星期三才拿到星期一的《自由报》，然后留到周日才读，在星期日要从头到尾看完一星期积下的所有报纸。"伙计"把报纸上所有的东西称为 *hirdetes*，也就是广告。社论、新闻和特稿故事，统统是"广告"。这不是说——虽然通常是事实——这些内容白白浪费了；广告在美式马扎尔文习语中只是阅读的东西而已。人们以同样的虔诚阅读处方药药商的大幅广告和头版的战争新闻。事实上，他们更喜欢前者，因为它用更大的字号印刷，而且与日常生活结合得更紧密。此外，当大多数马扎尔文报纸都以一种74　令人难以置信的马虎态度写社论和新闻栏的时候，这些"真实的"

广告的确展现了它的机智和巧妙——在某种程度上，它是整张报纸上最"美国化"的条目。大部分在全国范围做邮购业务的大药商习惯于雇佣《人民言论报》（Nepszava）和《自由报》的社论撰稿人撰写广告"文案"，有段时间这项"副业"带给编辑们的外快超过了他们的正规薪水……

我在这里想说的是，就我对匈牙利裔美国人报纸编辑常规细节的个人观察而言，它们的主要的考量是以尽可能少的力气让报纸出版。社论，甚至是经营方针的观点都经常因为编辑们不愿卖力和"放轻松"的念头而黯然失色。换句话说，编辑们或多或少在无意怠工。原因出在这一行当的状况和编辑匈牙利裔美国人报纸的这类人身上。在《自由报》和《人民言论报》编辑部工作的大多数人根本就不是专业新闻工作者——这就是说，他们在原来的国家不是新闻工作者；他们来到美国，并非因为他们具有年轻人立志成功的抱负，而仅仅是因为这似乎是他们摆脱失败和错误的唯一途径。没有经过特殊训练，对英语一知半解，又强烈厌恶辛勤工作，他们漂泊到这里的马扎尔文报纸来，只是因为他们不适合做其他任何工作；他们把这份工作看作最后的避难所。没有竞争带来的机会，他们不能取得真正的进步；他们完全受制于两个雇主，即《自由报》和《人民言论报》的业主。他们中有几个人被最终能跳出这个游戏的希望所支撑；其他三十好几的人已经连这种愿望也没有了。他们过着仅能糊口的生活，根本就不再去操心了。

这不仅仅是过劳和低薪问题；普通美国报人的工作条件之差是众所周知的，但是他始终有发展的机会。而在匈牙利裔美国人报刊中，这种机会是不存在的；尽管有一打工作机会，但是要出人头地是不可能的。在《人民言论报》和《自由报》工作不仅意味着墨守成规，而且是被送进了死胡同。从发行人的观点来看，事情也几乎是完全无望；没有有才干的新人可招募，有的只是20或30张老面孔；由于缺乏竞争，办一份优秀报纸和办一份蹩脚报纸差别不大，而且办一份蹩脚报纸还要廉价一些。要弄清楚匈牙利裔美国人报刊界为何办不出一份真正进步的教育和舆论机关报，就要了解匈牙利裔美国人主编的心理。

至于更小的"一人"周报，情况也好不了多少。对身兼发行人和业主的主编来说，"成功"的机会与新闻业务的和文学的品质没有什么关系。他通常没有本地的竞争者，他的主要收入来源是教区政界和兄弟会密谋的小额贪污款。

我可以毫不犹豫地说，就我观察到的事例而言，《自由报》和《人民言论报》对匈牙利裔美国人社会生活的影响几乎坏透了。这不是因为哪一个特定发行人的个人缺陷，而是因为匈牙利裔美国人定居点的分散以及匈牙利裔美国人报纸的实力形成了垄断这个事实；相形之下，美国人报刊的状况似乎就是民主的。可以说，这两份日报缺乏公共性，没有任何形式的竞争。没有它们的同意和积极支持，哪个运动都不要期望成功；对任何社会事业来说，它们的敌意意味着几乎注定的失败；它们为善的力量相当受限，而在它们自己的圈子里，它们作恶的力量实际上是不受限的。而这种力量大多用于提升个人的虚荣、野心和报复的目的。

对于在同胞身上挣钱的匈牙利裔商人或专业人士而言，被这些报纸忽视或"嘲笑"几乎意味着必然的毁灭。而其中最糟的是，受损的一方——除非是一桩刑事诽谤①问题——是无法自主寻求平反的。

除了我能想起的几个个别的例子，几乎就不会发生某份周报敢于同这些强大日报做斗争；即便它敢做，也是毫无希望的；它们中的大多数只能支配本地读者，而那两份日报有自己的胁迫方法和手段，或者其他更恶劣的方式。

当然，《前进报》(Elore)② 是另一回事；但是它苦于自己是一份社会党报纸这一障碍。没有哪个"资产阶级"协会、商人或专业

---

① 美国历史上有刑事诽谤法，今天已经基本绝迹，诽谤诉讼多以民事（名誉侵权）方式提起。——译者注

② 1900 年创办于纽约的一份匈牙利文社会主义日报，发行量曾达 1 万份。——译者注

人士关心或敢于依靠《前进报》来反对另外两份日报。

　　这种状况下最令人厌恶的一点可能是这样的情形：参与者实际上总是同一批人，只不过是列成不同的队形来互相攻击。从匈牙利裔知识分子队伍内部这种不断的变换中获益的只有社会主义者，他们在通过《前进报》向匈牙利裔工人发动的持久造势中，主要宣传利器之一就是"资产阶级"兄弟会和教区政界的腐败。①

　　马扎尔人报刊所显示的不稳定、缺乏方针和整体无序可能是所有新近移民报刊的特征。它反映了每个移民共同体在它将自己成功地融入美国环境之前不可避免的无序状态。至于那些更早、更稳固地建立的移民共同体，像德国人、斯堪的纳维亚人或其他已经永久定居在乡村社区和小城镇的移民们，他们的报刊就不具备这样的特征。

　　总的说来，在美国条件的影响下，发生在外文报刊中的显著变化是这样的趋向：更简单的措辞、更接近受鄙视的本地方言；更关注警事新闻、私人消息和只有趣味性的事情；最后是用民族主义、社会主义和移民共同体内部的冲突来取代欧洲报刊上的政治讨论。在这个国家，外文报纸读者定位的普遍下调已经创造出了一个由本来在其原籍国很少或从不阅读的各个民族的人们组成的公众。以下是俄国人联盟（Russian Union）的三名成员在接受关于驱逐的调查时所作证词的摘录，可能反映了《新大陆》读者们的一般智力水平：

　　　　来自布列斯特—立托夫斯克（Brest-Litovsk）② 的瑙姆·斯捷潘诺克（Naum Stepanauk）：

　　　　瑙姆·斯捷潘诺克曾是一名俄国农场工人。他很少读报，不读哲学和科学图书。当他到美国的时候，他去宾夕法尼亚州的纽卡斯尔（New Castle）找他认识的一个人。接着他在宾夕法尼亚州的谢南多厄矿山干了 3 年，后来又去了西弗吉尼亚州的罗德菲尔德

---

① Eugene S. Bagger, *The Hungarian Press in America*（手稿）。
② 1921 年以后称布列斯特，今日白俄罗斯西南部城市、河港、铁路枢纽，邻近波兰。第一次世界大战中，苏俄政府与德国及其同盟在此签订屈辱性的《布列斯特—立托夫斯克和约》。1919—1939 年归属波兰，1939 年划入苏联。——译者注

（Roderfield）和堪萨斯州的农场。他也在俄亥俄州的商店和科罗拉多州普韦布洛（Pueblo）的冶炼厂和矿山工作过。在阿克伦（Akron），他为古德里奇轮胎公司（Goodrich Rubber Company）工作。他在那里的平均周薪是 24 美元。

斯捷潘诺克是俄国工人联合会（Federation of Unions of Russian Workers）的会员。他说，入会的目的是为了让自己受到更多的教育。在他的大量读物中，许多是返回俄国的朋友留给他的，他实际阅读了以下著作：高尔基（Gorki）、托尔斯泰（Tolstoi）、科里连科（Korylenko）、L. 科拉尔斯基（L. Kralsky）的《13 号屋》（*House No.* 13）；克鲁泡特金（Kropotkin）① 的《战争牺牲品》（*Sacrifice of War*）；一本反教权的小册子和一本歌集。因为能够阅读，他当选为阿克伦分部的秘书。

他解释说，这个组织的一个目标就是教人们学俄语和英语，因为这个组织的很多成员不能读俄语。当被问及俄语有什么价值时，他说："这样他们就能明白生活，他们自己的生活。"当问及他是否知道 1917 俄国政府，他回答说知道得不是很清楚。当问及该联合会的讲座和课程，是否使他对政府形式不感兴趣时，他说："是的，我只对俄国感兴趣。"当问他为什么想回俄国去时，他说："因为我在俄国出生，而且我的理想在那儿，所以我和那个国家连在一起。"他所理解的无政府主义就是爱、平等和建设。

来自俄国萨拉托夫（Saratov）② 的鲍威尔·克列茨金（Powell Kreczin）：

当克列茨金被问及怎样分辨好坏时，他这样回答："其他人告诉我什么好、什么不好。我自己对很多事不明白。"当被问及谁告诉他什么是好、什么是坏时，他的回答是那些已经回到俄国的人。

---

① 即彼得·阿列克塞维奇·克鲁泡特金（1842—1921），俄国无政府主义者、地理学家。出身贵族，曾参加第一国际，属巴枯宁派，1784 年因参加民粹运动被捕，历经放逐、监禁、流亡，著有《1789—1793 年的法国大革命》、《互助论》等。——译者注

② 俄罗斯城市，位于伏尔加河下游右岸高地，帝俄时代为著名的粮食贸易及锯木工业中心。——译者注

当被问及那些与他一起被捕的人是否指导他时，他说："他们的能力和我差不多；他们不知道他们自己的任何事情。"

此人不知道一个共和国没有国王。他只知道"共和国"这个词和"威尔逊"（Wilson）① 这个名字。当被问及在联盟唱的歌时，他说："有一首是关于一个流放者的，他是一个强壮结实的好人。"当被问及他读的书时，他说："我对有关文化和大海的著作感兴趣；我想不起别的著作了。"

来自俄国格罗德诺的尼古拉·沃洛苏克（Nicolai Volosuk）：

沃洛苏克是俄国人工会联合会的会员，《劳工之声》（*Golos Truda*）和《面包与自由》（*Khlieb i Volya*）在他们的会议上售卖。在闲暇的时侯，沃洛苏克上一个自修学校，在那里学习植物学和园艺，了解诸如"煤是从哪里来的、怎样形成的"之类问题。当被问及是否阅读过社会问题图书，他不懂这个术语。问他他有没有读过关于政府和哲学的书？他回答："我从来不读大书。"被问及"如果给你一本这样的俄文书，你能认得吗?"他说："如果书写得文绉绉的，我想我就读不懂了。"被问到他是否信仰布尔什维主义时，他说："我只相信，如果我回到俄国，我就能得到一块土地。"

鲜有例外的是，欧洲裔农民在这里第一次看到这样的报纸：写的是他们感兴趣的事情，用的是他们说的语言。他们在这里第一次形成阅读习惯。报纸使他们与他们的共同体——主要是他们的族群——的当下思想和当下事件建立了联系；该族群的兴趣一方面融入祖国，另一方面融入更大的美国共同体。逐渐地，在很大程度上，通过社会主义报刊的努力，阅读习惯培育了思维习惯。结果是提高了移民群体的智识水平。

---

① 即托马斯·伍德罗·威尔逊（Thomas Woodrow Wilson，1856—1924），美国第 28 任总统。到 2009 年奥巴马就任之前是唯一拥有哲学博士头衔的美国总统。在第一次世界大战最后阶段，他亲自主导对德交涉以及协定停火，发表《十四点声明》，主张民族自决。1919 年赴巴黎创建国际联盟以及拟定《凡尔赛条约》，尤其关注战败帝国建立新国家的问题，后来获诺贝尔和平奖。——译者注

语言和文化改造

移民报刊虽然因其粗鄙而为外国知识分子所不屑一顾，在其读者中的力量却是更加文雅的刊物很少能够匹敌的。移民报刊创造出自己的阅读公众，并在很大程度上垄断了他们。有民族主义倾向的主编们寻求利用这种垄断来保持其读者的兴趣和活动以祖国为重点。但是在其存在的时期里，移民报刊倾向于帮助而不是防止这种向美国共同体的变移。

80　　这种由接触引致的美国化过程，在引入移民言语的变化上可以非常清楚地看出来。甚至在那些将外国语保存得比其他地方更长久的乡村社区，外国语也倾向于美国化，或者至少是本土化。这在宾夕法尼亚德语（Pennsylvania Dutch）① 的例子中得到了说明。

《晨星报》（*Morgenstern*）是写给宾夕法尼亚州的德国人看的，他们说一种以普法尔茨（Pfaelzer）② 方言为基础的混合语言，这种语言通过吸纳许多英语单词和短语而得到改造。

（这种语言）从美国英语中吸纳的第一批词汇是"地下室"这样的词汇。抢眼的动词也被引入：Ich habe *geketscht* einen *Kold*［I have caught（catched）a cold，我得了感冒］，Ich bin *aufge-jumpt* wie ein junger Hirsch（I jumped up like a young deer，我像小鹿一样跳起来）。

商业交易也用于引介美国人使用的短语。《晨星报》的一个广告商在他的广告词开头用高地德语（Hoch-Deutsch）③，结尾用宾夕法尼亚德语：Wir sind *determt Bissness zu tun*（我们已决定开

① 高地德语的一支，主要分布于美国宾夕法尼亚州，在印第安纳州和俄亥俄州也有分布。——译者注

② 今日德国西南部一地区，它原是德国历史上一种特殊领地的名字。这种领地的领主被称为普法尔茨伯爵，意为"王权伯爵"。——译者注

③ 即现代德语，中世纪晚期还是德国一种地方方言，后来渐渐成为德国的书面语言。——译者注

业）。Kommt wir wollen *einen Bargen machen*（欢迎来访，我们会给予优惠）。Wir *trihten* sie wie ein *Gentleman*（我们会提供绅士般的服务）。Sie sen *gesatisfeit*（您会感到满意）。

通常人们使用英语来称呼那些在德国没有的家具和衣服。一封刊登在报纸上的信件比较了印第安人棚屋的条件和城镇的文明生活：Do waren Wir net *getruvelt* mit Lichter，Schaukelstuhle，un carpets（We were not troubled with lights，rocking chairs and carpets）（我们不为灯光、摇椅和地毯而苦恼）；im Parlor（in the parlor）（在客厅里）；Net *gebattert* von *Hupps*，oder 17 *Unterrock*，*Teitlacking*，un seidens *Dresses*（Not bothered with hoops，or 17 petticoats，tight lacing，or silk dresses）（不用为圈环裙、或17环衬裙、收紧的系带、或连衣丝裙而操心）。[1]

意第绪语对陌生的新词尤其殷勤，从它所接触的各种语言中采纳和推行每一个合宜的惯用语和每一个抢眼的短语。

意第绪语在美国经历的变化虽然与现在的探究完全无关，但是很有趣，值得注意。首先，它给它的词汇表增加了大量的常用名词。例如：boy（男孩），chair（椅），window（窗），carpet（地毯），floor（地板），dress（裙），hat（帽），watch（手表），ceiling（天花板），consumption（消费），property（财产），trouble（麻烦），bother（烦恼），match（比赛），change（变化），party（聚会），birthday（生日），picture［（报纸上的）图片］，gambler（赌徒），show（表演），hall（礼堂），kitchen（厨房），store（商店），bedroom（卧室），key（钥匙），mantelpiece（壁炉架），closet（壁橱），lounge（起居室），broom（扫帚），tablecloth（桌布），paint（画），landlord（地主），fellow（伙计），tenant（佃户），shop（店铺），wages（工资），foreman（领班），sleeve（袖子），collar（衣领），cuff（袖口），button（纽扣），cotton（棉

---

[1] 《晨星报与巴克斯和蒙哥马利县报》。

花），thimble（顶针），needle（针），pocket（口袋），bargain（讲价），sale（降价），remnant（剩余），sample（样品），haircut（理发），razor（剃刀），waist（腰），basket（篮子），school（学校），scholar（学者），teacher（老师），baby（婴儿），mustache（胡须），butcher（屠夫），grocery（杂货店），dinner（晚餐），street（街道）和 walk（人行道）。有些词汇有典型的美式英语风格，例如：bluffer（伪君子），faker（冒牌货），boodler（受贿者），grafter（贪污者），gangster（歹徒），crook（骗子），guy（家伙），kike（犹太佬），piker（胆小鬼），squealer（告密者），bum（懒鬼），cadet（拉皮条的），boom（高涨），bunch（一帮），pants（裤子），vest（马甲），loafer（无业游民），jumper（短褂），stoop（门廊），saleslady（售货小姐），ice box（冰箱）和 raise（一笔钱）。这些词汇和它们的动词与形容词形式经常得到使用；许多词汇把意第绪语中的相应词汇挤了出去。例如：ingel 是"男孩"的意思（意第绪语向斯拉夫语借用的词汇），已经被英语词汇排挤了。犹太移民几乎毫无例外把自己的"儿子"叫做"boy"，虽然他们还把自己的女儿叫做 meidel，但就显得太奇怪了。Die boys mit die meidlach haben a good time!（孩儿们快乐）是很精彩的美式意第绪语。同样，fenster 被 window（窗）完全替代了，但是 tur（门）却还原封不动。tisch（桌）也保留了下来，但是 chair（椅）却被经常使用，也许是因为很少有犹太人在他原来的国家使用这种椅子。在原来的国家，常用的 beinkel，指"没有靠背的长凳"；有扶手的椅子有钱人才用得起。floor（地板）显然也很流行，因为在原来的国家里没有固定的对应词汇；在俄国和波兰的不同地方，地板是 dill，poologe，或 bricke。天花板也是同样的情况。有 6 个不同的词与它对应。

82　　　　意第绪语的词尾与大多数外借的词紧密相连。例如：er hat ihm abgefaked 意思是 He cheated him（他欺骗了他）；zuhumt 是美语"变坏"的意思，fix'n 是 fix（安装），usen 是 use（使用），以此类推。"女性的"和"小的"的后缀 ke 经常加在名词后面。因此，bluffer 变成了 blufferke（伪君子），人们也常说 dresske（裙子），hatke（帽子），watchke（手表）和 bummerke（无赖）。Oi! is sie a blufferke! 是美式意第绪语"她真是个伪善的人!"后缀 nick 意为"中介"，也经常使用。Allrightnick 意思是"暴发户"、"傲慢自负"，是那种他的同伴会讥笑他"he is all right"（他没事啊）的人。类似的，consumptionick 是"肺结核患者"的意思。其他的后缀有 chick 和 ige，例如 boychick 是 boy 的昵称，next-doorige 指"隔壁的女邻居"，是犹太人区社会生活的重要人物。有些借词，受到意第绪语口音的影响。Landlord（地主）变成了 lendler，lounge（起居室）变成 lunch，tenant（佃户）变为 tenner，whiskers（胡须）结尾的 s 也没有了。"Wie gefallt dir sein whisker?"（你觉得他的胡须怎样?）是意第绪语，有反语意味。"伙伴"当然也变成了 feller，像在 Rosie hat schona feller（罗西有了个伙伴——也就是相好）。Show 的"机会"含义经常被使用，像在 git him a show（给他一个机会）。Bad boy（坏男孩）常常作为整体使用，er is a bad boy（他是个坏男孩）。shut up 被用作一个词，er hat nit gewolt shupup'n（他没有闭嘴）。catch 有"获得"的意思，例如 catch'n a gmilath chesed（获得贷款）。顺便提一下，gmilath chesed 是《圣经》里的希伯来语。to bluff 在形式上没有改变，但有了"说谎"的新含义；bluffer 就是骗子。大量美语短语被经常使用，例如："好的"，"没关系"，"我保证"，"没有，先生"，"我要修理你"，等等。稀罕的是，美语从爱尔兰英语中借来的"sure, Mike"（当然，迈克）又被美式意第绪语采纳。最后，为了做一个结尾，这里给出两个完整而典型的美式意第绪语句子：Sie wet clean'n die rooms, scrub'n dem floor, wash'n die windows, dress'n dem boy, undgehn in butcher store und in grocery. Der noch vet sie machen dinner und gehn in street fur a walk.[1]

83

---

[1]　H. L. Mencken, *The American Language*，1919，pp. 155 – 157（一个脚注标明本段文字内容出自亚伯拉罕·卡恩）。

"宾夕法尼亚德语"几乎与意第绪语一样迥异于现代德国的德语。德语的情况也就是斯堪的纳维亚诸语言的情况,斯堪的纳维亚诸文字报刊不向美国化语言的不合常规做出让步。这样做的结果是,书面语和口语渐行渐远。只要情况是这样,斯堪的纳维亚诸文字报刊就变成了死语言。

> 在我长大的社区,人们几乎只讲挪威语,虽然随意融合了英语词汇和习语,但这些词汇经常被糟践得连美国人都认不出来——当然,一个刚从原籍国来的挪威人也会觉得莫名其妙。年轻一代说不出许多词汇是英语还是挪威语。我到 10 到 12 岁才发现,patikkele (particular)(特别的)、stœbel (stable)(稳定的)、fens (fence)(篱笆)一类词汇不是挪威语,而是糟践过的英语词汇。我过去常常想知道,poleit, trubbel, soppereter 与英语中的 polite(礼貌的)、trouble(麻烦)、separator(分隔符)怎么这么相像。这种借用词是如此普遍,以至于没有哪个英语词汇不可以被纳入这个词汇表,只要它经得起它易于得到的那种处理。有些词汇确实在发音上没有任何可察觉的区别,但更为经常的是拿走词根或词干,然后根据挪威语语法的要求加上这种语言的词尾。①

84
> 波兰裔美国人的语言,虽然在语源学上还是波兰语,但是融入了越来越多的美国俚语,它们被用作词根,加以波兰语的词尾和前缀,但是它们的语法和文学应用(文学应用比语源更容易受到思维方式变化的影响)变得越来越本土化,既不是波兰语,也不是美语。②

与其言语一样,移民们的文化也受到了美国生活的影响,倾向于变成既不是美国的也不是外国的,而是两者的结合。

> 我也许可以用以下方式概括我对波兰裔美国人生活的总体

---

① Nils Flaten, *Notes on American Norwegian*, *with a Vocabulary*, *Dialect Notes*, vol ii, Part ii, 1900, p. 115.

② Thomas and Znaniecki, *The Polish Peasant*, vol. v.

印象：

　　这里的社会气氛马上触动了我：非波兰的东西并不能被归因于纯粹地将美国元素加到移民拥有的波兰文化的血脉之中，因为在与美国的生活亲密接触后，我无法在波兰裔美国人社会的那些非波兰人性格中找到美国文化的本质特征；在这个时候，我似乎更不熟悉前者，而不是我所了解的任何一个美国社会圈子——从中西部的大学教授们到新英格兰的渔夫们。

　　当然，这种"波兰裔美国人"新文化的内涵主要来自波兰，但也部分来自美国生活。例如，他们语言的词根 95% 是波兰语的，5% 来自美国俚语。但这不仅是两者的混合和融汇，而且还具有本质上的原创性。因此，不仅英语词汇接受了波兰语词尾和前后缀；反过来也是如此——波兰语词源的词语也根据英语的规则做了一些简化——而且短语的构成也是完全独特的；不是波兰语，也不是模仿英语。同样，社会仪式包含波兰农民的仪式，还有少数从波兰上层阶级借来的概念，加上一点美国习俗，所有这些还是很粗糙地整合在一起，但已经显现出简化的趋势。

　　由于还处于低级水平，发展时间不长，此刻很难确切说出这些波兰裔美国人文化的原创特点，但很有可能它们发端于这个事实，即移民大部分来自农民阶层，他们要使自己适应完全不同于传统的环境。农民阶级并不怎么参与高级波兰文化，这种文化一直主要是上层和中间阶级的产物，而那些真正参与了这种文化的农民又很少移民。因此农民带到这里来的，只是他自己特定的阶级文化，是适应农业社会特定环境的文化；在新的工业环境下，他被迫要放弃它，并且寻求替代品。少数波兰裔知识分子领袖试图把高级波兰文化强加给他，这种文化包含了他可以接受并加以利用的成分；但大多数内容却对他不重要，而且离他适应新环境的步伐越来越远。因此，正式发言和机构报告使用的官方语言是空洞的和夸夸其谈的；而大部分人公开声称接受波兰民族理想就如同节日盛装，不过是表面现象。艺术，尤其是音乐，是波兰人文化价值观唯一对移民区有

85

影响的领域。另一方面，对于移民社群，尤其是对于第一代移民，美国价值观中谈得上重要的只有一小部分，而且它们还被有选择地、以一种完全丧失其原来面貌的方式被重新解释。既然如此，在自由的、没有领袖压力的情况下，选择什么样的美国元素可以进入当今的波兰裔美国人的生活立刻变得重要起来；第二代移民要求更多，理解和吸收得也更好，所以整个波兰裔美国社群就逐渐卷入了美国文化。

但同时，这个社群继续沿着自己独特的路线发展，而且与任何有活性的社群一样，生产出波兰和美国价值之外的新的原创的习俗、信仰、思维方式和制度；这种原创的生产避免了完全吸收美国的社会环境（milieu）或者延续波兰的传统。然而，波兰裔美国人社群被一个高级的文化社会环境包裹起来，这使得它自己的特定文化总是处于低水平，因为除了很少的例外，凡是能够欣赏和自然地创建高级价值的人都趋向于美国生活；他们没有和原来的社会环境失去联系，但这种联系也只限于与首属群体的关系，而他们的创造活动的成果，得到美国次级公共机构（secondary institutions）的帮助，进入了美国社会。①

在同化的过程中，外文报刊到底是制动器还是加速器，这是一个问题。立陶宛文报纸《友报》（*Draugas*）的主编断言，总的来看，外文报刊是隔离和孤立外语社群的手段，以此来防止同化。其他主编认为，外文报刊帮助移民，尤其是第一代移民，在美国的环境中为自己定位，并分享社群的知识、政治和社会生活。

在瑞典人和挪威人聚居区，如芝加哥（Chicago）、明尼阿波利斯（Minneapolis）、圣保罗（St. Paul）、罗克福德（Rockford）这样的城市和明尼苏达州的古德休（Goodhue）这样的县，由于大量外国出生者的存在，人们在家中、街道、市场和办公场所必须使用外国语。在那些地方，人们读某一份斯堪的纳维亚文字的日报或周

---

① 来源于波森大学哲学教授弗洛里安·兹纳涅斯基的个人通信。

报上的新闻，有强烈的保持其先辈语言的倾向。传教士和政客们也深谙此道，因此在为个人和公民正当权益而进行的造势活动中，书面语、口语甚至是音乐也不会用无人知晓的语言，就像神学院和其他公共机构中各个斯堪的纳维亚人部门，以及瑞典裔和挪威裔政治演说家在关键年份那样，这些都提供了丰富的例证。①

　　仅仅是要定居和受雇，移民就对美国的事件、习俗和观念产生了兴趣。为了"过日子"，移民需要熟悉这些东西。外文报刊必须刊登美国新闻来满足其读者的需要，这样一来，它们就加快了将这种个人需要转变为对美国的普遍兴趣的发展。

　　外文报纸的主编们宣称，他们的报刊不仅是传播新闻，进而帮助移民融入美国环境的媒介，而且是向他们翻译和传输美国方式和美国理想的途径。②

　　正是基于对外文报刊的这种认识，跨种族委员会（Interracial Council）有意鼓励美国制造商在移民报纸上做广告来使移民美国化。"实际上美国化就是使用美国货。使用这些东西，我们这个外来民族就会喜欢上它们，选择它们而不是别的东西。"③

　　似乎非常清楚的是，无论是否如主编们所希望的那样，外文报刊实际上做的事情就是便于外国出生的人适应美国环境；尽管这种调试产生了某种非美国的东西，至少根据较早时期的标准是如此，但是根据现行的欧洲标准，那也不能算是外国的。

　　外文报刊在让移民参与国民生活方面能走多远，这个问题是由一项对美国化的方式的研究提出的。因为正是参与，而不是屈服或遵从，将外国出生的各民族移民变为美国人。

---

① C. H. Babcock, "Religious and Intellectual Standpoint," in *The Scandinavian Element in the United States*, pp. 123 - 124.

② See Frank Zotti, "Croatians: Who They Are, and How to Reach Them," in *Advertising and Selling*, July 5, 1919, 29, no. 5, p. 19.

③ Coleman T. Du Pont, "The Interracial Council: What It Is and Hopes to Do," in *Advertising and Selling*, July 5, 1919, 29, no. 5, pp. 1 - 2.

第四章　借助报刊的启蒙

　　意第绪文报刊似乎证明了外文报纸的成功。所有在其他地方没有完全体现出来的倾向和动机，在这里变得很明显。没有任何一个媒介能使种族语言如此彻底地简化，或者曾经创造出如此庞大的读者群体。没有任何外文报刊如此成功地反映了这个种族的个人生活，或者对它代表的人们的舆论、思想和愿望起到如此重要的作用。纽约市的意第绪文日报做到了这些。

　　从 1872 年第一份周报《犹太人邮报》（*Jüdische Post*）创刊到现在，在其短暂的历史上，纽约市的意第绪文报刊经历了现存的其他语言报刊发展的所有阶段。因为意第绪文报刊在它过去和现在的形态中，反映了外语群体的普遍趋势，可以被当作外文报刊发展的典型示例。

　　从 1872 年到 1917 年，纽约市共有 150 种出版物。这些出版物覆盖了几十万不同类型的读者，对天下所有的事件予以广泛的关注。这是因为，与英文的犹太人报刊不同，用意第绪文印行的报刊是它的读者唯一的信息来源，其涵盖极为广泛并契合当下的主题。我们可以找到各种意第绪文报刊：行业和专业期刊、幽默和严肃报纸、商务期刊。纽约犹太人区的所有团体，从正统派到无政府主义者，都有自己的机关报。我们还看到过一份有关婚姻的意第绪文报纸。①

　　犹太人（在美国）学会珍视和自由使用的第一样东西就是报纸。其中有许多在大量移民的最初 10 年涌现出来，但是它们中的大多数存在时间很短。在生存斗争中，1874 年创刊的最老的报刊赢得了胜利。它兼并和巩固了 20 种犹太人日报和周报，现在以《犹太人公报》（Jewish Gazette）的面目出现，代表了俄国裔美国犹太人中较保守的一派。但是在文学上最活跃的当数那些在"80 年代末，为了犹太劳工利益所涌现出的一批报刊"。其中，《劳工新闻》（Die Arbeiter-Zeitung）（《前进报》的前身）是最出色的。②

达至成功诸因素

　　纽约市的意第绪文报刊，尤其是日报，很快就能适应移民社区的需要，其速度和效率超过其他语言群体的报刊。这有以下几个原因：它拥有来自各个社会阶层的广泛的和牢固的读者群；开创并垄断了很大一部分读者群；使用读者普遍使用的语言。

　　报纸，尤其是日报，只会在大城市兴起，只在那里才有大量发行的可能。日报的发行区域在大城市半径 50 英里的区域，只有这样发行才有利可图。这正好是往返于这个大都会的铁路通勤车票售卖的区域。一般而言，外文日报和美国日报都是如此，尽管程度上有所不同。 *91*

　　有人估计，这里至少有 150 万犹太人，占现在纽约市总人口的四分之一强。③ 他们中可能超过三分之二的人是来自以意第绪语为母语的犹太人居住的国家。如此众多、密集和同质的人口——现存最大的移民社

---

　　①　*Jewish Communal Register*，1917—1918，pp. 600 - 601.

　　②　Leo Wiener，"Prose Writers in America," in *History of Yiddish Literature in the Nineteenth Century*，1899，p. 219.

　　③　See *The Jewish Communal Register*，1917—1918，pp. 75 - 109.

区——为报纸事业提供了一个不寻常的领域。

到 1916 年，意第绪文日报的真实发行量创下新高，以纽约市为中心的区域内发行 532 787 份。① 犹太人日报《前进报》的发行区域包括了波士顿和芝加哥。纽约市意第绪文日报现今发行量如下：②

《前进报》 ··· 143 716
《今日报》（Day-Warheit） ·························· 78 901
《晨报》（Morning Journal） ······················· 75 861
《每日新闻》（Daily News） ······················· 57 784
356 262

92

在发行量方面堪与意第绪文报刊相比的美国其他外文出版物见表 4—1。③

表 4—1 发行量最高的外文报刊

意大利文	日报 《意大利裔美国人进步报》（Progresso Italo-Americano）··· 《晚报》（Bollettino della Sera） ·······················	108 137 60 000
德文	周报（刊）和月报（刊） 《自由新闻报》（Frei Press） ······················ 《德裔美国农民》（Deutsch-Amerikanischer Farmer）··· 《西部先驱报》（Westlicher Herold） ·············· 《德裔主妇报》（Deutsche Hausfrau） ·············	121 749 121 712 58 000 50 000
瑞典文	《瑞典裔美国人报》（Svenska Americanaren） ···········	62 282
挪威－丹麦文	《妇女和家庭》（Kvinden og Hjemmet） ·············	52 083
波兰文	《和谐报》（Zgoda） ······························· 《美国回声报》（Ameryka-Echo） ·················· 《北极星报》（Guiazda Polarna） ·················· 《波兰民族报》（Narod Polski） ···················	125 000 100 000 89 785 80 000
西班牙文	《图片评论》（Pictorial Review）（西班牙文版） ·········	125 000

纽约意第绪文报纸的读者群不仅广大和密集，而且也是多样化的。

---

① See *The Jewish Communal Register*，1917—1918，p. 613.
②③ See *American Newspaper Annual and Directory*，1920，N. W. Ayer & Son.

犹太人是唯一一个全体移民的种族。其他民族的移民——波兰人、意大利人、斯堪的纳维亚人——在很大程度上是渴望获得土地的农民,他们来美国要么定居,要么挣到足够的钱就回欧洲去购买土地。犹太移民中包括了各个阶层:乡村工匠、城市商人和知识分子。其他语言群体不得不从农民父母的第二代起产生知识分子,或者接受提供给他们的机遇。其他语言群体把农民文化带到这个国家,犹太人则带来了文明。环境给了意第绪文报刊更加多样化的阅读公众、可用作素材的更多的生活面,以及更多可用的新闻人才。 *93*

对其公众的独占迫使这个报刊界谋求多面向的发展。

在许多基本的方面,纽约市的意第绪文报刊与其他地方的犹太人报刊不同。首先,在是否创造了自己的读者群上有所不同。纽约市意第绪文报纸的读者很少读来自大西洋彼岸的报刊。正如著名的意第绪语小说家肖默(Shomer)[①]通过出版他的小说培养了意第绪语阅读公众一样,意第绪文报纸教会了在美国的东欧犹太人读报,方法是为了他的特殊利益而每天出版。那么,新近才被培养为读者的意第绪文报纸读者或许除了《基抹[②]》(Chumosh)(《圣经》的一部分)以外很少阅读。因此,意第绪文报纸是他们唯一的教育以及影响他们教育的首要力量。这里也许可以发现意第绪文报纸版面特点的缘由,它与英文报纸迥然不同。如果说英文报纸主要是为传递新闻而办,那么意第绪文报纸必须同时是一个文学载体,刊登中短篇小说以及关于大众科学、神学和政治的文章。这也可以解释意第绪文报刊不可思议的影响力。世界上没有哪种报刊可以垄断它读者的头脑—内容。例如,纽约市的一名政治候选人可能在所有英文报刊都强烈反对的情况下赢得选举;而东区的任何候选人不可能当选,除非意第绪文报刊支持他……

---

① 肖默是内厄姆·迈耶·沙伊克维奇(Nahum Meyer Shaikevich,1849—1905)的笔名,意第绪语浪漫派小说家、戏剧家。生于俄国涅斯维日,1889 年移居美国纽约。——译者注

② 基抹是《圣经》中记载的摩押族的神。此处原书英文有误。——译者注

94　　　　如果再考虑到犹太人报纸一直在引导犹太群众理解和欣赏现代文学形式这个事实，我们对意第绪文报刊的特色就有了理解的方法。①

意第绪文报刊使用的是口语。希伯来语以前是、现在也是犹太学者的语言，而意第绪语是人民的语言。与其他民间语言一样，意第绪语最近才成为书面表达的媒介。

同样，如同其他民间语言，它在不同地区有不同的方言。立陶宛的意第绪语不同于加利西亚的意第绪语，而美式意第绪语又不同于以上两者。

　　意第绪语（Yiddish）是德语 Jüdisch 的英译，为德国犹太人在中世纪使用的语言，随着他们在 16 世纪被迫迁移到波兰、立陶宛和波希米亚，意第绪语也成为超过 600 万人交流的媒介。它的基础来源于莱茵河中部地区的高地德语，犹太人和基督徒都讲这种语言；但它是用希伯来字母记录的，在流传到斯拉夫领地以后，它吸收了俄语和波兰语词汇，根据新的环境变换了词尾，调整了希伯来语词汇中的许多短语和习语，尤其是那些有关宗教事务的。它在不同的地区经历了语音和拼法的变化，在现代英国和美国，它又吸纳了许多英语词汇和短语。②

　　19 世纪早期，意第绪语的文学和口语经历了一段发展期。在此之
95　前，犹太文学和犹太教育仅限于希伯来文。哈斯卡拉（Haskala）③，即启蒙运动，是摩西·门德尔松（Moses Mendelsohn）④ 发起的"改革"运动的一部分，其结果是德意志犹太人放弃了他们与世隔绝的生活和德意志犹太方言，力图参与本民族更广泛的文化生活。虽然复兴民间语言

---

① *Jewish Communal Register*，1917—1918，pp. 612 - 615.

② Israel Cohen，*Jewish Life in Modern Times*，1914，pp. 242 - 243.

③ 18 世纪末在欧洲犹太人中兴起的一项运动，它主张采纳启蒙价值观，要求更好地融入欧洲社会，增加在世俗学业、希伯来语和犹太人历史方面的教育。——译者注

④ 摩西·门德尔松（1729—1786），德国犹太哲学家。近代犹太史上的重要人物，被称为"德国的苏格拉底"。18 世纪德国启蒙运动的领导人，帮助犹太人从犹太人生活与文化中获得解放的领导者。——译者注

不是直接的目标，哈斯卡拉运动鼓励文学使用口语，因为只有通过本地的媒介，才有可能教育大众。但是，19世纪直到60年代，教育、历史和地理的图书才大部分用意第绪文印刷。美国的意第绪文报刊之所以极为流行并富有影响力，主要是因为使用本地语言。

意第绪文报刊的历史

在美国最早发行的一批意第绪文报纸，像伯恩斯坦（Bernstein）①的《邮报》（Post）（1872）和《犹太人公报》，在某种程度上是用希伯来文字印刷的德文报纸。

在犹太人开始大移民之前的许多年里，在纽约有足够大的俄国犹太居民社区足以支撑一份报纸。在70年代，那里有一份周报《犹太人公报》，至少一家属于坎特罗威茨（Kantrowitz）商社的书店，向该移民区提供意第绪文读物……无论是否如此希冀，很快，他们（指立陶宛人和波兰人）一方面与德意志犹太人、一方面与全体美利坚民族混合。很多人试图掩盖他们的国籍，甚至宗教，因为俄国犹太人当时没有什么好名声。本地语只是没有熟练掌握英语的那些人的最后诉求对象。而且，它努力向标准德语靠拢，其程度甚于大于同时期迪克（Dick）在俄国的尝试。但是，英语词汇已经开始自由地悄然混进并修改德语化的方言。如今，在纽约的报刊上找得到美式意第绪文（American Judeo-German）的大多数词汇，在那时就播下了种子。大量使用德语词汇的倾向源于这样的时刻：较小的社群移民努力借助德语—意第绪语的融合而成为美国犹太人。②

96

---

①　即赫希·伯恩斯坦（Hirsch Beinstein），俄国出生的美国主编和发行人，有资料称他于1870年创办《犹太人邮报》。——译者注

②　Leo Wiener，"Prose Writers in America," in *History of Yiddish Literature in the Nineteenth Century*，pp. 216 - 217.

在 1881 年之前，来自俄国的犹太移民不过是涓涓细流。从那之后则势如洪水。正是由于意第绪文报刊努力发现诉诸这些新犹太移民智力的最直接和最简便的方法，它们在简化报刊语言和使它流行于人民大众上贡献最多。

社会主义者在犹太移民中最早意识到了如下理念：报刊必须触及人民大众并引发他们的兴趣。在那些 19 世纪 80 年代初把美国当避难所的人中，有许多是在 1881 年 3 月沙皇亚历山大二世①遇刺之前参加了革命鼓动的犹太学生。教育人民大众一直是革命者的纲领。他们称之为"到人民中去"，并以此动员人民投身国际革命，他们相信，在到处可见的千禧气氛之后，国际革命即将到来。

在亚历山大二世在位的短暂"黄金时期"，与有知识的俄国人合流的年轻犹太人具有俄国理想主义者的特点：冲动、智识浅薄和不计实际后果。他们是革命的鼓动者，渴望在一般民众中，而不是在贵族中传播他们的观点。贵族直到今天，还是说德语……但是新近的激进派，渴望赢得他的社会主义和无政府主义思想的追随者，把目标设定为通俗性，很快便召集了许多作者和演讲者，他们能使用平实的意第绪语，连最没有知识的移民都能轻松了解。因此，大众有了尝试阅读和聆听政治与经济讨论的机会，这是朝向美国化的重要一步，但是这些并非激进派和世界主义者的奋斗目标。激进派的另一件功德——虽然同样不是有意为之——就是他们极力把归化的重要性灌输给他们的追随者。在此影响下，数以千计或万计的俄国人转变为美国公民，同时犹太人区支持社会主义的人数逐渐减少。②

虽然意第绪语在俄国犹太人中间成为普遍的正式语言，但是政治讨论用的还是俄语。有使用意第绪语的布道，可是没人听到过使用人民语

---

①　亚历山大二世（1818—1881），俄国沙皇。1881 年 3 月 1 日（俄历），埋伏在圣彼得堡冬宫拐角的刺客将炸弹投向经过的沙皇马车，将沙皇卫兵炸成重伤。沙皇从马车里出来想察看伤者的伤情，被另一颗炸弹炸死。——译者注

②　P. Wiernik, "Intellectual Life of the Russian Jew," in *New Era*, February, 1904, pp. 38 - 39.

言的政治宣讲。犹太移民们不知道社会主义或劳工运动，就像他们不知道现代科学和现代政治思想一样。这些高级问题是少数得以进入俄国大学的知识分子该考虑的问题。

1882 年 7 月 27 日，俄国难民第一次公共会议召开。他们第一次有机会享受言论自由。在这酷热的一天，他们涌进了里文顿街（Rivington Street）小小的金箴礼堂（Golden Rule Hall）。演讲用的是俄语和德语，许多人两种语言都听不懂，但是他们热情不减。德文《人民报》（Volkszeitung）主编谢维茨（Schevitz）、德国无政府主义者内尔克（Nelke）和俄国学生 A. 卡恩向大会作了发言。

卡恩在大会上第一个提议使用意第绪语方言在犹太人中传播社会主义。这个提议受到了嘲笑。哪里有人会说意第绪语呢？卡恩自愿去做；接下来的一周，他在第六街无政府主义者的会堂里，举行了第一场意第绪语演讲。之后，有许多犹太人会议，但很长一段时间内，卡恩是唯一的意第绪语演讲者。

人们以极大的热情参加"宣传联盟"（Propaganda Verein）的会议。对大多数犹太人来说，自由集会权还是新鲜的经验；但用母语演讲是更新奇的事。以前，只有受过教育的人才能了解社会主义学说，现在普通移民也可以理解了。学生的呼声不断上涨："我们必须用母语来鼓动犹太人。"几个月时间里，"宣传联盟"举行了一次重大活动。[1]

在没有政治经验的人民中用他们自己的语言推行政治宣传，照后来的情况来看，仍然不是一件简单的事。意第绪文没有相应的词来表达马克思社会主义的信条。新学说保证普通民众能够获得他们期盼得到的知识，但俄裔学生学院式的讨论并没能激起他们的兴趣。

另一方面，希伯来和意第绪语作家在和同样的困难抗争——如何理解人数如此众多的潜在读者……

98

---

[1] Wm. M. Leiserson, unpublished thesis on *Jewish Labor Movement in New York*, 1908.

希伯来语作者带着贵族风格来到此地，而意第绪语作者才刚起步，还谈不上什么风格。至于鼓动者，他们的工作是简单的；谴责和指控通常是很好理解的，但这只是成功的一个因素。想到要描述或解释，大多数作者的语言都是匮乏的，让人难以理解。尤其是在科学或半科学的文章中，而这些恰恰是没有受过系统教育的读者急切想知道的。①

1886 年 6 月，犹太工人协会创办了纽约（犹太人的）《人民报》（*Volkszeitung*）。两个曾在裁缝铺工作过的年轻人，攒钱创办了这份报纸。他们说，"希望把这些资金投入到工人的解放中去。"这是为工人办的报纸，但与当时和其后的工人报刊一样，让人很难读懂。报刊存活了 3 年。同时，亚伯拉罕·卡恩和热心同伴拉耶斯基博士（Doctor Rayersky）创办了《新时代》（*Neue Zeit*），只出版了 4 期就停刊了。卡恩的知识分子同伴说："你的报纸素材是很好的，但是语言太可怕了。不体面，简单得连裁缝都能读得懂。"

1890 年 1 月，希伯来联合工会（United Hebrew Trades）创立了《劳工新闻》（*Arbeiter Zeitung*）。无产阶级正在为自己能看得懂的一份新报纸而奋斗。

《劳工新闻》最初几期的内容都是初级的。正如主编所说，给工人看的文章就像给婴儿吃的食物一样，是"经过咀嚼的"。逐渐地，他们的知识水平上升了，其进步可以用他们阅读的报纸的特征来衡量。每年阅读的内容和《劳工新闻》的风格都有所提升，每年犹太工人都变得更有知识。很快，你会发现有必要给他们一些超过周报可容纳的，更为充实的内容。1892 年，一份科学和文学月刊《未来》（*Zukunft*）诞生了。《劳工新闻》和《未来》教会了犹太人，根本不存在什么犹太人问题。对工人而言，无论什么种族，只有劳工问题。他们必须在两个领域里团结起来。在经济领域，他们必须与工会携手战斗以改善现有状况。在政治领域，他们必须与社会主

99

100

---

① P. Wiernik，*History of the Jews of America*，1912，p. 303.

义劳工党团结起来，推翻现行社会体制，建立一个合作性共和国。[①]

在社会主义者创立《劳工新闻》的同一年，《自由工人之声报》（Freie Arbeiter Stimme）由犹太无政府主义者创办。这份报纸一度中断出版，是意第绪语知识分子特有的机关报。"我为亚诺夫斯基（Yanovsky）[②]写作"是意第绪语作者的护照，因为主编从每年几千份手稿中，挑出一些在"来信"专栏中进行简要评论，他只接受那些不仅很优秀，而且保证能带来更多的、同等质量的，或更优秀的稿件的作者。

直到 1894 年，第一份社会主义者日报《新闻晚报》（Das Abendblatt）才出版。事实上，它不过是另一种形式的《劳工新闻》。直到《前进报》问世，直到亚伯拉罕·卡恩结束了他在一家美国日报的为期 5 年的学徒生涯回到犹太人报刊，犹太社会主义者才成功地创建了一份犹太大众、包括女性都可以阅读的报纸。在亚伯拉罕·卡恩的领导下，《前进报》堪称那个时期"黄色报刊"的典范。然而，与其说它是一份报纸，不如说是众多方法的一种应用。《前进报》无疑是美国式的，也是独一无二的。它的迅速而极度走红标志着犹太人日报最终可以达到的高度。

《前进报》15 年前在一所社会主义者的会堂里问世，那时卡恩和其他人为开创一份意第绪文的社会主义日报而四处募捐，最后募得 800 美元，《前进报》协会就此宣告成立。协会是一个合作出版公司，致力于出版报纸，所得利益用于推进社会主义和《前进报》。今天，《前进报》和它的大厦每年带来上万元的利润，没有一分钱用于分红或其他目的。但是 10 年前，《前进报》深陷债务，奄奄一息。 *101*

它的理事会，在绝望之中，请求卡恩接管。此时，卡恩正在为《太阳报》（The Sun）、《晚邮报》（Evening Post）和《商业广告报》（Commercial Advertiser）以及其他报纸做特别撰稿人，声誉日隆。他关于犹太人生活的报道在第一流的杂志上发表。他的东区

---

① Wm. M. Leiserson, unpublished thesis on *Jewish Labor Movement in New York*，1908.

② 即索尔·亚诺夫斯基（Saul Yanovsky，1864—1939），美国犹太无政府主义者和活动家。曾担任《自由工人之声报》、《新闻晚报》（Di Abend Tsaytung）等报刊主编。——译者注

生活小说《耶克尔》(*Yekl*)，被威廉·迪恩·豪威尔斯（William Dean Howells）① 和其他大西洋两岸的评论家称为现实主义杰作。他的《白色恐怖与红色恐怖》(*White Terror and Red*)，《进口新郎和其他故事》(*Imported Bridegroom，and Other Stories*) 拥有极广泛的英语读者。但是，他响应同志们的号召回到了东区，全身心地投入重振这份意第绪文日报的工作。

他发现，《前进报》的发行量只有 6 000 份，各栏中尽是艰深的经济讨论、尖刻的语调和一种即便是对东区而言也是"阳春白雪"的夸张文风，托洛斯基、斯宾塞、达尔文和类似的著述比比皆是。最糟的是，它使用的是一个高度知识化的、德语化的意第绪文，只有知识分子才能完全理解。

卡恩立刻把语言改为口语，因为读者是那些在街市、商店、工厂和家庭里说美式意第绪语的人们。"如果你想公众阅读这份报纸并接受社会主义，"他对他的班底说道，"你就必须写日常生活中的事，那些他们看到、感觉到、发现到的自己周围的事情。"

102 　　因此，他摒弃了讲经济决定论和阶级斗争的大段抽象论文，用来自商店、街头和家庭的简短实在的报道和新闻形式来呈现这些东西。东区开始在《前进报》的新闻栏上读到关于自身的事件。人们发现了家庭和日常问题在卡恩撰写的社论版上被犀利而充满同情地讨论，阅读罗斯·帕斯特（Rose Pastor）② 主持的栏目中关于失恋的忠告，她后来随夫姓斯托克斯（Stokes）。

在卡恩接手的 8 周之内，《前进报》的发行量翻了两番。在两三年间，报纸开始赢利；现在（1912 年）它每日发行超过 13 万份。③

---

① 威廉·迪恩·豪威尔斯（1837—1920），美国小说家、评论家。生于俄亥俄州一记者家庭，没受过正规教育，自学多种语言，19 岁开始当记者。因为林肯撰写传记而出名。一生创作长篇小说近 40 部，代表作是《塞拉斯·拉帕姆的发迹》，有"美国现实主义文学奠基人"之称。——译者注

② 即罗斯·哈里特·帕斯特·斯托克斯（Rose Harriet Pastor Stokes，1879—1933），生于波兰的美国犹太人社会党领袖，作家、生育控制的鼓吹者、女权主义者。——译者注

③ New York *Evening Post*，July 27，1912.

卡恩对新闻事业的概念来自于他在美国报刊工作的经历。

> 当我 1897 年回到意第绪文报界，成为《前进报》（*Vorwärts*）的主编时，我已经在《环球报》（*Globe*）工作了 5 年，学会了很多关于新闻事业的知识。正是通过在《环球报》的经历，我真正懂得了什么是生活。本市新闻主编林肯·斯蒂芬斯（Lincoln Steffens）[1] 问我想做什么。我说我想学习美国新闻事业的方方面面，我想了解生活。因此他派我到警察局和法院，我在那里所看到的不是生活体面、得意的一面，而是谋杀、抢劫和丑闻。我采访过鲍厄里区（Bowery）[2] 的暴徒和美国总统。我开始全方位地了解美国的生活。当我回到意第绪文报界时，已经能跳出一定距离来观察它。[3]

虽然意第绪语是一种民间语言，只是最近才成为书面语言，但是一群试图保持它的纯洁性的作者已经出现了，这样造成了书面语和口语之间的区别。

卡恩从他的职业生涯之初就是一名撰稿人，也是这个运动最引人注目的对抗者。他引入了拼音，乐于使用任何俗语，只要这样使他能更容易和更有效地被理解。与美国口语一样，意第绪语中有大量杂交词汇——英语单词加上德语词尾。他把它们都接受过来。当一个德语单词在意第绪语中的发音与它在德语中的拼法不一样时，他按照它在口语中的读音来拼写。这让犹太知识分子大为震惊，他们通晓德语，自然想保存词汇原初的语源形式。然而，卡恩的这一举动使报纸发行量大大上升，而且使普通人更容易获得读物。这是意第绪文报刊在美国获得无可比拟的成功的主要原因，也是纽约广大讲意第绪语的人民知识水平高的主要原因。

当卡恩主持《前进报》时，他立刻简化了它的语言。

> 我意识到的第一件事是，《前进报》不能到达大众，因为它使

---

① 林肯·斯蒂芬斯（1866—1936），美国"黑幕揭发"时代新闻工作者、作家。曾任《麦克卢尔杂志》总编辑（1902—1906），以揭露企业家收买政治家的黑幕著称，著有《城市的耻辱》、《自传》等。——译者注

② 廉价酒吧和乞丐、酒徒充斥的街区（原指纽约市的一条街）。——译者注

③ 犹太人日报《前进报》主编亚伯拉罕·卡恩（访谈）。

用的是他们读不懂的语言，一种高深的意第绪语，包含了大量的只有受过教育的人才看得懂的希伯来语、德语和俄语词汇。意第绪语是女摊贩的语言——引进的词汇就像拉丁语和希腊语一样。当然，用简单的词句很难表达马克思主义学说，但是如果可以简单地用"工人"和"富人阶级"，又何必用"无产阶级"和"资产阶级"？

我坚持的第一件事就是，出现在报纸上所有的内容都要用我称之为意第绪语—意第绪语的语言。这意味着，不仅要去除不熟悉的德语、俄语和希伯来语词汇，而且要用每个在伦敦和纽约的犹太人都懂的美语词汇。我无法理解，为何有的意第绪语作者拒绝使用美语词汇。例如刚从华沙来的 S. 尼格（S. Nigger），已经学会了美式意第绪语词汇——每个犹太人在来到这里的第一个月就学会了——但他是个纯粹主义者，不会去使用它们。像这样的人极希望使用波兰语词汇，这些词汇在两三百年前被意第绪语吸收，我不明白为什么他们如此坚定地拒绝使用美国词汇；虽然吸收的过程是一样的。

随着犹太复国运动的兴起，使用希伯来语词汇的趋势日益明显。在《今日报》（*Tag*）（一份意第绪文日报）上有大量的希伯来语，而且当人们要写严肃的文章时，很乐意使用希伯来词汇。我刚去了欧洲，在我不在的那 10 个月，我的班底过得很快活。他们可以使用他们想使用的任何希伯来词汇。例如，我发现当我回来的时候，他们都在使用 Mafeetz 这个词。你相信吗？我竟然连 Mafeetz 是什么意思都不知道。他们告诉我它和 Zustand（状态）意思一样。现在每个犹太人都知道 Zustand 是什么，因此我告诉他们，尽管这是一个德语词汇，也要用它。纯正的意第绪语就是德语。

我不是民族主义者，我不在乎希伯来语词汇；我甚至也不在乎意第绪语词汇。如果人人都能理解，我宁可说英语。从这点来看，我和我办公室里的大多数人都不一样。我的助手是个优秀的人，是研究犹太法典的学者。我想他或许能成为一个伟大的形而上学者。当然，我的班底中的这些犹太法典学者喜欢使用希伯来词汇，有些

104

《前进报》的读者也和他们一样。①

书面语和口语越来越接近，口语变得越来越简单，这两种变化都很显著。当文学是用本地语写成的时候，它就变成了一般人的财产。这就是美国意第绪文报刊的意义所在。它是男人和女人启蒙的工具，他们自从来到这里，尚未形成世界观。

105

阅读公众的教育

要估计一份真正的通俗报刊给犹太移民生活带来的变化是不可能的。只要希伯来语还是唯一的主导语言，犹太大众就会被继续囚禁在犹太法典的高墙之内，对现代科学和现代思想一无所知。在纽约东区还有许多博学的拉比（rabbis）②，那些人贡献出他们的黄金岁月，只为增添他们用《塔木德》来明辨是非的智慧，他们相信地球围绕月亮运转。有一则轶事说的是：一个饱学的博士拒绝观看飞机飞翔，因为犹太法典说人的地盘是在地上，天上则是天空生物的住所。卡恩这样谈到他的一个同事：

> 当他刚开始和我工作时，他不知道赤道为何物。现在你跟一个德裔或爱尔兰裔的赶牲口者——当然不是非常聪明的人——谈赤道或北极，或者飞越大西洋到某个岛屿，他知道你在说什么。他上过学，看过地图。但是，犹太知识分子不知道赤道是什么。这些知识分子可以讨论最高深的哲学问题，但是他们对地理一无所知；因为这些都是异教徒的知识。③

犹太学者数千年来坐在犹太教会堂里，在神圣烛光的映照下，凝视着过去，沉迷于种族内部生活。普通民众充满敬畏和崇敬地瞻仰着这幅图景。

106

通俗报刊把犹太人的视线引向国外。报刊是生活的窗口。新创办的

---

① 犹太人日报《前进报》主编亚伯拉罕·卡恩（访谈）。
② 指犹太教负责执行教规、律法并主持宗教仪式的人。——译者注
③ 犹太人日报《前进报》主编亚伯拉罕·卡恩（访谈）。

报刊当然大多数是社会主义立场的，但是人民大众更感兴趣的是它能提供生活、宇宙、人情世故的信息，而非它的政治哲学。这时，有一群作家致力于用人民的语言解说科学。许多通俗科学作家出现了。亚伯拉罕·卡恩就是其中之一。笔名为"菲利普·克兰茨"（Philip Kranz）的 J. 隆布罗（J. Rombro）① 也是一个。隆布罗与卡恩同为俄国难民，他在伦敦遇见了意第绪语诗人和作家莫里斯·温切夫斯基（Morris Winchefsky）②。温切夫斯基当时正主编英国第一份意第绪文社会主义报纸《波兰犹太人报》（*Polish Jew*），让他写文章描述俄国反犹暴乱的情况。"这对我是一件难事，"他写信给莱奥·威纳（Leo Wiener）③ 说，"我花了很长时间做这事。我从来没有想过用犹太俗语写作，但是，既然是命运的安排，我只好勉为其难，我现在只不过是个可怜的俗语新闻工作者。"《意第绪语文学史》（*History of Yiddish Literature*）的作者加上了他的评论：

> 作者的窘境正是人民之福。正是他们孜孜不倦地工作，人民才在过去的 10 年接受了启蒙。④

另一个成功的科普作家是阿布纳·坦嫩鲍姆（Abner Tannenbaum）⑤，他翻译了儒勒·凡尔纳（Jules Verne）⑥ 的作品。后来自己

---

① 即詹姆斯·隆布罗（Jacob Rombro，1858—1922），美国社会主义报人、作家。生于俄国，1881 年经伦敦到巴黎，1889 年移民美国。——译者注

② 莫里斯·温切夫斯基（1856—1932），英国和美国 19 世纪末著名犹太社会主义领袖。又名列奥波德·本基恩·诺沃科维奇（Leopold Benzion Novokhovitch），笔名本·内茨（Ben Netz）（希伯来语"鹰之子"），生于波兰的科夫诺（今立陶宛的考纳斯），在伦敦创办《波兰犹太人报》，1885 年创办第一份无政府主义报纸《工人之友报》（*Arbeter Fraynd*）。——译者注

③ 莱奥·威纳（1862—1939），美国历史学家、语言学家、作家和波兰文—希伯来文翻译家。通晓 20 多种语言，1896 年起在哈佛大学讲授斯拉夫文化，成为美国第一位斯拉夫文学教授，曾将列夫·托尔斯泰的 24 卷作品译成英文。——译者注

④ Leo Wiener, *History of Yiddish Literature*, 1899, pp. 223 - 224.

⑤ 阿布纳·坦嫩鲍姆（1848—1913），美国意第绪语和希伯来语新闻工作者、科普作家、翻译家。生于东普鲁士，1887 年移民美国。——译者注

⑥ 儒勒·凡尔纳（1828—1905），法国小说家，现代科学幻想小说的奠基人，主要作品有《格兰特船长的儿女》、《海底两万里》、《从地球到月球》、《神秘岛》、《八十天环游世界》等。——译者注

也写作小说，其作品的优点是基于科学事实。刊登在意第绪文报刊上的通俗小说，成为教育的媒介，就像它们一开始在《星期六晚邮报》（*Saturday Evening Post*）上的作用一样。[①]

107

意第绪语通俗作家中最有特色的要数沙伊克维奇（Shaikevitch），他普及了以书本形式出版的未署名小说，这种小说形式获得了巨大成功。但是在日报连载之后，各家日报之间为了竞争，有时同时刊登五六种连载小说，摧毁了它的声名。

沙伊克维奇是无数未署名小说的作者，这些小说在东区报纸上每日连载。他靠这个发了财，过着优裕的生活……

他出生于俄国明斯克的一个正统犹太人家庭，20 岁开始写作——开始是用纯正的希伯来语写作科学和历史文章。他也写了一个希伯来文小说，名叫《宗教裁判所的受害者》（*The Victim of the Inquisition*），书中反对俄国针对宗教问题的审查。

为了谋生，年轻的沙伊克维奇开始用平常土话，即意第绪语写作通俗小说，他的笔名一直是"肖默"（Shomer）。当时的俄国犹太人社区比现在更封闭，那些犹太人对欧洲文化一无所知，他们的教育，如果有的话，也都是希伯来人的和中世纪式的，极其诡异。受过教育的人只认识希伯来文，没受过教育的人目不识丁。一直到那时，或稍早些时候，犹太人都认为只有神圣的教义才可用希伯来文印刷。一个名叫迪克（Dick）的早于沙伊克维奇的先驱，开始用意第绪文写世俗小说。这些小说在形式上很通俗，是写给那些无知的、不会阅读的平民看的。沙伊克维奇模仿迪克，并大获成功。

他写了 160 多篇小说，很多年来都是俄国最受欢迎的意第绪语作家。人们只读"肖默"的作品……

108

沙伊克维奇，也就是"肖默"，在描述自己作品的特征时说：

"我的作品一部分是 50 年前俄国乡村里犹太人的生活写照，一部分是关于犹太历史的小说。50 年前，犹太人比现在更加盲信。

---

① See Leo Wiener, *History of Yiddish Literature*，1899，pp. 222-223.

他们除了学习犹太人法典，祈祷和斋戒之外不做任何事，他们蓄着胡须，戴着假发，看起来像猴子。我在小说里对这些作了讽刺性的描写。我尝试告诉这些无知的犹太人他们是多么荒谬，他们本该抓住现代、现实的生活，放弃那些旧习俗中仅仅是形式的和可笑的东西。我告诉他们一个虔诚的人可能是伪君子，还有比祈祷更好的事情可做。我的作品在教育无知的犹太人，使他们走向现代化方面起了巨大的作用。在我的故事里，我刻画了犹太男孩如何从自己的小村庄里走出来，走到广阔的、非犹太人世界并取得成功。在过去的25年，因为我的书，大部分犹太人不再盲信。当时，他们只有我的书可以看，所以我的讽刺文学有如此巨大的作用。"①

智识激荡

通过通俗报刊这种媒介，原本是少数人特权的"学习"，也可为大多数普通人所拥有。与现代科学的首次接触产生了广泛的智识激荡，新思想引发了冲击，犹太人生活的整个框架被打碎了。年轻一代，尤其是其中更有热情和智识的那些人，不约而同走向了社会主义。社会主义至少向普通人提供了一种观点，他据此可以思考现实生活。社会主义使血汗工厂成为一个智识问题。

在同样的作用下，社会主义本身也发生了变化。它不再仅仅是一种政治学说，它还成为对生活的批判。社会主义报刊不再单单是教条主义者的喉舌，它还成为一种文化工具。所有个人的、人类共通的、实际的问题都在它的各栏中找到了自己的位置。它在普通人生活的基础上建立了一种新的文学和新的文化。

……正是美国——也就是美国意第绪文报刊——引领一些最了不起的意第绪语作家走向世界。大约25年以前，在俄国还没有意

① Hutchins Hapgood, "Odd Characters," in *The Spirit of the Ghetto*, chap. x, pp. 274 - 275.

第绪文报刊，几乎没有纯正的意第绪语文学问世，佩雷茨（Peretz）[①] 还是无名小卒。但是，不久他就为纽约社会主义者创办的《劳工新闻》（*Arbeiter Zeitung*）和《未来》（*Zukunft*）写作。他的许多最好的小品文和象征主义小说就是在报纸上发表的。可以毫不夸张地说，美国为俄国发现了佩雷茨。同样的情况也发生在戴维·平斯基（David Pinski）[②] 身上，阿什（Ash）[③]、雷森（Raisin)[④] 和赫什宾（Hirshbein）[⑤] 的情况也大致相仿。

然而，更为重要的是，我们拥有了众多的诗人、小说家、戏剧家和政论家。可以说，在这 30 年里涌现出至少几百个意第绪语作家……

应该永远记住的是，美国的意第绪语文学纯粹是无产阶级的。它从来没有接受过富有阶级的赞助：它从来没有一所学府来指导，也没有一个文学沙龙来提供建议。而且，它在日报和周报中诞生并成长起来，廉价的一角钱小说是它的保姆（cribfellow），让人心悸的每日文章是它的教父。

在发轫时期，意第绪文报刊无疑受到屠格涅夫（Turgenev）、托尔斯泰（Tolstoi）、左拉（Zola）、陀思妥耶夫斯基（Dostoyev-

---

① 即艾萨克·洛布·佩雷茨（Isaac Loeb Peretz，1852—1915），俄属波兰犹太作家。主要用意第绪语写作，著有诗、短篇小说、戏剧、幽默小品等，领导意第绪语运动，为提高意第绪语文学水平作出了贡献。——译者注

② 戴维·平斯基（1872—1959），美国意第绪语作家。生于俄国（今白俄罗斯）莫吉廖夫，1899 年移居美国。1904 年因其剧本《茨维一家》（*Family Tsv*）首演而错过了哥伦比亚大学博士考试。他最早将城市犹太工人搬上戏剧舞台。——译者注

③ 即肖洛姆·阿什（Sholom Ash，1880—1957）或肖莱姆·阿什（Scholem Asch），美国意第绪语小说家和剧作家。生于波兰库特诺，1920 年加入美国籍，后期作品试图表现犹太教与基督教合一的思想，引起争议。——译者注

④ 即亚伯拉罕·雷森（Abraham Raisen 或 Reisen，1876—1953），美国犹太裔作家。意第绪语诗人和为美国意第绪语日报写作的高产短篇小说家。——译者注

⑤ 即佩雷茨·赫什宾（1880—1948），美国犹太裔剧作家。生于俄国（今白俄罗斯）的格罗德诺，1908 年在敖德萨成立赫什伯恩剧团，第一次世界大战初辗转来到美国定居。——译者注

110

ski)、契诃夫（Chekhov）和安德烈耶夫（Andreiev）① 等人的影响。不可否认，美国意第绪语文学明显受到当时欧洲文学的影响，但千真万确的是，它为意第绪语读者接受最好的世界文学铺平了道路。如果没有事先接受过利宾（Libin）②、科宾（Korbin）③、戈丁（Gordin）④、平斯基或雷森的训练，犹太血汗工厂的工人就不可能欣赏莫泊桑或者高尔基的作品……⑤

意第绪文社会党报刊努力激发普通人对政治学说的兴趣，在这个过程中使它们的读者发现了生活的乐趣。这多多少少违背了主编的初衷，他们的政治理论很少成功地影响读者。

有例证表明，主要的、宣传性的报纸出版的社论无人阅读。而新闻、出生、讣告、广告——尤其是处方药和招工广告——得到了最多的关注。它们像新墨西哥州的邮购目录一样被人阅读，不仅因为它们涉及人类的广泛兴趣，并描绘了生活图景，还因为它们通俗易懂。而且读者手边也没有更有趣和可读的东西。移民订阅这些报刊只是因为他们想要学会阅读，无论读的是词汇还是广告。

在这个国家各民族大量移民的所有不安和激荡的背后，是一场智识运动。在欧洲，这场运动仅限于知识分子（*intelligentsia*）。借助这个国家的外文报刊，它正在触及普通人。

---

　① 即列昂尼德·尼古拉耶维奇·安德烈耶夫（1871—1919），俄国作家，被高尔基誉为"两个世纪之交欧美大洲最有趣和最有才华的作家"。——译者注

　② 即扎尔曼·利宾（Zalman Libin，常署名 Z. Libin，1872—1955），美国意第绪语剧作家和小说家。生于俄国高尔基城，1892 年移居美国，活跃于 1900 年前后的纽约意第绪语戏剧界，被誉为"东区的欧·亨利"。——译者注

　③ 即后面出现的利昂·科宾（Leon Kobrin，1873—1946），美国犹太裔剧作家和小说家。其剧作主要反映美国犹太移民的传统、同化、代际冲突。——译者注

　④ 雅各布·米哈伊洛维奇·戈丁（Jacob Michailovitch Gordin，1853—1909），美国犹太裔戏剧家。生于俄国（今乌克兰）米尔哥罗德，在俄国当过农民、记者和敖德萨的造船工人，1891 年移居美国纽约从事戏剧创作，主要贡献在于为意第绪语戏剧引入了自然主义和现实主义。——译者注

　⑤ Joel Enteen, in the *Jewish Communal Register*, 1917—1918, pp. 592, 594 - 595.

第二部分
外文报刊的内容

第五章　广　告

移民报纸在乡间就像一家百货公司。它供应许多东西；除了政治上　113
或宗教上的激进主义，大多数东西都谈不上特色、奇异或是刺激。移民
读的杂志少，看的书就更少。要不是有报纸，他们在新国家就像在旧国
家一样闭塞。移民所了解的和自己有关的政治、社会和工业生活的情
况，都是从报刊上间接得来的。

通过这样的报刊媒介，广大外部世界的人们或许可以真切地一瞥移
民小世界。阅读这些外国报纸中的一部分，就像从锁孔里观察一间亮着
灯的房间。

在许多情况下，广告揭示的移民社区的结构，比报纸其他部分体现
得更全面。以芝加哥的立陶宛裔社会主义者日报《新闻报》（*Naujienos*）
为例，它只登像尼采（Nietzsche）的《查拉图斯特拉如是说》（*Thus
Spake Zarathustra*）和宣传文章这样的读物。另一方面，银行、房地产中
介、书店等的办公地址，显示了在芝加哥至少有 3 个立陶宛移民区，主要
的移民区是在哈尔斯特德街（Halsted Street）和布卢艾兰大道（Blue Is-
land Avenue）周边，还显示了在每个移民区都有立陶宛语剧目上演。

广告还揭示了移民群体在多大程度上接受了美国生活方式。移民生　114

意在移民到来和种族分隔的时候才会繁荣起来；协会和文化组织建立缓慢，但是存在时间长。

纽约的叙利亚人报纸上刊登公寓、杂货店、餐馆和服装店的广告，显示近期有大批叙利亚移民，他们生活在同胞聚集的华盛顿街（Washington Street）一带。同样，意大利文报纸也有许多杂货店和油类进口商、医生、律师、房地产商和职业介绍所的广告。在纽约鲍厄里区西部的意大利人区，意大利女人在意大利商店购买所有物品。除非去探访上城的或布鲁克林的其他意大利人移民点，她们从不走出自己的街区。

另一方面，芝加哥德裔聚居区历史悠久的大型日报《晚邮报》（*Abendpost*）几乎没有德裔商业广告。《晚邮报》的读者常常光顾美国人的商店，一份报纸就有 8 家市中心百货公司的广告。《晚邮报》也有医生、律师等德裔专业人士的广告，也有德裔组织的广告。在冬季，总有德语演出的通告。

移民生意

有些广告成为外文报刊的特色，例如汽船和移民协会的广告。汽船主通常身兼货币兑换商和银行家，他们的业务在后面的章节将予以描述。1919 年夏，纽约市《觉醒吧，罗马尼亚人报》（*Desteaptate Romane*）业主乔治·昆珀纳斯（George Cumpanas）的商社大赚了一笔，那时有六七千名罗马尼亚人从克利夫兰、扬斯敦（Youngstown）①、底特律等地蜂拥来到纽约，等待办理护照。

如果您想花最少的钱回到祖国，又能获得优质的服务
请到

---

① 俄亥俄州一城市。——译者注

G. 昆珀纳斯

第一家罗马尼亚人汽船票和

护照代理

130 美元

如果你寄给我们 10 美元，即刻写信索取资料

95 美元

我们为您预留铺位

罗马尼亚兄弟们！

如果你到纽约来，就到我们罗马尼亚人汽船票代理处购买船票。我们不会多收费用。一切都会很顺利，如果你有意的话，请尽快来。

即便你找到船长也不可能拿到更便宜的船票。

如果你想把家人接来这里，没有人能提供比我们公司更优质、诚信和快捷的服务。

如果你在我处买票——你不用雇行李搬运工或出租车——我们会处理这些事务。

以下是近期启程的轮船列表：

8 月 7 日　"祖国"号，经那波利（Neapol）① 往康斯坦察（Constanta）② ⋯⋯⋯⋯⋯⋯⋯⋯⋯⋯⋯⋯⋯⋯⋯ 130 美元

8 月 12 日　"达布鲁齐公爵"号，的里雅斯特（Triest）③ 康斯坦察 ⋯⋯⋯⋯⋯⋯⋯⋯⋯⋯⋯⋯⋯ 98 美元、148 美元

7 月 16 日　"意大利公主"号，那波利、热那亚（Genea） ⋯⋯⋯⋯⋯⋯⋯⋯⋯⋯⋯⋯⋯ 72 美元、140 美元

8 月 17 日　"加拿大"号，经比雷埃夫斯（Pireaus）④ 往康斯坦察 ⋯⋯⋯⋯⋯⋯⋯⋯⋯⋯⋯⋯⋯⋯⋯ 130 美元

7 月 27 日　"威尔逊总统"号，的里雅斯特 ⋯⋯⋯⋯⋯ 125 美元　*116*

---

① 即那不勒斯。本书中部分地名与当代拼法不同。——译者注
② 今罗马尼亚东南部一港口城市。——译者注
③ 今意大利东北部靠近斯洛文尼亚边境一港口城市。——译者注
④ 希腊重要港口和海军基地，首都雅典的外港。——译者注

7月28日　"佩萨罗"号，经那波利往康斯坦察 ········· 140 美元

8月31日　"罗马"号，经马赛（Mareseille）往的里雅斯特

　　　　·· 86 美元

写信给我并支付 10 美元用来预留您在船上的铺位。快点决定吧。

G. 昆珀纳斯

汽船票和护照代理商

第七大道 146 号

（在第 18 和 19 街之间）①

外语群体中的房地产代理商擅长做农场和农场土地广告。大部分到美国的移民是农民，他们很希望得到土地。农场土地再不像德裔和斯堪的纳维亚裔的拓荒者们抵达时那样充裕，那时他们花 1.25 美元就可以买到威斯康星州的一英亩土地（约为 4 平方米）。几乎每个群体的报刊上都有拓殖社团的广告，用移民自己的语言向他提供农场信息。

农场待售

在密歇根州的斯科特维尔（Scottsville）附近，有美国最好的立陶宛人农垦移民区，438 名立陶宛裔农民在此安家。现在，这里有三个农民协会——两个是免会费的，一个是天主教的——以及一名神父和一个立陶宛人墓地。

在这个美丽的地方，我们这些立陶宛裔农民在英国人的农场里安顿下来。

我们有物美价廉、不同规模的农场；有楼房、果园、耕种过的田地；有的农场里，甚至还有牲畜和农机。你们的交易公平便利。

请不要相信蛊惑你们的人；他们不过是嫉妒罢了。不要在其他地方买农场，因为你会后悔没有在我们这里买。

立刻来找我们吧。我们会关照你，让你和立陶宛裔农民一起安居乐

---

① *Libertatea si Desteaptate Romane* (Rumanian)，New York City.

业。在最好的农场里，你将会很好地生活，这里田野平坦，有许多秀丽的小溪和盛产鱼类的湖泊，这里的土壤混合了黏土，肥沃的土壤适合种植所有的作物，也适于果园、草场和牧场。

我们有许多尚未开垦的土地，售价便宜；每英亩8到18美元。

我们为顾客支付乘坐火车的费用，介绍顾客给我们的人将获得25美元的奖励。

欲了解详情，请给我们来信，你只需花6美分的邮票钱，我们就会给你寄去农场的目录和移民区的地图。[①]

来信地址是各族人民州银行大厦 A. 基迪斯（A. Kiedis）

密歇根州斯科特维尔[②]

在每个移民群体里，饮食、服饰、节日和社会生活的习俗在一定程度上都保存了下来，但是它们很快就被摧毁了。这种现象表现在外文报刊的广告上，这些广告大多数与饮食和仪式有关。

118

利昂·雅菲拉比

割礼专家和婚礼主持人。犹太教徒正直的布道者，"以色列人聚会"，教堂正宗传教士。主持城乡"割礼仪式"，收费合理。

北阿蒂西安大道1320号

靠近波托马克大道

电话 洪堡（Humbolt）4591[③]

---

① 原译者注：这是一个最早被广告有计划占领的立陶宛人垦殖移民区。我在1913年访问过这个移民区，当时已经有300名立陶宛农民在这里买了土地，但只有三五十名农民在这里安家，因为土地的状况不好，需要投入大笔的钱才可以耕种。在我看来，有的地方根本不可能耕种，要是能再次转手卖出的话，那些买了地的人会非常高兴，因为土地大多是沼泽和沙地。在买卖中有很多欺诈行为，这可以解释以前，我相信现在也一样，为什么虽然立陶宛人在原来国家是农民，也愿意在这里的农场生活，但他们宁愿留在城里，也不愿买沼泽地和不适合耕种的土地［见《土地上的赌注》（*A Stake in the Land*），彼得·A·斯皮克（Peter A. Speek）］。

② *Kardas* (Lithuanian), Chicago (humorous).

③ *Jewish Courier* (Yiddish), Chicago.

1899 年创于雅典 电话 格拉默西（Gramercy）6190

1914 年于纽约开业

美国唯一制造婚礼花冠和洗礼饰品的希腊货工厂

多罗斯兄弟工厂

我们制造婚礼和洗礼用所有饰品

批零兼营

纽约东 19 大街 40－42 号

靠近百老汇①

斯洛文尼亚货独家商店

旗帜、奖牌、徽章、帽子、印鉴，所有协会和集会的必需品

一流的商品 低廉的价格

我们将寄出斯洛文尼亚货商品目录

伊利诺伊州芝加哥②

南米勒德大道 2711 号 F. 克茨（F. Kerze）

新装修！ 有隔间！

119

为女性、男性和家庭准备

就在

查尔斯·坎加斯

浴室

平日开放

正午 12 点到夜间 12 点③

邝益公司（Kwong, Yick, and Company）

---

① *Liberal*（Greek），New York City.

② *Glasilo K. S. K. Jednote*（Slovenian），Chicago（organ of fraternal societies）.

③ *Tyomies*（Finnish），Superior，Wisconsin.

加州旧金山格兰特大道 941 号

邮政信箱 2477

油、米、茶、糖

月饼①

各式杂货②

移民食品和外国餐馆生存的时间最长。外国餐馆提供的不仅仅是食物；它还提供氛围、报纸和谈话。在纽约，查塔姆广场底下的希腊咖啡屋和汤普金斯广场周边的波兰餐馆，为它们的顾客提供美国所有最重要的希腊文和波兰文报纸。

大减价

120

我们刚进了一批桶装和散装的西班牙油。

欢迎垂询

奶酪

罗曼内洛（Romanello）奶酪	44 美分
罗马诺（Romano）奶酪	49 美分
索伦托（Sorrento）奶酪	60 美分
普罗弗洛尼（Provoloni）奶酪	75 美分
卡西奥卡瓦洛（Caciocavallo）干酪	65 美分

将订单寄往

科鲁马利斯公司（COURUMALIS & CO.）

纽约赫斯特街（Hester St.）177 号

莫特街（Mott Street）121 号对面③

希腊货、叙利亚货市场

希腊和东方产品的大进口商

---

① 在中国，月饼是在阴历八月十五日这个庆祝丰收的节日吃的。它的形状如同满月。

② *Chung Sai Yat Po*（Chinese），San Francisco，California.

③ *Progresso Italo-Americano*（Italian），New York.

杂货、咖啡、各式各样最佳货品！
向我们索取插图商品目录
有各种糕点供应！①

"豪饮佳处"酒窖
阿道夫·格奥尔格（ADOLPH GEORG）
进口、批发、零售

121　伊利诺伊州芝加哥，西伦道夫街（West Randolph St.）155 号

"屋顶着了火，精神才抖擞
高尚思想下，腿也会哆嗦！"

罗伯特·赖策尔（Robert Reitzel）② 在阿道夫·格奥尔格的酒窖
1896 年开业时写在墙上的诗句。③

专业广告

当移民社会达到一定程度后，出现了牧师、医生和律师的广告。德国人和斯堪的纳维亚人的报纸以及其他种族报纸的农业版都充斥着这类广告。移民医生和处方药的广告有时占据了外文报纸三分之一或一半的版面。

X 光、电皮带、电池可以神奇治病的说法似乎像催眠文学、神秘主义和相手术那样风行。电皮带和 X 光的照片几乎出现在每张报纸上。用于治疗工作强度大和疲劳所引发的疝气的疝带，也经常在广告上见到。

治疗性病的广告通常都比较隐讳，患者被告知将会得到谨慎的治

---

① *Greek National Herald*（Greek），New York.

② 罗伯特·赖策尔（1849—1898），德裔美国无政府主义者。曾任底特律的德文周报《穷魔鬼》（*Der Arme Teufel*）主编。——译者注

③ *Amerikanische Turnzeitung*（German），Minneapolis.

疗，环境便于患者描述病情。不过这类广告也并不总是那么闪烁其辞。旧金山的中文大报《中西日报》（*Chung Sai Yat Po*）上面 20％ 的医药广告以"花柳"的符号打头，意指性病。

122

～～～～～～～～～～～～～～～～～～～～～～～～～～

　　我长期治疗神经紧张和慢性复杂疾病，具备用电疗医治其他疗法所不能治愈的疾病的专业技能。

　　我有几部最新的电气仪器治疗慢性疾病。如果你生病了，不用太担心，只要同我谈一谈。我会把你当作一个乐于见面的客人那样对待。我的治疗费用不高，不会高出你从我这里得到的帮助和益处所应得的回报。

　　记住，咨询和诊断是免费的。讳疾忌医是非常危险的。如果你需要经验、各种仪器和专业人士的帮助，就来找我吧。

俄亥俄州托莱多，靠近切里街和克莱尔街

萨米特尤利卡（Summit Ulica）　622 号　梅辛杰街区

H. B. 威尔（H. B. VAIL）医生、专家，2 楼 7 号房间

工作时间：上午 10 点—下午 4 点

周日：上午 10 点—下午 2 点

我们说波兰语，不需要翻译①

旧金山，1913 年 3 月 7 日

　　各位：我宣布在吴（Woo）医生的治疗下，我已经治愈了。我的鼻子、耳朵和咽喉曾经被梅毒感染长达 4 年，当时我的病情是毫无好转的希望。但在一个月内，我被吴医生治愈了，而以前我看过的其他 12 个医生都束手无策。

尼克·古诺（Nick Guno）

哈里森街（Harrison St.）710 号②

～～～～～～～～～～～～～～～～～～～～～～～～～

----

① *Ameryka-Echo* (Polish)，Toledo，September 14，1918.
② *Prometheus* (Greek)，San Francisco，California，March 7，1913.

123　　　　移民律师通常是第二代移民，因为在外国出生的第一代移民的英语很少好到可以进行案件辩护的程度。与其他专业领域一样，在法律领域，犹太人成为另一个知识分子集团。

范尼·霍罗维茨（FANNIE HOROVITZ）

意大利律师

民事和刑事案件

纽约百老汇299号　电话　沃尔思（Worth）5508①

图　书

许多移民在美国学会阅读母语，一些人在这里养成了阅读的习惯。芝加哥几乎所有的波兰文日报都出版图书。外文报刊上出现了他们自己的和其他书店的广告。

大众文学分成两类：爱情文学和激进文学。

在西班牙人、葡萄牙人、罗马尼亚人、意大利人和其他移民中，爱情文学的魔力迷住了纽约鲍厄里区和芝加哥的麦迪逊西街的人们。

35 美分文库

《永敬会》（*Perpetual Adoration*）　　　　泰拉蒙德（Terramond）

《处女与罪人》（*The Virgin and the Sinner*）

E·左拉·德·门德斯（E. Zola de Mendes）

《儿子与情人》》（*The Son and the Lover*）　　T. 卡胡（T. Cahu）

《格林纳达的玫瑰》（*The Rose of Grenada*）　　罗莫（Romeau）②

---

① *Progresso Italo-Americano*（Italian），New York City.

② *Alvorada*（Portuguese），New Bedford，Massachusetts.

纽约市马尔伯里街（Mulberry Street）尼科莱蒂音乐店　　*124*

情书（Love Letters）

相手术（Palmistry）

新婚夜（The First Night of Matrimony）

禁书（Prohibited book）

性问题冥想（Meditations on the sexual problem）

感应与梦境（Telepathy and dreams）[1]

墨西哥贺卡

不要寄钱给我们，只用写上地址，我们就会在回函中给你寄来给未婚夫的贵重的恭喜贺卡。贺卡是最近的新颖样式，7×4 英寸[2]，饰意浮雕的风景画，西班牙文印刷，装饰有彩色丝带，放在盒子里；一打明信片——上面是著名女星的肖像和迷人的浴女三色照片。

我们除了会邮寄一本用偶像迷的语言写的小册子和一块手帕外，还有给情侣的忠告、爱的宣言，等等。还有一张总价目表。

购买上述物品，你只需支付 97 美分。

现在就订货吧！地址如下：[3]

即将出版

立陶宛文的第一本关于性问题的书。

作者是美国著名的性问题科学家——威廉·J·罗宾逊博士（Dr. Wm. J. Robinson）博士。

从这本书里，你可以看到对所有最重要的性生活现象的真实、清晰、易懂的描述。

这本书清楚而真实地解释了如何避免性病；如何获得成功的家庭生活；如何抚养健康快乐的孩子；以及其他重要的必需事项。　　*125*

---

① *Progresso Italo-Americano* (Italian)，New York.

② 1 英寸＝2.54 厘米。——编者注

③ *Prensa* (Spanish)，San Antonio, Texas.

本书是每个成年人的必读书

为了便于理解，本书有许多插图。

售价：2 美元

邮政汇票或纸币寄往

邮购公司

纽约州纽约市邮政总局 129 信箱[①]

征 婚

欲求——拉比或学者的可爱女儿。她必须高挑而且年轻，有同情心、虔诚、有理想，对犹太复国主义和犹太人事务感兴趣。她必须有文化，博览群书——是一个单凭她的品质就能让人爱慕的女孩。不需要嫁妆，立陶宛裔姑娘优先考虑。

征婚者虽然才 20 多岁，但已经是优秀的学者，加入了正统拉比的圈子。他聪明、有文化、受过现代教育，是一个社会工作者和犹太复国主义者。他有着俊朗、迷人和富有同情心的外表，不贫穷，是一个相当好的犹太教堂的拉比。[②]

激进报纸不刊登浪漫小说；它们的兴趣在于各种观念。它们为追溯达尔文和斯宾塞的科学图书、宣传和带有激进色彩的文学作品做广告。在激进报刊上，图书广告的栏数是其他外文报刊的两倍。

图 书

《字母表的历史》 （*History of the Alphabet*），A. B. 施尼策（A. B. Schnitzer），塞尔纳斯（Sernas）汇编。

《如何用立陶宛语和英语写信》（*How to Write Letters in Lithuanian and English*），J. 劳基斯（J. Laukis）。

---

① *Laisve* (Lithuanian)，Brooklyn，New York.

② *Jewish Morning-Journal* (Yiddish)，New York City.

《斯拉奇塔统治时期》（*Period of Reign of Slachta*）（立陶宛和立陶宛法令的高贵），乔纳斯·斯柳帕斯（Jonas Sliupas）① 博士。

《地球和其他星球》（*The Earth and Other Worlds*），海尔珀纳（Heilperna）、法尔伯（Falba）等著，塞尔纳斯汇编。

《地球上已灭绝的古代动物》（*Ancient Animals Which Have Disappeared from the Earth*），哈钦森（Hutchinson）著，塞尔纳斯汇编。

《大气现象学或气象学》（*Atmospheric Phenomena or Meteorology*），原作瓦捷科夫（Vajeikov）教授，塞尔纳斯汇编。

《人种学：地球上各民族的故事》（*Ethnology, or the Story of Earth's Peoples*），H. 哈弗雷德（H. Haveriand）博士著，塞尔纳斯汇编。

《自由的演进》（*Evolution of Freedom*），从野蛮到文明。为演说者和渴求教育的人写的书。

《牧师比巴的圣经》（*The Bible of Priest Bimba*）（反宗教幽默作品集译本），"牧师"比巴的布道、歌曲和插图。

《宗教裁判所》（*Inquisition*），"崇高的信仰"如何通过折磨和火刑得以宣传。

《宗教史》（*History of Religion*），那些好像知道天堂的人的骗术汇编。最重要的立陶宛文图书。比《圣经》长三倍，装帧良好。5美元。

《罗马》（*Rome*），埃米尔·左拉的浪漫主义小说。译自法文。

《屠场》（*The Jungle*），厄普顿·辛克莱（Upton Sinclair）著。

《沉钟》（*The Sunken Bell*），5 幕剧。格哈特·豪普特曼（Gerhardt Hauptmann）② 著，A. 拉利斯（A. Lalis）译。

《社会主义思想的清醒》（*Soberness of Socialistic Thought*）。

《劳动》（*Work*），《四福音书》（*Four Epistles*）第二部，埃米尔·

---

① 乔纳斯·斯柳帕斯（1861—1944），立陶宛医生、政论家、民族主义者。——译者注
② 格哈特·豪普特曼（1862—1946），德国剧作家。1912 年获诺贝尔文学奖。——译者注

左拉著。

《生活的学校》（*The School of Life*），奥里森·斯韦特·马登（Orison Swett Marden）[①] 著，K. 泽戈塔（K. Zegota）[②] 译。

婚姻介绍所也在意第绪文报纸上做广告。波士顿的立陶宛文报纸《旅行家报》（*Keleivis*）是一份很成功的煽情的社会主义者日报，它和一些西班牙文报纸都有"征婚"栏，这些栏对报纸的流行亦有贡献。

征 婚！

征婚——要求是少女或无子女的寡妇，19～27 岁，自由思想者，同意世俗婚姻，会用立陶宛文读写。本人 29 岁，不嗜烟酒。欲知详情请来信。[③]

127

移民组织

单独一张外文报纸的广告很难提供当地社区的完全图景，或者整个移民群体的构成情况；但是它们的确显示了这幅图景可能的状况。

移民利益协会永远是第一个组织，而且通常由来自同一村落的人建立。[④]

每个中国人都被认为属于一个"堂"（tong）。堂是一个非正式的秘

---

① 奥里森·斯韦特·马登（1850—1924），美国 19 世纪末"新思想运动"作家、旅馆业主。——译者注

② K. 泽戈塔为立陶宛裔美国作家普伊达·卡吉斯（Puida Kazys，1883—1945）的笔名。——译者注

③ *Kelevis*（Lithuanian），Boston，Massachusetts.

④ See R. E. Park and Herbert A. Miller, *Old World Traits Transplanted*. chap. vi.

密协会，成员和组织之间的关系密切。当一个人退出"堂"，不再为其承担责任时，他要登报声明。这样不仅"堂"，整个华人社群都知道他的立场。

波希米亚自由思想者协会、社会党同盟、民族主义协会、无政府主义团体和德裔体育协会代表了这样一类团体，在这类团体里，成员之间只有一般感情上的联系，他们拥有相似的生活哲学。

美国的乌克兰人移民区在战时经历了一次真正的复兴。他们成立了协会，寻找演讲者来给自己上课，但是演讲者却供不应求。乌克兰人的新兴趣延伸到了天文学演讲。对老一代移民而言，智识上不安的阶段已经过去了。波希米亚人的孩子已经感觉不到他们的父辈对自由思想的兴趣。德裔体育协会始终浸淫在 1848 年欧洲革命志士[①]的激进主义氛围中，但是他们不再具有 1848 年欧洲革命志士的品格。

移民群体移民的时间越久，它的组织就越具多样性和复杂性。1916—1917 年的《德裔美国人地址簿》列出了 6 586 个在美国的协会，包括民族主义协会、歌唱协会、德裔工会、社交俱乐部、老兵协会、各地方协会、运动和健身协会，以及互济会。德裔拥有的协会很可能比其他种族要多，除了犹太人。大多数这样的协会是真正的社会组织。纸牌（Skat）锦标赛和其他游戏是较早的定居者的运动，而在斯特伦斯基大厦二楼和"街坊咖啡馆"，犹太人则下国际象棋。

128

纸牌牌友注意了！

今晚在帕布斯特（Pabst）剧场将有一场纸牌锦标赛。届时将发放全国锦标赛的入场券。[②]

不要忘记 1918 年 1 月 5 日，即星期六的晚间，无政府主义红十字

---

① 1848 年欧洲革命失败之后，专制势力猖狂复辟，革命者和革命的同情者受到迫害或镇压，一部分逃亡美国，他们被称为"1848 年欧洲革命志士"或"1848 年志士"。——译者注
② *Germania* (German), Milwaukee.

会举办的**国际囚犯假面舞会**……帮助自由的美国和欧洲政治犯。

哈莱姆河游艺场，第 127 街和第 2 大道

票务

自由工人之声报（Freie Arbeiter Stimme）　　　　东百老汇 157 号

迈泽尔（Meisel）书店　　　　　格兰德街（Grand Street）424 号

素食者之家　　　　　德兰西（Delancey）26 号第二街 55 号

斯特恩（Stern）书店

布鲁克林海夫迈耶街（Havemeyer St.）182 号①

129　　陈先生（Mr. Chen）：我是一名园丁，曾加入和善堂（Ho Shin Tong）。现在我太忙，不能顾及其他事项，因此我缴过了所有会费，退出和善堂。从今以后我与和善堂不再有任何联系。②

节日！

第 5 次大型野餐会

赞助者：医师；曼弗雷迪·巴南蒂（Manfredi Benanti）、罗萨里奥·西拉库萨（Rosario Siracusa）、阿里戈·奇罗（Arrigo Ciro）

1919 年 6 月 22 日下午两点

汤普金斯和切斯纳特（Chestnut）大道拐角处③

移民群体中常有戏剧组织。有许多业余演出的广告，包括教会、集会和学校演出的广告。一些芬兰裔社会主义者、犹太人和立陶宛人的一些很好的业余爱好者团体一年之内做好几场演出。

大多数移民群体在大城市里都有自己的歌舞杂要演出。他们从喜剧的双关语中，与如同街上谈话一样的半外国、半美国对话中得到很多乐趣。

---

① *Forward*（Yiddish），New York City.

② *Chinese World*（Chinese），San Francisco，California.

③ *Bolletino della Sera*（Italian），New York City.

犹太人、乌克兰人、波兰人、匈牙利人、法国人、德国人、意大利人和日本人都在美国拥有一个或更多专业团体，大多数在纽约、芝加哥和旧金山。除了犹太人，这些团体演出的都是从原来国家引进的剧目。犹太人有一群当代剧作家，他们写关于美国生活的剧目。例如，刚从俄国来的奥西普·迪莫夫（Ossip Dimoff）①，1920 年冬在麦迪逊广场家园剧场上演了一部叫《布朗克斯快班》（*The Bronx Express*）的戏剧，这部剧是对美国化的绝妙讽刺。

犹太人在纽约东区有 5 座剧院。两个意第绪语剧院在第二大道，接近休斯顿街，属于两个著名的戏剧家族——阿德勒家族（Adlers）② 和托马索切夫斯基家族（Tomaschefskys）③。许多百老汇的"成功演出"都借用了这两个剧院的作品的情节和音乐。在战前属于德国人的欧文广场剧院（Irving Place Theater）和麦迪逊广场的花园剧院（Madison Square Garden Theater），都上演奥西普·迪莫夫、利昂·科宾（Leon Korbin）、佩雷茨、赫什宾和肖莱姆·阿什（Scholem Asch）④ 等当代作家的戏剧，这些作家都很年轻。这两个团体和阿德勒家族的一些团体的演出在美国舞台上是无可匹敌的。

艾西尔诺的塔莉亚（Acierno's Thalia）剧场

纽约百老汇 46—48 号

---

① 奥西普·迪莫夫（1878—1959）（迪莫夫现在的拼法为 Dimov 或 Dymow），俄国裔犹太作家，绰号"维尔纳的独唱者"。他为莫斯科艺术剧院和美国歌剧院写作了 30 多部犹太人题材戏剧。——译者注

② 阿德勒戏剧家族的创始人为犹太演员、意第绪语戏剧明星雅各布·帕夫洛维奇·阿德勒（Jacob Pavlovitch Adler，1855—1926），生于俄国（今乌克兰）敖德萨，1883 年俄国禁演意第绪语戏剧后移居英国伦敦，1889 年移民美国纽约，不久创办演出公司。第一、第三任妻子和多名子女都是知名演员。——译者注

③ 托马索切夫斯基戏剧家族的创始人为犹太演员、歌手和戏剧经营家鲍里斯·托马索切夫斯基（现在通常拼为 Boris Thomashefsky，1868—1939），生于俄国（今乌克兰首都）基辅附近，1882 年 12 岁时移民美国纽约，最初靠街头卖唱和在血汗工厂制作香烟为生，后来将欧美文学和戏剧名著搬上意第绪语戏剧舞台并因此致富。——译者注

④ 即第四章出现过的肖洛姆·阿什。——译者注

每周六、周日和周一

尼娜·德·查尼（NINA DE CHARNY）

各种引人入胜的综艺节目

沃洛-纳尔奇索（Vuolo-Narciso）夫妇

男高音文琴佐·迪迈欧（Vincenzo di Maio）

演员 A. 巴谢塔（A. Bascetta）

奥古斯塔·梅里吉（Augusta Merighi）

阿利亚拉（Allara）喜剧公司

罗西娜·雷诺（Rosina Raino）、维托尼奥·索姆纳（Vittonio Somna）、埃莉萨·珀纳（Elisa Perna）；

佩雷斯-切内拉佐（Perez-Cenerazzo）戏剧公司 将会在 24 日周三上演精彩的 5 幕剧

黑手（THE BLACK HAND）

乔万尼·德·罗萨利亚公司（Giovanni de Rosalia and Company）

将在 9 月 25 日周五上演 3 幕喜剧

迈克先生的汽车（MR. MIKE'S MOTOR）[1]

131

演员名角抵美

浪曲[2] I 四季三番 Shiki Samban-so Hikimuki Dammari 公司	经过一些爱好戏剧表演人士的努力，日本的中村富十郎（Samura Toju-ro）经理带领的最著名的演员团体之一抵达本地。他们曾在加州、英属加拿大、旧金山和邻近的多个城市演出。他们在所到之处大获成功。	名古屋剧院 末广座
II 汤神乐（Yukagura）[3] Ryobensan 《春日的历史》		

---

[1]　*Progresso Italo-Americano*（Italian），New York City.

[2]　又称"浪花节"，是日本明治时代以来的传统演艺节目。——译者注

[3]　日本的一种传统祭祀表演。——译者注

Ⅲ《渡河的精神》(Oogira Shinrei Yagu chi-watashi)　　我们恳请女士们和先生们捧场和支持。

Ⅳ Ⅲ的第二部　　演员们将挑选他们最拿手的剧目，他们一定会令您满意。

Ⅴ 终曲:《镰仓三代记》(Kamakura-Sandaiki)

剧院保留变更其中任何剧目的权利——名古屋剧院加州弗莱诺斯(Fulenos) 戏剧公司经理。[①]

〰〰〰〰〰〰〰〰〰〰〰〰〰〰〰〰〰〰〰〰〰〰

美国广告

在适应美国的过程中，移民最需要的是工作。在各实业团体的报刊上，"招工"版十分显眼。目前最需要的是城市工厂劳力以及矿井和钢厂的工人。

〰〰〰〰〰〰〰〰〰〰〰〰〰〰〰〰〰〰〰〰〰〰

装卸工

单身和带家属的均可

信誉煤与焦炭公司

肯塔基州格洛马

佩里公司离最近的城镇是肯塔基州的哈泽德 (Hazard)。这是一个浅矿床，上层有 4 英尺 4 英寸高。不计算矿渣，机械作业，工作稳定。优秀工人几周内就可挣 80 到 120 美元。工厂照明良好。工棚水电出租费每人 1.50 美元。有学校和教堂。来人或来函到肯塔基州格洛马

---

① 这些都是古典戏剧。创作于中世纪，其中一些可追溯到公元 1000 年。它们表现封建时代精神。这些剧目都是家喻户晓的悲剧。

（GLOMAWR）的信誉煤与焦炭公司。从肯塔基州的温切斯特（Winchester）或肯塔基州的麦克罗伯茨（McRoberts）沿路易丝维尔（Louisville）—纳什维尔（Nashville）铁路前来。①

与说外语的群体所用的产品和服务相比，美国人所用的产品和服务要做多少广告，这在很大程度上取决于该群体的类型。

为了攒钱，除了必需品外几乎不消费的产业工人，非常依赖本民族的商人和店铺，只有鞋、橡胶靴、工具和金表这些美国制造商大做广告的商品例外。金表是移民工人希望得到的第一件奢侈品。英格索尔手表公司（Ingersoll Watch Company）② 在战时减少它的广告份额时，它在外文报刊上的广告数量翻了一倍。③

不要寄钱给我们，如果你把优惠券寄给我们，我们会很乐意货到付款。有的商人收购劣等手表的价钱还在 18 到 20 美元。不要等待了；现在就寄优惠券给我们吧，优惠只在这几天哦。

优惠券有效期只有 30 天！

联合奇货公司（Union Novelty Co.）21 号柜台

伊利诺伊州芝加哥密尔沃基大道 1016 号

给我寄一只那个降价促销和附送 19 个小件的 21 钻镀金手表。收货后我将付 13.95 美元。如果我不要这只手表，你要给我退款。

姓名·······················

地址·······················④

新墨西哥州、得克萨斯州和新英格兰州的地方报刊很少有全国性的广告。它们为地方上的百货公司、企业、抒情小说和宗教图书做广告。

---

① *Prosveta*（Slovenian），Chicago.

② 英格索尔手表公司家庭作坊创建于 1882 年，总部在美国纽约，主要从事手表制造业。——译者注

③ See Don S. Momard，"Advertising in the foreign-language press is no longer an experiment," in *Advertising and Selling*，July 5，1919.

④ *Lietuva*（Lithuanian），Chicago.

城市人最喜欢的奢侈品似乎是留声机和留声机唱片。纽约市第 6 大道有一家音乐店，在 23 种不同文字的报刊上做广告。纽约市的下马尔伯里街是那不勒斯人的中心，那里有很多意大利音乐店和书店。除了熟悉的意大利歌曲，这些店铺还有一些年轻意大利作曲家在美国创作的歌曲乐谱和唱片。这些音乐的主题大多是关于"美国劳工"和"美元之乡"，旋律部分借用意大利音乐和美国雷格泰姆音乐（ragtime）[1]。

134

最新乐曲
《我想回到那不勒斯》
作词作曲

F. 彭尼诺（F. Pennino）

价格 0.75 美元

钢琴伴奏音乐卷带[2]

音乐商场

纽约州纽约市

马尔伯里街 150 号

历史最久、品种最全的商品，同类商店中最好的设施[3]

汽车是一种大多数外文报纸读者买不起的奢侈品。驾校的广告出现在城市报刊上，但只是在中西部农夫和商人，例如希腊人和部分西班牙语群体的报刊上，人们才能不时发现汽车广告。即便是在这样的情况下，小汽车的标价并不高。

考察外文报刊的广告，我们经常可以发现，移民在他们自己的世界里生活，如同我们在我们的世界里生活一样。他们吃饭喝酒、找工作、上剧院；在钱包允许的情况下沉迷于高价奢侈品；有时买本书；交际并结识朋友。在某些人看来，这的确算得上一个意外的发现。

---

① 指一种多用切分音法的早期爵士乐。——译者注
② 自动钢琴上用于控制琴键的穿孔纸带。——译者注
③ *Progresso Italo-Americano*（Italian；Neapolitan dialect）New York City.

　　早期移民群体——德国人、斯堪的纳维亚人、波希米亚人、新英格兰的法国人、新墨西哥州和得克萨斯州讲西班牙语的人——的报刊，比其他群体更具地方报刊的特点。

　　报业地方化的程度大致可以从小城镇地方报纸的数量来衡量。斯堪的纳维亚人有 10 家发行量少于 2 000 份的地方报纸；德国人有 71 家，法国人有 7 家，西班牙人有 28 家。而大型德文农业杂志，如《德裔美国农民》，发行量达 12 712 份（1920 年），却仍与那些地方小报一样被算作地方报刊，因为它的兴趣主要在本地。

　　对地方报纸而言，最受欢迎的新闻就是熟人旧地的新闻。第一份亚述人周报——芝加哥的《亚述裔美国人先驱报》（*Assyrian American Herald*）——搜集了许多信件，其中有很多在美国的亚述人现状的描述。东部最大的瑞典文报纸《北极星报》（*Nordstjernan*）①，其头版只刊登瑞典各省的新闻。由于有了这个版面，依赖美国报纸提供时事信息

---

　　① 《北极星报》1872 年作为美国第一份瑞典文报纸创刊于纽约曼哈顿，是现仍在瑞典国外出版的最老的瑞典文报纸。——译者注

的瑞典移民将会订阅一份瑞典文报纸。

1872 年 9 月 21 日《北极星报》创刊号

挪威第一批大量移民来自斯塔万格省（province of Stavanger）。这 *136* 些人在伊利诺伊州的利县（Lee County）、肯德尔县（Kendel County）和格兰德尔县（Grundel County）定居；在艾奥瓦州斯托尼城（Stony City）出版的《信使报》（*Visergutten*）是一份定期出版的地方报纸，但在很大程度上也是在美国的斯塔万格民众的喉舌。这些人被组织起来，每年举行一次由全美各地的人参加的聚会。

1917 年，德国人在全美建有 571 个地方协会。① 有 9 家德文报纸只报道地方新闻，其中 6 家分别代表来自卢森堡（Luxemburg）、士瓦本（Schwaben）②、巴伐利亚（Bayern）、威悉河（Weser）地区、东弗里斯兰（Ostfriesland）③ 和石勒苏益格—荷尔斯泰因（Schleswig-Holstein）④ 的移

---

① See *Vereins Adress Buch*，*fur das Jahr* 1916—1918，German-American Directory Publishing Company，Milwaukee，Wisconsin.

② 历史地区名，包括今德国巴登—符腾堡州南部和巴伐利亚州西南部，以及瑞士东部和法国东部的阿尔萨斯。——译者注

③ 东弗里斯兰位于德国东北部。弗里斯兰人是在荷兰、德国及丹麦紧邻北海海岸生活的日耳曼人的一支，目前主要分布于弗里斯兰省境内，其使用语言为弗里斯兰语，在荷兰境内约有 35 万人。——译者注

④ 今日德国最北面的一个州，历史上包括更大的区域，包括丹麦南部。——译者注

民，19 世纪的德国移民主要来自这些地区。①

属于门诺派②教徒的德裔俄国人报刊一开始就显示了地方报刊的特点。1890 年，他们中的许多人离开了俄国伏尔加河两岸的定居点，因为他们的信仰不允许他们斗争。他们返回德国或来到美国。在近期的战争中，他们中的一部分人离开美国迁往加拿大；现在既然战争已经结束，出现了一些关于他们重新移民西部各州的谈论。教会报刊用来保持家庭与在俄国、德国、美国和加拿大的熟人之间的联系。与移民美国的斯堪的纳维亚人一样，他们坚持将书面语言作为民族性的一种象征，他们的报刊不使用方言。

137　　大多数地方移民群体有两种语言：他们说的美国化的方言和被教会使用的正式语言。例如在挪威人的教堂里，教士先用正式语言布道，布道结束后，人们开始用地方方言互致问候和交谈。

地方报刊摘要展现了这些特性，它们被组合进"思乡与回首"、"父辈们的严苛宗教"和"隔离生活"这三个小标题之下。

思乡与回首

地方报刊是消失中的一代人的报刊。它们的读者——只要他们属于德国和斯堪的纳维亚群体——大多数是这样的老人：他们的心绪正在往回转，以急切之情、有时是以思乡之痛，转向他们的回忆。他们急切地回应那些和他们有着相同回忆的人，那些熟悉故园的人。一旦发现有共同的熟人，双方的关系就变得很亲近。他们喜欢谈论旧地标，使用母语，母语有一种圣洁的色彩。

---

① See *Luxemberger Vereinszeitung*,* Chicago; *Schwabisches Wochenblatt*, New York City; *Bayerisches Wochenblatt*, Baltimore, Maryland; *Weser-Nachrichten*, Chicago; *Ostfriessische Nachrichten*, Breda, Iowa; *Nachrichten aus Schleswig-Holstein*, Oak Park, Illinois.

* *American Newspaper Annual and Directory*, 1920, N. W. Ayer & Son.

② 基督教的一个宗派，由荷兰人门诺·西蒙斯（1496—1561）所创，今天约有 46 万信徒，分布在许多国家，主要集中在美国和加拿大。——译者注

老相识

利哈伊（LEHIGH），6 月 25 日

祝福每一位员工和读者健康、快乐！

我在写这篇文章时，我的思想像闪电般回到了故乡——俄国——我急切地想知道那里的情况怎样。我希望亲爱的上帝也会把丰收和富足赐给那些需要的人。我希望那里的读者会通知我们那里发生的每一件事。

我非常感兴趣的是，我在这张报纸上读到如今谁是我的出生地——俄国的德雷斯皮茨（Dreispitz）——最长寿的老人。在利哈伊这里，从德雷斯皮茨来的年龄最长者是安德莉亚斯·迈耶（Andreas Meier）嬷嬷，她已经 80 多岁了，但依然硬朗。离这不远的地方也有一些年长的德雷斯皮茨人：朱莉亚·费尔（Julia Feil）、戈特弗里德·朗霍弗（Gottfried Langholfer）和戈特弗里德·赫贝尔（Gottfried Herbel），等等。

我 60 多岁，长胡子花白了。我在这里住了 42 年，人也老了，头发也白了，但我从来没有后悔来到美国；我只是希望有更多我的朋友到这里来。

我想今天就写到这里。下次我再多写点。

格奥尔格·海因茨（Georg Heinze）[①]

感谢南达科他州布里顿（Britain）的卡尔·约纳松（Carl Jonason）来信。我当然记得你，虽然那是很久以前的事了。你想知道我是否改了名字。是的，自从来到这里，我改了至少两次。你也结了两次婚嘛。你第二个妻子是瑞典裔美国人，是拉姆绍特（Ramshult）的约翰（John）的妹妹。很高兴听到你的消息。

尤斯纳斯（Hjulsnas）的磨房主尼尔森（Nelson），收到你的信我很惊喜。我确实记得你，甚至还记得卡尔（Carl）和古斯塔夫（Gustav）。卡尔是在科罗拉多州莱德维尔（Leadville）结的婚，古斯塔夫死在了达科

---

① *Mennonitische Rundschau*（German），Scottdale，Pennsy lvania.

他州。当然，你知道我已故的父亲，塔马德（Tammaryd）的约翰·珀森（John Person）。在斯卡拉普（Skarap）村，我们度过了很多幸福的时光，像一个叫斯凯恩（Skane）的人在埋葬自己的妻子时所说的："我忍不住笑出声来，"他说，"当我想到和她度过的那些快乐的时光。"如果有人看到了这个景象，一定要说给我们听听。①

母　语

你的报纸上刊登那么多来信，我也想请你刊登我的信。我有两个儿子参加战争，其中一个自圣诞节起就驻守在法国。他曾经用德文写信。既然他身在法国，他就用英文写信。虽然部队不禁止用德文写信，但是上尉说他读不懂德文，而他必须在信寄出之前阅读它们。所以我寄给你两封信，希望你把它们翻译成德文，刊登在报纸上，有时我连一半都不能理解。所以如果我能在报上读到这些信的话，真是太好了。致以问候！②

塞缪尔·利特克（Samuel Liedtke）

萨斯喀彻温省（Saskatchewan）③ 的派厄波特（Piapot），1917 年 6 月 16 日。

既然你如此希望读者们继续订阅，我也会做好自己那一份，把订阅费随信奉上。如果每个读者都尽了自己义务的话，读者的数量就会成千地增长。我们生活在"说话是银，沉默是金"的时代。所以在必要的时候，我们要"闭上自己的嘴"。但是另一方面，我们要积极支持这个沉默的信使，也就是我们的报纸，这样它才能向四面八方传播开来，才能每周向居住在不同地区的人们提供精神养分。

在我最后的报告中，我提到我们这儿下了雨。但是一周以来，我们都没有雨水，只有阵阵热浪。如果我们现在还没有雨，我们的收成就泡汤了。一切都得依靠上帝全能的手。

---

① *Svenska Amerikanaren*（Swedish），Chicago，Illinois.

② *Ostfriesische Nachrichten*（German），Breda，Iowa.

③ 今日加拿大南部一个省，位于该国西部大草原地区，有"加拿大的粮仓"之誉。——译者注

我的朋友亚科尔·亚赫劳斯（Jakol Jahraus）在哪里？我们已经很久没有他的消息了。我必须停笔了。向所有读者和发行人致以问候！你们的同志。

戈特弗里德·弗雷（Gottfried Frey）①

故　土

堪萨斯州塞弗伦斯（Severance）
1917 年 3 月 11 日

我们喜欢读《东弗里西亚新闻》（Ostfriessische Nachrichten），因为上面有许多故乡的新闻。我在东弗里斯兰的 23 年里，对故乡情况的了解还不如近期从《东弗里西亚新闻》上了解的多。我对报上刊登的福科·尤克纳（Focko Ukena）②的故事很感兴趣，他是我的先人。

格奥尔格·R·尤克纳（Georg R. Ukena）③

应要求发表：

140

　　噢，如果我能再次体味

　　德国森林的翠绿清冷，

　　在黑檀池塘旁边，听五月的鸟儿歌唱，

　　做一场甜梦。

　　噢，再次找寻和品味

　　木紫罗兰温柔的清香，

　　在长满木苔藓的草地上入睡

　　莱茵河岸的微风抚到我的脸上。④

　　随信奉上一年的订报费。我在考虑去位于古老的达伦（Dalon）（瑞典）的乌沙（Orsa），为的是将来与父辈们合葬。我在这么做，虽然我从 20 岁、也就是从 1869 年开始就一直住在北美。我 4 次周游全国，3 次回瑞典，也去过英格兰、爱尔兰、苏格兰、威尔士、法国、比利时、

---

① *Mennonitische Rundschau*（German），Scottdale，Pennsylvania.
② 福科·尤克纳（1360 或 1370—1435），荷兰历史上的东弗里斯兰人首领。——译者注
③ *Ostfriessische Nachrichten*（German），Breda，Iowa.
④ *Germania*（German），Milwaukee.

荷兰、德国、丹麦、挪威和墨西哥共和国。但没有一个地方像达伦一样使我感觉像回到了家。在其他地方，我都觉得不满意。①

父辈们的严苛宗教

地方报刊主要是宗教报刊。早期移民旧的、严格的宗教相对完好地保存下来，没有受到城市习惯和思想的影响。

老一代移民坚持从字面上解释旧法律，严格地遵守旧习俗。他们惧怕"新神学"，谴责现代年轻人的轻佻。

1580 年的信仰

教会理事会（synod）成立伊始，就把自己建立在严格遵从上帝言论的基础之上，就像这些言论是从《旧约》和《新约》中发现的那样，并建立在严格遵从路德教福音派②获准入教前所做的信仰声明之上。入教者必须信仰坚定，就像 1580 年的《圣经语词索引》（*Concordance Book*）所规定的那样，每个路德教教会理事会必须这样才能名至实归。

某些地方，人们反对路德教旧规所规定的私人忏悔，但因为它是有很大好处的，除了一般的忏悔之外，我们想把它再度推行起来。但是教会理事会决定不这样做，因为不仅对私人忏悔的需要，还有对它的理解，都还是缺乏的。集会组织也使得这件事危机重重——我们在这儿住得越久，地方集会和秘密社团就越发成为教会管理层和教会理事会的绊脚石。因为大多数地方集会都有宗教活动，而这些宗教活动是排除了世

141

---

① 　*Svenska Amerikanaren*（Swedish），Chicago.

② 　福音派一词始于 16 世纪，当时的宗教改教者以此名称表明反对罗马天主教的立场，它不是一个宗派。整体来说，福音派恪守传统教义，重视《圣经》权威和学术研究，而不被人视为固执无知。福音派喜欢定位为"强调教义的宗派"，比基要派更愿听取不同方面的观点。——译者注

上唯一的救世主耶稣的，因此教会理事会必须对它们宣称自己的反对和谴责的立场。①

袁心感谢最后一期《旗帜报》（Standaret）上"新神学的趋势"一文。既然我们已经听到了亵渎之言，我们还需要见证多少新的亵渎呢？这个趋势已经不再是说说而已；现在它已经在报刊上散播开来，似乎比以前更具力量。在传道团体中，从芝加哥大学产生的新理论趋向正达到高潮。它已经使人们感到震惊。下面引述本地牧师写给我们的信中的几行：

"在 X 地，情况多少有所好转，因为不信教的教士已经离开了这个岛；但是，这些人离去了，新人却又来了。我不明白为什么各个董事会要派这些传教士来使教堂去基督化。"

引用一下老将奥古斯特·H·斯特朗（August H. Strong）② 博士书中的一小段在《旗帜报》上被提及的文字（他严厉指责对《圣经》的这一类的解释，即有些年轻人如今想要从事圣职）……

这里进一步引用这位尊者的话："我们的一些最好的传教士对我说：'愿上帝让我离开那些同事！'"他又说："罪恶像洪水一样淹没我们，而上帝的意志是让人们提高与之对抗的能力。但非常可惜的是，敬畏上帝的人捐钱帮助教会传播福音，却发现钱是用来破坏基督教的工作的。"他为这片土地和传教事业培训牧师长达 40 年之久，如今他有超过 100 名学生在任职。

在这个城市（加利福尼亚州洛杉矶），有一个祈祷者似乎是无人能敌的。有一个周日，我们在本市最大的教堂听到他在热切地祈祷，他不是祈求上帝保佑芝加哥大学，而是祈求上帝调换那个公共机构的领导人，这让他们张皇失措。今天读了《旗帜报》，我们更能理解这个虔诚的人为什么祈祷。我再次感谢你！③

142

---

① *Yearbook of the German Lutheran Synod of Iowa*，1917，German Lutheran Publishing Company，623 South Wabash Avenue，Chicago.

② 奥古斯特·H·斯特朗（1836—1921），美国 19 世纪末和 20 世纪初最知名的浸礼派神学家。1872—1912 年任罗切斯特神学院院长。——译者注

③ *Svenska Standaret*（Swedish），Chicago［加利福尼亚州洛杉矶 E. 伦德（E. Lund）的来信。

雅各布·福思（Jacob Foth）的儿子、来自旺佐斯（Wonzos）的海因里希·福思（Heinrich Foth）跌断了腿，几天后死了。约翰·凯弗（Johann Kheiver）的丈夫海因里希（Heinrich）在军营中死于伤寒，他们的儿子莱恩哈德（Leonhard）在游泳时溺亡。所有这些人都先我们而去，如果他们怀着坚定信念的话，他们现在一定已经获得了安宁。当上帝的仁慈遭遇鲁莽和淡漠的对待，而和平已经从尘世的人们中被夺走，愿亲爱的主帮助我们度过这困难的日子。《启示录》，第四卷……

衷心地问候你。愿上帝保护你、你的父母和兄弟姐妹。

H. 海尔和 A. 海尔（Heier）[①]

罪人和敬畏上帝

当人们皈依时，他们必须明白什么是罪恶。他们必须从众多罪恶中分出哪些是极端重罪。美国人没有看到：勒索就是抢劫，挪用就是偷窃，投机就是赌博，逃税就是抢劫政府，草率地判断就是欺骗，雇佣童工就是贪婪，使用有毒原料就是谋杀。他们不清楚奸诈的保护人吃光了寡妇的家当，垄断者压榨贫民，自私的出版商和矿主是非不分。种因得果，谁播种罪恶，谁收获的就将是自我毁灭。

我们在法国的士兵墓地里，在我们的儿子们的尸体上播种毁灭。

哼，残酷的抢钱国家比利时！哼，上帝连同你们那个卖淫的巴黎把法国一起抛弃！哼，醉醺醺的英国！哼，美国，喜爱财富，崇拜美元！上帝传召你们来，就你们的罪恶量刑。去吧，站在上帝的殿宇前，低下你们的头，捶胸顿足地痛哭吧："噢，上帝，宽恕我们的罪过。"上帝会洗净你们的罪恶。他会把你们引上正直之路。他会使你的灵魂重生。[②]

现在经常有人，尤其是年轻的基督教徒问这样的问题："作为一个基督教徒，我要怎样做呢？"第一个基督教徒显示了一个人能在多大程度上为了基督而做出牺牲；在我们的时代，人们似乎想知道他们怎样做

---

① *Mennonitische Rundschau*（German），Scottdale，Pennsylvania.

② *Volksvriend*（Dutch），Orange City，Iowa，June 27，1918.

才称得上一个好的基督徒。跳舞是罪恶吗？去剧院是罪恶吗？问题本身显示了问问题的人没有正确的态度，那只是急于取悦上帝的愿望罢了。问此问题的人通常思想已经被罪恶的欲望和心境所困扰，他们想让其他人来宣布他们的行为是无可指责的，以此获得合理性。

传道者说："你的所有言行都要以基督的名义。"因此，那些我们不能以基督名义做的事，那些妨碍我们和上帝交流的东西，那些削弱我们精神力量的东西，那些使我们沦为和世俗凡人做同样事，处于同一境地的东西；都是不允许的。[①]

思想自由的《柏林日报》(*Berlin Tageblatt*) 虽然不相信奇迹，但它把对这些孩子的拯救叫做"奇迹般地挽救生命"。有时，即便不信教的人也能认识到一个伟大力量的存在，就像许多人虽然对上帝一无所知，还是因为畏惧而向上帝呼救。[②]

144

隔离生活

地方报刊刊登许多信件，这些信件的作者们过着平静而简单的生活。他们最大的兴趣是庄稼和天气。报纸的送达、朋友间或的来信，都是一周中最让人兴奋的事。

艾奥瓦州哈伦 (Harlan)，4 月 2 日

《东弗里西亚新闻》已经成为我的生活必需品，一个人在历经沧桑之后，最高兴的就是听到老朋友的消息。在故乡的桑德 (Sande) 地区，我做过 4 年的农场帮工和工头；1867 年我来到美国；在艾奥瓦州的弗里斯廷 (Forrestin) 住了 4 年，在那里我遇到许多东弗里斯兰人；之后我在铁路上工作了 15 年；在艾奥瓦州谢尔比 (Shelby) 县我自己的农

[①②] *Mennonitische Rundschau* (German)，Scottdale，Pennsylvania.

场干了 30 年。我现在已经不干农活了，也是这里唯一的东弗里斯兰人。寂寞的时候，我常常想起老友。如果有读者记得我，请写信给我，我将十分高兴。衷心祝福诸位。

哈姆·胡尔斯布斯（Harm Hulsebus）①

萨斯喀彻温省金科尔思（Kincourth）

6 月 19 日

145 　　长久的沉默之后，我想给你们，我的读者们，再写些东西。今年的天气不是很好，很多贫穷农民不得不花一大笔钱给他们的牲畜买饲料。如果有很多钱的话，付钱就谈不上什么伟大的艺术。谚语说"钱是世上最不重要的东西"，但说它是"最重要的"也能成立。那么多的农民现在只能坐下来好好想想未来。

　　噢，祈望仁慈的上帝可怜他的子民，降下一场我们极度需要的透雨，这样至少会有一点点草料来饲养牲畜。只有这样，才会减轻人们心头的烦恼。今天是刮东风的第四天，这在加拿大是降雨的信号（在堪萨斯、俄克拉何马或其他州，东风也是降雨的信号——编者）。东风让我们觉得有降雨的希望，但有时却又让我们失望。有时，天色阴暗，电闪雷鸣，但当我们觉得就要下雨时，风向变了，把它们都吹走了。在另一个区，听说雨下得很大，但在这里我们只得服从风和灰尘的指挥。我们还没有放弃希望，因为上帝仍然还在。很多人在今年春天说今年会有好收成，但我们逐渐开始承认所有的预言都是错的。这次就写到这里，否则我会因这篇长长的牢骚而在主编那儿搞砸了。

　　　　　　（即便你写得再多，

　　　　　主编也不会担心，相反，

　　　　　他只希望会下雨，

　　　你们就会得到充足的粮食。——编者）

　　向读者和采编人员致以问候，我是你们的忠实读者。

---

① *Ostfriessisch Nachrichten* (German), Breda, Iowa.

戈特利布（Gottlieb）的儿子阿道夫·A·安霍恩（Adolf A. Anhorn）①

到法国人和西班牙人聚居的地区去，比到其他地方多了几分冒险的 146
因素。他们居住在边境附近，这个位置便利了走私和其他违法活动。

捉拿毛皮大盗
魁北克省拉里维埃迪卢的一个人，今天
在塞勒姆（Salem）被捕

塞勒姆讯　星期一，魁北克省拉里维埃迪卢（La Riviere-du-Loup）
的夏尔·勒瓦索（Charles Levassau）根据警察局长里穆斯基（Rimou-
ski）的命令被捕。

勒瓦索被控偷盗价值 10 000 美元的银狐皮。②

他们失去了贼赃
两个装有 20 加仑威士忌的提箱
被警察查封

诺斯·亚当斯（North Adams）讯　多尔夫斯·迪瑙特（Dolphus
Denault），44 岁，居住在本市比弗街（Beaver Street）。威尔弗雷德·
戈瑟兰（Wilfred Gosselin），22 岁，加拿大拉科勒（Lacolle）人。两人
因非法走私烈性酒被捕。警探哈里·贡德鲁（Harry Gondreau）逮捕了
他们，并递解到纽约州的普拉茨堡（Plattsburg）。

德诺尔的妹夫皮埃尔·帕克（Pierre Parker）在加拿大因同样的指
控被捕。

案情似乎是迪瑙特到加拿大通过戈瑟兰购买了走私到诺斯·亚当斯
的酒。③

---

①　*Mennonitische Rundschau*（German），Scottdale，Pennsylvania.
②③　*Opinion Publique*（French），Worcester，Massachusetts.

伯克案开审

此案在缅因州正引起极大关注

缅因州斯考希根（Skowhegan）**讯** 曾是萨默塞特县（Somerset）治安官的约翰·H·伯克（John H. Burke），被控谋杀杰克曼（Jackman）的尼尔森·W·巴特利（Nelson W. Bartley），此案今天在巡回法院开审。

147

巴特利是杰克曼一家有名旅馆的老板，这家旅店是所有东部猎人的聚会地。他是这个地区家喻户晓的人物之一，因此该案件引起了极大的关注。

巴特利兄弟很熟悉杰克曼威士忌和毛皮的走私情况。这个小村非常接近加拿大边境，而且以走私者的集合地闻名。

政府花了数周的时间调查，宣布他们已经发现了谋杀的真相。目击者是一个年轻女孩，据说巴特利和伯克都很喜欢她。

50 名目击证人、5 名医学权威、2 名笔迹专家、60 名陪审团成员候选人为了审判已经到达了斯考希根。

陪审团人选在今天已经确定。审判将持续至少两周。①

在读者的来信中，可以看到他们过着简单而美好的生活。

亲爱的主编：很久没跟您联系，这里有几条新闻给您。我本想尽快给您的，但是对我来说不太可能，因为农活太忙了。首先，我要感谢"使徒祷告会"（Apostolate of Prayers）的工作人员把图画寄给我。图画是关于祷告式和连祷（litanies）的，非常漂亮。我把它们推荐给报纸的所有读者。

学校的孩子们演了一场很好的戏，有很多观众。入场费一共 20.5 美元，全部捐给了红十字会。5 月 12 日在我们的教堂里举行了一场很好的仪式；供奉了两尊新的雕像，一尊是耶稣，另一尊是圣约瑟。它们

---

① *Opinion Publique* (French), Worcester, Massachusetts.

都是我们的牧师在教区居民的帮助下买的。凌晨两点钟，所有教区居民在教堂集合。当牧师守护基督雕像到来时，所有的教区居民都走出教堂，组成了迎接的队伍。女孩们（身着白衣）举着耶稣和圣约瑟的雕像。当她们步入教堂时，最令人尊敬的牧师（我碰巧不认识他）用英语举行了一场布道，简单地说明了耶稣和圣约瑟的生平；接下来我们的牧师用波希米亚语做了布道。再接下来是奉献这些雕像，神圣的祝祷，唱诗班演唱《赞美颂》（*Te Deum Laudamus*），仪式就结束了。

祝福主编、所有读者和这份报纸的记者们。

马丁·佩尔切里克（Martin Percelik）[1]

1918 年的夏天过去了，我们要尽快为冬天做准备了。夏天离去的时候，我总是很不开心；无忧无虑、色彩斑斓的诗意生活，鸟儿高歌，虫子低唱，昼长夜短的夏天一去不复返了。已经有两次，从北边和西北边吹来疾风，在此之前，鸭鹅盖好自己的脚，成群地坐在院落的草地上，把头紧贴翅膀，似乎它们想说今天最大的愿望就是暖和一点。但是母鸡天生的母性是不怕冬天的。就在不久前，两只咯咯叫的母鸡把自己的小鸡放出了禽舍，在那里它们产下了蛋并下决心孵出小鸡。当夜里下雨，非常寒冷，天气不定时，当你想着应该停止喂食和照料它们，它突然带着自己的小东西出现时，你对这只咯咯叫的母鸡是又生气又好笑。但是它们已经在面前了，唯一可做的就是把它们和其他鸡放在一起照料，这样才能保暖。咯咯叫的母鸡在夜里把小鸡照料得很好。一个在农场工作的人必须养成习惯，出人意料的事情总在发生，这时他就要处理所有的事。经验使得最笨拙的新手变得老练，学会快速思考和行动，他就不会为因鸡毛蒜皮的小事而焦急。

我试图想出为何这个季节过去得如此之快；我找出一个解释，夏天的农活远没有春天那么新奇有趣，还有就是我们的思想更多地被吸引到在欧洲发生的事件，而不是周围发生的事情。到 7 月中旬，看起来德国人就要挺进巴黎以及法国的主要港口——加来（Calais）和敦克尔克

---

[1] *Narod*（Bohemian），Chicago，May 30，1918.

(Dunkirk) 了。过些日子，当胜利的代价如此沉重，一天相当于一次大失败的时候，德国只好开始败退。只要他们一直处于如此境地，天数和周数就得用法国取得的胜利来计算，而不是农场里的工作。同时，时间如梭，几乎不在记忆中留下痕迹。除了好友来拜访一两天，或者出发去可爱的纽约，这千篇一律的生活才会偶尔中断。这种中断就像到未来的一次短暂旅行。朋友的探访和纽约的见闻对我而言，就像停在一个美丽有趣的车站，那里可以看到听到各种新闻。当拜访结束时，我们继续行驶在每日劳作的快车上，每日担着心继续生活——没人知道终点在何方。①

① *Baltimorske Listy* (Bohemian)，Chicago，September 13，1918.

第七章　大都会报刊

大都会报刊是与美国生活隔绝的外国人的报刊，它的读者主要是产业工人移民。它是为在都市生活、又与美国社会隔绝的人办的报刊。他们生活在一个变化多端的世界，依靠母语报刊来获知这一切。大都会报刊中，犯罪新闻和生动的生活状态描述取代了个人和宗教新闻，把地方报刊的思乡怀旧气氛一扫而空。用 28 种文字出版的 463 家报纸，构成了大都会报刊。

具有鲜明个性的日文和意第绪文报刊，各自成功地表达了族群的特质，是大都会报刊中最具特色和趣味的种类。犹太人单在曼哈顿就有19 家报纸，日本在太平洋沿岸城市西雅图（Seattle）、洛杉矶和旧金山有 29 家报纸。这些报纸使得本已复杂的都市报刊更具多样性和变化性。

日文报刊

日本人在移民群体中是最为外国化的。他们不得隶属于工会，也不能成为公民。他们大部分是农业人口，但是他们耕作地的农业组织化和

151　专门化程度高于其他地区。西海岸美国人的敌视加深了他们隔绝的程度。这限制了他们的视界，另一方面也加强了表达的自我意识，这不是体现在政治和民族的活动中，而是体现在他们强烈的感情和幽默感上，体现在其高效的报刊和其他社会组织之上。

　　在旧金山、西雅图和洛杉矶，形成了组织良好的日裔美国人社区。旧金山是日本人知识生活的旧中心，也是与日本商业和官方关系最密切的地方。它的日报《日美新闻》（*Japanese American News*）① 和《新世界》（*New World*）登载关于美国化和重建（Reconstruction）的各种社论和文章。与洛杉矶的 12 种报纸相比，旧金山只有 7 种，但是这两种日报的发行量总和有 21 000 份。

　　洛杉矶是日本人最新的中心。它的报纸在洛杉矶周围的日本人的各个农业定居点发行。两种日报——《罗府②新报》（*Japanese Daily News*）和《朝日》（*Sun*）——为蔬菜种植园主刊登每日商情。这些报纸充满闲话、煽情和虚构，它们刊登介绍婴儿护理、洛杉矶的日本人人口出生率是旧金山的 4 倍之类的文章。洛杉矶也有一些地方报纸，其中最大的是《艺美人》（*Gei-Bi-Jin*），它的 900 名读者是从日本广岛（Hiroshima）移民此地的。这份报纸敦促它的读者与其他地方的群体竞争。

　　西雅图是一个较老的社区，涌向这个海港的旅行和商业人流产生了
152　对日本人新闻的兴趣。这里的日报不再像洛杉矶的报刊那样只刊登地方新闻。但是与洛杉矶的报刊一样，它们不登社论。这些报刊似乎让读者感到更满意。

　　西雅图的《大北日报》（*The Great Northern Daily News*）不刊登社论，但是有一栏专门辟给主编和其他人讨论和观察各种各样的问题。在这里，人们可以看到对人生、死亡、自杀、坟墓、新大陆秩序等的异想天开的议论和讽刺。我从这一栏里得知刊物的主编竹内先生（K. Takeuchi）是个单身老男人，而且反对男女平等。

---

① 日文名为《日米新闻》。——译者注
② 当时日本人对洛杉矶的称呼。——译者注

直到 1918 年 6 月通过照片相亲（picture-bride）结婚后，他的立场才有所转变。即便此时，他还是坚持女人不应该完全算作人类。

　　……他很少谈论政治，话题也通常是琐碎小事，却能深入人心。他完全持有美国式的观点，并对美国式的生活寄予同情；举例来说，他提到过在朝日棒球俱乐部（Asahi Baseball Club）的有趣经历。这个俱乐部由在美国出生的日本年轻人组成，这些人在一年以前访问了日本。这个故事与马克·吐温的《异乡奇遇》（*Innocents Abroad*）一样幽默。①

在三大城市之外，日本人的流动性很大，除了流言，他们的报刊鲜有其他内容。

本世纪早期，日本劳工从太平洋沿岸涌入山区。当四处漂泊、走投无路的喧闹人群即将安定下来建立稳定社区时，饭田（Lida）先生开始了他的新闻生涯，他创办了整个地区第一份日文世俗报纸。他在家乡是一名教师，在美国获得了成功。作为山区日本移民中少数几个知识分子领袖之一，他是这个地区最受爱戴和尊敬的日本人。他建议他的同胞们在农场里安顿下来，并在盐湖城创办了《络机②时报》（*Rocky Mountain Times*），希望对农民有所帮助。这份报纸当然也刊登本地新闻，提供阅读材料，为大的采矿公司、甜菜糖厂、铁路公司等需要大批季节性短工的公司充当广告媒介。报纸欢迎读者来信，读者们也喜欢在报上读到自己写的诗歌和故事。这份报纸主要在犹他州、爱达荷州和怀俄明州的日本人中间发行。③

《塔科马④日本人时报》（*Tacoma Japanese Times*）的办报宗旨似乎是通过表扬塔科马和塔科马日本人的事业来激发本地人的自豪感。它积极地表现塔科马的繁荣——其繁荣程度甚至超越了西雅图——把更多

153

---

① 志功草间未发表的札记。
② 当时日本人对落基山的称呼。《络机时报》1933 年停刊。——译者注
③ 志功草间未发表的札记。
④ 犹他州一城市。——译者注

日本人吸引到这个城市来。该报不登全国性新闻，其他城市日本人群体的新闻偶尔在第三版出现。第二版用两栏刊登读者的诗歌和文学作品，用一栏刊登女人和性方面的推荐文章（这是年轻未婚的日本劳工最感兴趣的话题）。第一版刊登社论和文笔更好的来信。社论立场直白而大胆，对那些更大更负责的日文报纸采取敌视态度。《塔科马日本人时报》具有强烈的民族主义色彩，主张给美国儿童教日语，灌输日本精神。①

《斯托克顿时报》（The Stockton Times）对新闻不感兴趣，因为旧金山的大型日报向斯托克顿居民提供大量新闻。它专门刊登关于本地人和本地事件的讽刺文章，划出大部分版面刊登有漂亮女侍和清酒瓶的日本餐馆及日本社区社交协会传出的荒唐事、笑话和谣言。商人、记者、城里的劳工和农民来这里吃饭、聊天、争吵、交友、庆祝生日，或者计划一桩大买卖——通常伴随着美丽女侍的日本三弦和曼妙歌声。

这些女子或许是日本族群里最常被提到的人。报纸刊登有关她们或其仰慕者的文章，还有诸如地方美女的自传、著名人士的初恋告白、声名狼藉的离婚案、某餐馆老板的妒火中烧，都成为报纸一本正经谈论的话题。他们创造了一种低俗的文体，但揭露了地方生活状态的惊人事实。他们很少在故事里添枝加叶，而且以真名示人。

主编和来信的读者是很好的撰稿人，美中不足在于兴趣范围狭小。他们不讨论政治和社会问题，但是对政治、社会道德和性抱有极端自由主义的看法。他们完全相信民主，对祖国的神圣传统不屑一顾，嘲笑建立在虚幻之上的君主统治。②

关于日本人的趣闻轶事都是他们自己撰写并刊登在自己的报刊上。正是通过日文报刊和犹太人报刊，我们才可清楚看到移民的精神生活。

日本本土社会是高度组织化的，而这里的日本社会则使这种传统适

---

①②　志功草间未发表的札记。

应其在美国的生活。他们尽量地保持了原有的习惯。农事就是日本的传统，也是日裔美国人社区最重要的事情。

日文报刊积极回应西海岸的反日运动，也详细记录了美国其他地方的反日情绪。

155

对于当前加州的日本人问题，日文报刊在它的族群中发挥了独一无二的影响。当我在洛杉矶的时候，不止一次被问到：在美国中西部或东部是否有反日情绪。他们似乎非常关心美国当前反日骚乱的情况。我在这里遇到的每一个人几乎都和我严肃地谈到过这个问题，要我注意这方面的情况……

美国报刊上的文章间或被详细翻译成日文，但是比原来的文章要长许多，因为主编会加上些捧场的话（此类报道不局限于本地题材，通常是从全州或全国报刊上收集来的）。通过这样的编辑，给人的感觉是，每个美国人都在积极地促进反日活动，而且当这些报纸集合每周或半个月的新闻时，给人的感觉就是这些事件都是同时发生的……

我与一个洛杉矶的日本人领袖在开往市中心的电车上的谈话充分地显示出了这种态度。当我在电车上坐下，打开当天早上出版的日文报纸正要读，我的同伴提醒我不要这么做，因为我的举动显示了日本人不能够吸收美国文化，这会为反日骚乱提供借口。①

日文报刊的引录集合在以下三个小标题之下："日本人的文化遗产"、"移民的漂泊"和"新种族意识"。

日本人的文化遗产

虽然不是所有日本人都扎根下来，但是许多人已经安居此地，他们的报刊反映了这个趋势。

---

① 志功草间（通信）。

156　　我们在这里的日本人社会由三个阶层组成。

　　第一个阶层是来这里赚钱但并不打算留在此地的人。他会省钱，投资土地，在自己的村庄放贷。他想再挣个四五千美元，然后——再见，美国。

　　第二个阶层是那些不知道也不在乎自己是回家或是留在此地的人。这些人现在的最大愿望是一心一意找份工作。他可能会遇到回国的机会，但或许一份有趣而又赚钱的工作就能让他永远留在美国。

　　第三个阶层是决心永久留在此地的人。他的家很舒适，他的孩子在美国出生，他的生意和财富都在稳步发展。他曾经回到过家乡，但似乎颇感失望。他和老朋友疏远了，发现和他们谈话毫无乐趣可言。但是他在火车上碰到一个和他一样从美国回来的陌生人，他们谈得多投机啊！他当场就决定了回美国做永久居民。

　　第一个阶层的人只是最底层的财富追求者，通常是第一次通过一些移民公司到夏威夷（Hawaii），之后再穿越大陆。回到日本之后，他的钱很快便挥霍一空，于是他又回到美国从头开始，也许这次是想成为永久居民了。

　　第二个阶层的人会在这里生孩子、做生意、回日本看看，最后转为第三个阶层。

　　第三个阶层是唯一够格继承这块土地的人。——《大北日报》

　　圣加布里埃尔（San Gabriel）讯　日本人协会农业委员会试图提高
157　日裔农民的耕作水平，并决定 18 日在协会礼堂举行会议，讨论推进该项目的方法和手段。——洛杉矶《罗府新报》

赌博、女侍者和米酒

　　有报道说在旅馆、餐馆和弹子房有很多日本人赌博。本市日本人协会道德警戒委员会的一个成员表示，如果此类行为不立刻停止的话，委员会将会采取最严厉的措施来尽量制止这种行为。——旧金山《日美新闻》

昨天，我们收到一封盖有爱达荷福尔斯（Idaho Falls）① 邮戳的信件，内容大致是：该地有一家日本旅馆，那里有坏女人敲诈我们的同胞，还有一种专为美国人和墨西哥客人酿造的酒。地方政府已经得知此事，但是如果旅馆老板有所行动，事态或许能有所改善。

如果上述通信是真的话，我们建议当地的朋友尽快调查此事，保证他们社区道德名誉的清白。——盐湖城《犹他日报》（*Utah Nippo*）②

一年已经过去了。我们用什么来描述这一年？女人？不是。赌博？不是。是书本和笔。禁止工人阅读的法令以惊人的速度开始普遍施行，因此他们更频繁地写信给在美国的朋友和在日本的父母和亲戚。当然，我们有些人因为违反这项法律被捕了，但被捕的人数相对我们州所有日本人的人数来说是可以忽略不计的……

有人说我们的旅馆、公寓和餐馆也从中得益。为何？因为我们的人不再像禁止令之前那样整晚在街上游荡；或者把本该用在食物上的钱挥霍在酒上……有必要指出，这些地方的现金交易比以前上升了，而且也不必照例给可疑的客人赊账。——盐湖城《犹他日报》

158

日本人的组织经常观照社区的需要和利益。

洛杉矶的日本人协会昨晚举行例会讨论日本社区进行人口普查的问题。——洛杉矶《罗府新报》

日本商会的官员昨晚集会讨论限制日本本国大米出口的问题。他们决议就此项措施向日本政府提出抗议，要求其放松限制。——旧金山《日美新闻》

日本中央协会正在对在美日本人的经济资源进行调查。——洛杉矶《罗府新报》

---

① 美国爱达荷州一城镇。——译者注
② 日文名《ユ夕日報》，1914 年创办，1991 年停刊。——译者注

基督徒和佛教徒

这些天我们接待了许多南部加州福音派协会（Southern California Evangelical Association）的基督教牧师。虽然举办了许多集会和布道，但是对人们内心的震动很小。

我听了基督教牧师的讲话。他批评日本这样那样，就好像他自己的国家就比西方国家低级很多似的。这一下激怒了他的听众。而且，他的所有例子都是从西方人那里借来的，好像日本就没什么值得说的。这也让听众不高兴。还有，也是最糟的，有时那个牧师，虽然自己是日本人，却像外国人那样说话，放错重音还很骄傲的样子。就凭这样，他还想在我们中间建立一个精神王国。多蠢啊！——洛杉矶《北美先驱报》

159　（North American Herald）

我们怀疑向我们的孩子（在美国的日本孩子）灌输狭隘的民族主义是否明智，因为它只是日本发展的特定阶段的产物；而中国的和佛教的思想和理想又让现代人觉得难以理解。——丹佛《格州①时事》（Colorado Times）

移民的漂泊

移民与美国环境的隔绝，加上他的思乡情怀，自然产生了不安的情绪。这种情绪要么体现为对生活现状和改善方法的思考，要么体现为思乡病的臆想。

流浪者

晚饭过后，他走出住所，向河边走去。一丛黄色小花好像是浮在对面的峭壁上。他坐在自己最喜欢的石头上开始进入冥想。他讨厌一天一

---

① 当时日本人对科罗拉多州的称呼。——译者注

天做着同样的事情；没有可以交谈的朋友，思考就是他在这种景况下最高兴的事儿了。傍晚天空的清冷渐渐地弥漫了山谷的小溪，他沉溺于这种景象，感觉自己的思想被某种忧郁的东西压倒了。但他喜欢这种感觉，这激发了他无限的想象。在想象的画卷中，他拥有成功的职业，回到横滨港。遇见一个中等身材的绅士 O 先生，那人生了一张阔脸，身着海军制服；他和另一位方脸的绅士 A 先生在一起；U 太太带着她美丽的女儿，和另一位女士站在一起。那位女士对他说："很高兴看到您有这样的成就。"她忍住了眼里的泪水，但是没有热情，没有火花。她已经是别人的妻子了。他的想象被牵着从一件事跳到另一件事。最后，他抬起自己的眼睛，眼睛里布满了血丝。忧郁的黑暗从四面八方包围着他。——征文比赛：《傍晚天空下》，木越（Kigoshi）撰文，旧金山 *160* 《日美新闻》

咖啡店里

深夜，一个从乡下来的朋友带我和其他两对夫妇到市中心的一间咖啡馆。我们刚坐下，其中一个人就开始打起瞌睡来，尽管隔壁酒吧间的雷格泰姆音乐此起彼伏。两个守夜的人，后面跟着一个美国士兵，走了进来，打量起我们。

"这人长得真好看啊！"我一个要好的女性朋友喊道。她完全被他迷住了，连自己在吃些什么东西都不知道。"我最喜欢美国大兵的样子，"她承认。

我努力想明白窗户上贴的选举招贴画的意思，但我只能认出那些字母罢了。我很懊恼自己不会英语，既不会说也不会写。如果我能说哪怕一点点该多好啊！我现在的情况是不可能学习的了，我连单独去购物都不行。我曾经下决心要找一个老师好好学习，不过常常以失望和厌恶告终。最后我只能承认自己的无能（Shikataganai），我疯狂地想得到我不可能得到的东西。

当我的好朋友爱上那个士兵时，我就在这么思索，连盘中牛排已经所剩无几都不知道。

冰水是多么清凉爽口啊！

当我们离开，步入黑暗，夏日的星星眨着明亮的眼睛，静谧的夜充满了整个城市。看起来明天又是炎热的一天了。——斯托克顿《斯托克顿时报》，"女人心"。

新种族意识

161　　在美日本人的隔绝加强了他们敏锐的种族自觉。这使他们开始分析自己族群在美国的地位。他们预测将来的发展，注意环境导致的变化，找出危险的信号。

日本人的内部问题

如果在美日本人的问题会得到解决的话，只会在两种情况下发生，要么所有日本移民离开美国，要么他们在这片土地上的地位变得非常显赫，显赫到可以不承认任何敌意的批评。只要其中一种情况尚未发生，我们都会继续成为讨论的对象，成为鄙视及压迫的受害者。既然如此，要结束这个令人不快的日本人问题，我们要采取攻势前进呢，还是难堪地撤退呢？以下是我们的决定。

这是个艰难的决定。以前，所谓的日裔美国人启蒙领袖采取了消极的态度，直白点说，就是希望逃避问题，而不是解决问题。直到现在，他们仍然遵循着弱者的屈服政策。他们鼓吹把日本的标识从我们的店铺中除去，完全的美国化，废除日式学校等。从中，我们看不出一点点积极进取的精神。

日本人不喜欢别的种族的人。外表的诚恳不能掩饰根深蒂固的对其他种族的厌恶。他们恨欧亚混血人……一些大名鼎鼎的人士，像尾崎

(Ozaki)①、新渡户 (Niitobe)②、永井 (Nagai)③ 和青木 (Aoki)④，他们娶了外国女人，但据说他们的家庭和孩子们在日本都过得不太开心。这不是理论，而是现实。

日本人也不能容忍其他种族参与他们的政府。因此，我们可以理解为何美国人恨日本人，并拒绝给他们公民的身份。只有当日本人乐意和白种女人结婚时，美国人才会真正喜欢日本人。但总的来说，美国人不喜欢日本人。这种自然的反感在不公平和压迫性的反日运动中找到了发泄口。美国人给予欧洲人入籍的权利，而不给日本人，抱怨这种不公政策是徒劳的。美国人不喜欢我们，而且也公然这样表示。

除非日本人获得白皮肤、蓝眼睛和黄头发，否则种族厌恶就不会消除。既然我们不能期望发生这样的奇迹，我们就该勇敢前进。我们没必要闹上法庭，但在允许的范围内，我们要做到最好。没有服从、退让和害怕的必要，这是我们受到鄙视、压迫和敌视的原因。

让我们勇敢地走向美国人，在他们中间建立自己的力量和地位，直到他们放弃对我们的压迫和敌意。——华盛顿州塔科马《塔科马日本人时报》

假使我们的孩子长大成为熟练的英语使用者、优秀的棒球运动员、舞蹈家、地主和选民，我们仍然怀疑他们是否能和白人生活在同一水

162

---

① 即尾崎行雄 (Yukio Ozaki, 1858—1954)，日本明治时代自由主义政治家、新闻工作者。曾任《邮便报知新闻》、《朝野新闻》、《民报》记者，第一届国会众议院选举以后连续 25 次当选，任众议员长达 63 年之久 (1890—1953)。历任大隈内阁法相、东京市长。他以孤高自持的护宪政治家而闻名。——译者注

② 即新渡户稻造 (Inazo Nitobe，1862—1933)，日本裔美国农学家、学者、哲学家、政治家、教育家。毕业于日本札幌农学院 (北海道大学前身) 和美国约翰·霍普金斯大学，曾任国际联盟副秘书长，长期致力于加强日美间的信任和理解。——译者注

③ 即永井久一郎 (Nagai Kyūichirō，1852—1913)，生于尾张藩武士阶层家，留学美国普林斯顿大学后，就任明治政府文部省、内务省官员，后来进入实业界，1899 年到中国出任日本轮船公司上海分公司总经理。——译者注

④ 即青木周藏 (Aoki Shūzō，1844—1914)，日本明治时代外交家。1868 年作为长洲藩的留学生赴德国留学。1873 年回日本后进入外务省，历任外务省一等书记官、驻奥地利公使、驻荷兰公使。1886 年出任第一次伊藤博文内阁外务次官。后又出任第一次山县有朋、第一次松方正义内阁外相。1894 年在驻英公使任上协助外长陆奥宗光成功地修改了不平等条约《日英通商航海条约》。回国后又出任第二次山县内阁外相。——译者注

平上。

我们都知道黑人是完全的美国公民，但是白人排斥他们、鄙视他们、迫害他们。

在我们群体中有些有文化的人，耻于教他们的孩子日文字母，不再用酱油做汤、煮米饭，不用黄豆做的调味料，因为这种调味料据说是对美国人鼻子的冒犯。这些人尽自己所能讨好美国人。当他们有一天发现在美国社会出现一个永久的黄种人阶层，就像已经有的那个黑人阶层那样，他们会作何感想？

这就是问题所在。我们经不起把这个问题像讨论学术问题那样拖延下去，因为我们就要有自己的孩子了。——加州洛杉矶《北美先驱报》

国内关系

163　　前天，日本人中央协会被要求去照看三位刚刚到达旧金山的新娘。新郎之一是弗洛林（Florin）的杉山（Sugiyama），他生病了，不能来移民署接他的新娘；另外两位新郎是科罗拉多州的田后（Tajiri）和久保（Kubo），他们离港口又太远了。三位新郎给日本人中央协会发来了他们由科罗拉多日本人协会签署的证明文件、介绍信、财务状况和在日本社区中的表现证明。——加州旧金山《新世界》（日文）

在山区的日本人社区，妇女是家庭的女主人，却对美国方式和生活一无所知。她们到这里才一两年，最多也就三四年，她们对美国生活的了解远远不如她们的丈夫——他们四处漂泊，已经在美国生活多年。

如果她一到美国就径直往丈夫的田里去，而且一直待在那里，没听过一句英语，没见过任何美国文化，她怎样抚养自己的孩子呢？

我们最迫切的需要就是教育我们的女性。——科罗拉多州丹佛《格州时事》（日文）

日本人社区的出生率在过去 10 年稳步增长。因此现在新出生的婴儿一年有将近 7 000 人。

引起我们注意的是父亲和孩子之间巨大的年龄差异。很多情况下，父亲是年近 50 岁的中年人，而他的小孩才四五岁大。当小孩长到 20 岁时，他的父亲即便没有死，差不多也就要进坟墓了。总有一天，我们的社区将由半死不活的老人和乳臭未干的鲁莽年轻人组成。20年后，谁来引导我们社区的青年？没有答案。

这个国家的父母们可以通过"君子协定"把未成年的子女送回日本教养，而且我们也看到了一部分10多岁的青年进入我们社区。一些人被送到美国公共学校学习英文，但更多的是去赚钱。当一个刚到岸的年轻小伙可以挣到三块五美元，他自然就愿意挣钱而不是学习了。但是，他会明智地使用这些钱吗？我们不想立刻就做出肯定的回答。

而且，这些年轻人很快便放弃了孝道这一日本传统美德，接受了美国的个人主义，离开自己的父母，到处流浪。

20年后，我们的社区不得不依靠今天这些年轻的新人。他们是弥足珍贵的一小部分人，我们不能够忽视他们。他们充当着老年人和未成熟的年轻人之间的纽带。20年后，我们的社区将面临极大的危险，他们将会成为架设在危险深渊之上的桥梁。

这就是我们如此强烈地呼吁为近年抵美的年轻人进行有组织的、系统教育的原因。——旧金山《北进十步报》（*Hoku-shin-Juho*）

上星期五，日裔女孩俱乐部在科林思（Corinth）礼堂举行了一场舞会。这个俱乐部是在社区的资助下，由这个城市的日裔女学生组织的，也是第一个尝试以美国的方式来组织一个日本社区女孩的社交协会。这项社会事务得到了社区许多男女领导人的帮助，他们作为嘉宾出席了这场舞会。礼堂的装饰和布置体现了美国社交生活的氛围，完全没有远东的气息。

当我看着这场舞会渐入佳境时，禁不住想到这对社区中的年轻人的益处，她们会觉得自己可以和美国姐妹们一样拥有社交生活；我静静地祝愿，这个俱乐部的活动会带来更大的益处，而没有过度社会化的弱点。——西雅图《大北日报》［太郎佐久（Tarosaku）的丰富笔记］

第一支日本棒球队在今二（Imaji）女子高中成立。——纽约市《日裔美国人商业周报》（*Japanese-American Commercial Weekly*）

战　争

照片上是正在前线的日本小伙，他们出生于夏威夷。有的读者早已认识这些男孩了，他们将在星条旗下到法国某地作战。通过他们，我们会感觉到战争到底意味着什么。我们深爱着他们，思念着他们，为他们而焦虑，我们的心和同样有子女上战场的白人邻居一起跳动。——加州洛杉矶《罗府新报》

在从纽约到特伦顿（Trenton）的火车上，我们新兵被带往同一目的地，但是我们的想法各不相同。对我而言，心中是五味杂陈。我想到了一年前离开的家乡，想到了朋友们和我自己。当我还是一个小男孩的时候，哥哥带着我去送别到日俄战争前线作战的士兵。那时，我还不能感受到那些士兵脉搏的跳动，但心里面，就像自己要上前线似的。

当我们到达特伦顿时，受命向几公里外的营地进发。我们中的许多人双脚疲累，感到了军旅生涯的压力。对我而言，虽然步行于田野曾带给我许多欢乐，但是到了美国之后，我开始习惯于交通带来的便利了。

当晚，我到军队食堂吃了第一餐饭，这一餐，对我们这个饥饿的团队来说，是很令人动心的。

营地原本有七八个日本人，其中有一个上厨，很值得一提。我到达的第二天被指派为炊事兵，隔一天操练一次。我不喜欢厨房的活，但是这是战争中必要的工作，所以我服从了命令。之后的一天，我们的中尉让士兵们填写保险。武士道的原则是不计较钱财，因为士兵的命运和名节就是战死沙场，但我也有责任供养家里的父母，让他们在我死后也能得到点补偿，我就写了一万美元的保险。中尉看到这个似乎很吃惊，他或许在想即便我死了也是一个守财奴吧。——纽约《日本人时报》（*Japanese Times*）［作者为迪克斯（Dix）营区的仁贺（Nigashi）］

沃森维尔（Watsonville）分社讯　本地日本人昨晚组织了一个战争筹款协会，最少的入会费是 1 美元。募集的全部款项会执行以下分配：

166

15 000 美元给红十字会；15 000 美元给 Y. M. C. A.[①] 战争基金；2 500美元给哥伦布骑士团（Knights of Columbus）[②]；3 000 美元给比利时人救济基金会；2 000 美元给美国救济基金会。——旧金山《日美新闻》

意第绪文报刊

纽约是最大的犹太人中心，而纽约犹太人最密集的地方就是东区。东区在鲍厄里区的东边、休斯顿街的南边。移民报刊鲜活地反映了这个区的生活。

意第绪文报刊的引录集合在以下三个小标题之下："旧宗教与新民族主义"、"冲突；战时与和平时期的犹太人"和"下东区的生活"。

旧宗教与新民族主义

犹太人永远是民族同化论者（assimilationists）。与其他移民群体相比，他们随时准备好舍弃自己的语言和宗教习俗。但他们中也有许多人通过这样或那样的途径，重新评价种族传统，形成了新的种族自觉。

167

我们怎样教育我们的孩子？大奖赛！……虔诚的犹太人说："当我还是一个小孩时，我同样不愿学习，但也成为了一个虔诚的犹太人。那么，我为什么不能让自己的孩子走我走过的路呢？"

……激进派人士说："我的父母是虔诚的教徒，而我则长大成为一

---

① Y. M. C. A 为基督教青年会（Young Men's Christian Association）的缩略语。——译者注

② 美国天主教慈善组织。——译者注

名自由思想者。但这不妨碍我理解和尊敬他们。可是为什么我的孩子不理解我，为什么我不能让他尊重我的理想？"

……普通犹太人说："在我的家乡，为了使自己依然是个犹太人，我可以做任何事。那里的孩子知道他们是犹太人，也知道怎样才能成为犹太教徒。在这里，要成为犹太人没有任何障碍——为什么，难道我的孩子会像异教徒那样长大，而拒绝成为一名犹太教徒？"

……美国犹太人（对虔诚、激进主义或民族主义不感兴趣的人）说："看起来我的孩子和其他美国孩子一样上学，但他们不是美国人——好像缺了什么东西……我的一个孩子问我：'为什么他们叫我犹太佬？'另一个问我为什么不带他去'教堂'？我要如何使我的孩子健康地长大成人，不会被那些曾经折磨过我的问题所折磨？"……

人们已经采取了许多措施：虔诚的犹太人开设了希伯来语学校，以传统的方式进行教育；激进派犹太人创立了民族—激进学校，又名"自由学校"，那里以现代的方式教授希伯来语和意第绪语，或者只教意第绪语；被同化的社会主义者把孩子送到社会主义者的星期日学校；其他犹太人就顺其自然。因此，在教育上的混乱导致了这里犹太文化的危机。——纽约市《今日报》（Day），1915 年 8 月 14 日

一名受雇于另一名犹太人的读者，说他被威胁：如果不肯在重要的节日"赎罪日"工作的话，就会失去工作。他问该怎么办？编辑回答说，犹太人为了信仰可以放弃生命。他说，在美国有犹太人宁可让他的妻儿挨饿，也不在安息日工作。因此他的结论是，真正虔诚的人不会问他们是否在某个特定的节日出去工作……在这个国家，已经有许多犹太人被同化了，认为"犹太教只是一种宗教"。以 R. 古根海姆（R. Guggenheim）① 为首的名人们遗弃了我们。但在现实中，同化已经在大部分人中间发生了，这是极端的革新犹太教（Reform Judaism）的直接结果。

---

① 即所罗门·R·古根海姆（1861—1949），美国犹太富商。迈耶·古根海姆之子，曾在瑞士求学，后返回美国经营家族矿业生意，在阿拉斯加州建育空河黄金公司。退休后成为一名艺术收藏家，1937 年建立所罗门·R·古根海姆基金会，旨在促进艺术繁荣。——译者注

如果这个国家以犹太民族精神教育犹太儿童的话，他们会成为最好的、最高贵的、最有牺牲精神的犹太人。——D. M. 赫马林（D. M. Hermalin），纽约市《今日报》，1915 年 8 月 23 日

犹太复国主义的根源

"从人到人"……我对不喜欢犹太人的异教徒没什么好感，就像我对喜欢异教徒的犹太人没什么好感一样。一个诚实的异教徒……一定或多或少是个反犹分子，就像一个正直的犹太人或多或少是个反异教徒分子一样。我不喜欢那些对一切事物都欢欣鼓舞的人。我觉得这样的人有说谎的基本动力——甚至是对自己说谎……我是一个诚实的犹太人，我不喜欢异教徒。我或许喜欢一两个异教徒，甚至 100 个；但异教徒的整个群体对我而言是完全陌生的……我也认识到，如果异教徒是诚实和笃信的话，他也会厌恶犹太人……当我和一个把犹太人看成朋友的异教徒走在树林里的时候……我会一直把手放在左轮手枪的枪托上。——纽约市《今日报》，1917 年 3 月 10 日

……（俄国）被解放的犹太人……会参与这样或那样的工业，会垄断或部分垄断舞台、报刊等……他能这样做是因为他比他的非犹太邻居积极、能干、聪明……一开始，他的作为会得到容忍，但是现在获得自由的俄国人，会很快成长起来，发现犹太人成为他们的障碍……但是，到了那一刻，你们这些社会主义者、犹太复国主义者和同化论者还能掷地有声吗？……可能吧！……但是俄国化或者美国化不过是表面变化罢了……犹太人始终是犹太人，在压力下的同化是没有用的……——纽约市犹太人日报《前进报》，1917 年 4 月 23 日

众所周知的事实是许多美国人拒绝雇佣犹太人。以下的事件将证实这一点：纽约威廉街 100 号的埃特纳保险公司①要雇佣 100 名临时工资核查员，应征者中有几个犹太人，其中一个遭到的侮辱是令人震惊的。

169

---

①　即埃特纳生命和意外保险公司，为美国最大的财产意外险承保公司之一，1853 年成立。总部设在美国哈特福德，在百慕大、英国、加拿大、印度尼西亚、西班牙、中国香港、澳大利亚、智利、巴西等设有代理机构。——译者注

办公室里的人员不问他的能力和愿望，而是把他当作歌舞杂耍演员那样奚落和嘲笑……不用说，这些犹太应征者都没被录取……我还要说明的是，犹太商人……对这家公司亦有贡献。——纽约市《今日报》，1915年8月27日

和平谈判[①]中我印象最深是就是贾法（Jaffa），俄国和平代表团中的犹太人领袖。

我们只知道的他的姓，这是多么遗憾啊。他的名字很可能是雅各布（Jacob）或伊斯雷尔（Israel）。那样他的全名很可能是伊斯雷尔·贾法。

伊斯雷尔·贾法肩负着给世界带来和平的使命。异教徒制造了世界战争，现在伊斯雷尔·贾法来了，并希望给世界带来和平。

在俄国有 1.7 亿异教徒，伊斯雷尔·贾法希望为他们争取和平。——纽约市犹太人日报《前进报》，1918年1月8日

冲　突

犹太人不喜欢战争，他们是敏感而自省的。他们对战争的可怖和矛盾看得很清楚。战争与和平之间，他们真的喜欢和平。但在任何问题上都有可能形成小的派别，他们之间的公共论争是痛苦和长久的。

战争状态中的犹太人

潘兴（Pershing）[②] 报告：

许多人死了，许多人受伤了，许多人被俘了，许多人失踪了。

潘兴这样报告。

---

① 俄国与同盟国之间的谈判。

② 即约翰·J·潘兴（John J. Pershing，1860—1948），美国第一位五星上将。第一次世界大战期间任美国远征军司令。——译者注

简短和尖锐的报告，简短犹如军营号令，尖锐犹如短兵利刃，砍短句子，砍掉名字前的敬称，去掉私人或军队的头衔。

潘兴这样报告。

你飞快地瞥过伤亡、被俘和失踪者的名字；极力想象这些母亲、父亲、新娘、姐妹、兄弟和恋人看到这个名单时的情形。

母亲们或许会被吓死过去，战栗着翻看这些名单。她们害怕看见爱子的名字。

父亲们装作漠不关心的样子，仔仔细细地看完那写有名字的报纸一角，然后飞也似地浏览完报章上的其他内容。

姐妹们表面上平静，实际上也是牵肠挂肚。兄弟们等待着，也许是充满自豪地等待，自己家里会出一个英雄——只要是英雄——哪怕是死了的英雄……年轻的、热血的人啊！

最冷血的人，可能就是新娘、恋人和一般女孩了。

如果她们年轻漂亮，她们最是无忧无虑，也不会把这件事放在心里；没有这个男孩，还有其他的。战争是多美丽啊——士兵的制服有多帅啊。她们面前现在有了身着制服的"新男朋友"。这是对年轻漂亮的女孩而言的。

对那些老姑娘来说，对着登载"潘兴报告"的报纸饮泣，与其说是为倒下的英雄，不如说是为自己的不幸。报上恋人的名字对她们意味着新一轮的搜寻，要为再找一个男人付出新的担忧和努力！

潘兴报告——关于我们倒下的"孩子们"。

母亲看到了她"孩子们"的名字，在她的世界里，光彩黯淡下去，终于熄灭了。

父亲觉得什么又钝又重的东西插进了他的胸口，心脏停止了跳动。

出于生理的本能，姐妹们感觉到了死亡的恐惧。

兄弟们心中混合着骄傲和痛苦，他的拳头紧握，要发泄复仇的怒火。

对那些温情的"女孩"来说，可能感觉到的是另一种恐惧。她想到自己死去的爱人曾经的吻和拥抱；现在对她而言，能感觉到的是死人冰冷的唇；想象着死人的手拥抱着她温暖的身体，死亡拖着它破裂的骨架来到她面前，对她说："你是我的。"

潘兴报告：

我读到潘兴报纸上的名字，试图想象这是一群什么样的"孩子们"；他们怎样生活，他们曾经的希望和理想；他们的身体里藏着什么样的力量；有什么样的精神我们尚未发现。

潘兴报告：

短小、尖锐的报告。短小犹如严辞峻令，尖锐犹如短兵利刃……

——纽约市《今日报》，1918年3月20日

《幽默》（*Humor*），Z. 利宾著

战争！自由美国的司法部长一下令："闭上你的嘴。"美国就闭上了嘴，人人都闭上了嘴……在杂货店，以前几乎人人都在那里诅咒高物价，现在笼罩在绝对的静寂之中。他们按标价付钱、咽下苦水、保持沉默……我快乐的邻居沉默了，我的守门人也一样；如果她要诅咒，她就打她可怜的孩子……但她就是不说——她害怕……我可怜的妻子——她一句话也不说了！……站在洗衣盆旁边唉声叹气……在此之前，她边洗边说话，边说话边洗……"隔墙有耳，"她说……我可怜的孩子们也沉默了……在我女儿空闲的时候，她和一名社会主义者多拉（Dora）常常说反战的事。……现在她沉默了……我10岁的金发儿子朱利克（Julick）以前常常把街上听到的新闻带回家，他的声音是多么欢快啊……现在他安静了。这部分是由于街上已经没人说话了。他也害怕说话——他知道"肃静"法（"keep-quiet"law）的事情。甚至我的女邻居的宝宝，以前常常整夜地哭闹，现在也安静了……医生没办法使他安静，而华盛顿做到了……楼上患风湿的人不能忍受疼痛……喊道：（他必须喊出来才能克制疼痛）"战争万岁。"……房东提高了我们的租金，因为他知道我们不敢抗议。杂货店老板多收我们的钱，屠夫、送牛奶的和做面包的都学他的样儿……因为无论说什么都是妨害治安……——纽约市犹太人日报《前进报》，1917年4月14日

和平状态中的犹太人

在美国的犹太人中，有 99% 的人认为美国的一切都是夸大其词，至于他们的领导和种种运动，就更是如此。

我们形成了一种普遍观点；一切志向、活动和运动……一定有某种可疑的动机。我们中的大部分人认为，如果一个人获得了成功的话，他一定是个骗子和野心家……他们有先见之明，成功背后必定有不可告人的秘密。他们不相信人的诚实和纯洁……只有一小部分人和机构可以避免成为大众的笑柄……——纽约市《今日报》，1915 年 9 月 13 日

尊敬的主编同志：请允许我通过《新大陆》（*Naye Welt*）[1]，表达我对劳工代表大会的看法：

我觉得现在召开劳工代表大会是非常有必要的，不仅是因为犹太复国主义大会冒犯了劳工委员会——这微不足道。现在我们看到也感觉到别人很久以前就意识到的问题：犹太人的权利——我们在许多国家里都不曾拥有的民族的和文化的权利，还有工人们，作为争取自由和公正的真正先锋，是不能和资产阶级的犹太复国主义者联手的。不幸的是，在我们的阵营中还有些意气用事的人相信，在涉及犹太人的权利要求这样的重大问题的时候，资产阶级犹太复国主义者会停止玩复国主义的把戏，也不会把大会变成一般性的集会；现在，这帮意气用事的人总算意识到了这个问题。

犹太劳工代表大会是独特的大会。犹太劳工用与以往不同的方式说话；劳工代表大会不会请求，而是要求，它会勇敢地反对那些针对犹太人的不公行为，强烈抗议新晋的统治者——波兰人，他们在一些城市大肆屠杀犹太人。这是有组织的抗议，不容忽视。我们的要求会得到对方的社会党组织的支持，可以肯定欧洲的劳工党不会和冈帕斯（Gompers）[2]想的一样。但我希望组织劳工代表大会的全国工人委员会（National Workmen's Committee）与俄国，也与加利西亚的同盟（Bund）取得联

173

---

① 一份意第绪文左翼周报。——译者注

② 即塞缪尔·冈帕斯（Samuel Gompers，1850—1924），美国劳工领袖。美国劳工史上的关键人物，生于英国伦敦，1886 年创建美国劳工联合会并终身任会长。——译者注

系。如果有可能的话，让犹太人劳工代表大会在美国和欧洲同时召集；不过由于技术原因，可能不能实现。

但是，在犹太劳工代表大会中一定没有锡安工人党（Paole Zion）①，也就是那些自称的民族社会主义者（National Socialists）的位置。即便他们主动投靠，我们也不可以接纳他们，因为这是一批乌合之众，而且反复无常。对这些人而言，参加这个运动，第一是扩大他们在犹太工人中的影响，第二就是筹集更多的资金。他们现在每周都有一个筹款会；这个星期日为巴勒斯坦，下一个星期日为民族基金；每周有不同主题，但都为了充实犹太复国主义的腰包。如果让他们成为犹太劳工代表大会代表的话，他们会发一笔横财，一周进行两次筹款，或者天天进行。他们自称为犹太复国社会主义者，或者民族社会主义者，但是实际上他们离社会主义很远。相反，在每个可能的场合，他们都尽力想打败社会主义。最好的例子就是纽约选举日时，在第十二国会选区，他们联合坦慕尼协会（Tammany）②反对社会党众议员迈耶·伦敦（Meyer London）③。有组织的犹太劳工历来都支持社会主义运动，只要社会主义运动的目的还是组织一个劳工的议会。我们不能和劳工的敌人合作，因为那些自称的所谓社会主义者，是不会诚心为犹太劳工的权利着想的。这些不过是他们遮盖自己身体的伪装罢了。实际上，他们只是犹太复国主义者，他们以巴勒斯坦的名义，不过是希望能像在旧俄国那样有自己的大使和官员。我就认识他们中的一员，他是一个矮胖的犹太人，想成为典狱官，希望社会主义者倒霉而落到他的手上。——纽约市《新大陆》，1918 年 12 月 20 日

---

① 左翼犹太复国主义政党，1905 年成立。——译者注

② 美国历史上操纵纽约市政的民主党执行委员会的俗称。1789 年成立于纽约市，最初是一个爱国慈善团体，后成为民主党的政治机器，19 世纪中后期卷入操控选举和重大贪污丑闻，1934 年垮台。——译者注

③ 迈耶·伦敦（1871—1926），美国左翼政治家。生于俄国（今立陶宛）的卡尔瓦里亚，1891 年移民美国，定居于纽约下东区，后成为代表工会的劳工律师。他三次以美国社会党党员身份参选国会众议员，都败给了坦慕尼协会支持的民主党人，但在 1914 年从下东区当选众议员，与同为犹太裔的美国社会党创始人维克托·L·伯杰成为入选美国众议员的两名社会党成员之一。1922 年再次入选众议员。——译者注

……东区缺少一种公共舆论和一个有文化的阶层来指路；也缺少一个有组织的实体……来引导我们。这就是为什么我们由亚胡迪（Yahudim）① 领导，他们既不认识我们，也不了解我们。这也是为什么我们的联合会之一的主席是个没受过教育的人，在公众场合用英语演讲时常常让我们丢脸；这也是为什么蛊惑人心和不负责任在我们各政党内横行；为什么我们的剧院经理对犹太撰稿人和批评家一点也不尊敬……我们的公众生活实在太差了。——纽约市《今日报》，1917 年 10 月 14 日

下东区的生活

下东区丰富多彩的生活大都反映到了意第绪文报刊上。犹太人对他们性格中的矛盾和特质感觉很敏锐。他们的记者善意地批评和反映着他们的读者。

有些对东区人的偏见认为东区人对自己的生活和渴望一无所知。……这是……**整个城市最有文化的地区，是这个美国最伟大城市的最活跃和最敏感的中心**。每一个新的记者，每一个新潮的艺术家，必须到东区来寻找认同，而他们通常都能得到这种认同。豪专员（Commissioner Howe）② 在东区做了一些激进的演说；工业关系委员会主席沃尔什（Walsh）③ 第一次在东区公布他的计划，就变得全国闻名了；著名的一流舞蹈家伊莎多

175

---

① 来自东欧的犹太人对来自德国的富有犹太人的称呼，意为"上城犹太人"，以相对于被称为"下城犹太人"的下东区犹太人。——译者注

② 即弗雷德里克·C·豪（Fredric C. Howe, 1867—1940），美国进步时代改革家。1892 年获约翰·霍普金斯大学博士学位后，在克利夫兰和纽约从事市政改革，1914—1919 任纽约港移民专员。——译者注

③ 即弗兰克·沃尔什（Frank P. Walsh, 1864—1939），美国劳工维权律师、进步时代改革家、爱尔兰民族主义者。1912 年任工业关系委员会主席，1913—1918 年间负责调查劳资冲突，声誉卓著。——译者注

拉·邓肯（Isadora Duncan）[1] 迫不及待地离开乏味的百老汇，到贫穷的东区来寻找灵感；这些还都不过是过去几个月的例子罢了。……东区是讲演、辩论、音乐和文学等活动的中心。东区的图书馆里，大量严肃图书在流通，它的剧院上演易卜生和豪普特曼的戏剧……而百老汇正上演娱乐大众的马戏……——纽约市《今日报》，1915 年 7 月 8 日

商　业

十条商规：

商业已经成为一门科学，东区崇尚科学，因此这里的商业科学自然也最发达。这十条规则是这样的：（1）第一个犹太人开业做生意，第二个犹太人就会进来排挤他，第三个又来挤压他们，第四个进来挤开他们三个，依此类推。（2）竞争是商业中最主要的事，可以以不同的方式来实现；例如雇"托儿"把目标顾客拉进自己的店铺。以屠夫为例，他们会把一大车死狗倒进竞争对手的店里，或者指出他们有多少肉不符合教规规定。一个杂货店可能放出谣言，说他的竞争对手诱骗黑人女性；糖果店之间的竞争使得每卖出一美分的糖果就要附送价值一美元的玩偶、电影票或者婴儿车。（3）商业的主要工作就是要引导消费者。消费者必须被强行拖进店里来，进来以后，他必须买他不需要的东西。如果他不买，他就会被威胁，走出店门以后诅咒声还要跟着他走一个街区。（4）你必须知道卖什么和怎么卖。一双鞋必须比顾客的脚大三到四码或者小三到四码；一套衣服要么要像袋子一样罩着人，要么就要勒得他喘不过气来……（5）钱在商业里面一点用都没有。顾客才有用，所以能卖东西给他们才是最牢靠的，要给他们记账，从不收账……不然他们会去光顾你的对手。结果呢？很简单——你将有最大量的顾客、最少量的存货、大量的赊账，然后——关门大吉。（6）你必须假装没看见顾客的围裙底下藏着的青鱼、衣服，或其他什么东西，因为女性顾客不喜欢人家说长

---

　　①　伊莎多拉·邓肯（1878—1927），美国女舞蹈家。她建立了舞蹈动作完全自由的舞蹈体系，为现代舞的发展铺平了道路，1921—1924 年侨居苏联，曾与苏联诗人叶塞宁结婚，死于车祸。——译者注

道短。(7) 必须让顾客感到宾至如归；店铺一定要不干不净，柜台上留着你吃饭时掉下的面包屑，小孩必须在顾客脚边晃来晃去，店里一定要充斥着老板娘诅咒她丈夫和小孩的美好声音。(8) 你必须很了解你的顾客，所以你要穿着汗衫，举着脏手，吃着面包和青鱼来招呼他们。拍拍他们的后背，和男顾客说些粗俗的笑话，和女顾客说些挑逗的言词……(9) 讨价还价是商业的精髓……你必须喊出高十倍的价钱，用老婆和孩子赌咒说这是最低价。如果顾客不买，让他走到门口的时候把他叫住……降低价钱……把他从街上拉回来，再降低点价钱……(10) 商人从不休息……他必须日夜劳作，包括节日，因为他可以做他想做的事，你知道的，他是自己的老板嘛。这就是为什么他让自己的铺子变成自由市场……——《自我》(EGO)，载纽约市《今日报》，1915年7月12日

177

懒惰

一人对另一人说：一天我去听一个音乐会，我没怎么听，而是研究起了节目单……所有即将开音乐会的艺术家都有着犹太人的名字……为什么，我问自己，真的是犹太人中出了那么多天才吗？还是因为（这一点我要小声说，以防我的民族主义激情掩盖了我的思想）犹太人习惯上懒得去做粗重的活？因为他天生聪明，知道摆弄小提琴比其他事情简单？还是做一个天才比造桥来得干净卫生？因为上帝给予的天赋让他们做比挤牛奶更能赚钱的事情？这是我的想法，当我静静地坐在一个年轻鉴赏家旁边听完整场音乐会时产生的想法……——纽约市《今日报》

知识分子

……犹太知识分子走向世界，他们目不暇接：力量、权力、骄傲和兴奋轮番登场。到处阳光普照生机盎然。美丽富裕的生活吸引着他——就像火光吸引飞蛾——他燃烧了自己。回到自己的族群中间时，他觉得被侮辱和冒犯了。在自己家里的时候，这种感觉更强烈了。——A. 沃林纳（A. Wohliner），载纽约市《今日报》，1915年9月3日

凡人啊，这对你是多么好啊！

你的心如同磐石，你的脑如此坚硬。

狂风也吹你不动，暴风雪也震你不醒。

你按照一贯的路前行，无论报上有什么重大标题。无论是在桶里发现的女孩尸体，或者革命推进到世界各地——都是一样的；你的品味，你的希望，永远都是一样的。

你知道你的咖啡需要多少糖，知道给你的妻子多少钱，知道你的戏剧里要有多少舞蹈和笑料。

你知道无论发生什么，无论谁是统治者，你都会是真正的老板、生活的基础、秩序的保证。

让暴风雨都一起来吧；让腥风血雨聚合成世界灭亡时的哀号——你依然会买光星期六晚上娱乐演出的门票，你依然会计算花多少钱买人寿保险；你依然会和妻子为一件新衣服争吵不休。

你比任何事都重要，在任何事之上，比任何人都有力量，比任何人都更像一个神。你是磐石，你是——凡人！

非凡之人啊！

你是如此滑稽，值得好好观察一下，非凡之人啊！

你像暴风雪中的一叶小草，风中的一丝火光。

你像醉汉那样蹒跚，像新生儿那样，新的一天就有新的活力。

你比以前的印第安人还靠不住，比女人还没有决断。

所有世上的暴风雪在你的心里留下了印记，被暴风雪连根拔起的树木的枝叶就是你的生活和生命的写照。

你吃喝睡觉，爱你的妻子，这一切如同梦境——不确定、不认真。在你浑浊的茶里，你看到了世界的混沌；在你妻子充满爱意的微笑里，你看到的不过是无知……

每分钟，你的心里忽明忽暗了一千次，然后一阵风吹灭了所有的光。

你想猜出下场革命在哪里发生，但你猜不出你将要付的房租。

你准备好为整个世界承担痛苦，但是你的裤子有三周都没熨了！

178

不幸啊，非凡之人！——B. 弗拉杰克（B. Vladek），载纽约市《新　　179
大陆》，1918 年 11 月 14 日

乞　讨

……最大的骗子莫过于那些以老朋友做借口，实际想榨干你钱的人了——在一个很冷的夜里……我遇到一个衣衫褴褛的男人，他很瘦，胡子拉碴，颤抖得厉害。他说："你记得我吗？""不！""我是约索尔（Yossel），小时候在家乡和你一起上过学……我还去你家玩过几天，"他握住了我的手……"我可以为你做什么？"我问。"你必须救我……我认识你的父亲……他是一个天使。"……他开始哭起来。"你为什么哭呢？""我认识你的母亲，她真是个好人。"……"别哭了，擦干你的鼻涕，你想要什么？""我知道你全家，"他又开始说。他甚至列举了你所有亲戚在的地方……我想我至少可能要被他搞走 100 美元了。他最后说："我不要施舍，我会还的。借我 25 美分吧。"——纽约市《今日报》

自由恋爱与婚姻

因为他太懒惰，不愿像他哥哥那样上预科学校积攒"积点"，他的妈妈把他的生活搞得一团糟——他读意第绪文报纸，成为一个无政府主义者。因为他是个无政府主义者，所以他努力让自己喜欢音乐，开始蓄发，直到头发长得够当一个无政府主义者和小提琴鉴赏家。贝尔塔（Bertha）觉得他是她的意中人，所以她不再厌恶意第绪文报纸，每天早上不再买《时报》（Times），并穿上了无政府主义者的外衣，系上了黑领结。他的母亲看到他们的亲密关系以后，把那个女孩赶出了店铺。但是如果他们还没有开始认真打算的话，这个举动只会使他们更加亲密，他们会自由地住在一起……——F. 斯蒂克（F. Stick），载纽约市《今日报》，1917 年 1 月 14 日

首先，我必须让你熟悉我邂逅顾客（指他的妻子）或她邂逅我的情　　180
境。这会占用不少版面，不过很有趣。

我们互相认识，不像在美国司空见惯的那样通过 Shadchen（媒人）

介绍，也没有沐浴在阳光下的喷泉里，或像贵族们那样邂逅在剧院包厢中。

在她父母和我父母的房子之间有一个垃圾场，我们在那里认识的。我凭借自己的绅士风度赢得了她的心。她自我介绍她叫纳米（Nami），还邀请我到她家的果园去，那里长满了各种水果和浆果。因为这个果园，她也赢得了我的心。我很快熟悉了果园，如果她父亲赶我出来，我的绅士风度也不会因此减少，所以我下次还去。我那时是一个小伙子了——5 年了，已经在 Chedar（宗教学校）学习过。纳米比我小 6 个星期。

我那时还没有想到过 Shiduch（订婚）。她的母亲倒是做过暗示。事情发生在逾越节（Passover）① 前夜，在焚烧 Chometz（在逾越节不该吃的发酵面包之类食物）过后；他们把我们安排到小溪边去洗逾越节餐具。这时，她妈妈就吞吞吐吐地说，我们身材相当，年纪相同，是完美的一对。

就这样，我们从逾越节前夜直到 Sukos（帐棚节）② 都在一起。Sukoh（圣幕）还是我和她父亲一起搭建的。

纳米要被赶出 Sukoh，她指着我，想知道为什么我可以坐在里面，还说她也是和我一样的 mensch（人）。我为她辩护，我父亲也为她说好话，所以她就留在了 Sukoh 里。我们不只一次吃光了同一个盘里的食物。

在冬天的时候，我忘记了住在我们房子对面的纳米的存在。她常常窥视我们的房子，问我为什么不去看她，然后我很诚恳地回答："冬天

---

①　逾越节为犹太人的新年，犹太民族的四大节日之一，时间在犹太历正月十四日白昼及其前夜。逾越节前夕，家中所有的酵和有酵之物都要取出来烧掉，这代表离开寄居埃及时的罪恶生活。——译者注

②　帐棚节，一译住棚节，开始于赎罪日后第五天，即犹太历提市黎月十五日，整个节期持续 7 天（正统派过 8 天）。其原初意义是纪念农民在秋收时住在野外的帐篷内以便及时收获成熟的庄稼，后来用以纪念以色列人在旷野漂泊 40 年中所住的帐篷。这是一个喜庆欢乐的节日。节日期间有的犹太人吃住都在郊外的帐篷内，有的只是象征性地每天在帐篷内驻留一会儿，念诵有关的经文和祷文。犹太教的会堂也建起帐篷，供会众使用。现今这个节日具有依赖自然、回归自然和保护自然的意义。——译者注

不长浆果，我为什么要来？"我们的"爱情"就在我们交往第 11 年的时候完结了。

每部爱情小说里都有恶棍、奸诈之徒、重大打击……

我在 Chedar 的室友迈耶克（Meyerke）住得挺远，他发现我喜欢纳米，所以就来要求纳米也给他一些出自果园的东西。 181

她叫他下地狱去，不要出来。于是迈耶克说给 Chedar 的老师和 Chedar 的室友们听——我和一个女孩玩耍。那时和女孩玩耍被认为比吃（动物）大脑或奶酪①对学习更有害，这样我的绰号就成了"纳米"。这个丢人的名字让我非常尴尬和丢脸。

但是反派主角是我的老师。一个星期六的下午，我们——Chedar 的所有男孩——正在玩耍；玩打仗、爬树，直到我突然想起老师要在午睡后考我的时候，我开始流汗。我满面通红，跑到纳米家的前院，坐在树荫底下的木桩上让自己平静下来。

纳米给我拿来了一些浆果，往我的口袋里面塞了一些，这样便不会让人家看出来。我母亲来找我说："老师来了。"她的到来让我很慌乱，因为她不止一次告诫我，对于一个已经随施洛伊姆（Shloime）学习的男孩来说，结交女孩是不合适的。另一个让我不安的原因是我到现在也没有平静下来。我的脸现在还很红，要是让我父亲看见我这个样子就惨了。我跟着母亲，像一个被判死刑的囚犯，我的脸更火烧火燎了。

Rabbeh（老师）和我的父亲坐着喝茶和吃浆果。Rabbeh 正对我父亲谈到他和妻子之间的不和。当父亲看见我红着脸时，我立刻觉察到今天的考试不会有什么好成绩了。我慌张地读着 Shier［关于蛾摩拉（Gemorrhe）② 的部分］，也不知道我说了什么。它本来是通顺的 Shier，我却读得像机器一样咯咯喳喳；但是最后我绊倒在一头损坏了一只木桶的雄鹿身上了，我不得不判断雄鹿的主人是否要赔偿那只木桶。我搞迷

---

① 根据犹太戒律，某些食物，例如猪肉及贝壳类是完全禁止食用的，另外，肉类及奶类食品不可在同一餐内进食。——译者注

② 蛾摩拉是《圣经·创世记》中的两个著名的罪恶之城之一，另一个是所多玛。——译者注

糊了。我的父亲慌忙合上蛾摩拉，边把我从桌边推开边说："滚出去，你这个蛾摩拉的 Bad-Yung（坏小子）！你这样一个懒虫为什么还要念一段蛾摩拉？他需要一匹玩具马，不是蛾摩拉！我要让你做鞋匠、裁缝、织工！"

"他正在纳米家的前院，"我的母亲火上浇油，把浆果从我的口袋里翻出来，放在桌子上。"我亲眼看到纳米把浆果放进他的口袋里，还看见他很高兴。"

"对的，"Rabbeh 说，"Chedar 的男孩们告诉我，他一放学就直接去找纳米，她家在附近。这件事不能怪我。我对 Chedar 之外发生的任何事情概不负责，也无法去阻止。"

我的母亲从灶后面取出满满一碗浆果，对 Rabbeh 说："施洛伊姆先生，您想我会像别的母亲那样让他看不到这些，把东西锁起来和盖起来吗？我过去给他足够的浆果和其他水果，但纳米的比我的好吃。他有时在她墙外等一个小时要她的浆果。"我的母亲放声大哭。Rabbeh 说不要在星期六哭。我父亲生气地扑向我——我站在角落里，用手捂住脸——我的母亲跑到我和父亲中间，她想保护我。Rabbeh 也帮忙制止父亲。我答应他们以后再也不见纳米，我的罪恶得到原谅了。

那个星期六以后，我去找纳米，把我们的决断告诉她——我们从此要了断关系。当我开始向她诉说我的哀愁时，Rabbeh 的整个人形出现了，仿佛从地里面冒出来一样，他用一根指头掐他的喉咙——就像他常年的习惯那样。他一言不发。不知怎的，他从他的喉咙下面抽回手指，开始扇我的耳光。

"别打他！"纳米一跃而起，试图抓住他的泥土色胡子，但是她够不着。纳米走到一边，抓起块石头朝他打去。他被打中了……追着她，但是她已经跑远了。他就去了她家向她的父母告状，结果那天以后纳米就一刻不停地受惩罚。

从那天起我就没见到纳米，直到她走进我们的 Sukoh。她低着眼睛，不看任何人。当她走出去的时候，她扬起她浆果一般的黑眼睛，眼里噙着泪望着我，她的上唇扭曲着，就要哭出来的样子……好像在严厉地责备我："都是你的错！"我的心碎了，很费力地忍住眼泪。

过了一些时日，她就到我家来让我父亲看她的作文，她正在学习。但是我俩已经疏远了，她不再引起我的兴趣。

为了我的 Bar-Mitzwoh（13 岁时的坚信礼①），她在我的经匣上绣了 Mogen-David（大卫王之星）②，里层绣上了她和我的名字，这是我 4 年后才发现的。

在受坚信礼后的一年，纳米用情书向我表达她的爱。她已经阅读了爱情小说，而我却没有读过。我也不懂一部爱情小说的含义；我无知、狂热，是一个被溺爱的家伙，母亲的一件摆设！

我从没体会到爱情的感觉，因此我读不懂她的意思也就不奇怪了。最后，她口头向我表达了爱意。她吻了我——我很生气。这是怎样一个燃烧的、湿润的吻啊！我用袖子擦干了我的脸，生气地喊道："你凭什么吻我？你又不是我妈妈！"

在这个不成功的吻之后，我很长一段时间没有见到纳米。她在我不在的时候还常来我家。

大约一个季度以后，我开始理解了她的吻的含义。半年以后，我比她读得多了。我读了最好的希伯来文图书和杂志。当我读《锡安之恋》(Ahavas Zion)③ 时，已经感觉到纳米和我的心贴得很近。但是……小说怎么能和我的纳米相比！我想见她，与她和好，但是找不到机会。她总是在我在犹太会堂的时候来我家，而且已经很少来了。如果碰巧她来的时候我在家，她见了我就像见了猫一样。噢，她真美啊！我被痛苦和悔恨折磨着。此外，我还要提防我的母亲，她总是重复地教导我怎样做一个高尚的人，不要和每个来找你的人说话，怎样对一个陌生犹太人说 Sholom Aleichem（你好！），像躲避瘟疫一样躲避女孩；否则就会得到一个坏名！

但是在我心深处，我感觉到炽热的燃烧！

184

---

① 坚信礼又译"坚振礼"。在天主教会和东正教会，坚信礼是七圣礼之一。根据教义，孩子在一个月时受洗礼，13 岁时受坚信礼，受坚信礼后成为教会正式教徒。——译者注

② 犹太教六芒星形，意为大卫王之盾牌，今为以色列国徽。——译者注

③ 立陶宛出生的希伯来语作家亚伯拉罕·马普（Abraham Mapu，1808—1867）于 1853 年完稿的历史小说，他的文学作品后来推动了犹太复国主义运动。——译者注

　　在读了最初两篇犹太人爱情小说以求在写情书上有"突破"之后，我鼓起勇气，给纳米写了一封长信……我写了整个事实：我是一个不解风情的傻瓜，现在我变聪明了，像大人一样明白。"所以，请你，亲爱的纳米，原谅我吧。为你不成功的吻，我可以回报你20个。想想我们小时候快活的光阴吧。我们在一起度过的快乐夏日！你家前院的微风；Tishe-Bar（节日）里我们在灌木丛里采摘浆果，一起清洗逾越节的餐具，一起坐在圣幕里，在一个盘子里吃饭的情景。"我还写了其他回忆。

　　我费尽力气才成功地传递出了我的信。但是我马上收到了回信。她写得很简短："我从前的朋友，你凭什么吻我？你是我的母亲吗？纳米。"

　　在美国，不像在华沙，我们的境况越来越好了。虽然不如意的事也时有发生，但我们还是像一般工人那样生活着。我们的孩子漂亮、多才多艺，而且非常聪明。我不必为他们操心。就连我最小的孩子也几乎能靠自己生活了。

　　现在，在我老年的时候却迎来了最伤心的事。我的纳米的叔叔去世了。自从我们来到美国（大约有23年），我们只见过他两次。他和所有人一样，只不过有个驼背。他是敬畏上帝的人，我们要为他举行一个庄严的葬礼。

　　葬礼完了之后，我的妻子要我去买一对Mezuzahs（门柱贴纸）①。我想她一定话里有话，就回答她："Mezuzahs？我已经有了两个非常好看可爱的Mezuzahs。"她变得有些焦虑，我就指着她的两个美丽的脸颊，吻了它们（我们的宗教规定人们要亲吻Mezuzahs）。

　　但是，她说她要的是真正的Mezuzahs。

185　　然后，我妻子说她在梦中见到她的叔叔，他要她忏悔。我盯着她浆果一样黑的眼睛，没有说话。她说随着年纪的增长，人的看法也会变化。所以我告诉她如果她叔叔再来找她的话，就让他来找我好了，反正也不远。但是她叔叔的聪明远超过虔诚，现在他已经不来找她了。她自

---

　　①　一张羊皮纸（通常放在一个装饰过的箱子里），上面写有出自犹太律法书《托拉》的希伯来语韵文，贴在门上以履行戒律。——译者注

己买了 Mezuzahs。很明显，它们把他赶跑了。

不过他也没必要再回来了，因为她经常忏悔。她有一整套祈祷书。就这样，我亲爱的纳米在晚年变了。自从她叔叔走后，她变得阴郁和多梦。有时她对着"经书"泪流满面。

这还是那个纳米吗？那个曾经说："如果真有上帝的话，他岂不是在很早以前就被坏人诅咒过了？"

她现在告诉我，她叔叔在 23 年前是对的，我不应该见异思迁，追求更好的职位，上帝会惩罚我的。

我们现在什么都不缺。我唯一希望的就是找回我曾经快乐的纳米——和她的好情绪。但不幸的事，她离这些品质越来越远——而且是在人生的这个时期！我们刚好迎来了一生中最好的时期——中年！

她依旧拥有一头黑发，小小的前额没有一丝皱纹，浆果般黑亮的眼睛里依旧燃烧着永恒的火焰，闪闪烁烁足以让一个人年轻 30 岁。

如果我可以和她的上帝对话就好了！我会告诉他先知拿单（Nathan）① 和大卫王（King David）的故事——关于一只羊的故事："您，上帝，拥有上千万个'侍女'，而我只有一只小羊，我从小把她养大，她也从小就跟着我；她是我生命中唯一的希望；我照顾她，就像照顾我自己的眼睛，和她分享我的食物，日日夜夜地保护她，而您要把她带走，成为自己的侍女！我比乌利亚·哈基蒂（Uriah Hachity）② 还要悲惨，他被射死从而脱离了痛苦；而我还要看到我的小羊……侍奉你。"

但是，我怎样与他争论，如果他高高坐在第八天堂上，在他那圣洁的小胡子后面微笑的话！

Al Taschicheinn Leis Ziknuh（不要在我老的时候遗弃我），勇敢的同志！在我的童年，你曾经点燃我心中不息的神圣爱情火焰；让我们的身体和灵魂紧密相连。我知道你是好意——想帮我忙，"拉"我一把到那里，但即便这一天要来临，我也要见到你颊上的美丽酒窝……而不是

186

---

① 谴责大卫王杀害乌利亚并娶其妻子之罪的先知。——译者注
② 《圣经》人物，大卫王部下的赫梯人勇将，大卫王因看中其美貌妻子拔士巴而用计使其战死以占其妻。——译者注

上面的泪珠，尤其是这样的泪珠！……既然我们从孩提时代就连接在一起，就让我们更加紧密地相连吧，无论从身体上还是精神上。直到我们真的老了，我们会祈祷，不是对你的上帝，他已经被利用了——像吉普赛人和熊——而是对我们原来的上帝，他使我们结合，帮助我们克服生命中的障碍；对他，我们会祈祷，"噢，不要拆散我们，噢，上帝，即便我们已经老去。"——伊什·纳米（Ish Nami）

另：你对此事有何要说的吗？请说吧，不过得小心，不然你会失去纳米，她可是你的读者哟。——伊什·纳米

有必要向一些读者保证，这不是虚构……而是作者的真实生活。细心的读者会从它独特的幽默中发现这一点。治疗纳米的良方就是他的这封信，我们希望他的痛苦能够唤醒她，在他们的第二次青春，可以像他所希望的那样使她再次转变回来。——《来信集锦》（Bintel-Brief），载纽约市犹太人日报《前进报》

东区激进派在新英格兰和俄国

在马萨诸塞州的劳伦斯（Lawrence），激进组织在过去10年的每个冬天都要忙活一阵。它们号召年轻人觉醒，"是时候"做一些事情了，然而亲爱的年轻人静静地玩他们的扑克和皮纳克尔牌（pinochle）①。即便真的聚集起来，他们也很快就散伙或者开始建立新的组织来"传播光明"，来"教育与自我教育"。这种传播光明的活动通常都以娱乐收尾……所以，一年又一年冬天，留下了更多的组织……全都无所作为。这些党派贩卖激进主义，但是一事无成。锡安工人党的一个支部和一个戏剧俱乐部建立起来了，但是希伯来语独立图书馆（Hebrew Independent Library）却要被这些"好朋友"弄垮了。这就是这些人在这里的所作所为……——纽约市《今日报》，1917年3月10日

每个移民都希望自己成为有用之人。大家都认为美国劳工运动使自己受到了启蒙，可以成为有用的人。但事实证明，俄国革命一下就跳过

---

　　① 一种扑克牌游戏，仅用9点以上的牌，两副共48张，按各人所持的各种牌组计分；亦指此牌戏中红方J和黑桃Q构成的牌组。——译者注

了诸多障碍，但我们却难以跟上他们的步伐。例如，一方面，移民对美国犹太人劳工运动极端左翼的理想主义深信不疑，另一方面又得为其承受痛苦。既然工人们已经取得了一定进步，获得了工厂的控制权，那么还要把雇主和工头用独轮车倒进池塘吗？我和联盟不同分部的人会过面，也见过胸衣制造者和其他产业的左翼人士，还见过"大胆"的世界产业工人联合会（下文简称产联）（I. W. W.）的人，他们以为自己发展了一种新的学说，其实都是老调重弹。

我遇见过许多曾经是我们街道上有名望的人。他们不是坐在后排的那种人，相反，他们是革命事业的方向盘，是那种不举行几场宴会就不能让他们走的人，如今他们低着头四处游走，脸色和地面一样黑……

我们周围有很多这样的人——他们有着坚韧的神经和大嘴巴，把自己侍弄得很好。我可以给你一整串被移民牵着鼻子走的城市和乡村的名单。我自己就见到过，那些和我们有着"同船之谊"（shipbrothers）的移民，只用几个强势短语就把整营的士兵和工厂所有的工人从"敌人的"阵营"带走"，然后随心所欲地对待他们。移民一方面诋毁自己的祖国，一方面诅咒美国的资本家们，给人留下深刻的印象。摩根（Morgan）和洛克菲勒（Rockefeller）能够家喻户晓，多拜移民所赐。你常会遇见俄国来的工人或士兵，他们能清楚地说出"政客"（politishen）这个词，极度厌恶的口气和他们的移民教师一模一样。

不用说，移民对这里的生活感到满意。就像他们里头的一个人告诉我的那样，他是我在芝加哥认识的。在那儿的联盟会议上，一有辩论他就要露一手，他是他们小镇上他所在党的头头，还是参加犹太人大会开头几次会议的代表。

"俄国哪能跟美国比？拿我来说吧。在俄国我是一个店员，没什么机会参加会议，谁都看不起我；在这里我是一个人物。你自己可以看到，我又回到来美国前的老样子了。"

我们可以说，这种看法是有理由的。经济上，几乎所有的移民都能养活自己。有知识的俄国中产阶级在革命后直接遭到排挤，越是让他们靠边站，革命就越"深入"。任何一个可以拿笔写字或计算二加二的人都有用处。有一技之长的人就能弄个主席、委员什么的干干；在这里，如果人民挨饿，他们就会一起挨饿，但是相比而言，他们不至于很糟糕，再说还有那么多俄国人想走他们的路呢。

但也别相信他们全部欢天喜地。

他们离开心那个国家的黑心资本家至少提供了这种不确定的生活不能给予的东西。看到移民的妻子和孩子令人揪心，一个念头油然而生：俄国想要一场革命，是这些无辜小人物的错吗？

在美国，他们的标准受到嘲笑，信件也说明他们被误解了。

他们怀念那些屋子，没有几间，但是小而明亮，空气畅通。他们怀念布朗克斯公园、中央公园、苏厄德公园和布朗斯维尔（Browns-ville）①。他们怀念流出热水和冷水的浴缸，怀念杂货店老板用来送牛奶和账单的小升降机，怀念卖冰激凌的冷饮店和五分镍币表演（nickel show），甚至晒衣绳。他们不能忘记那种气氛，那种一切安排好，只要对号入座的气氛——当他们和邻居聊完天以后，一杯茶和一整套晚餐正在等着他们。

资产阶级的舒适生活消失了。这里，他们站在荒野里只为讨一块黑面包——或者为孩子讨一点牛奶——而那不是经常有的。他们神经脆弱，对"财运"已经厌倦了。想到自己的错误，他们的脸不再藏在肮脏的围裙后面，泪珠从他们的脸颊上掉落下来。

俄国在发生革命和内战；但是当一个人决定来这儿时，他应该记起那句犹太人老话："胆小的、造了房、娶了妻的人应该待在他的帐篷里。"——纽约市《今日报》，1918 年 3 月 3 日

气　氛

……在迪维森街（Division Street）141 号的……"肖洛姆餐馆"……你会找到犹太人报刊的创办者。无论白天黑夜，你都能在那里找到他们。那里创造新大陆，又把它摧毁。报纸在那里创办，它们的各项方针在那里确定，主编在那里得到委任。在座有一个极讨厌的人，但

---

①　纽约市布鲁克林东部的低收入人群聚居区。——译者注

是如果一天没有他，集会就像缺少了什么……他们互相辩论，相互攻击，经常拳脚相向。大多数争吵不是出于个人恩怨，而是观点和宣传形式的碰撞。他们不漏过任何一件世界大事。这个地方是犹太人思想的中心……他们经常用 10 美分或 25 美分打赌，请人喝酒……那些没有参加的人也在被宴请之列……——R. 沃特曼（R. Wortman），载纽约市《今日报》，1917 年 3 月 11 日

……我去了英语剧院。剧目平平，但关键是剧院！和我们的犹太人剧院太不同了。首先我发现那里非常安静……我听不到声响！那里没有"嘘！""闭嘴！"或者"秩序！"这样的叫喊，也没有婴儿的哭闹——就像这里根本不是个剧院！……

而且，没有苹果、糖果，或者苏打，就像在沙漠一样。

190

有几个异教徒姑娘在观众中穿梭，分发一杯杯水，但这个我在家也能喝……——纽约市《今日报》，1915 年 11 月 11 日

矫 情

第一谋杀案与亚当的孩子

亚当（Adam）和夏娃（Eve）被逐出伊甸园后，生活宁静而乏味。报纸像社论一样平淡，像《大棒》（Kundes）① 的笑话一样老套，像哈欠一样令人疲倦。没有煽情、谋杀、丑闻、离婚——什么也没有。……当人们厌倦了像一家人那样打闹时……他们结婚，以夫妻间的争吵来换换口味。那时还没有黑帮，所以要消灭仇人凭几个钱是不行的，而且也没人敢自己实施谋杀；此外，"警察保护"在当时太少了……所以记者们焦虑地等待着第一宗谋杀案，好带来活力和发行量。最后，他们终于等到了！充满惊喜、爱情、嫉妒和著名的英雄。该隐（Cain）杀了亚伯（Abel）②。……该隐没有钱请一名本来会送他上绞刑架的律师，这样他设法逃脱了惩罚。……他的一个后代……发明了竖琴和长笛，从此每个

---

① 全名 Der Groyser Kundes（意第绪文），美国意第绪文讽刺周刊（1909—1927），由幽默作家约瑟夫·滕科尔（Yosef Tunkel）创办，后由雅各布·马里诺夫（Jacob Marinoff）接手。——译者注

② 《圣经》记载，该隐是亚当与夏娃的长子，杀其弟亚伯。——译者注

犹太人的家庭就成为了音乐厅。现在，所有犹太儿童演奏——小提琴、钢琴、大提琴、短号和自动钢琴……另一个后代发明了铸铁和铸铜术，他的曾孙们在美国发达起来。卡内基（Carnegie）① 掌控了钢铁托拉斯，他在晚年开始建立图书馆和支持全球和平；古根海姆攫取了铜业；然而，他不做慈善，因为他不喜欢犹太人，异教徒也不喜欢他。——纽约市《今日报》

洪水和诺亚方舟

191　　人类数量倍增……没有娱乐，没有节育宣传，摩门教徒（Mormons）② 被美国接纳——我们的人口因而持续增长……他们有罪过……他们甚至卖盖有"洁食认证"（kosher）印记的猪肉；屠夫们加入了希伯来联合工会（United Hebrew Trades）③，而当人们发现一个拉比能阅读时，他就被放进了博物馆……因此上帝决定发洪水……忙于配对搜集的诺亚（Noah）干了一件独特的工作！例如，他把魔鬼和邪恶的丈母娘配成一对，把谎言和报纸配成一对，把犹太诗人和贫穷配成一对，把犹太知识和坏运气配成一对，把犹太智者和无用配成一对，诸如此类……40 个日日夜夜，大雨瓢泼，像从布鲁姆街（Broome Street）防火梯上倾泻下来似的……雨伞涨价了……人们组织了防御会议，进行联合抵制，以革命相威胁，政府进行了一系列调查，但是结果让人悲伤——人类被淹死了……上帝忏悔了，虽然有一点晚；土地干了，诺亚

---

①　即安德鲁·卡内基（1835—1919），美国钢铁企业家，生于苏格兰，创办图书馆和卡内基基金会，致力于慈善事业，捐款资助英、美等国的文教科研机构。但他不是犹太人。——译者注

②　摩门教徒是指称信仰《摩门经》的信徒。摩门教（Mormonism）一词是不正确的称呼，正确的名称是耶稣基督后期圣徒教会，1838 年由小约瑟夫·史密斯（1805—1844）创立，《摩门经》就是该教会的四部标准经文之一。该教会成立后不久，因倡导一夫多妻制而被美国主流宗教所逼迫，其后约瑟夫·史密斯被杀害，由杨百翰带领教徒转移到美国中部犹他州大盐湖山谷，并于 1847 年在该处安定发展起来，也因此该教会的总会位于盐湖城。该教会是美国第四大宗教团体，2005 年 12 月 31 日宣称共有会友超过 1 256 万人，其中 670 万人住在美国以外。盐湖城成为该教会先驱者凭借信心及自己的信仰所建立的城市，目前超过半数当地人士为后期圣徒，成为美国犯罪率和离婚率最低的大城市。——译者注

③　美国犹太人工会组织，1888 年创立于纽约。——译者注

的方舟稳稳地停在上面，就像一艘建立在"效率"的基础上的美国潜艇。就像你所知道的那样，这样的潜艇要么停留在陆地上，要么沉到水底永远不上来。世界就像"景气"过后被弃的布朗斯维尔地段那样荒凉，因此上帝准许诺亚繁殖……作为永不发洪水的保证，上帝降下了彩虹……安慰一下饱受专利伞折磨的可怜的犹太人，这种伞在雨天永远打不开，在晴天永远收不起来……——纽约市《今日报》

战争受难者在街头募捐日收效甚微。因为天在下雨，人们懒得伸手到兜里掏钱……总体上看，我们那些吃鸡鸭、喝红酒、上剧院的公众对世界大罢工漠不关心；对可怕灾祸的描述再也不能催人泪下……凄婉诗人的一行诗句也卖不了15美分。……它已经是陈腐的和无趣的……这是因为我们是人……假如世界每天要灭绝一次，那我们甚至都注意不到；这是因为理论上的世界毁灭与你脚上的鞋子夹脚相比，理论上的地震与你女友愠怒的脸色相比，最大的民族灾难与你的小小咳嗽相比，它们有什么重要性？最伟大的悲剧不再使我们着迷，或者让我们兴奋……让我们新大陆有自己的大灾大难、用丝绸华丽装饰的遗迹、新奇的悲剧……因为我们厌倦了，需要……某种新东西。——纽约市《今日报》

192

第八章　大都会报刊与战争

　　　在 1914 年战争开始后的很长一段时间里，大都会报刊对它的关切超过了美国报刊。战争唤醒了老欧洲的各种敌对，而这是美国人所没有的各移民民族遗产的一部分。而且，对于许多移民民族——波兰人、捷克人、斯洛伐克人、塞尔维亚人、斯洛文尼亚人、立陶宛人、列托人、叙利亚人、阿尔巴尼亚人和亚美尼亚人——来说，它意味着可能实现其民族希望。对于故国未来的兴趣是如此强烈，以至于许多人要么在这里认同它，要么重返故里。

　　德国和奥匈帝国试图控制他们在美国移民的感情和行为，甚至诉诸威胁。然而，在大多数情况下，给在美国的不忠的或冷淡的国人强加忠诚，这种努力是不成功的。即便是那些德裔主编，他们在美国参战之前就对德国的宣传不客气地加以回绝，并且痛恨仅仅被看作"移民区居民"，偶尔还会抗议德国报纸所显示的对于美国公众舆论的无知。

　　　现在真的是让德国报刊用更多的智力来考虑美国情况的时候了。特别是在理解与德裔美国人关系的问题上，至今也是完全错误的！否则，出现在《科隆日报》(*Kolnische Zeitung*)① 上有关美国和战争的句子就不会是："我们最好的盟友现在和至今为止都是德裔美国人，他们的任务就是将德国的真实立场解释给那些粗鲁愚钝的美国人。"因为这句话建立在完全错误的概念之上。② 　*194*

然而，不仅仅是欧洲试图控制移民；移民也想控制欧洲。全国波兰人联盟有著名的波兰裔美国人的支持，例如芝加哥银行家斯马尔斯基 (Smulski)③，他挑选了自己的候选人帕岱莱夫斯基 (Paderewski)④，派他去统治波兰。他们的试验并不成功，报界反对全国波兰人联盟，严厉地批评这种美国的移民区干涉波兰事务的企图。在战争期间，移民区和祖国的特殊关系逐渐明晰了。

在世界大战期间和战后，在美国当一名外文报纸的主编并非易事。战争的兴奋使长久以来被忽视和忘却的旧时记忆和忠诚浮出水面。它在许多移民民族中制造了一种分裂的忠诚感，而主编们却找不到药方。

所有这一切反映在编辑方针的不稳定上。谁能遵循一种一以贯之的方针，或者同时能满足其读者的要求和政府的新闻审查，谁就是一位幸运的主编。今天要满足广大美国公众的要求，明天要投合移民读者狭隘的忠诚，这样的事情常常发生。有时这些报纸同时面对两种情况，只好用英语说一码事，用移民的语言说另外一码事。

芝加哥的一份匈牙利文周报的主编斯蒂芬·法伊 (Stephen Fay)，　*195*
描述了匈牙利文日报的读者对他们报纸的突然变化表现出来的惊异：⑤

让我们看看美国向奥匈帝国宣战之后匈牙利裔美国人的表现

---

① 《科隆日报》是德意志地区和后来德国的一家有影响的日报，1801—1945 年在科隆出版。——译者注

② *Westliche Post* (German)，St. Louis，复制于纽约《先驱报》(*Herold*)。

③ 即约翰·斯马尔斯基 (John Smulski，1867—1928)，波兰裔美国银行家、政治家，美国第一位波兰裔主教。——译者注

④ 即伊格纳齐·扬·帕岱莱夫斯基 (Ignacy Jan Paderewski，1860—1941)，波兰钢琴家、作曲家、政治家。1919 年任总理兼外交部长。——译者注

⑤ *Amerikai Figyelo* (Hungarian)，Chicago.

吧。那一刻，好像我们人民的心脏瞬间停止了跳动；片刻之后，每个人一如既往，直奔自己的日常事务而去了。我们的主要匈牙利文日报变成了忠心耿耿的美国人。它们突然迁怒于匈牙利国王，认为美国行为正当，并且说购买自由公债（Liberty Loan）[①] 和战争储蓄印花是我们的义务。它们为政府的诉求提供大量免费版面，还撰写支持这些诉求的评论。它们共同催生了匈牙利裔美国人忠诚联盟（Hungarian-American Loyalty League），尽管如果有针对该联盟的造反，它们就会在私底下击节称快，就像在芝加哥那样。报纸不遗余力地支持忠诚示威，刊登它们的决议，在做这一切时，其文体之动情就像某报人写饲养约克猪有什么好处和乐趣一样；当它们有一些警告想要发出的时候，它们是带着这样的热情做的：就像美国报纸提醒它们的读者要带雨伞，如果气象员预报天要下雨的话。这种突然变化对于它们的读者，即匈牙利裔美国人是不可理解的。我们社会中的智者彼此商谈并等待，耐心地等待一个真诚的解释。这种解释始终没有出现，于是所有人加入了不很恭维的感叹："可怜的报纸，它们要怎样做呢，它们怎么能不这么写呢？它们被禁止去……"

大都会报刊对世界大战的反应集合到以下小标题中：宿怨、新民族、冲向欧洲、奥匈帝国在美国的恫吓、对故国的影响、牢固战线背后的派系、社论的变调、美国化的表里。

196

宿　怨

在移民内部总有一些派别，战争强调和夸大了这些派别。对祖国的兴趣不仅分散了移民对美国的兴趣，甚至还与之对立，正如邮政部向弗

---

① 美国政府在第一次世界大战时发行的 5 种公债之一。——译者注

兰克·佐蒂（Frank Zotti）① 指出的那样。

> ……我希望提醒您注意以下事实，外文报纸对他们内部不同派别关于国内外战争事件和政策的讨论，经常导致政府在当前战争中的行为成为复杂的国际问题，因此请求您禁止有以上行为的报刊出版……②

关于乌克兰问题，我们不需要与捷克或塞尔维亚沙文主义者联合，因为他们与沙皇官员勾结迫害我们在乌克兰的同胞，因为他们联合奥地利议会中的波兰贵族来迫害我们在加利西亚的同胞……所以我们在没有这些"斯拉夫爱国者"的情况下行动，只要革命为乌克兰民族打开了通向自由的大门。

我们不需要与（斯拉夫）伪君子联合，我们也不期望和那些沙文主义者有什么共同之处。

乌克兰民族的肩上缀有"斯拉夫标记"已经500年了，所以让她独处吧。衣着新潮的斯拉夫绅士啊，暂时忘记自己与斯拉夫的"关系"吧，应该记住的是与乌克兰的关系。

但是，没有哪个乌克兰人会为捷克人或塞尔维亚人的合并计划而战斗。③

对于这个叛国者［被认为亲奥地利的报纸《蒂罗尔人信使报》（*Il Corriere Tirolese*）的主编］来说，在背上用刀刺进3英寸，或者往胸膛里射几颗子弹，这是所能期望的最好的惩戒……在这种情况下，任何坚信生命不可侵犯的人都会赞同这种行为并说："祝福那只手！"④ 197

---

① 弗兰克·佐蒂（1872—1947），克罗地亚裔美国银行家，人称"克罗地亚人之王"。他在 20 世纪 20 年代是曼哈顿下城房地产业主，并且靠汽船代理商的身份大发移民财，移民高峰期在欧洲拥有超过 300 个代理处，曾拥有一个由 8 份报纸组成的外文报团，1902 年将他的克罗地亚文《民族报》（*Narodni List*）改为日报。——译者注

② W. H. Lamar, Solicitor-General. Letter to the publisher of the *Narodni List*, New York City, December 17, 1917.

③ *Svoboda* (Ukrainian), Jersey City, August 13, 1918.

④ *Follia di New York* (Italian), New York City, January 29, 1918.

新民族

战争创造的对于新民族的热情表现为多种形式。有的人资助海外事业，其他人则在美国组织起来以影响公众舆论。

~~~~~~~~~~~~~~~~~~~~~~~~~~~~~~~~~~~~~

波兰正在从一次昏厥、一场叛乱中自拔，而进入新的生命成长阶段。她正在恢复失去的光荣，赢得朋友和敌人的尊敬。

因此，在新的一年里跟随我们在祖国的兄弟吧。我们应该回到那个希望之乡，通过我们的意志和努力，我们会奋发起来，摧毁一切邪恶和腐败。[①]

亲爱的盖林格（Geringer）先生——我噙着热泪读了我们新捷克斯洛伐克国旗的新闻。我想向神圣的国旗遥寄飞吻。

凡是参与庆祝这一时刻的人都会感到高兴。虽然我们身处遥远的异国，但是在读到那些新闻和我们勇敢的同胞的来信时感同身受；一股莫名的力量停止了我们的呼吸和心跳，湿润了我们的眼眶。希望我们的同胞能感受到我们和他们永远在一起。我们绝不会在别人需要帮助的时候无动于衷，定会倾囊相向。

富人们啊，慷慨解囊帮助他们吧；在必要的时候帮助别人，你才不会在自己面前感到羞愧。我寄上我一周的薪水，5 美元，其中 2 美元给全国联盟，3 美元给我们的英雄们，他们为我们这些可鄙的人撒下了鲜血。那些把美元看得比生命还重要的人是羞耻的。衷心地祝愿我们捷克斯洛伐克人民取得成功。[②]

1913 年 11 月 1 日，一个小婴儿在美国和加拿大的印度裔居民中诞生。它名叫《解放报》（*The Gadar*），又名《印度斯坦解放报》（*Hin-*

198

---

① *Wici*（Polish），Chicago.

② *Baltimorske Listy*（Czechoslovak），Baltimore，August 18，1918.

dustan Gadar）……

这张小型报纸的确是年轻人的希望，这不仅是对印度革命运动的爱国者而言，对所有印度人也是如此。不仅在印度，它在全世界都存在，因为 Gadar 的意思就是解放的精神。《解放报》向全世界受压迫和受伤害的人们伸出援助之手，只要奴役、无知、贫穷、压迫，或者怯懦有立足的地方，就有《解放报》……

……《解放报》最小的兄弟《新纪元》（*Yugantar*）[1] 在印度出生和成长，其宗旨是了解那些遥远国家的新知识。英国政府极力想跟踪它，以便扼杀它那幼小的生命。但是这个小婴儿活了下来，通过与最暴戾张狂的压迫搏斗，还成长为强健的青年。让我们问候和欢迎它。

现在我们要给我们的读者带来另一个好消息：又一个健壮的婴儿在《解放报》党的总部诞生了。它咿呀学语，带着美国的腔调，试图学习周围的美国方式，因为它的宗旨是消除慷慨和热爱自由的美国人民对印度的普遍误解……创刊号将在 1917 年 10 月出版，取名《青年印度报》（*Young India*）……

……以上的事件回顾显示了德国的力量仍然强大，虽然世界的四分之三联合起来对付德国，但还是没能挽回颓势。当然，没有一种势力可以长盛不衰。然而德国注定会使那个一直号称"日不落帝国"的英国放下一点骄傲的架子。[2]

199

冲向欧洲

一些爱国者试图回到欧洲直接参与斗争。

---

[1]　英文意为 "Epoch's End"，有人译为《划时代报》。——译者注
[2]　*Hindustani Ghdar*（Hindu），San Francisco，9—30，1917.

这些德国人用来蒙骗约翰牛（John Bull）①的严密查验的假护照不是别的，正是荣誉护照。这是真正的人、真实的灵魂的充满灵感的作品。一个人会比担心、知道，或者感觉到他的亲人正在流血更难受吗？

那些上百万和他心意相通、血肉相连的人们正在战斗，而他却只能在数百公里以外颤抖……他应该跑、应该冲，但他不能。他不能动弹，因为法律条文冷酷无情地把他钉在原地。②

总统先生，——您在俄国这个工人阶级共和国的最艰难时刻，毫不犹豫地给予支持；您在纽约的讲演中，对德国意图向俄国施加强大压力深表同情，并愿意在这困难的时刻和俄罗斯苏维埃共和国和法国站在一起；有鉴于此，我们芝加哥的俄国人赤卫队，相信您一定同情我们在俄国的事业，支持我们为了自由，和强大的敌人——德国军国主义——的斗争，并且，允许我们与莫斯科的苏维埃政府建立固定的联系，能够让我们在美国移民中招募志愿者，并且能自由地回到俄国，为世界摆脱军国主义的斗争尽一份力。十分希望收到您对我们和我们所代表事业的答复。

J. 谢苗什科（J. Semeshko）主席

I. 格拉登（I. Gradon）秘书 ③

谁可以成为捷克斯洛伐克共和国公民？

华盛顿讯 捷克斯洛伐克驻华盛顿公使馆的秘书发表以下公告：根据与美国政府达成的协定，捷克斯洛伐克公使馆授权向拥有捷克斯洛伐克血统的奥匈帝国公民颁发捷克斯洛伐克共和国入籍书。因此，所有想要成为捷克斯洛伐克共和国公民，并愿意享受相应权利和承担相应义务

---

① 英国的绰号，原是18世纪英国作家约翰·阿布什诺特在《约翰·布尔的历史》中所创造的形象——一个矮胖愚笨的绅士，用来讽刺当时辉格党的战争政策。由于"布尔"在英文中是牛的意思，故译为"约翰牛"。后来，"约翰牛"渐渐变为英国或英国人的代称。——译者注

② *Amerikai Magyar Nepszava*（Hungarian），New York City.

③ *Atbalss*（Lettish），New York City.

的同胞，须向斯洛伐克人联盟（Slovak League）总部或捷克人全国联盟（Czech National Alliance）递交入籍申请。前者位于宾夕法尼亚州匹兹堡，第四街第 524 号；后者位于伊利诺伊州芝加哥，西 26 街第 2734 号。①

奥匈帝国在美国的恫吓

同盟国（the Central powers）② 试图控制他们在美国的公民，甚至是那些已经入了美国籍的移民。奥匈帝国在警告她的移民不要在参加反对运动方面表现得最积极。

根据上级命令，帝国大使馆提请所有奥匈君主国以及波斯尼亚和黑塞哥维那属国的臣民，如果他们受雇于为我国的敌人生产军火和武器的工厂，他们就违反了奥地利军法第 327 条，犯了破坏本国防卫罪。根据以上法律，这项罪名将被处以 10 到 20 年监禁，在可加重罪行的情况下，将处以死刑。

违反此项法律者将在他们回国以后受到审判，受到法律最严厉的惩罚。③

这个国家的大多数罗马尼亚人不是来自罗马尼亚，而是来自匈牙利。这些人当中，加入美国籍的人很少，大多数仍然是匈牙利公民。如果他们听从卢卡休（Lukasciu）博士和其他人的游说而加入罗马尼亚军团，他们将面临极大的危险。如果匈牙利政府得知他们中任何人对匈牙利的敌人施以援手，或者本人加入了罗马尼亚军团，他将会马上被剥夺他和他亲友名下所有在本国的财产，包括房屋、地产和动产。④

201

---

① *Spravedlnost* (Bohemian)，Chicago，December 20，1918.

② 由德国、奥匈帝国、奥斯曼帝国（当时的土耳其）与保加利亚组成，在第一次世界大战中与协约国敌对。——译者注

③ *Radnicka Obrana* (Croatian)，Duluth，November 10，1916.

④ *Szabadsag* (Hungarian)，Cleveland，November 20，1917.

但是，克罗地亚人民，虽然你拥有完全的自由向任何人施予同情和金钱，但是你们一定要时刻牢记：如果你们帮助了克罗地亚祖国的敌人，那你就违反了法律制度，也就是叛国法，这种行为在世界上每个国家，包括奥匈帝国，都会受到严惩。如果协约国（Entente）[①] 在大战中获胜，我们克罗地亚将会被意大利人和塞尔维亚人瓜分，而叛国者将逍遥法外；但是没有必要在这种胜利上多费唇舌。人人都知道协约国取得胜利的机会是微乎其微的。

因此，如果协约国输掉这场战争，叛国者将受到惩罚。期望同盟国（德国和奥地利）失败，进而塞尔维亚人和意大利人瓜分克罗地亚的土地，那是毫无用处的；但是……克罗地亚仍将在帝国之内。[②]

影响故国

另一方面，在某些情况下，移民也试图使母国听从他们的建议。

我们移民当中有许多大型的政治组织，集合了一些"大人物"。这些组织机构庞大、好斗，因此也很荒唐。当然这些都无伤大雅，我们也不必担心它们。但不幸的是，他们虚假的政治活动违背了我们"旧国家"，也就是我们祖国的利益。

他们是永远的妄想自大狂，一方面不愿意承认美国在这场战争中的领导地位，另一方面又要试图把他们自己的政治领导强加于波兰之上，妄想在波兰领土之外的地方来统治波兰。

他们是一些喜欢被献媚者包围的人：那些献媚者大多数还"乳臭未

---

① 第一次世界大战中以英国、法国、沙皇俄国为主的战时联盟。意大利虽为同盟国国家，但与协约国一起攻打同盟国。战争中后期，美国、日本、中国等也加入协约国，俄国则在十月革命爆发后退出战争。最终协约国赢得胜利。——译者注

② *Narodni List* Croation, New York City, May 24, 1916.

干"。他们对周围的情况认识肤浅，都想与风车作战，都认为自己是波兰名人，是唯一可以拯救波兰的人。①

牢固战线背后的派系

移民的政治分歧影响了是否要支持母国的判断，而且其互相攻击的程度似乎与他们攻击共同敌人的程度一样，或者还要厉害。

此次大会比历届大会都更能说明，K.O.N.（民族保卫委员会）自己实际上是……波兰移民中有组织的左派。

曾几何时，人们认为波兰独立的思想可以把所有的波兰移民集合到一个统一的波兰独立组织里面……民族保卫委员会……但是自然的分裂还是出现了。委员会里进步的力量，即赞成反击的那些人，走了另一条道路；或者说，留在了全国波兰人联盟的阵营之中，这是他们自己建立的进步组织。②

帕岱莱夫斯基是歌剧《曼鲁》（Manru）的作曲家，在欧洲没什么名气。昨天他在美国成为小型歌剧的英雄，从而开始了自己愉快的生活……帕岱莱夫斯基为波兰说话，但是波兰通过种种官方和半官方机构宣布，帕岱莱夫斯基没有获得波兰的委任。在紧要关头，赫伦斯基（Helenski）先生……在一个秘密会议上被委任为波兰裔美国人的代表，这个会议由15个自称为波兰保险组织的代表组成，虽然他们没有被要求或被授权代表任何人……赫伦斯基先生代表400万在美国的波兰人讲话，并拜倒在其统治者的脚下。③

我们遵循毕苏斯基的方向。我们有亚历山大·登布斯基（Alexan-

203

---

①　*Telegram Codzienny*（Polish），New York City.

②　*Wici*（Polish），Chicago.

③　*Dziennik Ludowy*（Polish Socialist），Chicago，March 4，1918.

der Dembski）作为我们的使者，他是约瑟夫·毕苏斯基（Joseph Pil-
sudski）① 的挚友。亚历山大·登布斯基在波兰民族保卫委员会和毕苏
斯基之间建立了直接的联系。

我们的政策既不亲德、亲奥，也不亲俄或亲协约国。我们的政策纯
粹是、全然是一种波兰的政策。我们认为同时向我们的三个压迫者开战
是不可能的。

（波兰民族保卫中央委员会致在美国的波兰人）②

以下是这几天的若干事实：在费城，教士法衣上的一只臭虫制造了
这样一则假报道：在 K. O. N. 的传单上，一个貌似兴登堡（Hinden-
burg）③ 的人位列威尔逊总统肖像旁。呈递给一名诚实的美国法官的法
庭记录显示，这个所谓的兴登堡就是波兰人民的首领约瑟夫·毕苏斯
基，他被德国人关在马格德堡（Magdenburg）④。法官以拒绝受理此案
来表达他对这种卑鄙行为的鄙视和震惊。

图 8—1　兴登堡（译者供图）

图 8—2　毕苏斯基（译者供图）

---

　　①　约瑟夫·毕苏斯基（1867—1935），波兰备受争议的政治家、军事家、民族英雄和独
裁者。波兰共和国元首（1918—1921）、总理（1926—1928、1930）。早年信仰社会主义，第
一次世界大战中指挥"波兰军团"对俄国作战，后被德国囚禁至德国战败。1926 年发动军事
政变上台。——译者注

　　②　*Wici*（Polish），Chicago.

　　③　即保罗·冯·兴登堡（Paul von Hindenburg, 1847—1934），德国陆军元帅和政治家。
生于今属波兰的波兹南，1903 年晋升上将，1911 年 64 岁时退役，第一次世界大战爆发后重新
服役，任东方战线第八集团军司令。1914 年击败俄军晋升元帅，1916 年 8 月任陆军总司令，
1919 年 7 月凡尔赛和约签署后辞职。魏玛共和国第二任总统（1925—1934）。——译者注

　　④　此处拼法有误，应为 Magdeburg。马格德堡，德国城市，位于易北河畔，今为德国萨
克森—安哈尔特州首府。——译者注

在新泽西州的卡姆登（Camden），18 名警察在一名警官的带领下，出现在一个抗议德国把波兰领土海乌姆（Chelm）分裂出去的群众集会上。警察是由一个波兰败类招来的，他向当地警方谎称 K.O.N. 的成员将做亲德宣讲，并煽动反对美国政府的叛乱。警察厌恶地命令责难者们保持平静。

在每一个地方……在长岛（Long Island）的马斯佩思（Maspeth），在新泽西州的哈里森（Harrison），在康涅狄格州的布里奇波特（Bridgeport）和哈特福德（Hartford），在马萨诸塞州的北安普顿（Northampton），在包括纽约和芝加哥在内的许多其他美国城市……波兰裔寄生虫窃取了美国当局中从警察到国务卿的职位，而且还诽谤波兰人。"抓住并逮捕 K.O.N. 的成员，因为他们是德国间谍、美国的敌人、和平主义者、产联的人、世界的恐怖、宇宙的危险所在。"①

根据《纽约婚礼新闻》②，伊格内修斯（Ignatius）、鲁伊特（Reuter）和瓦尔济普（Valkeap）等"芬兰贵族地主"③ 在他们建立办事处之前还没有浪费芬兰人的金钱。现在，他们悄悄地住在纽约最好的饭店，在我看来，他们一天的花费甚至要多于桑图（Santtu）④ 的办事处一个月的开支。甚至在这三个同志开始慢慢地使用属于芬兰国的 1 450 万元基金的时候，《纽约婚礼新闻》也几乎不认为这些贵族地主们是在挥霍。

然而，他们缺乏的不是勇气，而是机会。因为桑图·诺尔泰瓦（Santtu Nuorteva）聘任了一个律师做他的助手——即便是一个犹太人——这个律师把"大笔钱"冻结起来，让他们不那么容易得到。⑤

---

① *Wici*（Polish），Chicago，March 26，1918.

② *New Yorkin Naima Uutiset*.

③ 原指普鲁士贵族地主、骄横褊狭的德国军官或青年贵族。——译者注

④ 即下文提到的桑图·诺尔泰瓦（1881—1921），芬兰政治家。1907—1911 成为芬兰国会议员，后在美国成为芬兰社会党联合会的活跃分子并主编多份报纸。1918 年初被委任为芬兰革命政府代表，同年 3 月在纽约建立芬兰政府办事处。1918 年 5 月芬兰革命失败后，他成为在美国的布尔什维克革命的主要解释者之一。1919 年 3 月任职于俄罗斯苏维埃政府驻美国办事处。——译者注

⑤ *Lapatossu*（Finnish），Superior，Wisconsin，May 1，1918.

四个恶棍！

格尔斯科维奇—比安基尼—马罗赫尼奇公司想要通过新的把戏鲸吞 100 000 美元

今天我们刊登这四人团伙的照片，他们正在以向奥匈帝国宣战为武器制造一个阴谋，来榨取在全美国各地辛苦工作的克罗地亚裔劳工的金钱。

这个全国范围计谋的核心是让每一个克罗地亚人在谁也不需要的地方付保护费，其主谋是尼科·格尔斯科维奇先生（Don Niko Grskovich），一个尽人皆知的恶棍。他在那一边犯罪之后登陆这个国家，从此就一门心思想着以假身份设局骗钱。我们发现，1903 年他与西罗瓦特加（Sirovatka）在纽约试图组织一个联盟来填充他那空空的口袋。不久，其结果是西罗瓦特加不得不逃离这个国家，而格尔斯科维奇去了芝加哥，在那里他出版了一份以敲诈闻名的克罗地亚文报纸。

1912 年，这个道德沦丧之辈纠合一个来自纽约的前扒手，（——），在堪萨斯州组织了一个空头的克罗地亚人联盟（Croatian League）。在全国克罗地亚人协会（National Croatian Society）会长约瑟夫·马罗赫尼奇（Joseph Marohnich）的帮助下，他们成功聚敛了大约 10 000 美元。尼科·格尔斯科维奇先生能告诉我们钱用到哪里去了吗？我们只知道，他用这笔钱的一部分买下了《克罗地亚人世界》（*Hrvatski Svijet*），他把它更名为《南斯拉夫人世界》（*Jugoslovenski Svijet*）；为了赚钱，还有可能改为《土耳其人世界》（*Turkish Svijet*）。[1]

接触报刊之后，就会自然地回想起来自《联盟日报》（*Dziennik Zwiazkowy*）的先生们近期的“乡村骑士”展示。那些先生们激起了一场关于“波兰裔女性荣誉”的争论，矛头指向劳丁·赫扎诺夫斯卡（Laudyn Chrzanowska）夫人，她抨击了波兰裔新兵在芝加哥一个公共集会上对几位女性的袭击……赫扎诺夫斯卡夫人是全国波兰裔女性联盟（National Alliance of Polish Women）的机关报《女性之声报》（*Glos Polek*）主编。

206

---

① *Narodni List* (Croatian), New York City, Leaflet, January 20, 1918.

《联盟日报》不仅认为有理由惩罚它的政治对手——即便她们是女性，而且根据其不走运的保护人，暗批劳丁·赫扎诺夫斯卡夫人损害了女性的荣誉。这份报纸不仅毫不犹豫地暗批和贬损它的对手，而且还对波兰裔女性联盟颇有微词……声言为了该组织的利益，应该给那位《女性之声报》主编"发养老金"。

换句话说，如同《联盟日报》所宣扬的那样，"乡村骑士"是一种在编辑部私室里创造的报纸文化和伦理。这是他们那个社会成长的花朵，应该保存在一册由这些握笔骑士发展出来的波兰文学纪念簿中。有人不无理由地把他们叫做"小文人"。他们就是这种人。[1]

阅读这些肮脏和无用的报纸，就可以轻易看出各式各样委员会领导下的波兰裔美国人报刊的本来面目。它们对着某人的脸赌咒发誓、嬉笑怒骂、含沙射影、诽谤中伤；它们撒谎……那就是所有可怜的读者每天得到的东西。但是，看看这些恶棍们如何抱团吧！如果有人发表了一则丑闻，马上就会被他的恶棍兄弟转载于另一份报纸上，尽管这个丑闻不可能发生，或者它出自一个从远处就能探测到毒味的消息来源。密歇根州的贝城（Bay City）有一份垃圾报纸，反讽的是，它名叫《波兰人旗帜报》（*Polish Flag*）；该报最近有一个（——），一个堕落的蠢货，一个声名狼藉的醉鬼，一个道德败坏的家伙，一个最坏的痞子和恶棍，一个不可能出现在任何社群的人。他曾经像麻风病人那样游走各地。但是，这并不妨碍匹兹堡的《鹰报》等亲俄报纸转载他那些愚蠢和无知的文章，这只能证明这个可耻的叛教者的堕落。[2]

207

社论的变调

为了努力写那些取悦读者的东西，与此同时又避免冒犯美国政府，

---

[1]　*Ameryka-Echo* (Polish)，Toledo，November 22，1917.

[2]　*Wiadomosci Codzienne* (Polish)，Cleveland，August 24，1917.

主编们经常不得不见风使舵，忽然之间就会紧急转向。

主编如何写匈牙利

同盟国时期。

【1917 年 1 月 16 日】如果德国军国主义今天被消灭，那么它明天就会复活，这是为了拯救文明。①

摇摆时期。

【1917 年 4 月 6 日】唱着美国国歌《星条旗永不落》，心中在为一个有千年历史的国家叹息，匈牙利裔美国人将默念："上帝拯救匈牙利人。"②

美国时期。③

【1918 年 10 月 9 日】几个世纪以来，奥地利的双头鹰一直把鹰爪远远伸向了匈牙利民族躯体的内脏。在匈牙利，正是奥地利政客们在持续而冷酷地煽动和平生活在匈牙利种族之中的其他兄弟种族，以及享受所有政治自由的各少数民族。只有这样，奥地利才能阻挡住匈牙利民族发展的道路。每个匈牙利人都充分意识到，无论德国还是奥地利，对匈牙利都没有安好心。只是由于一种不幸的地理位置，匈牙利才被迫参战。威胁匈牙利的唯一危险来自俄国。但即便有这种危险，只要匈牙利是一个独立国家，那本来也是可以规避的。④

主编如何写美国

同盟国时期。

【1917 年 2 月 24 日】匈牙利出生的美国公民代表团团长在 1916 年 1 月 30 日的大众集会上向威尔逊总统致词："阁下的款待证明了您相信我们的忠诚。"总统回答道："您感谢我的款待；我不值得任何感谢。"

①② *Amerikai Magyar Nepszava* (Hungarian), New York City.

③ 指美国参战时期，始于 1917 年 4 月。——译者注

④ *Amerikai Magyar Nepszava* (Hungarian), New York City.

当然，威尔逊总统把我们作为美国公民来对待是不值得感谢的。如果发起这个代表团的先生的目的是粉饰威尔逊的统治，他注定会失败。

是的，我们忠于我们的国家和国旗。我们已经准备好为保卫我们的权利而牺牲……但是如果我们因为政治原因把自己掩藏在虚伪的斗篷里，昧着良心不效忠于这个民族的总统，那么我们就不配有公民身份。①

摇摆时期。

【1917 年 8 月 22 日】很长一段时间，我们不清楚为什么诺思克利夫勋爵（Lord Northcliffe）②要把仇恨和喧嚣从伦敦带到美国来。现在我们明白了：那是反对美国的外文报刊和反对和平。可悲的是，战争终有一天会结束，那时德裔美国人和其他外国人又会成为好人，因为非常需要他们这样做。但是，被毁的城市可以重建，被毁的爱却从来不会。③

美国时期。

【1918 年 9 月 14 日】登记结束了。奥地利裔—匈牙利裔也登记了，不仅是因为这是履行他们的法定义务，而且还因为他们意识到，如果他们帮助收留他们的国家——美利坚合众国——他们也是服务于他们出生的地方。我们已经解释上百遍了……我们的报纸有无私的、杰出的奥地利裔—匈牙利裔领袖亚历山大·孔塔（Alexander Konta）④和阿帕德·古斯塔（Arpad Gusta）作为伙伴……在这场伟大战争中，美国也在进行匈牙利独立战争。美利坚合众国的目标是解放被压迫的各民族，而真正最受压迫的民族之一是匈牙利。⑤

209

---

① *Amerikai Magyar Nepszava* (Hungarian)，New York City.
② 诺思克利夫勋爵（1865—1922），英国报业巨头。第一次世界大战后期任政府新闻部对敌宣传司司长。——译者注
③ *Amerikai Magyar Nepszava* (Hungarian)，New York City.
④ 亚历山大·孔塔（1862—1933），匈牙利裔美国银行家。纽约市名流，第一次世界大战期间曾任美国官方机构公共信息委员会匈牙利处处长。——译者注
⑤ *Amerikai Magyar Nepszava* (Hungarian)，New York City.

他的读者写什么

伯科（Berko）先生：你们的报纸养不活你们，所以你才要去卖自由公债吗？

我亲爱的主编：我们布里奇波特的马扎尔人似乎将不得不把你送进一家精神病院，但是在你去那里之前，我想像对待一条狗一样射击你的脑袋，因为你是一个不折不扣的窃贼和叛国者。

当战争将来结束的时候，我们马扎尔人不担心回到原籍国。我们永远会有我们的尊重。但是你会害怕回去的，因为国王①和皇帝（Kaiser）② 会向你的脑袋开枪。这是你的报应，你这个叛国者。

我们不会订阅你的报纸，因为这是一份侮辱了我们的王国和国家的报纸，就像你自己所做的那样。你应该为你侮辱德国的方式感到羞耻。

即便有 9 个美国人反对他们（德国人），他们也不会害怕；但是你，扛着你的驴脑袋，上蹿下跳着与这个政府交好；你是一个强盗、小偷和叛国者。如果我在街上见到你，我会像对待一条狗一样射击你的脑袋。

210   1914 年，当俄国发动重大攻势的时候，俄国人像割草机割草一样穿越喀尔巴阡山脉进入萨罗斯梅格（Saros Megre）③。他们本来是会在几周内横扫奥匈帝国的。正是在那时，他们在维也纳和布里奇波特引起了恐慌。但是，蒂萨·皮斯塔（Tissa Pista）④ 连忙向德国政府求援，以保护奥匈帝国免遭俄国巨型碾子的碾压。于是，大批德国军队匆忙赶到前线，巨型碾子被阻挡住了。如果没有他们，奥匈帝国早就被横扫而落入俄国人之手；可是你还侮辱我们的保护者。

你是一个胆怯的小偷；别让我在街上见到你，否则我会杀死你的。

---

① 即下文提到的奥地利末代皇帝查理一世（1887—1922），匈牙利末代国王查理四世。作为奥匈帝国最后一位统治者在位两年，1918 年下台，但不宣布退位，流亡瑞士和马德拉群岛，35 岁去世。——译者注

② 即德意志末代皇帝、普鲁士末代国王威廉二世（1859—1941），在位 30 年（1888—1918），退位后流亡荷兰。——译者注

③ 此处拼法有误，应为 Saros Megye。萨罗斯梅格为匈牙利县级行政区名。——译者注

④ 即蒂萨·伊斯特万伯爵（1861—1918），匈牙利政治家。1903—1905、1913—1917 年任首相。——译者注

我不在意会不会因此而被吊死；世人会知道我杀死的是一个叛国者。你要把马扎尔人看作傻瓜，让他们去买自由公债吗？你为什么不自己去买，或者让那些愿意去的人去呢，你这个吉普赛骗子？

大约一年前，美国参战的时候，你是反对的。当然，现在你得到一点不义之财，你的心就虚了，这样他们就不会阻止你出版了。你对你自己的国家和联盟而言是一个叛徒。我们都知道德国帮助过我们。如果你作为一个叛国者没有被处死，那才真叫稀奇呢。

你应该在你的报纸上刊登这个，这样你的报纸能卖得更多。但是现在不允许你刊登它，你不应该当一个叛国者，你甚至不能掌控国王查理（King Charles）或德皇……我们马扎尔人和你都不能伤害到他们……从今以后，我会留意你的报纸，如果你不停止发表这些东西，那我会消除你制造的麻烦。

布里奇波特最睿智的渊博之人

K. T. E. N. 和 D. E. O. Z.[①]

美国化表里

即便和平降临，一些主编还是工于心计，而不是表里如一。　　211

一份波兰文日报的英文社论：[②]	同一期报纸上的波兰文社论。
他们的声音应传得更远	**过去的时刻**
波兰文日报《和谐报》从今以后要多划出几栏用于英文新闻和英文社论。	在 2 月 24 日的那期《和谐报》上，将出现用英文写作的第一篇社论，在此之后，我们将经常插入我们关心的事件的英文新闻。在今天的英文文章中，我们向我们的读者，也向英国血统的美国人解释，为什么作为一个完全的波兰裔
第一篇社论将刊登在星期二的那一期上。	
全国说波兰语的人都能看到我们的报纸。全国和大西洋地区的大批说波兰	

---

　　① Letter received by the owner of the *Amerikai Magyar Nepszava*（Hungarian），New York City，July 15，1918.

　　② *Zgoda*（Polish），Chicago，February 21，1920.

续前表

语的人都饶有兴味地品评我们的社论和新闻。这里和国外的波兰文报刊，经常引用我们的观点。

我们说这些都是确有实据的，我们的声音能传达给广袤大地上的众多人民。

这份报纸是美国的报纸。我们宣扬美国精神——真正的、忠诚的、绝不动摇的美国精神，不仅在战时和战后，更是在战前。过去和现在，我们的政策都是让说波兰语的人与美国以及美国制度保持联系。我们一直为一个强大的、富饶的美国而努力；为一个团结、守法、安居乐业的民族而努力。

我们在此指引下继续推进我们的事业。

在此过程中，我们的任务在增加，事务也在不断增长。让我们引导下的人们理解美国和与此相关的一切是不够的。我们还要让美国了解这些人，他们的传统，他们的过去和现在。如果没有相互的理解，所有热爱美国和美国精神的人所希望得到的结果就不可能实现。

这就是我们为何要增添几栏英文内容的原因。我们觉得通过这些内容，我们的声音将会传得更远，到达数百万的不懂波兰语的人们中间。

通过波兰文的栏目，我们可以继续向不懂英文的读者解释美国的愿望和目标。然后，通过英文栏目，向那些既不懂波兰文、又不熟悉波兰人的人们，传达数百万的有着波兰血脉的男男女女把美国变成世上最伟大国家的真诚愿望和情意；他们通过自己的劳动和牺牲增添了这个国家的财富和力量。

有许多关系这个国家命脉的事务，人们——我们和你们——需要在公共讲坛上呈现。为他们服务是我们的职责。

报纸，《和谐报》会辟出一些版面给英文文章，这些空间在以后还将相应扩大。

我们可以公开保证，除了美国化的动机以外，我们没有其他动机，因为我们憎恨被迫和愚蠢地来做这件事。我们这样做的目的是让波兰移民能够自我保护，在与他们息息相关的事情上，他们的声音能够被需要的人听到。

美国已经开始受沙文主义之苦了，沙文主义是民族和国家之祸。

沙文主义大风一吹，一些参议员和众议员发狂似地向国会提出议案，连德国国会中的"哈卡党人"（Hakatist）①都没他们大胆。对这种行动，这种旨在摧毁美国波兰人精神的运动，我们只能以自我保护来回应。

根据全国波兰人联盟中央委员会（Zarazd Centralny Z. N. P.）的决定，由 J. 韦达（J. Wedda）先生负责编辑信息性文章。

但是，我们要在更大的范围内开展工作：未来，从欧洲来的波兰移民潮将会完全停息；因此，全国波兰人联盟将只在美国本土发展，在那些在美国出生和长大的波兰青年人中间发展。因此我们希望他们通过这些文章尽早熟悉联盟的目标，习惯于阅读《和谐报》，慢慢熟悉波兰语的内容。这是一项我们非常关心的事业；"波兰化"是英语内容进入《和谐报》的原因。

这样做的必要性还有其他证明，这是一篇足以激怒所有波兰裔美国人的文章，今天我们以《波兰裔天主教徒的血待售》为题报道了这个事件。我们的愤怒和抗议声音应该到达最上层，但是无论我们怎样提高自己的声音都没有用，因为我们说的是波兰语。我们是美国公

---

①　19 世纪末赞成波兰殖民化的政治派别。——译者注

续前表

任何阶级，我们都会传达他们的声音。 　　我们会试图拉近所有人的距离。 　　我们的英文栏将由约翰·A·韦达（John A. Wedda）编辑，他是一个有多年经验的美国报人。	民，如果想要有所作为，就要用来美国有一段时间的所有人都能懂的语言——美国人民的语言来表达。 　　为了这样那样的缘故，在这个国家的缔造者和国父——伟大的华盛顿188周年诞辰前夕，我们被迫进入自卫状态。而强迫我们的是对于所有寻求星条旗保护的人来说，应该以华盛顿为榜样去做父亲、而不做继父的那些家伙。根据华盛顿的理想，美国因无限的自由、公民身份、宽容、语言和信仰而永放光芒。但愿这成为我们的护身符，有益于我们的国家。

第九章　阶级战争

　　激进报刊是一种严肃的、头脑清醒的报刊。它的目的是让读者具有阶级意识。

　　在激进报刊上，与德国的战争不受欢迎。它有自己的战争——阶级之间的战争，不希望分散精力。有段时间，似乎激进报刊对世界大战的兴趣取代了阶级战争，但随着俄国革命的爆发，它发现自己找到了真正的新闻。许多美国激进派感觉到千禧年即将到来。只有年长的、经验丰富的领导人才指出美国的形势并没有变化，社会主义者在美国还是少数，革命还有很长的路要走。

控诉资本主义

　　激进主义起源于一种纲领，但最后成为一种崇拜。它表达的意思是，所有生活的愿望都可以得到实现。这种崇拜留下的最有价值的遗产就是那些乐意为这些意念受苦的人们。穆尼案（Mooney çase）[1]被每个国家的激进报刊广泛报道，而穆尼就是激进派人士中最著名的受难者。战前，美国的大多数受难者都是产联的成员，但是战争开始后，许多外国报刊的编辑加入了这个队伍。

激进派与移民对美国的欣赏态度分道扬镳，这种态度在玛丽·安廷（Mary Antin）[2]的《希望之乡》（*The Promised Land*）和马库斯·E·拉维奇（Marcus E. Ravage）[3]的《一个形成中的美国人》（*An American in the Making*）一类图书中被揭示出来。可以想见的是，在无政府主义报刊上，激进派对美国的批评达到顶点。

也许可以将以下引文视为被引用报纸的个性表达：

资本家的战争

资本家的慷慨在从人身上扒皮的时候最能体现。被选择的年轻人无话可说、无法拒绝、无从前进……

让悲惨的穷人的投资拥有 3.5% 的回报吧，可怜的家伙，在肥皂和鞋上省出分厘，换来的是穷困和银行里的 100 元存款。资本家们小心翼翼地避开自由公债——他们应该叫它的真名——奴隶和耻辱公债。

---

①　1916 年 7 月 22 日，在旧金山的备战日游行中一枚炸弹爆炸导致 10 人死亡，40 人受伤。曾在 1913 年被控非法拥有爆炸物的劳工领袖汤姆·穆尼（Tom Mooney，1882—1942）和沃伦·比林斯被认为对此事负责。穆尼被判死刑，比林斯被判终身监禁。但此案部分证据非常可疑，主判官也认为审判有失公正。在威尔逊总统的要求下，加州州长威廉·斯蒂芬斯为穆尼减刑至终身监禁。但后来的历任共和党州长都拒绝干预此事，直到 1939 年，时任州长的民主党人库尔伯特·奥尔森赦免穆尼，并释放比林斯。——译者注

②　玛丽·安廷（1881—1949），美国作家和移民权利活动家。生于俄国（今白俄罗斯）波洛茨克的一个犹太家庭，1894 年随母亲移民美国波士顿，住在贫民窟中。后移居纽约，上过哥伦比亚大学和巴纳德学院的教师学院。她以 1912 年的自传而闻名，与亚伯拉罕·卡恩等人成为美国第一代犹太文学代表作家。她把美国称为"希望之乡"，把波士顿图书馆称为"儿童的天堂"。她歌颂美国，祈求同化，支持老罗斯福和他的进步党。——译者注

③　马库斯·E·拉维奇（1884—1965），美国记者、作家、史学家。生于罗马尼亚瓦斯卢伊的一个犹太家庭，16 岁随家人移民美国。1917 年出版《一个形成中的美国人》。——译者注

工人没有一分钱可以投入这种血迹斑斑的事业，他们希望那些有几百美元的幸运儿们不要以捍卫优秀爱国者的名义，现在就把他们丢进深渊……战争已经征用穷人的躯体了。所以，不要再征用穷人的钱了。①

钢铁托拉斯的首席代表——它的总裁——是加里法官（Judge Gary）②。托拉斯的大老板是 J. P. 摩根（J. P. Morgan）。铜矿的主要业主是古根海姆家族，等等。我们的读者应该还记得第一次重要的"战备"会议是在加里法官的家里举行的。③

216　　美国人民不需要战争，但银行家和制造商在欧洲煽起了战火，并把美国拖进了这场大灾难。现在是这个国家赎罪的时候了，这种罪恶的煽动者是摩根家族、洛克菲勒家族、加里家族、施瓦布家族（Schwabs）④，以及美国其他工业和金融托拉斯的大王。他们为自己的利益发起了战争，关注战争，但是战争不需要他们，而需要受苦的阶级用他们的肌肉、神经和生命去维系。通过与他们在国会和政府的代表合作，这些表面上爱国的勒索者套牢了自己的收入，贪婪地聚集财富，以"爱国的名义"给受苦的阶级留下死亡和饥饿。⑤

让摩根家族、洛克菲勒家族、施瓦布家族、阿穆尔家族（Armours）⑥ 和范德比尔特家族（Vanderbilts）⑦ 的祖国自己去打自己的仗吧。⑧

---

① *L' Era Nuova*（Italian-Anarchist），New York City.

② 即埃尔伯特·亨利·加里（Elbert Henry Gary，1846—1927），美国律师，企业主管。他是 1901 年成立的美国钢铁公司创始人之一。——译者注

③ Jewish Daily *Forward*（Yiddish-Socialist），New York City，October 12，1918.

④ 施瓦布家族的第一代创始人为查尔斯·M·施瓦布（Charles Michael Schwab，1862—1939），美国钢铁巨头。在他的领导下，伯利恒钢铁公司成为美国第二大钢铁生产商。——译者注

⑤ *Novy Mir*（俄罗斯——布尔什维克——社会主义者），New York City.

⑥ 阿穆尔家族的第一代创始人为菲利普·丹佛斯·阿穆尔（Philip Danforth Armour，1832—1901），美国肉类加工巨头，创办阿穆尔公司。——译者注

⑦ 范德比尔特家族第一代创始人为科尼利厄斯·范德比尔特（Cornelius Vanderbilt，1794—1877），美国航运和铁路巨头。经营渡船起家，1847 年创建航运公司，经营从纽约到旧金山的客货运输业务，1863 年拥有纽约—哈莱姆铁路，后又拥有纽约中央铁路。——译者注

⑧ *Cronica Suvversiva*（Italian-Anarchist），Lynn，Massachusetts.

资本家的罪恶

工人阶级在全美做着最繁重的工作。他们创造成百万的金钱，同时，他们又被当成"外国人"……"那些没有任何权利"在这个国家关键问题上表达自己思想的人。只有盲人才看不到橡胶工业所有的财富都是由工人创造的。[①]

资本家一有钱就铤而走险，没有钱就可怜巴巴，苦思冥想。他不知道没有一大笔钱日子该怎样过。

他一年需要20万美元；必须有8个或10个佣人；他们衣服必须用最上等的衣料，由最好的商店制作，一件要花上100到300美元。

资本家的妻子没有75套衣服、价值50 000美元的珠宝就过不下去，没有两个女仆她就不能洗浴和更衣。她需要一间闺房，两间接待室，一间蓝色、一间粉色，还要单独一间来放置镜子。她需要两辆汽车，一辆在城里用，另一辆在乡下用。

他们习惯于在身着白衣的女仆的伺候下享用8道菜的早餐，两个穿戴整齐、戴着白色丝质手套的男仆给他们上17道菜的晚餐，如此种种。

税法的通过，是对富人的突然打击；无论愿意不愿意，他们都会被迫成为爱国者，一年靠58 000美元过活。

这对世界民主和美国的利益来说是必要的。[②]

渴望追逐商业利益的资本家们，要为发生在圣路易斯的可耻事件负责。雇主从南方引入黑人工作，工资低于白人。

这是在现行的制度下，一个种族玩弄另一个种族的常用手法。

"让民主保护这个世界。"……确实！我们正在为世界准备着民主。[③]

纽约的报纸曾经刊登过纽瓦克堡港（Fort Newark Terminal）造船所总站需要12 000人的广告。当州就业办公室预计提供这个数目的四分之一时，他们被告知，公司不需要新的帮助，他们倒要筛选自己已有

---

① *Radniccka Straza* (Croatian-Socialist), Chicago.
② *Russky Golos* (Russian-Bolshevik), New York City, September 7, 1918.
③ *Raivaaja* (Finnish-Socialist), Fitchburg, Massachusetts.

的人，代以更好和更便宜的劳力。

罗切斯特（Rochester）的一家公司和霍格岛（Hog Island）造船公司也面临相似的指责，不仅他们，我们可以列举上百个和他们一样的公司。①

资本家和雇主正在努力组织木材和樵夫诚信联盟（Loyal Lumber and Loggers' Union），其宗旨是控制劳工运动；它会给雇主，而不是雇员带来利润。

218 他们经常召集集会，那些拒绝参加联盟的人就会失去工作。移民受的苦难最深重，他们中许多人不仅是失去工作，还不可能获得其他工作。他们被告知从哪来，回哪去。②

美国西部的伐木工人，每天工作 10 个小时，他们在最近的一次大会上决定开始为 8 小时制斗争了。

陆军部长贝克（Baker）③被迫认同此种要求是正当的，因为木材是急需的，因此他在 8 月 11 日通知了木材大王们，表示同意工人的要求。但是木材大王们没有听从他的劝告，坚持伐木工人每天工作 10 小时。从这儿可以看出，木材大王们不用服从于国防部长，而当他们需要军队来对付工人的时候，陆军部长却总要屈服于他们。④

资本主义制度

现在就公布那些对迫害负有个人责任的人的名字是不可能的。情况表明，在每一个暴力行动发生的案例中，地方商会总是通过给予财政帮助来支持这些行动。而且，商业俱乐部和商会的关系越紧密，压迫就越残酷……⑤

今天美国政府的法院不过是美国托拉斯和资本家们的意愿和命令的执行者。他们的意愿必须遵从，否则他们会找其他办法来明确这一点，

---

① *Dziennik Ludowy* (Polish-Socialist), Chicago, February 11, 1918.

② *Keleivis* (Lithuanian-Socialist), Boston.

③ 即牛顿·D·贝克（Newton D. Baker, 1871—1937），美国政界人士。1916—1921 年任陆军部长。——译者注

④ *Azpari Munkas* (Hungarian-I. W. W.), New York City.

⑤ *Vedelem* (Hungarian-I. W. W.), New York City, December 25, 1917.

他们知道如何保障自己。我们在旧金山、比尤特（Butte）、丹伯里（Danbury）和其他地方看到的难道不是绝佳范例吗？

　　工人们，尤其是进步的和有组织的工人们，能从中学到什么呢？难道他们应该静静地看着他们最好的领导被最凶残的手段摧毁和暗杀吗？在这些经历之后，他们还应该胆小如鼠地仅仅坚持合法的宣传，满怀信心地等待着他们尊敬的法律给他们带来公正和满足吗？法律和政府是由那些人制定的……富人……也是为富人服务的。最保守和最爱好和平的工人的血液已经沸腾到极点，在这个时刻，"以眼还眼，以牙还牙"是处理工人阶级抵抗问题的唯一适当的法律和正义的法规。[①]

　　还是一个小孩的时候，他就跌跌撞撞地上教堂，他从未动摇过他的信仰，因为他确定在死后将追随什么。他经常参加圣礼，高兴地往捐献箱中投入 25 美分，这样上帝的愤怒就不会降临在他的身上。每个星期天早上，他要把自己的孩子送到教会的礼拜天学校去，让他们免于愚昧——这是他在离开这个世界时留给他们的唯一遗产。

　　总的来说，这就是马拉基亚斯·默胡（Malakias Meuhu）留给他的追随者们的遗产。这是很宝贵的遗产，它意味深长。它意味着快乐、兴味、懒怠、沉迷和生命——是给统治者的；悲伤、考验、饥饿、镣铐和死亡——是给无产阶级的。[②]

控诉美国

　　激进派看到了美国的缺点，而且用异常明确的词汇来审判它们。激进派是革命者和乐观主义者。他看事情非黑即白，没有灰色。这是他的气质，也是他的使命。当然激进主义也有层次。——有些是红色的，有些只是粉色的。这些不同的观点都能在外文报刊中找到。

---

①　*Obrana*（Bohemian-Socialist-Communist），New York City.

②　*Toveri*（Finnish-I. W. W.），Astoria，Oregon.

政府

例如，奥斯特罗戈夫斯基（Ostrogovsky）①那本名著《美国的民主》（*American Democracy*），其中涉及腐化堕落、"老板制"（bossism）②、政党机器的畸形政治，你会认识到美国离民主的理想还很远。③

罗戈夫（Rogoff）④的书大出读者意料之外……他不仅对美国机构有了综合性的认识，还了解了她的精神和灵魂。你不用看完整本书就知道这是一本社会主义者的著作，作者不相信美国代表了人类最新的进步。读到书中关于美国宪法、高等法院和其他机构的描述，你就能明白这本书不是犹太人申请公民资格考试的参考书。而且，如果一个犹太人按照书中的精神去做试卷的话，他是不可能通过的……同时，你发现，作者虽然意识到了美国有许多罪恶需要消除，但他热爱他的美国，因为他也看到了她好的一面……以下是关于宪法的一段话："在组织中央政府时……富有的和有影响力的公民想要起草一个宪法，这个宪法尽量削弱大多数民众对政府官员和政府事务所能施加的影响。他们对民主精神害怕得发抖……许多宪法的起草人都是贵族，他们鄙视大众，认为他们是不开化的人，应该受到控制。"⑤

---

①　应为奥斯特罗戈尔斯基（Ostrogorsky），即摩西·奥斯特罗戈尔斯基（Moisey Ostrogorsky, 1854—1921），俄国政治科学家、史学家、法学家和社会学家。生于格洛德诺（今属白俄罗斯），入圣彼得堡国立大学学习法律，后供职于俄国司法部，曾任俄国首届杜马议员（1906—1907）。19世纪80年代起游历法、英、美等国，1912年用法文出版《民主和政党制度》一书，比较了英美政党制度。与马克斯·韦伯和罗伯特·米歇尔斯并称为政治哲学鼻祖，尤其是在政党制度理论领域，对西方政治思想产生了很大影响。——译者注

②　指政治领袖的控制，尤指对政治机构或政党的控制。老板制盛行于19世纪后半期的美国地方政治中，所谓的"老板"并不直接做官，而是在背后操纵官场和商界。——译者注

③　*Day*（意第绪文——自由主义者），New York City, November 2, 1916.

④　即哈里·希勒尔·罗戈夫（Harry Hillel Rogoff, 1886—1973），美国记者、戏剧评论家。生于俄国（今白俄罗斯）别列季诺一犹太家庭，意第绪文日报《前进报》的核心人物之一，意第绪文撰稿人工会首任主席。——译者注

⑤　*Freie Arbeiter Stimme*（Yiddish-Liberal），New York City, July 15, 1918.

美国文明

美国文明不是无足轻重的……这可以通过他们想要让可怕的野人——菲律宾人变得文明这点看出来！另一个例子是，在威尔明顿（Wilmington），9名被控偷窃的年轻人被公开鞭笞，每人挨了20鞭，直到他们身上流出了鲜血。在行刑以后，他们被绑在行刑柱上几小时……这些人都空着肚子，也没有可吃的东西，所以他们就未经同意拿走了东西……以上的场景有大批人见证，包括妇女。这样好吗？不好。①

到处都匆匆忙忙。汽车和电车急速奔驰，撞死行人……人们都没有时间长大成人，因为他们在5岁的时候就要去工厂做工了。下午3点举行的婚礼，晚上8点新娘就因为男方不负担抚养费而分居。②

在美国有人知道怎样挣钱，要么诚实，要么"聪明"。

对年轻人和不谙世事的人来说，美国是块危险的土地。③

如果杜威（Dewey）是一个发明家或第二个牛顿（Newton）的话，那么他就只会被少数人敬重，如果有人要为他建一座价值25 000美元的纪念碑，那这人一定被看作心智不正常……事实是，美国的伟人都死在第四楼的某个地方，孤孤单单，被人遗忘……杜威如果不是在他现在的领域取得成功的话，他永远不会像现在这样成为民族英雄……美国人民庆祝他们自己国家的——而不是他的——胜利。他对胜利没有实质的贡献；如果没有水手、水兵和战舰的帮助，他将一事无成。他取得成功，成为美国盲目崇拜的偶像。如果在另一场战争中他失败了，那他马上会被从偶像的位置上赶下来，被丢弃在尘土里。④

222

美国如何塑造移民

表面上看，《威特来了》（*Witte Arrives*）是美国及其自由制度的颂

① *Freie Arbeiter Stimme*（Yiddish-Anarchist），New York City，October 6，1899.

② *La patossu*（Finnish-I. W. W.），Superior，Wisconsin，April 15，1917.

③ Ibid.，Wisconsin，July 15，1917.

④ *Freie Arbeiter Stimme*（Yiddish-Anarchist），New York City，October 6，1899.

歌，因为它给予了移民获得成功的机会。这也许是这本书轻易找到出版商的原因……美国的批评家也颇多赞誉之词。但是事实并不是这样。有时几小段是对美国适度的吹捧，这部分是全书最弱的部分，因为它们是作者想象的产物，和现实不符……例如，作者创造了美国……好客地欢迎移民的印象……我们对此很怀疑。有一段描写农民脱下他的帽子欢迎移民的孩子，虽然很感人，但可惜不是事实。美国人通常以猜疑来对待新来者……有一处比较真实的描写，但却不是奉承美国的好客和宽容的，是在第 65 页，威特的父母如何被无业游民攻击，其中一人向他们扔石块。一个在酒店前面的男人如何把威特的父亲叫做"犹太佬"(Sheeny)，并一拳打在这个老人脸上，而周围 10 多个醉汉爆发出大笑。也有其他试图美化美国的地方，但这些章节都是全书的污点。事实上，书里总的描述包括很多对美国严酷事实的关注。这也是托本金(Tobenkin)[1]的作品对美国文学作出贡献的原因。很多很多美国人会看到真实的自己，并且感到羞愧。"曼宁"(Manning)不是社会主义者……他不会关心事实胜过关心自己的报纸和其带来的收入。他也是一个美国人……剥削他的同事，让他的工资单最低，对自己的老板则像一个忠实的仆人。他和其他编辑相比也没有多少创见，报纸也没有完全毁灭他的内心。[2]

我们或许会犯错……我们在小说《戴维·莱文斯基的发迹》(*The Rise of David Levinsky*)[3]中发现了或许并非作者本意的东西——对美国的讽刺……另一个重大发现是，虽然很少提及社会主义，但是小说却间接而坚决地为它辩护……在这一方面，作为一部文学作品，其立意之

223

---

① 即埃利亚斯·托本金(Elias Tobenkin, 1882—1963)，美国记者、小说家。生于俄国，1899 年移民美国，1906 年获威斯康星大学硕士学位，此后任《密尔沃基自由新闻报》、《芝加哥论坛报》、《旧金山考察家报》、《纽约先驱报》、《纽约时报》记者、驻外记者和社论撰稿人。他出版了 6 部小说，1916 年问世的处女作《威特来了》(*Witte Arrives*)描写的是犹太移民在美国的生活经验。——译者注

② *Freie Arbeiter Stimme* (Yiddish-Anarchist)，New York City，托本金《威特来了》评论，D. B. 雅诺斯基(D. B. Yanowksy)撰稿。

③ 亚伯拉罕·卡恩的一部小说，出版于 1917 年，被认为是他最好的文学作品。——译者注

高远，在我们收到的卡恩的其他作品之上……戴维把所有的家当带到美国。他能忍受饥饿，这使他能挺过早期的艰难岁月；他不知什么是尊严，把乞讨当作理所当然的事，这也是有用的技能；但是他人格的丧失才真正让他变成一个"真正的美国人"。你一定看出来了，戴维想成为的人，不是他自己，而是别人眼中的自己。你可以完全相信他是一个卑劣的、懦弱的、缺乏创见的人，但是凭他能让自己变得肤浅，做最卑鄙事情的本领……他成为一个百万富翁。你对自己说："如果这种人就是你们的栋梁，如果这样的人成为百万富翁，那么我可怜你们，美国人。"除此之外，我们得不到其他的结论，尤其是所有和戴维接触的角色，虽然远远超过他，但还是停留在原来的社会层级上。他们没有变化，而莱文斯基却统治这个世界。人们不禁想到是这个社会体系摧毁了这个人的人格……把他变成一个金钱狂人……这样的体系必须被另一个健康的体系取代。莱文斯基是一个有灵魂的人，他渴望爱情、音乐、知识。他不是一般的渴望挣钱的人……当他让自己适应这个环境的时候，他选择了披上外衣来挣 100 万。因为这比把时间花在学习上容易得多。俄国犹太人的全部企业精神和这种外衣工业的全部历史体现在莱文斯基的身上……命运的反讽已经昭示，这本用英语写成的最佳图书应该是一部关于"外国人"的作品，他在解释美国精神方面……也保持了一个外国人的角度……因为它是犹太移民的写照……我们相信正是这本在美国土地上创作出来的书，为美国说了更多好话……比戴维·莱文斯基聚集的财富还多……[1]

224

美国令人失望

　　一年前（1916 年）[2]，数千名俄国移民在革命第一次爆发时回到了他们的国家，其时克伦斯基努力在专制的垃圾堆上建立一个美利坚合众国形式和模样的共和国。他们曾经逃离沙皇统治的折磨，被美国是一个自由国度这种奇异传说召唤到这里。而他们在这里治愈了谎言迷信症，

---

　　[1]　*Freie Arbeiter Stimme*（Yiddish-Anarchist），New York City，May 25，1918，《前进报》主编亚伯拉罕·卡恩《戴维·莱文斯基的发迹》评论。

　　[2]　此处有误，俄国二月革命发生在公元 1917 年 3 月。——译者注

处方是勒德洛 (Ludlow)① 毁灭、巴约纳 (Bayonne)② 的蹂躏、种族私刑和旧金山的 auto-da-fés③。

在处于新生的狂热中的莫斯科民众面前，他们闯过去揭开了这种险恶谎言的面纱。一个像美国那样的民主共和国？喂，美国可是一个中世纪的农奴制国家。④

也许明天，我们就会跨越大洋，被美国那些大胆无畏的自由所拥抱；我们会将这个伟大的西方共和国所有值得赞扬的民主原则告诉意大利人民，告诉羡慕和被欺骗的欧洲人民，就像几千个沙皇政府的难民重回人民的俄国时所做的那样。

现在，我们将自己的心迹表白给你们——民主的怯弱行为的朋友们和支持者们：关于直白真相的健全的和自由的思想将指导你们，一个事实、而不是一种希望。

你们中有些人知道，这片土地上有严重的无知和无耻的商业主义，除非在北美合众国 (the confederation)⑤ 的早期岁月你们腼腆地对它视而不见。你们中许多人也许被达里奥·帕帕 (Dario Papa)⑥ 给人的宽容大度的印象欺骗了。

在立法暴行中，尽管姗姗来迟，这个伟大的共和国在不到 6 个月的时间里，就给残忍迫害性的"民法大全" (corpus juris) 添加了一部《与敌贸易法》、一个针对无政府主义者的计策《煽动法》以及其他成系列的小型行政法令，这些法令给那些大脑迟钝、喜欢简单和圣洁的无知

---

① 指洛克菲勒家族的科罗拉多燃料和铁公司一个煤矿区罢工矿工被国民警卫队镇压事件。勒德洛位于科罗拉多州南部，事件发生在 1914 年 4 月 20 日夜间，其间有 26 人死亡。——译者注

② 指石油大亨洛克菲勒旗下的美孚石油公司巴约纳炼油厂波兰裔工人罢工事件。巴约纳位于新泽西州哈德森县，罢工发生在 1915 年 7 月 15—29 日和 1916 年 10 月 10—20 日，其间有多名工人死伤。——译者注

③ 葡萄牙语：对异教徒的判决和执行。——原译者注

④ *Cronica Sovversiva* (Itatian-Anarchist), Lynn, Massachusetts, July 18, 1917.

⑤ 指 1781—1789 年的美国。——译者注

⑥ 达里奥·帕帕是一位著名新闻工作者，1882 年到美国，返回意大利后发表了他对这个国家的印象记。——原译者注 [达里奥·帕帕 (1846—1897)，曾为共和派主要报纸《意大利人民报》(*L' Italia del Popolo*) 的主编，娶了一位美国妻子。——译者注]

之人制造欢乐。

这还是理论上的！实际的方面更加有益教化！即便是在不受任何敌人威胁的时期所做的观察。

汤姆·穆尼（Tom Mooney）的脖子套上了刽子手的套索；他之所以有罪，只是因为这样的行为：他供称的想法损害了贪婪成性的加利福尼亚州旧金山财阀们的利益。这是对于在俄国激起的及时而有益的波涛的回应，如果克洛伊索斯（Croesus）[①] 的那些见钱眼开的受雇者还没有断送他的从他们的指缝中逃生的最后希望。

短短几年，这样的例子就有长长的一串——勒德洛事件发生了，根据那些有着粗大咽喉的（Gorkian）巨兽之一的意志并维护它，这些巨兽用卑微的劳动人民殷红的血来喂养他们的保险箱中的黄金；还有巴约纳，阴险中夹杂着残忍的挑衅；还有威斯康星州密尔沃基的挑衅和屠杀、密苏里州东圣路易斯种族仇恨的白色火焰、经久不息的私刑，它们都在为这个伟大共和国的民主德行唱着赞歌，堪与不忠的萨克森的跛脚继承人的君主国平起平坐，堪与沙皇统治和哥萨克兽行记录同获荣耀。

署名：一群无法无天之徒[②]

226

无产阶级的苦难

无产阶级的苦难是激进派手中的最有力的宣传武器。通过使用这个武器，他希望激发他的追随者们采取行动。因为激进活动而遭罪的男男女女们是工人阶级苦难的最有价值的例证。他们就是要召唤的对象。

---

① 克洛伊索斯（公元前 595—公元前 546?），古代小亚细亚国家吕底亚（位于今日土耳其境内）的国王（公元前 560—公元前 546 在位），以富有著称。根据希罗多德的记载，吕底亚是最先开始使用金币和银币的地方，其势力范围最大时覆盖了整个西安纳托利亚，后被波斯人所灭。这里是比喻用法。——译者注

② "对来美国观察、学习和祈祷的意大利新闻工作者"的巡回演讲（意大利文—无政府主义者）。

走在街上，经过这些人的房子，你可能不觉得什么，因为这可能比他们在自己土地上建的房子要好些，不过当你仔细观察他们的妻子儿女时，你就会感到一阵颤抖。父亲每天炼钢挣 1 美元或 1.60 美元……新的一代被冠以文明的祸害的罪名……他们刚出娘胎，是黄绿色、肌肉无力的小婴儿。在这块出产虎背熊腰、身强力壮的人的土地，在这块即使身材矮小的立陶宛夫妇也能生出比自己比例大出一倍的婴儿的土地……匹兹堡横在这里，来自田野的强壮的男人和女人，为钢铁大王工作……却生出如此虚弱的婴儿。[①]

让我们读一读描述宾夕法尼亚这个州的工人事故的新闻。

根据宾夕法尼亚州劳工和工业部的公告，在两年半的时间内，受伤的产业工人比加拿大或宾夕法尼亚州派去与德国人打仗的军队伤亡人数还要多。在几千名死亡者中间，大部分死于那些制造商用来增加收入的快速制造系统。

宾夕法尼亚州的产业大军据估计约有 300 万人，在从 1916 年 1 月 1 日到 1918 年 7 月 1 日的两年半时间里，有 577 053 人伤亡。其中有 7 575 名男女和儿童死亡。

在 4 年战争以后，加拿大有 5 万人因为不适宜服兵役而回国。这个数字不包含那些痊愈了的伤者和病人。在回到加拿大的丧失劳动能力的士兵中，大约 1 200 名是截肢的病例，这些士兵失去一只或两只手、脚或指头。

在宾夕法尼亚州的工业领域，在两年半的时间里，就有 3 798 个截肢病例。

这就是事实真相。工业中的伤亡比战场上大。[②]

激进主义的受难者

尽管我们中很多人在顽强的战斗中死去，

但我们会为后代留下

---

① *Day* (Yiddish-Liberal)，New York City，March 9，1917.

② *Spravedlnost* (Bohemian-Socialist)，Chicago，December 27，1918.

斗争得来的自由。

真理之光将在工棚之上闪耀

世上所有活着的人将得到快乐。

子孙们有时

在他们庆祝自由时会记得

所有在顽强战斗中死去的

战士。

———乔治·特卡丘克（George Tkatchuk）①

不久前，铜业大王们借助"麻烦制造者识别卡"（rustling card）瓦解了矿工的组织。他们用难以容忍的不公挑起了罢工。他们用暴力来对付矿工。他们跳过联邦政府，自己来统治暴民。他们把数百个公民放逐到沙漠，让他们经受饥渴和烈日的折磨。他们鼓动要吊死弗兰克·利特尔（Frank Little）②———他是无畏的产联组织者，是劳工的领袖。

美国政府判决，或者至少就这些铜业大王对劳工的残忍行为而指责他们了吗？

或者因为受害者碰巧是工人，他们就觉得生命毫无价值吗？③

唾弃那些半心半意、伪善和腐败的正式社会党，我们共产主义者集合在第三国际周围，感觉我们的英雄举动能获得成功，我们沿着一代代革命烈士，从巴贝夫（Baboeuf）④ 到卡尔·李卜克内希（Karl Liebknecht）和罗莎·卢森堡（Rosa Luxembourg）的足迹前进。⑤

228

---

① *Robitnyk* (Ukrainian-Socialist)，Cleveland，May 25，1915. （作者帮助建立了乌克兰社会党。此诗作于狱中）［乔治·特卡丘克（1893—1971），美国社会主义者。生于奥匈帝国的布科维纳地区的切尔诺夫策（今属乌克兰），1914 年定居于美国威斯康星州密尔沃基。———译者注］

② 弗兰克·利特尔（1879—1917），美国工人领袖，1906 加入产联。———译者注

③ *Azpari Munkas* (Hungarian-I. W. W.)，New York City，November 17，1917.

④ 即弗朗索瓦-诺埃尔·巴贝夫（1760—1797）法国大革命时期的政治鼓动家和新闻工作者。著有《为平等而密谋》等。1796 年策划起义失败后被处决。尽管在他的时代"无政府主义者"、"社会主义者"、"共产主义者"等字样还没有出现，但这些词汇都用来描述他的思想。———译者注

⑤ *Manifesto and Governing Rules of the Communist International*，published by Chicago Arbeiter-Zeitung Publishing Company，1642 N. Halsted Street，Chicago.

无产阶级大众必须用工人和士兵会议代替资产阶级统治下所有传统的机构，从最重要的国家，到最小的社区。最高革命机构颁布的简单法令是没有用处的——尤金·德布斯（Eugene Debs）[1]、汤姆·穆尼、凯特·理查兹·奥黑尔（Kate Richards O'Hare）[2]、比尔·海伍德（Bill Heywood）[3]、路易吉·帕伦蒂（Luigi Parenti）、彼得罗·尼格拉（Pietro Nigra）、乔万尼·巴尔科奇（Giovanni Balcozzi）、彼得罗·佩里（Pietro Perri）、彼得罗·博巴（Pietro Bobba），以及其他几百个工人运动的领袖，已经被关在美国的监狱里了。[4]

每个人都反对战争，因为我们有自己的战争——他们必须释放加里安尼（Galleani）[5] 和埃拉莫（Eramo）[6]、戈德曼（Goldman）[7] 和伯克

---

① 尤金·德布斯（1855—1926），美国劳工领袖。1880 年主编《机车司炉杂志》，1893 年任美国铁路工会主席，1897 年和 1901 年分别参与创建社会民主党和美国社会党，1905 年参与创建产联。1918 年 6 月发表声明反对美国参加第一次世界大战，被控违反《间谍法》并被判 10 年监禁，1921 年被沃伦·哈丁总统赦免。他 5 次成为社会党总统候选人。——译者注

② 凯特·理查兹·奥黑尔（1877—1948），美国杰出的女性反战活动家。她领导社会党战争和黩武主义委员会反对美国参加第一次世界大战，被控违反《间谍法》并被判处监禁，1920 年被哈丁总统赦免。——译者注

③ 比尔·海伍德（1869—1928），美国劳工领袖。1901 年当选西部矿工联合会书记兼司库，并加入美国社会党。1905 年参与组建产联，并成为社会党激进左派领袖。产联反对美国卷入第一次世界大战，美国参战后其领导人被控违反《间谍法》，并被判 20 年监禁和 3 万美元罚款，获保释后逃亡苏俄，被安排管理一座煤矿，后客死苏联。——译者注

④ *L'Era Nuova*（意大利文——无政府主义者），New York City.

⑤ 即路易吉·加里安尼（Luigi Galleani，1861—1931），意大利裔美国无政府主义者。曾被多个国家驱逐，1901 年 40 岁时移民美国，1903 年创办《颠覆纪事报》。其追随者多次从事爆炸活动，1919 年被遣返回意大利。——译者注

⑥ 即乔万尼·埃拉莫（Giovanni Eramo，1879—?），意大利裔美国工人。1900 年到美国，1917 年 6 月作为《颠覆纪事报》印刷工与路易吉·加里安尼一同被捕。——译者注

⑦ 即埃玛·戈德曼（Emma Goldman，1869—1940），美国无政府主义者、女权主义者。生于俄国科夫诺（今立陶宛考纳斯）一犹太人家庭，1885 年移居美国纽约。1892 年与她的情人和终身朋友亚历山大·伯克曼策划行刺实业家亨利·克莱·弗里克未遂。随后数年多次因"煽动骚乱"和非法散布节育信息而入狱。1906 年创办无政府主义杂志《地球母亲》（*Mother Earth*）。1917 年因反对征兵与伯克曼一同被判 2 年监禁，1919 年获释后被遣返俄国。最初支持十月革命，但转而批评使用暴力和压制独立声音。1921 年离开俄国后游历德、英、加、法、西等国。她对 20 世纪上半叶欧美无政府主义政治哲学的发展影响很大，被崇拜者誉为自由思考的"反叛女性"，被批评者贬为基于政治动机的谋杀者和暴力革命的鼓吹者。——译者注

曼（Berkman）[①]、比林斯（Billings）[②] 和穆尼。[③]

无政府主义者对普通的意大利人、西班牙人和法国人会说些什么呢？他们被联邦的 48 个州通缉，随时可能被驱逐……[④]

我们将把我们的受难者比林斯，还有或许明天就被砍下的我们的穆尼和他同伴的头颅，与所有我们昨天和今天的受害者一起，与民主摆放在一起，展示到所有参战的人面前。对他们说："民主被覆盖上了这么多恶行和罪恶，它的美丽，是因为它完成了终极的罪恶，是因为它比任何时候都粉饰了金融大鳄，他们通过战争聚集资本，借款给——像放高利贷的人一样——欧洲资产阶级以便勒索，虽然他们的下一代都已经吃喝享用不尽。"[⑤]

我们呼吁大家注意这一点。任何一种压迫无一例外，会在高贵的灵魂中激起对被压迫的事业的忠诚。我们知道，在美国 2 900 万无产阶级中，只有 10 万人加入了我们的政党，而在俄国统治下的波兰，那里的社会党成员将会被放逐到西伯利亚的矿上去做苦工，1905—1907 年间在那里有 600 名波兰社会主义者被俄国政府绞死，但是波兰产业工人还是数以千计地聚集到社会主义的大旗之下。我们观察到，波兰爱国主义

---

① 即亚历山大·伯克曼（Alexander Berkman，1870—1936），俄国无政府主义者。生于俄国（今立陶宛）维尔纽斯一犹太富人家庭，1888 年移居美国纽约。1892 年 7 月 23 日在匹兹堡用左轮手枪行刺实业家亨利·克莱·弗里克未遂，被判 22 年监禁，服刑 14 年后撰写了《一个无政府主义者的监狱回忆录》。1907 到 1915 年主编《地球母亲》杂志。1917 年因反对征兵与情人埃玛·戈德曼一同被判 2 年监禁，1919 年获释后被遣返俄国。最初支持十月革命，但转而持批评态度。1921 年离开俄国后游历德法等国。1925 年出版《布尔什维克神话》。——译者注

② 即沃伦·比林斯（1893—1972），美国劳工领袖。1913 年到旧金山后与汤姆·穆尼相识并加入美国社会党。两人参加一次鞋厂罢工，因携带致命武器而被捕，1914 年获释。1916 年 7 月 22 日，旧金山街头发生炸弹爆炸，游行者 10 人被炸死，40 人重伤，比林斯和穆尼夫妇等 5 人被捕，在证据不足的情况下，穆尼被判死刑，比林斯被判终身监禁。萧伯纳、杜威等许多国内外名人认为二人被诬陷。但是比林斯到 1939 年才获释，到 1961 年 12 月才被平反。——译者注

③ *Cronica Suvversiva* (Italian-Anarchist), Lynn, Massachusetts, June 3, 1917.

④ *Cronica Suvversiva* (Italian-Anarchist), Lynn, Massachusetts, August 4, 1917.

⑤ *Il Proletario* (Italian-I. W. W.), Boston.

者中也出现了这种情况。①

＊＊＊＊＊＊＊＊＊＊＊＊＊＊＊＊＊＊＊＊＊＊＊＊＊＊

赤色运动

报章直言不讳地表达对俄国革命实验的同情。激进组织与国内和世界其他地方有着密切的联系。但是，所谓的赤色运动在这个国家好像没有取得多大进展。

230

▼▼▼▼▼▼▼▼▼▼▼▼▼▼▼▼▼▼▼▼▼▼▼▼▼▼

布尔什维主义得到支持

在观察世界大事及其反应之中，我相信那些俄国布尔什维克的行动是正确的，是一个社会主义政府应该做的。旧的腐败政治体系、资产阶级和教士们是进步、启蒙和人性的阻碍。②

如果布尔什维克能把整个俄国都控制在自己手中，不顾一切后果地推行社会主义纲领，改变整个体制，并灌输给所有国家的无产阶级，那么不仅对布尔什维克是一件好事，也能加速变革，并带来世界新秩序。③

列宁和他的信徒们斗争的目的是在整个世界推行社会主义制度；但是作为热情的、真正的政治家，他们知道只有通过革命的手段才能达到这个目标。因此，他们号召全世界的工人起来革命，重组资产阶级赖以生存的社会制度。关于这个，俄国和德国的无产阶级是知道的；关于这个，英国和法国的无产阶级开始意识到了；希望美国的工人们也会很快开始认识到这个浅白的道理。④

---

① *The Polish Socialists and the Struggle for the Independence of Poland*，pamphlet published by the executive committee of the Polish Socialist Alliance, Chicago.

② *Spravedlnost* (Bohemian-Socialist)，Chicago.

③ *Haydamaka* (Russian and Ukainian-I. W. W.)，New York City.

④ *Der Kampf* (Yiddish-Communist)，New York City.

231

帮助欧洲同志

向欧洲革命的劳工阶层伸出援手，支持我们的同志在卡尔·李卜克内希领导下的努力，也支持我们在芬兰、奥地利、保加利亚、塞尔维亚、荷兰和其他国家的同志去建造俄国式的政府。

我们要求我们的政府马上承认俄罗斯社会主义苏维埃共和国。[①]

费城西部社会党的犹太人分部已经寄出 20 美元，回应我们创建一个基金来帮助英国劳工党即将进行的选举的提议。加上之前我们已经收到的款项，一共是 49 美元。从波士顿和其他城市得知，我们的同志已经准备寄出这些捐款。如果犹太社会主义者能够有助于英国劳工党进行他们伟大而艰难的斗争的话，这将成为一个真正的——而不单单是口头上的——团结的范例。[②]

美国的红色进步

布尔什维主义的胜利为革命在更大的东部工业中心进行铺平了道路。尤其在活跃的港口城市，如纽约和波士顿，在我的文章发表的城市，至少在革命宣传的工作中，红色开始蔓延闪耀。大众集会开始发展成强大的运动，在俄国人和爱尔兰人中间尤盛。每一个星期天和假日，成千人争相赶往集会听讲，散播革命的种子。

本月 15 日，爱尔兰人有一个大众集会，著名的英国演说家吉姆·拉金（Jim Larkin）[③] 到会演讲。这个"铁齿铜牙"的演说者用振聋发聩的声音向挤满了听众的大歌剧院会场宣讲，场面最后演变成为迸发革命火花的欢庆活动……

住在波士顿及周边的《产业工人报》（*Industrialisti*）的读者们注意了！1 月 19 日将有一个重大的宣传活动，因为本地的政治犯辩护委员会一直在组织一个大规模的群众集会，地点在华盛顿大街 724 号的大

---

① *Spravedlnost*（Bohemian-Socialist），Chicago，November 18，1918.

② *Naye Welt*（Yiddish-Socialist），New York City，October 25，1918.

③ 吉姆·拉金（1876—1947），生于英国利物浦的爱尔兰工会领袖、社会主义活动家。1907 年移居爱尔兰的贝尔法斯特，创办爱尔兰运输和总工会、爱尔兰工党和后来的爱尔兰工会，绰号"大吉姆"。——译者注

232   歌剧院。届时将有斯科特·尼尔林（Scott Nearing）[1] 等一流演说家。欢迎大家参加。[2]

我们不能对欧洲发生的事件无动于衷，要尽自己的力量，这样革命的旗帜才会在大洋此岸升起。因此，我们要尽力帮助欧洲的革命。[3]

现在是参与社会主义运动的时候了，与全世界革命的无产阶级一起，展开与全世界黑乌鸦的决战，他们孜孜不倦于把新的要求强加于各国工人阶级之上。

与我们的欧洲兄弟们一起，我们要高声宣布社会主义的实现，获得权力。

美国的社会主义运动进入了活跃期，人们起来斗争、宣传和传播社会主义理论。

社会党犹太人第四支部。我们每周一晚上集会，地点在布朗克斯区，普洛斯派克特大道（Prospect Avenue）647 号。[4]

〜〜〜〜〜〜〜〜〜〜〜〜〜〜〜〜〜〜〜〜〜〜〜〜〜〜

预言

预言最终胜利是激进派作家们最热衷的事情。他们中的一些人口吐狂言，其狂放达到了几乎语无伦次的地步；其他人则描绘出一幅"新社会"中恬静安乐的画面。

233   冲突还在继续。俄国、德国、东欧和中欧是战斗最激烈的地方。我们只能听到谣言；只能听到从远处传来的脚步的回声。"在时间的梯子上，穿着丝鞋的轻柔脚步从上而下，穿着木屐的沉重脚步由下而上。"这句诗预见到了穿木屐的脚的最后胜利。我们这些没有诗意的现实的人，知道一方会上去；但另一方不会好心地下

---

① 斯科特·尼尔林（1883—1983），美国激进派经济学家、教育家、作家、政治活动家和简朴生活鼓吹者，年满百岁不久辞世。——译者注

② *Industrialisti*（Finnish-I. W. W.），Duluth, December 30, 1918.

③ *Uus Ulm*（Esthonian-Socialist），New York City.

④ *Pamphlet*（Yiddish）.

来，因为他们不会心甘情愿这么做。激烈的冲突开始了。这不是一个预言或者不祥之兆；也不是为即将到来的暴风雨而欣喜。这是冷静而理智的观察，社会枝头上结的果实已经成熟，这是不可避免的，如同你不能避免太阳的升起和海洋的下陷，如果你想避免，只能换来可悲的结局。诅咒和符咒都不能避免战斗，不能避免社会力量之间的搏击。武力和残忍是唯一解决之道。①

世界大战分裂了国际无产阶级；资产阶级又一次成功地让众多民族互相厮咬，让不同国家的工人们互相砍杀和毁灭。不仅如此，它还有其他功绩……整个政党，整个工人阶级——至少体现出来是这样——跟随他们的雇主和统治者，在资产阶级眼前，唱着资产阶级的赞歌，满怀资产阶级爱国主义，走向死亡……甚至社会主义领袖自己都端着来复枪，冲向"为祖国献身的英雄之死"。……资本主义端坐在宝座上，所有人都是它忠实的臣民，没有人试图挑战它的安全和繁荣……但是，事情却不是看上去那样。其他世人被蒙蔽了；只有革命主义的无产阶级群众依然屹立不倒……在斯德哥尔摩（Stockholm）将很快出现世界各民族议会，它撇开各资本主义政府、战胜国政府、战胜国皇帝和统治者而开会，依靠的是革命无产阶级群众的力量和革命力量；在这些力量面前，各国政府沉默无言，各资本主义国家战战兢兢。②

如果传说中的老妇人能用扫帚力挽狂澜的话，那么资产阶级连同其监狱遏止革命的能力也不比她大。

只有当群众被灌输了阶级团结的精神，当他们对自己的力量产生不可动摇的信念时，他们才会自己起来采摘伟大的革命斗争的果实，这样他们才是创造者。③

你在一个没有上帝、没有国王、没有老板、没有镣铐、没有眼泪的世界会怎样呢？

---

① *Naye Welt*（Yiddish-Socialist），New York City，November 15，1918.
② *Raivaaja*（Finnish-Socialist），Fitchburg，Massachusetts.
③ A. *Felszabadulas*（Hungarian-I. W. W.），Chicago.

审判日！

醒来并保持警觉吧，忠实的奴隶看守下的牧群！

远东响起了巨雷，暴风雨即将来临，在黑暗的天空中惊现赎罪的天启（apocalypse），这是革命史上影响最深远，最难以解释的，受苦的人们信奉了异教，释放出不可制止的力量。[1]

对事物和制度必须毫不留情——首先，私有财产和她的伙伴——国家——必须根除。对！革命的成功不在于她打击人类，而在于她打击人类所创造的制度。

那么让暴风雨的勇敢先导出现吧！

让创造性的力量生长——让暴风雨开始吧！[2]

让我们只此一次，告诉那些财富的君主，我们要取得自由，以他们腐烂的尸首为代价。我们决心要获得自由，像夜里青紫色的幽灵在他们的圣殿里逡巡，因为数千年的饥饿和奴役，我们因愤怒而咬紧牙关；我们会将炸药绑在他们的屋檐之下，因为在他们的处所，丑行和耻辱将会永存。[3]

让美国的勒索者继续他们的游戏吧。他们正在玩火，这是很危险的。让他们再多吊死几个工人的领袖和煽动者吧。我们不是有多得数不清的电话线杆子吗？那些很开心地做刽子手的人应该记住，总有一天，被吊在杆子上的不会是受过教育的、进步的、有组织的工人了。如果那一天，我们没有足够的杆子，还会有其他地方可以悬挂那些首先开始吊死人的刽子手的。

"所以，算算时间吧！"[4]

明天的第三国际将深植于今天饱含鲜血的土地之上。第三国际继续前进，我们会活着见证这一天。[5]

社会主义是破裂的希望、梦想和理想的时代已经过去了。社会

235

---

[1] *Cronica Suvversiva* （Italian-Anarchist），Lynn，Massachusetts.

[2] *Bread and Freedom* （Russian-Syndicalist），New York City.

[3] *Il Diretto* （Italian-I. W. W.），New York City，January 25，1919.

[4] *Obrana* （Bohemian），New York City.

[5] *Forward* （Yiddish-Socialist），New York City，October 29，1918.

主义存在着。社会主义的思想实现了。

但是——并不是在每个地方。我们没有获得全面的收获。地球上大多数地方时机尚未成熟。但是，她在我们眼前正走向成熟。每一天、每一小时、每一分钟，我们离完全的收获越来越近了。数以百、千、万计的工人正在离开旧的庇护所，切断与旧观点的一切联系，强有力地冲进社会主义者的阵营。每个地方都是如此……

俄国工人已经消灭了资产阶级。我们会在今天或者明天消灭他们。只要再多些工作，再多些勇气！我们的命运将在此地创造——我们自己的命运和我们后代的命运。我们不是为"民主"而战。我们是为面包，为温暖的家而战！我们为能使用自己的劳动果实而战。我们想要抛掉500年来架在我们身上的车轭。我们想要消除强加在我们身上2 000年之久的奴隶思想。我们要面包、自由和权利！现有的文明不能给予我们这些。我们要推翻当下文明，把它根除。它给我们的，除了艰苦的工作、汗水、寒冷和眼泪之外，什么都没有。随着资本主义文明的瓦解，我们会建造自己的文明。这将是我们的收获。[①]

236

伙伴们！这个时刻是庄严的；这是注定的跨越政治和社会大灾难的时刻；是所有人不满现状揭竿而起的时刻。

这必将是受苦大众的盲目冲动，是法警的手枪和刽子手的绞架恫吓下狂怒的民众的爆发；所有愤慨和悲伤都会发泄出来，制造出一片混乱，这种混乱有利于那些浑水摸鱼的人；这种混乱可能激起新的压迫和暴政；在这样的情况下，得势的通常是江湖骗子。

为了这个时刻，我们知识分子必须为大众做好精神准备——不是为起义做准备，因为起义源于暴政。

让大众做好准备不仅是让他们平静地等待已经初露端倪的大事件的来临，而且是让他们能够看清楚、并且不受那些想诱导他们的人的影响，经过华丽斑斓的大道，却走向同样的奴役之路和忍受与我们今天相似的暴政统治。

---

① *Robitnyk* (Ukrainian-Communist)，New York City.

为了保证无意识的反抗不会亲手铸造一条禁锢人民的铁链，最重要的是，我们所有人——所有不相信政府的人，所有相信政府不论如何构成、谁来领导都不过是暴政的人；因为它不是为保护弱者而建立的机构，而是为支持强者而建立的——把自己置于形势之上，无畏地宣传我们神圣的无政府主义理想，这是唯一的公正、唯一的人性、唯一的真理。①

在这个 5 月 1 日，工人的鲜血流满了每个靠薪金过活的奴隶的脸庞，这是一场对奴隶和共同事业最好的、最健康的洗礼。意识革新了，我们的灵魂对我们自己的信念更敏锐，我们的力量被组织起来在今天或者明天进攻资本主义世界。

懦夫待在一边，勇敢的人已经准备好为我们的"阶级战争"而前进。

我们的烈士的骸骨，无产阶级的骸骨，被生命力所牵引，因为国王和巨头们的战争而堆积如山；我们会把它当作鼓槌，敲响大鼓集合劳动大军来实现自由和正义的要求。

于是，我们要干到这一天到来的时候：带着"火炬和斧头"像毁灭性的雪崩一样席卷我们的敌人——"国家"、"教会"、"资本主义"，伴随着令人恐怖的尖叫："这是正在发生革命；这是阶级的战争"，它为了创造社会正义而摧毁一个丑恶的世界。②

新社会

只有无产阶级的世界革命才能实现由乱到治——给人类带来和平、自由和真正的文明。③

但是，现在我们会让瓦格纳（Wagner）④ 自己说："当人的手足情谊

---

① *Regeneration*（Spanish-I. W. W.），Los Angeles，California.
② *Guerra di Classe*（Italian-I. W. W.），New York City.
③ *Il Martello*（Italian-I. W. W.），New York City，April 26，1918.
④ 即威廉·理夏德·瓦格纳（Wilhelm Richard Wagner，1813—1883），德国作曲家、剧作家、指挥家、哲学家。——译者注

抛开这种关爱，把它托付给机器，就像希腊人对待奴隶那样时，人就不是他用自己的双手制造的物神偶像崇拜者了，他将是自由的和创造性的，他的所有能量就会被释放出来去追求艺术。在每个国家、每个种族中，真正有自由的人将成为强者。通过他们的力量，他们能够发展出一种真爱的精神，通过这种真爱，他们将得到美丽。然而，美丽自身则浸淫着艺术。"

痛恨社会主义的人经常提出的反对理由是，社会主义会把艺术从顶点上拉下来，人类的理想主义会就此完结。瓦格纳彻底反驳了这种反对的理由。他认为那些富于冒险精神的人才能把艺术再次推上顶峰。瓦格纳和社会主义凭着他们共有的情操，远远超越大众之上，大众的敌意是无法企及的。

238

瓦格纳对艺术家的警告，对"杰出"政治家的警告，他们都没能听进去。但是，虽然这声音很微弱，人民却听到了。只有社会主义才能让艺术重生。因此，我们是瓦格纳的伙伴，是真正的艺术的朋友。社会主义的敌人也是艺术的敌人。[1]

人人都痛恨今天社会的基础，如果我们还称得上是社会主义者的话，这个社会必须终结。今天的社会建立在一个强盗体系之上——人吃人。

如果人们每天只工作两三个小时，又愉快地工作的话，和谐与和平才会降临人类。[2]

产联的最终目标美丽得足以激发所有真诚的男男女女成为心甘情愿地追求他们信念的烈士。我们的理想是一个合作性社会，一个产业共和国。不要一个由选区、城市、地区和州选出的政客正襟危坐的国会；而要一个由其工作的各产业选出的工人组成的国会。工人会选举出他们自己的主管，他们自己的理事会。工人委员会将决定矿山、田野和工厂的雇佣。我们的理想是一个没有贫穷、没有犯罪的世界，一个其乐融融的世界。[3]

---

[1] *Fackel* (Geman-Socialist)，Chicago，May 5，1918.

[2] *Spravedlnost* (Bohemian-Socialist)，Chicago，January 22，1919.

[3] *Spravedlnost* (Bohemian-Socialist)，Chicago，April 11，1919（一名在1918年芝加哥审判中被起诉的产联成员的来信）.

激进主义中的种族特点

239　　虽然各地激进报刊的主题都大同小异，但是其表达却有差别。像一个民族的幽默和歌曲一样，表达不满的文献带有它自己的印记。

　　德文、俄文、芬兰文、意大利文和西班牙文激进报刊的引文将用来显示，这些被普遍认为分属于条顿人①、斯拉夫人和拉丁人的各种族在表达上有多么不同。

条顿人的喧嚣

　　德裔的社会主义在约翰·莫斯特（Johann Most）② 和秣市骚乱（Haymarket riot）③ 中达到了其激进的顶点。在此之后，它逐渐变得驯服而柔顺。除了德文报刊，几乎所有地方都放弃了普及德裔犹太人马克思的著作和让他的抽象的经济理论变得明晰和有趣的努力。

vvvvvvvvvvvvvvvvvvvvvvvvvvvvvvvvvvvvvvvvvv

漫谈

　　亲爱的读者们，我们今天聊点什么？今天的事件？唉！他们都令人沮丧；而且，我们听够了在每个工作日世界上发生的那些斗争。今天是

---

①　泛指日耳曼人及其后裔。——译者注

②　约翰·莫斯特（1846—1906），美国无政府主义者和演说家。生于德意志巴伐利亚的奥格斯堡，曾在奥地利、德国等地办报，鼓吹以暴力实现政治和社会变革，多次在不同国家被捕。1874—1878年任德国社会民主党国会议员，后被该党开除。19世纪80年代移民美国。——译者注

③　1886年5月4日发生于美国芝加哥秣市广场的警察镇压抗议工人群众的暴力事件。当天群众集会支持罢工工人，有人向驱散集会的警察投掷炸弹，炸死8名警察和多名平民。在国际关注的背景下，8名无政府主义者因被控谋杀而受审，4人被判死刑，1人死于狱中。——译者注

星期天，我们应该暂时忘记所有的混乱，让我们平静和舒适地去观察吧。尤其在今天，卡尔·马克思的百年诞辰纪念日，我们更要如此。想想，这是我们最充满快乐和希望的纪念方式！想想，今天我们把他的事业推进到前所未有的高度！"全世界无产者联合起来！"

这场伟大的社会主义运动一直缺乏深度。太多的人不知道社会主义的基本原理。在这场运动还很弱小的时候，当它被迫害，当宣称是社会主义者的人被污蔑、遭受财产损失，甚至被流放的时候，事情不是这样的。在那些年代里，一个人不会加入这个"党"，除非他完全被社会主义的教义所折服。在那些年代里，工人们学习卡尔·马克思的著作，成为坚定的社会主义者，而且在他们有生之年都保持着社会主义者、真正的社会主义者的信仰。他们的生活哲学植根于科学社会主义，意识到了人类历史的不同阶段。唉，今天许多同志的看法就完全改变了。但如果想要抚平近几年来发生的一连串事件对工人们热望的伤害，我们就必须重温这些。

但是，最好的事情也离我们近了。没有哪天比今天更好，因为今天是我们庆祝这个为社会主义学说奠基的人诞辰 100 周年的日子。因此，我们现在或许应该在安息日的宁静中，讨论一下剩余价值。学者们或许会奇怪，怎样在"随笔"的专栏下讨论剩余价值呢——单是一个剩余价值理论，马克思就写了许多卷呢。我认为，这绝不是学术论文。剩余价值理论的原理可以用简短清晰的词汇来表达，这也是我们希望做的，我们在这里的讨论至少要对以后的研究有所启迪。

学术论文，由于其特有的表达方式，使得那些没有机会进入学校接受教育的人不知所谓。为什么不可以用一种轻松的、谈话的方式，代替那些厚重晦涩的描述呢？

我们要解释的第一件事是"价值"。麦穗中的种子被风带走，落到肥沃的土壤里，生长、开花、结果；然后同样的程序又开始了。种子没有"价值"。只有当人用他的手来处理麦穗时，才开始产生"价值"。这一切都取决于人的劳动。农民收割麦子、打麦子，麦子就获得了特殊的"价值"——这个价值等同于花在它上面的人类劳动。磨房主把麦粒磨成面粉，新的价值产生了。面包师把面粉烘焙成面包，在面包里，把麦子做成面包的所有劳动通过价格的形式体现出来。

241　　　这就是剩余价值的理论，当我们要求工人应该得到他们劳动的全部报酬，我们就要废除这个理论。剩余价值对资本家是好事，他们自然不愿意放弃它。只有具有良好组织的、受过启蒙的工人阶级才能把本来属于整个社会的剩余价值从资产阶级那里夺回来。然而，只有那些会阅读、专注全国经济问题的无产阶级，才能担当传播启蒙的责任、提升自己、为社会主义社会赢得新的追随者。我们向那些希望学习卡尔·马克思的经济学说的人推荐考茨基（Kautzky）① 的一本书《卡尔·马克思的经济学说》（*Karl Marx's Economic Teachings*），这本书以通俗易懂的方式解释了高深的经济学原理。在许多工人图书馆里都有这本书。②

俄国和芬兰赤色分子

　　俄国和芬兰赤色分子的激进主义是他们国家战时环境的产物，而且至今依然激进。直到 1915 年秋，美国才有了布尔什维克报纸。俄国的社会主义者人数很少；他们的领导是俄国犹太人——大部分是医师和牙医——他们的报纸发行量很小。当托洛茨基到纽约的时候，布尔什维克聚集了一批列托人的同情者，把孟什维克（Mensheviki）③ 从编委会中赶了出去，让托洛茨基担任《新大陆》主编。因此，在布尔什维克革命发生两年之前，美国就有了一份布尔什维克的报纸。芬兰赤色分子生活

---

　　① 即卡尔·考茨基（Karl Kautsky，1854—1938），德国社会民主党和第二国际的卓越领导人之一，马克思主义理论权威。1887 年发表《卡尔·马克思的经济学说》。曾经被认为是修正主义者。——译者注

　　② *Fackel*（German-Socialist），Chicago，May 5，1918.

　　③ 俄国社会民主工党内反对列宁建党路线的一派成员。——译者注

在密歇根州北部的乡间产铜地带、明尼苏达州和威斯康星州。与其他激进派不同，他们并不散落四处或迁徙流动。

〜〜〜〜〜〜〜〜〜〜〜〜〜〜〜〜〜〜〜〜〜〜〜〜

布尔什维克童话故事

在旷野里矗立着一座塔楼。一天，来了一个高贵的王子。咚！咚！咚！"谁住在这个小屋里？"没人答应。王子进入了塔楼，住在那里。又一天，来了一个商人。咚！咚！咚！"谁住在这个小屋里？""我住在这里，我是个高贵的王子，这片土地的主人。你是谁？""我是一个商人。我拼命生存，慢慢的，我变得有钱了。我的投机买卖做到了全国，为了让生活更舒适，我把灵魂卖给了魔鬼。""来和我一起住吧。"这样，他们就像朋友那样住在一起了。过了一阵子，来了一个修士。咚！咚！咚！"谁住在这个小屋里？""我是一个商人。""我是个高贵的王子，这片土地的主人。我和小叔叔（little father）沙皇①相处甚好。""我喜欢开卖伏特加酒的店铺，我喜欢农民，相信我。我鞭打他们至死。你是谁？""我是修士，是沙皇的仆人。我为人们乞福，埋葬他们，把他们的钱包掏空，欺骗他们。""来和我们一块儿住吧。"

这样他们就在一起住了，很开心。高贵的王子发动了对邻人的战争；商人想着把农民身上最后一件衬衣扒下来；修士劝诫人们要耐心，因为这一切都是上帝的安排。

这时来了一个富农。咚！咚！咚！"谁住在这个小屋里？""我们是高贵的王子、商人和修士，我们是沙皇的仆人。你是谁？""我是一个富农，我在村子里有一个卖伏特加的店铺。他们把所有的东西拿来换酒，包括婴儿的襁褓。我的伏特加店铺售卖的是自我毁灭。但是现在，我在村子穷人中的权力大不如前了，因为无论我说什么，他们都说'乡村资产阶级'。""这样，好吧，你跟我们一起住吧。"

这样他们四个人就开始一起住了。讲故事是很快的，但是实际情形的发展不会这样快。经历了很长一段时间。

———————————

① 指沙皇尼古拉二世。——译者注

242

有一天——从未被写进故事或用笔记录下来的美丽的一天——非常大的噪声响起来了。咚！咚！咚！"谁住在这个小屋里？""我们是高贵的王子、商人、修士，我们是沙皇的仆人。还有一个富农。你是谁？"

……"我是革命，我要把你们都绞死。"于是革命进来绞死了他们。

243　这样，这些人民的压迫者只剩下了小小的一滩血泊。

这就是整个故事。但是，它很快就会在所有国家、用所有语言来宣讲。①

旗帜

正如我们在家乡做到的那样——无论在宫殿或穷人的棚屋里，贵族和地主都不再是威胁——社会主义革命也会在其他国家推翻富人对穷人的压迫，地主、银行家、制造商对劳苦大众的压迫。这是我们的旗帜所号召的。我们的旗帜是红色的；这是生命的旗帜，是斗争的旗帜——像血一样火热——就像鲜血一样。在斗争中献身的人们的鲜血染红了它，让它闪闪发光。

让所有国家的全部猛兽都参加战斗——每个人带上自己鲜明的旗帜；拿白旗的白色阵营，各色的旗帜皆有所属，淡紫色、黄色、蓝色、黑色配红色、黑色配黄色、绿色、灰色。

这些旗帜号召的，不是人类的手足情谊。它们号召的，不是团结，而是憎恶。这些旗帜都不能成为全世界人民的旗帜。

只有俄罗斯社会主义苏维埃联邦共和国的旗帜，才号召我们团结到一个世界性的劳苦大众的巨大联盟之下，在这个联盟里，没有战争、没有敌意、没有冲突，所有事情都和平地进行，每个人都按照自己的习惯和法律来生活。

同志们，弟兄们！红色警卫的勇士们！你们希望红旗成为世界的旗帜吗？

工人们，农民们，紧握你们的来复枪，记住你们是为了保护红

---

① *Povenetakaya Sveada*（Russian-I. W. W.），Chicago，《儿童故事》，作者 A. 波利亚克（A. Polyak）。

旗——所有劳苦人的红旗——而和压迫者开战。

记住，它在哪里升起，劳苦人民反抗的红色火焰就燃烧到哪里。

跟随红旗！勇敢大胆地前进吧！①   244

你属于哪一群人？

每个女性都要在头脑中问自己这样一个问题：你想属于有组织的工人，还是反对他们？芬兰的劳工姐妹们，你们是反对社会主义的刽子手呢，还是赞成？如果你不想属于那些残忍的刽子手——那些可能屠杀过你的兄弟、姐妹，或者摧毁了你的故乡的人——那么你就属于我们这些有组织的工人。站稳你们的立场，劳工姐妹们。②

英雄们

为了自由，工人们，

你可以抛洒你的热血，

芬兰的土地已经被

你们红色的鲜血浸透了。

背叛土地的人，资产阶级，

现在拉紧了奴隶的铰链。③

来自一读者

妻子们和女儿们，努力大批量订阅《女同志》（*Toveritar*）吧。里面都是好文章。主编会注意不在报纸上刊登关于女人的闲话。我是《女同志》殷切的读者，就是孩子也喜欢看。《女同志》到的时候，我们除了阅读以外就不干其他事了。我们这些大家庭的主妇没有太多的时间阅读，但是我们总要留些时间浏览一下周报。我们的角色这么重要，所以我们要认真思考。我们要思考我们孩子的命运。他们的命运是什么呢？资本主义把年轻工人的生命压垮，让土地上最优秀的年轻人像畜生一样艰辛地劳作。多少次从心底里发出叹息，多少次希望无产阶级的春天赶   245

---

① 由全俄中央执行委员会军事部出版。

② *Toveritar*（Finnish-I. W. W.），Astoria，Oregon.

③ *Ibid.*

快来临。衷心祝愿……

"一读者"①

拉丁气质

无政府主义似乎和艺术气质联系在一起，在拉丁人那里，这种诗意的表达达到了顶峰。无政府主义和贵族气质也联系得很紧密。但是它在美国没有得到多大发展，今后也不太可能会。在 19 世纪 70 年代的无政府主义运动中，只有意第绪文的《自由工人之声报》存活了下来。西班牙文和意大利文的激进报刊在大战中受到排挤。

致勇者

全世界是一个人的国家，虽然形式或许有所变化，但是统治制度没有改变，依然如此恣意和严酷。因此，凭着加埃塔诺·布雷西（Gaetano Bresci）② 左轮手枪射出的子弹带给意大利的法定自由，我们要骄傲地宣布——思想是无界的，超越你们那些习惯性的沉默和吝啬的筹划——无论压迫被怎样掩饰，它始终是少数人利益的严厉的保卫者，它损害了下层人民的普遍利益。这是自私的德国式生活分配方式，在这个地球上的每个地方……必须废除这种方式。

那些拥有敏捷肌肉和紧张神经的人们中间孕育着不可压制的暴力，对他们而言，血腥、暴怒和仇恨的间歇性危机才是愚昧命运的最终解决方式，才是挽救人性的途径。

被所有法律放逐的人。美国，1918 年 8 月 ③

---

① *Toveritar*（Finnish-I. W. W.），Astoria，Oregon.

② 加埃塔诺·布雷西（1869—1901），意大利裔美国无政府主义者。曾刺杀意大利国王翁贝托一世，被许多无政府主义者和共和主义者视为英雄。——译者注

③ Pamphlet（意大利文）。

让自己处于持续饥饿，因为缺乏衣物和家庭卫生而使妻子和儿女成为肺结核、淋巴结核和佝偻病患者的行为，是可鄙的胆小鬼行为，是种族自杀，是无产阶级不可能允许的堕落，也是一个好人所不能允许的。

那样还不如去死。即使为了自我保护也好，还不如去死。如果我们即将死去，如果我们有足够的胆量来停止我们苦难和悲伤的生命，我们为什么不找到那些显然要为这样的混乱和不公负责的人，进而审判他们呢！[①]

快意复仇

工人们，警惕起来！

这是我们革命者和战士的呼喊，警惕起来！我们今天大声呼喊，虽然不久我们就会被制止，我们手里拿着来复枪，为的是在以后能够呼喊，警惕起来，噢！无产阶级！

今年的 5 月 1 日，是所有过度疲劳的人类所期望的神圣日子，我们祝愿，所有在三重奴役的压迫下——经济、政治和宗教——的人们，以行动来呼应我们绝望的呐喊。

我们希望无产阶级，我们的兄弟们，从他们毫无生气的生活中醒悟过来，从他们被灌输的偏见中解脱出来，重新怀着圣洁的意图奔向我们，在自由和正义的战争中站在我们一边。

我们希望今年的 5 月 1 日是红色的节日，就像第一个民族主义者所梦想的那样，我们希望可以拿刀剑代替钢笔，可以在这一天用我们的血为我们的烈士复仇，他们在我们之前已经成为臭名昭著的现行政权的受害者。

我们希望，噢！无产阶级！能够在资产阶级的堡垒升起红旗，能够基于完整的事实宣布："革命，已经改变了世界。"

工人们，警惕起来！因为所有的这些不过是可以实现的梦想；"将军和卑微的士兵们，已经做好了作战的准备，他们从田野和村屋中走

246

247

---

① *Cultura Obrera*（Spanish-I. W. W.），New York City.

来，为正义战斗"——这样的一天还没有到来。来吧，在 5 月 1 日这一天；让它唤醒我们沉睡的精力；让它重申我们最宏大的热情。我们说的这一切都会长存不息，这是我们几代人的理想。

我们处于活跃的形势。以前和现在，工人们都不是为自己去杀人；而一直以来，资产阶级制造虚假的和平，实际在为自己的利益争斗，这种虚假的和平只能带来更多的仇恨、更多的战争；我们现在、将来都会长存不息。

我们将来仍是奴隶，被嘲笑，筋疲力尽。十字架和剑会打击我们，在我们身上施加种种丑行，比过去和现在都更加暴虐。要知道如何应对挑战，噢！无产阶级。

现在为我们自己的战争准备的最佳时机来临了。"阶级战争"会推翻王位和祭坛。让我们在对公敌的日常斗争中开始这种准备吧。

学会如何憎恨，永远憎恨。憎恨"上帝"，在他的名义下，我们流干了血；憎恨牧师，他们是破坏人性的毒瘤；憎恨国家，他是万贼之首；憎恨资本主义，他是国家之父。憎恨，永远憎恨——憎恨我们事业的敌人，资产阶级记者和伪装成民主主义者的人。憎恨那些面对第一个资助者就卖身的政客——憎恨所有我们虚假的朋友。

在对所有我们的事业——自由、公正、爱和普遍的兄弟情谊的事业——的敌人的憎恨中，发生了 5 月 1 日的惨剧，我们也找到了复苏生命的力量。

我们的生命将延续到这一天，我们紧紧拥抱，在路障上问询，朗读我们的"诗句"，"我们不要更多的面包了，我们要血，血——一小时快意的复仇足矣。"

工人们，警惕起来！5 月，我们斗争的 5 月，而不是享乐的 5 月，是战争，而不是浮华的酒神，召唤你来领取胜利的果实。

工人们，警惕起来！不与我们站在一起，就是我们的敌人。①

---

① *Guerra di Classe* (Italian-I. W. W.)，New York City.

第三部分
移民报刊的自然史

第十章 早期移民报刊

　　美国外文报刊的历史还没有被完整地考察过，在今后也不太可能会有；因为对个人来说，掌握所有的语言是非常困难的。此外，其中涉及的人物又太庞杂和不稳定了；代表的实际利益又变化多端。但是，收集可以体现报刊趋势的资料是有可能的。同样地，把个别例子简化为一般类型，从中找出他们的特点也是可能的。由于报刊或多或少正确反映了在发行期间其读者的利益和社会环境，通过了解那些创立和支持报刊的人们，报刊的历史可以被揭示。这就是报刊自然历史的内涵。

　　历史地看，移民报刊分两大类：（1）1870年以前组成移民大潮的语言群体所创立的报刊；（2）1870年以后开始大批移民的语言群体所创立的报刊。这两个阶段的差异，不仅体现在移民的主要种族上，还在于移民的动机和在这个国家赖以谋生的职业上。这些差异影响了他们各自报刊的发展。

　　不同语言群体现存最早日报的创刊年份很好地体现了每一种报刊的起始时间，见表10—1：

表 10—1　　　　　　　　　**各文种现存最早外文日报创刊年份**①

文种	创办年份	报名
法文	1828	《合众国信使报》（*Courrier des Etats-Unis*）
德文	1834	纽约《合众国新闻与先驱报》　（*Staats-Zeitung und Herold*）
意大利文	1859	《人民之声》（*Voce del Popolo*）
波兰文	1863	《美国回声报》（*Ameryka-Echo*）
波希米亚文	1871	《进步》（*Pokrok*）
挪威—丹麦文	1871	《斯堪的纳维亚人报》（*Skandinaven*）
意第绪文	1885	《犹太人每日新闻》（*Jewish Daily News*）
斯洛伐克文	1889	《斯洛伐克裔美国人》（*Slovak v Amerike*）
亚美尼亚文	1889	《祖国》（*Hairenik*）
匈牙利文	1890	《自由报》（*Szabadsag*）
立陶宛文	1892	《立陶宛报》（*Lietuva*）
斯洛文尼亚文	1892	《人民之声》（*Glas Naroda*）
日文	1894	《新世界》（*New World*）
希腊文	1894	《亚特兰蒂斯》（*Atlantis*）
中文	1895	《中国天地》（*Chinese World*）
克罗地亚文	1898	《民族报》（*Narodni List*）
阿拉伯文	1898	《向导报》（*Al-Hoda*）
芬兰文	1900	《新闻报》（*Päivälehti*）
罗马尼亚文	1905	《美国》（*America*）
塞尔维亚文	1905②	《美国塞尔维亚人保卫报》（*Amerikanski Srbobran*）
保加利亚文	1907	《民族先驱报》（*Naroden Glas*）
阿尔巴尼亚文	1909	《太阳报》（*Dielli*）
俄文	1910	《俄罗斯言论报》（*Russkoye Slovo*）
西班牙文	1912	《新闻报》（*Prensa*）
乌克兰文	1919	《乌克兰人日报》（*Ukrainian Daily*）

17 世纪和 18 世纪的宗教报刊

253　　　　第一批移民，尤其是那些 17 世纪和 18 世纪的移民，主要是那些被迫害的宗教派别和贫穷的小民族，他们到这里来为自己晦涩和奇特的宗

---

①　See *American Newspaper Annual and Directory*，1920，N. W. Ayer & Son.

②　现在的资料认为，《美国塞尔维亚人保卫报》1906 年创办于匹兹堡，为美国和加拿大现存最大的塞尔维亚文报纸。——译者注

教行为寻求避难所。他们是门诺派教徒、德国和斯堪的纳维亚的贵格派①教徒（Quakers）、施文克菲尔德派教徒（Schuenkenfelders）②、登卡德派教徒（Dunkards）③，以及稍后的拉普派教徒（Rappists）④，所有人都是虔诚的教徒和神秘主义者。

最早的外文报纸有明显的宗教特色。它们或是教派的、或是由教会主导的地方社群的机关报。在各个社群，例如宾夕法尼亚州的门诺派教徒所在的社群，教会把仪式强加给民众，根据自己的传统来规范日常生活中的所有事务。正如我们所认识到的那样，宗教和世俗的区别，政治和宗教的区别，都是不存在的。

早期德文报纸

就像德国比其他地方有更多不稳定的宗教派别那样，德国移民在移民大潮中占的比例也较大，德文报刊发展得也较早。

1739 年，宾夕法尼亚州日耳曼敦（Germantown）的一个贵格派教徒克里斯托弗·索尔（Christopher Sauer）⑤ 创办了美国第一份德文报

---

① 基督教新教的一个派别，称公谊会或者教友会。该派成立于 17 世纪的英国，创始人为乔治·福克斯（1624—1691）。该派别因一名早期领袖的告诫"听到上帝的话而发抖"而得名"贵格"（Quaker），意为"震颤者"，但也有说法称在初期宗教聚会中常有教徒全身颤抖，因而得名。该派反对任何形式的战争和暴力，不起誓，反对洗礼和圣餐；主张人人生而平等，每个人都应当被平等对待；主张任何人之间要像兄弟一样；主张和平主义和宗教自由。贵格会信徒历史上受英国统治者迫害，与清教徒一起移民到美洲，但又受到清教徒的迫害，大批贵格会教徒逃离马萨诸塞州而定居在罗得岛和宾夕法尼亚等地。——译者注

② 今日美国新教一个小教派，他们是与马丁·路德同时代的德意志宗教改革家卡斯帕·施文克菲尔德·冯·奥西格（Caspar Schwenckfeld von Ossig，1489—1561）追随者的后代，起初自称为"基督的光荣笃信者"。——译者注

③ 基督教新教的一个派别。1708 年起源于德意志施瓦岑瑙（Schwarzenau）的一项敬虔运动，由亚历山大·马克和 7 名信徒创立。历史上被称为德国浸礼会而不是英国浸礼会。反对服兵役和发誓。——译者注

④ 源于德意志的宗教共产主义派别，又名和谐主义者、和谐村。由乔治·拉普（George Rapp，1757—1847）创立，1803 年移入美国。——译者注

⑤ 克里斯托弗·索尔（1695—1758），北美第一位德文印刷商和发行人。——译者注

纸。这是在美国的第一份英文报刊波士顿《新闻信》（*News-Letter*）出版 35 年之后。此时，在移民区仅有另外 5 份报纸出版。这份刊物是美国第一份外文定期刊物。

索尔给他的报纸取名为《高地德语历史学家报》，又名《自然王国和教会重要新闻汇报》（*The High-German Historian, or Collection of Important News from the Kingdoms of Nature and of the Church*）。[①]当时，自然和教会囊括了几乎人类所有的兴趣。4 年后，一份与之匹敌的德文期刊在费城创刊。但是，索尔的《历史学家报》（*Historian*），后来索尔称呼它为《报道者》（*Reporter*）——已经意识到了新闻和历史事实的区别——继续受到欢迎，发行量达 4 000 份。《报道者》在星罗棋布的德裔社区中被广泛阅读，不仅在宾夕法尼亚州，还在纽约州，弗吉尼亚州，南、北卡罗来纳州和佐治亚州。显然，这是这些孤立的聚居地得以存在的手段，至少在一段时间之内，它是居民互相之间，居民与原籍国之间的某种联系和共同的利益。

索尔的事业被他的儿子继承下来并发扬光大，他最终创办了《宗教杂志》（*Geistliches Magazin*），被认为是美国第一份宗教刊物。随着德国人宗教移民区数量的增长，德文报纸继续快速增长。1762 年，宾夕法尼亚州有 5 份德文报刊——2 份在费城，1 份在日耳曼敦，2 份在兰开斯特（Lancaster），它是德国人在宾夕法尼亚州乡村社区的中心。[②]

很长一段时间，这些早期宗教社区远离政治活动，只期望被允许按照自己的宗教理想来处理社区事务。但是，他们参加了殖民地独立的斗争，在 19 世纪初，宾夕法尼亚州的老一辈德裔居民对政治的关注已经成为一种习惯，他们的报纸成为最典型的党派机关报。[③] 在 1836 年，地方长官将政令用德文印刷，在德国人中间发行已经成为惯例。这种做法随后变得不必要了，因为它们被刊登在德文报纸上。

---

① See *Der Hoch-Deutsche Pennsylvanische Geschicht-Schreiber, oder Sammlung wichtiger nachrichten aus dem Natur-und-Kirchen-Reich*, August 20, 1739.

② See Albert Bernhardt Faust, *The German Element in the United States*, 1919, p. 368.

③ See Gustav Körner, *Das Deutsche Element*, 1818—1883, second edition, p. 63.

法国革命爆发以后，德国移民逐渐减少。渐渐地，与祖国之间的联系也被切断了。同时，移民的语言，尤其是他们孩子的语言，经历了显著的变化。带有德语词尾的英语词悄悄进入日常会话，甚至污染了书面语。许多"宾夕法尼亚德语"（Pennsylvania Dutch）在19世纪初已经变得非常美国化了，他们认为他们的语言是一种本地方言，他们是世界上唯一的德国人。有故事说，这个时期一个德国旅行者遇见了一个德裔宾夕法尼亚人，后者发现他们似乎讲的几乎是同一种语言。他问旅行者：

"你的德语说得一流，你在这个国家待了多久？"

"大约6个月。"旅行者回答。

"哦，我真想不到你能说得那么好。"

在美国环境的影响下，早期定居者的德语苟延残喘，但是它形成了一套独特的言语模式，拥有自身独特的文学和文化。①

到1815年，仅仅在宾夕法尼亚州，就还有大约25份德裔美国人报纸。这些报纸或多或少都是用地方方言印刷的。其中，1794年创办的约克（York）《公报》（*Gazette*）和1795年创刊的《读书的鹰》（*Der Reading Adler*）直到1909年还在印行。② *256*

斯堪的纳维亚诸文字报刊

教会保存了下来，在很多情况下，成为老移民们知识生活的中心。

在挪威人教会中，神学讨论、冲突和分歧一开始就成为挪威裔社区和挪威文报纸关注的焦点。这种情况在一个像挪威裔那样以乡村人口为主体的群体中是很可能出现的。挪威裔的一个特点是，他们发行量最大

① See Daniel Miller（editor），*A Collection of Pennsylvania German Productions in Poetry and Prose*，Reading，Pennsylvania，1903. See *Das Deutsche Element in den Vereinigten Staaten*，p. 103.

② See Georg von Basse，*Das Deutsche Element in den Vereinigten Staaten*，Stuttgart，Germany，1908，p. 111.

和发行最广的报纸《炉边邮报》（*Posten og Ved Arnen*）①在艾奥瓦州的一个小镇迪科拉（Decorah）发行。1920年，迪科拉有人口4 039人。正如研究在美国的挪威路德教会的历史学家雷夫·O·M·诺利牧师（Rev. O. M. Norlie）②所说："对宗教不给予极大注意的挪威文报纸很少。"

　　艾尔父子广告公司（Ayer）的《报纸年鉴》（*Newspaper Annual*）列出50种挪威文报刊，其中有9种是宗教报刊。有路德会③的，有公理会④的，有卫理公会⑤的，这些教派在挪威的势力很大。原籍国教会和本国教会联系紧密。其中有一份就是传道报纸。⑥

　　这并不表示其他利益没有得到体现。早在1869年，在芝加哥就有一份挪威—丹麦文自由思想报纸《黎明》（*Daglyset*）出版。前后有10种社会主义和劳工报刊。其中两种到1918年还在发行。1874年创立的《炉边邮报》过去和现在都是一份世俗报纸。

257

　　雷夫·O·M·诺利牧师调查了美国所有的挪威文报纸，列出了472种出版物，其中156种明显是宗教报纸，154种被认定为世俗报纸。剩下的部分，15种是鼓吹禁酒的报纸，31种是文学出版物，还包括讽刺报纸和许多学校出版物。挪威人在不同时代维持的其他出版物有：鼓吹单一税的报纸《旗帜》（*Baneret*），1892年至1894年出版于北达科他州的哈顿（Hatton）；酒馆报纸《自由》（*Friheden*），

---

　　①　实际上是挪威文和英文双语报纸。其前身是1874年9月18日创刊的美国早期挪威文报纸《邮报》，1972年12月28日停刊。——译者注

　　②　即奥拉夫·摩根·诺利（Olaf Morgan Norlie，1876—1962），美国路德教派牧师、教育家和学者。父母为挪威移民，1901年和1908年分获威斯康星大学和明尼苏达大学硕士和博士学位。曾在明尼苏达州为美国挪威人联合路德教会任牧师8年，此后进入大学从教，著述甚丰，是《简版新约》的译者。由于他对统计学的兴趣，1932年当选为美国数学学会成员。——译者注

　　③　基督教新教的一个分支，源于马丁·路德，认为人是凭信心蒙恩得以称义，又改译"信义宗"。——译者注

　　④　基督教新教的一个分支，源于16世纪的英国，在教会组织体制上主张各个堂会独立，会众实行自治（即公理制）。公理会的信仰比较自由化，强调个人信仰自由，尊重个人理解上的差异。——译者注

　　⑤　基督教新教的一个分支，是由新教卫斯理宗的美以美会、坚理会和美普会合并而成的基督教教会，现传布于英国、美国、中国等世界各地。——译者注

　　⑥　Sundby-Hansen（Interview）（访谈）.

1870 年出版于芝加哥；反教权主义报纸《维京人》（*Vikingen*），1905
年出版于明尼阿波利斯；以及 6 种有关音乐的报纸。在 472 种可称为
挪威裔报纸的出版物中——因为它们是为挪威裔出版的——有 43 种
是英文的。这些报纸是面向第二代挪威移民的，体现了挪威人教会
和挪威裔社群的努力，他们试图通过这些报纸实现从母语到入籍国
语言的转换，同时又不割裂老一代与新一代的纽带，因为这种纽带
的割裂通常对移民的家庭和社群生活而言都是令人沮丧的。

挪威裔有一份日报，1866 年由约翰·约翰逊（John John-
son）[1] 创办的《斯堪的纳维亚人报》（*Skandinaven*）。约翰逊 1845
年从挪威的沃斯（Voss）来到美国，一度在芝加哥做过报童和印
刷所学徒。1899 年，当这份报纸庆祝创刊三分之一世纪时，来自
明尼阿波利斯的参议员克努特·纳尔逊（Knute Nelson）[2] 称它是
"世界上发行量最大、内容最翔实的挪威文报纸。"[3]

瑞典裔和丹麦裔的世俗兴趣很浓厚，教会在他们中间的影响要少于
挪威裔。瑞典裔和丹麦裔之所以如此，是因为与挪威裔相比，他们主要
居住在城市。

虽然瑞典裔的世俗兴趣开始较早，但是所有早期的瑞典文报纸都是
宗教出版物。

直到 1866 年，尝试创办一份非宗教派别机关报的努力从来没有成
功过。《斯堪的纳维亚人报》于 1851 年在纽约创刊，它的目标就是要办
一份独立和世俗的报纸，但是在第二年就停刊了。为世俗报纸找编辑是
困难的，因为当时有小学文化程度以上的瑞典裔美国人都为教会工作，
不是做教师，就是做牧师。[4]

258

---

① 约翰·约翰逊（1832—1901），挪威裔美国商人、报人。12 岁移民美国威斯康星州，
后创办农机公司致富，捐助威斯康星大学。——译者注

② 克努特·纳尔逊（1843—1923），挪威裔美国政治家。先后任威斯康星州和明尼苏达
州议会议员、明尼苏达州州长、美国参议员和众议员。——译者注

③ Algobe Strand，*A History of the Norwegians of Illinois*，Chicago，1905，p. 267.

④ See Ernst W. Olson，*History of the Swedes in Illinois*，Chicago，1908，vol. i，
p. 783.

　　最重要的和在许多方面也是最有趣的瑞典文报纸，是《旧祖国和新祖国报》（*Gamla och Nya Hemlandet*）。这份报纸在 1855 年创刊于伊利诺伊州的盖尔斯堡（Galesburg）。它在 1859 年与 1857 年创刊于明尼苏达州的雷德温（Red Wing）的《明尼苏达邮报》（*Minnesota-Posten*）联合，之后两份报纸都迁往芝加哥，由瑞典人路德教会出版公司出版。它后来几经转手，逐渐世俗化，但是在某种程度上还保留着宗教基调，直到 1914 年它与《瑞典裔美国人报》（*Svenska Amerikanaren*）合并，从而与同在芝加哥的《瑞典人论坛新闻报》（*Svenska Tribunen-Nyheter*）成为美国最大的两家瑞典文报纸。《旧祖国和新祖国报》自称比这个国家任何瑞典文报纸都更具有瑞典特点。

　　创立一份不受教会控制的世俗瑞典文报纸的努力，在 1866 年获得了第一次成功。那时汉斯·马特森上校（Col. Hans Matson）[①] 任《瑞典裔美国人报》主编，他后来成为明尼苏达州州务卿。当时，年轻的瑞典贵族赫尔曼·罗斯（Herman Roos）来到美国，他是一个自由撰稿人，挥舞一支健笔，然而习性不定。因此，汉斯·马特森上校似乎是让报纸具有名望的主编的最佳人选，而且人们也指望罗斯可以指导这张报纸。这张报纸没有能存活，但是它的传统保留了下来。现在，它的传统的最佳代表是《瑞典人信使报》（*Svenska Kuriren*），主编亚历山大·J·约翰逊（Alexander J. Johnson），他是一个杰出的撰稿人，也是一个有魄力的政治家。

　　《瑞典人信使报》1884 年创刊时是一份连环漫画报纸，当时叫做《邮报》（*Kurre*）。1887 年，这张报纸改变了它的特色，采用了现在的名字。约翰逊被称为一名"喜怒无常的机会主义者"，他写作"通常被阅读和认同的怒发冲冠的社论"。[②]

　　斯堪的纳维亚移民，尤其是瑞典移民的一个有趣之处，是可以

---

　　① 汉斯·马特森（1832—1898），美国报纸主编、政界人士。生于瑞典，在瑞典陆军服役后于 1851 年移民美国，定居明尼苏达州。他强烈反对奴隶制，美国内战中任联邦军上校。战后任明尼苏达州移民局长、州务卿和驻印度加尔各答总领事。——译者注

　　② Ernst W. Olson, *History of the Swedes in Illinois*, Chicago, p. 683.

追踪到报刊和报刊主编的历史，可以看到移民们从旧语言转变到新祖国语言的过程。在从事众多职业的一生中，汉斯·马特森上校与许多新闻机构打过交道，最后他为在美国的斯堪的纳维亚人办了一份英文报纸。有许多斯堪的纳维亚血统的人前后担任过英文和斯堪的纳维亚文字报刊的主编。一个很好的例子是，尼科雷·A·格雷夫斯塔德（Nicholay A. Gravstad）1888 年在挪威是《日报》（*Dagblader*）① 的主编，1892 年任明尼阿波利斯《论坛报》（*Tribune*）主编，最后是芝加哥《斯堪的纳维亚人报》（*Skandinaven*）的主编。在 1891 年到美国之前，埃德温·比约克曼（Edwin Bjorkman）供职于瑞典斯德哥尔摩《晚报》（*Aftonbladet*）② 编辑部，1892 年任《明尼苏达邮报》（*Minnesota-Posten*）主编，这份报纸同年倒闭，他就成为明尼阿波利斯《时报》的撰稿人，并因撰稿人和批评家获得声誉。看一看遍布明尼苏达州的斯堪的纳维亚人社群出版的英文报纸，从发行人的名字不难看出，它们大部分由具有瑞典或挪威血统的人出版。像内尔松（Nelson）、拉松（Larson）、斯文松（Swenson）、彼得松（Peterson）、奥尔森（Olsen）、安德松（Anderson）、马尔姆贝里（Malmberg）、伦斯特罗姆（Lundstrom）、埃里克松（Erickson）、马特松（Matson）和约翰松（Johnson）是常见的名字。③ 维克托·E·劳森（Victor E. Lawson）④ 是最显著的例子，他是芝加哥《每日新闻》的发行人兼主编。⑤

260

---

① 1869 年创刊于奥斯陆，今天仍是挪威主要的全国性报纸之一。——译者注

② 1830 年创刊于斯德哥尔摩，今天是瑞典发行量最大的全国性报纸，1956 年以后归瑞典工会联合会所有，一度成为斯堪的纳维亚国家发行量最大的报纸。1996 年挪威的施布特媒体集团购买了这份左翼报纸 49.9% 的股份，瑞典工会联合会保留 51.1%，并保留对社论版的控制权。——译者注

③ 这些姓名移植到英语中字母不变，但是发音和中文译名有变。如：内尔松（Nelson）变成纳尔逊，拉松变成拉森（Larson），斯文松（Swenson）变成斯文森，马尔姆贝里（Malmberg）变成马姆伯格，马特松（Matson）变成马特森。——译者注

④ 应为维克托·F·劳森（Victor F. Lawson，1850—1925），美国金融家、报业主。1872 年从他的挪威移民父亲那里继承了《斯堪的纳维亚人报》的部分所有权，1878 年为购买英文报纸《芝加哥每日新闻》（1876—1978）的三分之二股权而出售。在创办人梅尔维尔·斯通和劳森的主持下，《芝加哥每日新闻》后来成为一份非常有声望、大量派遣驻外记者的报纸。——译者注

⑤ See Albert B. Faust, *The German Element in the United States*, vii, pp. 158, 374.

法文报刊

在德文和斯堪的纳维亚诸文字报刊之后，最重要的早期报刊就是法文报刊。法文报刊，尤其是代表占美国的法国裔人口主要部分的法裔加拿大人报刊，在教会的影响下保持着很大的规模。然而，法文报刊一直受到一种与斯堪的纳维亚诸文字报刊不同的传统的影响。早期的德国和斯堪的纳维亚移民大多数是新教徒，不仅如此，他们还是持异议者。可以想见，法国人是天主教徒，而加拿大的法国人更是具有较老和较严格传统的天主教徒，而没有现代主义者的保留或限制。在这里，像波兰人和爱尔兰人一样，对教会的忠诚等同于对民族性的忠诚；宗教和民族性，尤其是语言的保存，是在美国的法裔加拿大人的主要兴趣所在，因此也是法裔加拿大人报刊上最具有持续性的讨论主题。

在 1909 年出版的《天主教百科全书》（*The Catholic Encyclopcedia*）中有一篇关于美国法裔天主教徒的文章，它声称当时有 7 份法文日报、18 份周报或半周报，"从天主教的观点来看，美国其他移民群体无出其右。"

²⁶¹ 这些报纸在精神上完全是天主教的，同时也是美国的。报纸的发行人和主编于 1906 年 9 月 25 日在罗得岛（Rhode Island）的文索基特（Woonsocket）开会，成立了新英格兰地区法裔美国人新闻工作者协会（*Association des Journalistes Franco - Américains de la Nouvelle Ang-leterre*）。在那次会议上，他们通过决议，宣称对这个共和国的忠诚，建议法裔美国人表明自己是真正的和忠诚的美国公民，促进归化，保存母语，学习英语，维系教区学校，在那里这两种语言应该同等讲授，并让同族的神职人员担任本堂牧师。

在美国出现的第一份法文报纸是《波士顿信使报》（*Le Courrier de Boston*），在 1789 年的 6 个月间每周出版，第一期在 4 月 23 日，最后一

期是在 10 月 15 日。主编兼发行人是保罗·约瑟夫·盖拉尔·德·南克雷德（Paul Joseph Guerard de Nancrede）[1]，他后来成为书商和文具商，1787 至 1800 年间在哈佛大学担任法语教师。接下来的一份法裔美国人报纸是 1825 年在底特律问世的《法兰西公报》（*La Gazette Française*），只出版了 4 期。1817 年，底特律的《公报》（*Gazette*）用 4 个月的时间开辟了法文专栏，然后就放弃了这种冒险。新英格兰第二份法裔美国人报纸是 1889 年出版于佛蒙特州圣奥尔本斯（St. Albans）的《爱国者》（*Le Patriote*）。

19 世纪早期移民

　　第一批移民到美国来寻求宗教宽容。随之而来的第二批移民寻求政治自由。他们大多数是渴望土地的斯堪的纳维亚人和德裔农民，在新英格兰寻找一个新家。但是，其中也有一些在政治上不安分的德裔知识分子，他们是 1848 年政治难民的先驱。其中有许多受过教育的人，他们大多成为教师和新闻工作者。

　　当时德裔人士的激进主义是反教权的。早期的德文激进报刊之一是爱德华·穆尔（Eduard Mühl）[2] 在辛辛那提出版的《光明之友报》（*Licht Freund*）。

262

　　1843 年，该报纸从辛辛那提迁移到赫曼（Hermann），那是密苏里州的一个早期德裔聚居区，也是德意志文化在美国的一个中心。然而，人们很快发现："这个国家太年轻了，不能在《光明之友报》讨论的那些沉重的问题中找到乐趣，也不愿花时间在它上面。"于是在 1845 年，主编穆尔放弃了这个报纸，创立了《赫曼人周报》　（*Hermanner*

---

　　① 保罗·约瑟夫·盖拉尔·德·南克雷德（1760—1841），法国军人、报人。随罗尚波伯爵任总司令的法国远征军到美国支援大陆军，在约克城之战中受伤。1787—1790 年在哈佛大学教法语，1792 年主编《法兰西蜜蜂报》（*L' Abeille Frangoise*）。——译者注
　　② 爱德华·穆尔（1800—1854），德裔美国主编，宗教自由思想家和人权卫士。——译者注

Wochenblatt），"几乎不带旧报纸的特色，成为一般意义上的新闻载体。"《光明之友报》改名《人民报》（Volksblatt）继续出版，旗下有一份英文报纸《广告信使报》（The Advertising-Courier）。

持自由思想的德文机关报《光明之友报》的后继者是一份反映乡村社区普通利益的地方报纸，最终为一份英文报纸开拓了空间。整个事件体现出外文报刊如何从讨论理论问题转为关注日常事件。

波希米亚文报刊

1845年到1860年的第一批波希米亚移民的正式语言是德语。民族主义者已经走上复兴民间语言的道路，但是还没有成功。德语在当时还是东欧知识分子的通用语。这就解释了为何第一份波希米亚人报纸——密尔沃基《新闻》（Flugblätter）是用德文，而不是捷克文印刷的。

出版于拉辛（Racine）① 的《新闻》，其主编沃伊塔·纳普尔斯特克（Vojta Naprstek）② 是一个政治难民。像穆尔的《光明之友报》一样，《新闻》是反教权的，并且是非常激进的，以至于成为1854年威斯康星州议会中激烈辩论的主题，当时有人试图将这份报纸从邮件中剔除③——虽然没有获得成功。有一个事实可以解释《新闻》的激进主义立场，那就是这份德文报纸的读者大部分是德裔工人和知识分子，他们中大部分都是反教权的。而不懂德语、来自乡村社会的移民则支持教会，从当时到现在都是如此。

263

---

① 威斯康星州一城镇。——译者注

② 沃伊塔·纳普尔斯特克（1826—1894），捷克著名慈善家、爱国者和政治家。作为1848年欧洲革命失败后的政治难民，他在1850年来到美国威斯康星州的密尔沃基，1852年创办德文报纸《新闻》，激活了捷克裔美国人的民族生活。1857年返回欧洲，1873—1894年任布拉格市议员。他鼓吹进步思想，包括改善布拉格的一般生活条件、教育和保健设施，为公共生活引进现代科技（煤气灯、烹饪、电话等），创办纳普尔斯特克博物馆。——译者注

③ 指报纸通过邮局邮寄并享受寄费优惠。——译者注

第一份捷克文报纸《美国斯拉夫人报》（*Slovan Amerikansky*）创刊于 1860 年 1 月 1 日。

美国第一份捷克文报纸《美国斯拉夫人报》的创办者是弗兰克·科日泽克（Frank Korizek）[①]，他在来美国之前曾经是地方小镇上的一名石匠和零工。他在拉辛出版的德文周报《全国民主党人报》（*National Demokrat*）的印刷所学习排字。

听说密尔沃基教堂圣器收藏室的后面有一部手工印刷机——那是一个牧师的财产——科日泽克决定买下它，牧师开价 140 美元。他当乐师挣的一点积蓄，加上朋友的借款和资助，一共有 40 美元。他讲好了价钱——100 美元——科日泽克把房子抵押给了牧师。

活字是德文的，或者按照老辈人对德文书写体的叫法是 *Kurent*（草体）。他编辑和排版了 24 期报纸，只得到了约瑟夫·萨特伦（Joseph Satron）（裁缝）和瓦茨拉夫·西莫内克（Vaclav Simonek）（教师）提供的辅助。白天，他在印刷所工作；夜晚，他忙于读书，在烛光下写作，除非哪天他要演出，因为音乐还是他维持生计的唯一手段，他觉得不该放弃。[②]

这份报纸创办一个月以后，圣路易斯的捷克人创办了《民族报》（*Narodni Noviny*）。18 个月后，这两份报纸与《斯拉夫人报》（*Slavie*）合并，成为美国现存最早的捷克文报纸。据恰佩克（Capek）[③] 的说法，在 1860 年至 1911 年春之间，共有 326 份波希米亚文报纸出现，其中只有 51 份到 1920 年还在继续出版。 *264*

波希米亚人从 1845 年开始移民美国，其中有少数民族激进派，他们以前大多是牧师，希望解放农奴，脱离教会，拥有立宪

[①] 弗兰克·科日泽克（1820—1899），捷克裔美国报人。约在 1853 年来到美国。——译者注

[②] Thomas Capek, *The Czechs*［波西米亚语］*in America*, 1920. p. 169 ff.

[③] 即托马斯·恰佩克（Thomas Capek, 1860—1951），捷克裔美国著作家和活动家。——译者注

政府。

直到 60 年代，波希米亚文报刊才真正建立起来。1862 年的《斯拉夫人报》仍然存在，但在当时它是一份一个人办的报纸。它的影响在约纳斯（Jonas）[1] 退休以后减退了。约纳斯是第一个伟大的波希米亚裔美国人，就像卡尔·舒尔茨是第一个伟大的德国裔美国人一样。1865 年出版的《美国人》（Amerikan），曾经是一份激进的理性主义报纸，现在是一份为农业公众服务的报纸。它从来没有放弃对教会和宗教的政策，但是语调比以前温和多了。1869 年的《美国斯拉夫人报》（Slovan Americky）以前是一份反教权的报纸，现在成为一份本地家庭报纸。

70 年代创办的报纸有 4 份活了下来——1872 年创办的天主教报纸《人民》（Hlas）；1875 年创刊的反教权的报纸《和谐报》（Svornost），现在是一份成功的日报；1876 年创办的自由思想者的机关报《时代魂》（Duch Casu），现在是一份中产阶级报纸，用 56.5 栏刊登小说；《祖国报》（Rodina）现在是一份家庭报纸，用 31 栏登小说。

80 年代是社会主义报刊的年代。在 1883 年至 1884 年间，社会主义激进派流入美国。《人民之声报》（Hlas Lidu）[2] 就是由从监狱逃来美国的社会主义者之一创办的。直到科赫曼（Kochman）[3] 在 1913 年退休之前，《人民之声报》都是一份非常激进的报纸。另一个逃亡者在 1887 年创办的《正义报》（Spravedlnost），由于在 1886 年"秣市骚乱"事件中受到了警告，从来不像《人民之声报》那样直言不讳。

265　　在 90 年代，无政府主义报纸《自由报》（Volne Listy）诞生

① 即查尔斯·约纳斯（Charles Jonas，1840—1896），捷克裔美国政治家、捷克民族主义者。1863 年移民到美国威斯康星州的拉辛，此后发行和主编《斯拉夫人报》。曾任州议员、驻捷克和俄罗斯领事。他是纳普斯特克的女婿。——译者注
② 1886 年创刊于纽约，1921 年停刊。——译者注
③ 即利奥波德·科赫曼（Leopold Kochman，1847—1919），捷克裔美国报人。——译者注

了——刊头下面登了这样的话："为了无政府主义而刊行。"发行20 年后，它在大战中停止了发行。①

早期波希米亚移民中的激进主义采取了反教权主义的形式。波希米亚人反教权主义的一个特点是，它主要是在美国萌芽的。至少是在美国，自由思想运动第一次在大众中获得了广泛的支持。

最早的波希米亚文报纸，包括《斯拉夫人报》（*Slavie*），是温和的、民族主义的；但是在 1867 年，约瑟夫·帕斯特（Joseph Pastor）②创办的杂志《进步》（*Pokrok*）公开而激烈地反对教会。其他报纸也跟上，从那时起，"每一个为了'捷克斯洛伐克裔美国人的利益'而进入新闻界的新成员，都必须要先选择这个或者那个阵营"。

> 分裂的最主要原因——也是直接原因——植根于这个民族的过去……虽然他们自己可能意识不到，但事实却是，捷克人的分歧、质疑、质问、纷争的趋势很大程度上来自于他们的祖宗胡斯③的（Hussite）信徒们。捷克人一踏上美国的土地，这种在本国被抑制的趋向就自然地爆发出来，因为在这里，他们能够表达，能够行动，能够自由思想。④

德文日报的创办

大多数早期移民的重要报刊可以追溯到 19 世纪中叶。在几份大型

---

① Thomas Capek（访谈）.

② 约瑟夫·帕斯特，美国 19 世纪捷克移民领导人之一。——译者注

③ 即扬·胡斯（Jan Hus，1372？—1415），捷克爱国者和宗教改革家。1391 年考进布拉格大学，1402 年任校长，同年他公开主张教会改革。1411 年被开除教籍，并被逐出布拉格，但他仍坚持对百姓布道，传播自己的主张。1414 年被召参加在康斯坦茨举行的宗教会议并被定罪。1415 年 7 月 6 日被判火刑，从容就义，因此激起民愤，加速了"胡斯战争"的爆发。——译者注

④ Thomas Capek，*The Czechs in America*，1920，p. 122 ff.

德文日报中，只有 2 份是在 1870 年以后创刊的，而且还是在那些已经
266　有了日报的城市中创办的（见表 10—2）。

表 10—2　　　　　　　　　大型德文日报创刊年份①

刊名	年份	出版地	发行量
纽约《合众国新闻与先驱报》（*Staats-Zeitung und Herold*）	1834	纽约	……
《西部邮报》（*Westliche Post*）	1834	圣路易斯	21 590
《人民报》（*Volksblatt*）［与《自由新闻报》（*Freie Presse*）合并］	1836	辛辛那提	……
伊利诺伊州《合众国报》（*Staats-Zeitung*）	1847	芝加哥	……
《守望与问询者》（*Wächter und Anzeiger*）	1852	克利夫兰	18 059
《先驱报》（*Herold*）	1861	密尔沃基	31 483
《晚邮报》（*Abend Post*）	1866	底特律	27 000
《美国报》（*Amerika*）	1872	圣路易斯	21 039
《晚邮报》（*Abend post*）	1889	芝加哥	48 262

直到战前，纽约《合众国新闻与先驱报》（*Staats-Zeitung und
Herold*）② 是最大的德文日报。它在 1834 年由雅各布·乌尔（Jakob
Uhl)③ 创办。1859 年之后，它为一个奥地利人奥斯瓦尔德·奥滕多弗

---

① See *American Newspaper Annual and Directory*，1920，N. W. Ayer & Son.

② 根据译者查阅，本书中的《合众国新闻与先驱报》最初叫《纽约合众国新闻》（*New
Yorker Staats-Zeitung*）（见图 10—1），它并非由雅各布·乌尔创办，而是在 1834 年 12 月 24
日由纽约的德裔杰克逊派民主党人创办。该报业主多次更换后于 1845 年由乌尔买下，1854 年
改为日报。1906 年由赫尔曼·里德买下其全部所有权。1919 年左右里德家族买下德文报纸
《先驱报》，1934 年与《纽约合众国新闻》合并为《合众国新闻与先驱报》。1953 年改为周报
出版至今，1991 年恢复旧报名《纽约合众国新闻》。——译者注

③ 雅各布·乌尔（1807?—1852），德裔美国印刷商和报业主。生于德意志巴伐利亚的
维尔茨堡。曾因参加 1833 年法兰克福民主运动而被囚禁，1835 年移民美国纽约，1836 年受雇
为《纽约合众国新闻》印刷工，1845 年买下该报后支持 1848—1849 年德意志革命。到他去世
时该报已成为纽约 6 万名德裔人士的首选报纸。其妻安娜（1815—1884）接手办报也十分成
功，并成为著名的德裔慈善家。——译者注

（Oswald Ottendorfer）① 所有，现在属于里德家族（Ridder family）②。

图 10—1　《纽约合众国新闻》（译者供图）

　　在内战期间，圣路易斯和辛辛那提是德文报刊的中心。圣路易斯最老的报纸是 1834 年的《西部邮报》，卡尔·舒尔茨任主编。很久以后，编辑水准很高的天主教报纸《美国报》（*Amerika*）才问世。1836 年创办于辛辛那提的《人民报》后来与《自由新闻报》合并，成为辛辛那提唯一的日报。早期德意志移民非常积极地介入美国政党政治，俄亥俄州的德裔在内战中站在北方一边，并成为共和党人。《人民报》主编马克布赖特（Markbreit）③ 还是辛辛那提市市长。

---

　　① 　奥斯瓦尔德·奥滕多弗（1826—1902），1848 年欧洲革命志士和德裔美国报人。生于奥匈帝国摩拉维亚的斯维塔维（也是在第二次世界大战中拯救犹太人的功臣辛德勒的故乡）一个制造商家庭，曾在维也纳大学学习法律，积极参加 1848 年奥地利革命中推翻反动首相梅特涅的运动和革命志愿军，在维也纳起义中任中尉。其后参加了巴登等地人民革命，失败后逃亡瑞士，再转赴美国纽约，受雇于《纽约合众国新闻》会计室。1858 年任该报总编，1859 年与雅各布·乌尔的遗孀安娜结婚。他主张公务员改革，积极促进公立学校系统改进，1872—1874 年任纽约市议员，1874 年参选市长。曾捐款 30 万美元在故乡斯维塔维建教育机构，在长岛建养老院，在纽约建免费图书馆。因健康不佳退出新闻界，晚年主要生活在欧洲。——译者注

　　② 　里德家族为美国著名报人家族。第二代德意志移民赫尔曼·里德（1851—1915）为这个报人家族创始人，他在贫困中成长于纽约下东区，1878 年创办德文周报《天主教人民报》（*Katholisches Volksblatt*），1886 年创办英文周报《天主教新闻》（*Catholic News*），后买下美国最大的德文日报纽约《合众国新闻与先驱报》而形成里德报团。1974 年与奈特报团合并为奈特—里德报团，现为美国第二大报团。——译者注

　　③ 　即利奥波德·马克布赖特（Leopold Markbreit，1842—1909），德裔美国政界人士、报人。生于奥地利首都维也纳，1848 年革命失败后随家人逃亡美国俄亥俄州辛辛那提，学习法律并成为律师，与后来的总统拉瑟福德·海斯共事。美国内战中参加联邦军被俘并受虐待。战后任俄亥俄州长雅各布·考克斯和海斯的幕僚，1869 年任美国驻玻利维亚公使，1873 年回国后任辛辛那提《人民报》公司秘书兼商务经理。1908 年当选辛辛那提市市长。——译者注

俄亥俄州和密尔沃基是 19 世纪 50 和 60 年代中西部的报刊中心。
267 伊利诺伊《合众国报》是一份历史悠久的著名日报。它由布伦塔诺
（Brentano）①、施奈德（Schneider）② 和 A. C. 赫辛（A. C. Hessing）③
创办于 1847 年，起初具有社会主义倾向。布伦塔诺和早期的两任主编
威廉·拉普（Wilhelm Rapp）④ 和赫尔曼·雷斯珀（Hermann Res-
per）⑤ 都是 1848 年欧洲革命志士。该报后来脱离社会主义，成为共和
党的报纸。布伦塔诺的儿子当选法官，赫辛的儿子成为共和党市长候选
人。1898 年，该报与米凯利斯（Michaelis）⑥ 拥有的《自由新闻报》合
并，很快就不再关心政治，变得具有强烈的民族主义色彩。战时，由于
经营困难，它一度停止出版，但是现在又恢复发行。《晚邮报》
（Abendpost）在《合众国报》出版 42 年之后创刊。它不像《合众国报》
那样具有民族主义倾向，现在的发行量高居德文日报之首。

芝加哥《晚邮报》主编保罗·米勒（Paul Mueller）认为，德裔美

---

① 即洛伦佐·布伦塔诺（Lorenzo Brentano，1813—1891），1848 年欧洲革命志士、德
裔美国报人、美国众议员。生于巴登大公国的曼海姆，1848 年革命中的重要人物，曾任巴登
共和国临时总统。革命失败后被判终身监禁，1849 年逃亡美国，先后任律师、《合众国报》总
编兼业主、州议员、美国驻德累斯顿领事、国会众议员。——译者注

② 即乔治·施奈德（George Schneider），德裔美国报人、政界人士。后任美国驻丹麦领
事。——译者注

③ A. C. 赫辛（1823—1895），德裔美国报人、政界人士。共和党在芝加哥的要
人。——译者注

④ 威廉·拉普（1827—1907），1848 年欧洲革命志士、德裔美国报人。生于德意志巴登—
符腾堡地区，作为蒂宾根大学学生参加 1848 年德意志革命，被监禁一年，后去瑞士从教。1852
年移民美国，先后在费城、辛辛那提和巴尔的摩主编德文报纸。由于坚持反分离和反奴隶制立
场，他成为暴力袭击目标，1861 年躲过一次暴民私刑后化装成牧师逃往华盛顿。林肯总统想
任命他为邮政部长，被他婉拒。他后来去芝加哥主编《合众国报》。——译者注

⑤ 此处有误，应为赫尔曼·拉斯特（Hermann Raster，1827—1891），1848 年欧洲革命
志士、德裔美国报人。生于德意志采尔布斯特，1846 年和 1848 年分别毕业于莱比锡大学和柏
林大学，参加 1848 年革命，撰文反对教会和君主制。后为躲避牢狱之灾而被迫逃往美国，
1851 年到纽约。1852 年主编德文报纸《布法罗民主党人报》（Buffalo Demokrat），随即声名
鹊起，1853 年主编当时最有影响的德文报纸《纽约晚报》（Abendzeitun），1867 年主编伊利诺
伊《合众国报》。——译者注

⑥ 即理查德·米凯利斯（Richard Michaelis），德裔美国报人。1867 年在柏林娶后来成
为他的得力助手的克拉拉，1868 年移民美国，1871 年在芝加哥创办德文插图周报《自由新闻
报》，迅速获得成功。——译者注

国人报刊在 1871 年普法战争之后发生了变化。从那时起，德国新闻超过了美国新闻，报纸带有民族主义色彩。他认为，这部分是因为很多前军官取代了 1848 年欧洲革命志士担任报纸主编。这些军官在 1871 年以后来到美国——其中许多人因为负债或失宠，或者逃避兵役——他们流向了新闻界。

1914 年战争爆发时，1852 年创刊于克利夫兰的《守望与问询者》（*Wächter und Anzeiger*），和 1861 年创刊于密尔沃基的《先驱报》（*Herold*）的主编是两名前普鲁士陆军军官——冯·诺斯克（Von Noske）和冯·施伦尼茨（Von Schlenitz）。因为他们二人具有强烈的民族主义倾向，而且都没有归化美国，业主们觉得最好另外聘用主编。*268* 米勒说，他急切地期待着新型德文主编的出现。这取决于是否有德国知识分子和新闻工作者的新鲜移民。

蔓生的激进主义

无论在世俗领域还是宗教领域，移民报刊一开始可能是激进的。它们反映了移民在新大陆寻找空间的观念和理想。然而，随着社会秩序的自我复原以及相应的社会紧张关系的缓解，在移民报刊上找到表达方式的各种利益变得愈益平淡而实际。就这种趋势而言，本章考察的这些移民群体定居时间已经足够长久，可以在自己的报刊上维护自己的权利。这是报刊的自然史的一部分。

第十一章　晚近的移民报刊

　　早期移民来到美国的原因是多种多样的——经济的、政治的、宗教的；但他们是定居者。这一点，他们的后继者则有所不同。内战以后，土地不是那么容易得到，而工作则俯首皆是。结果是，晚近的移民不在乡村定居，而在城市生活。当这个国家繁荣时，他们的工资就可观；当世事艰难时，他们中有许多人就回到欧洲老家。带着在美国几年挣的钱，他们可以在原本当佃农和劳工的社群中当地主。

　　长远来看，移民兴趣方向的变化深刻地改变了他们对美国生活的态度。

　　我们的活动无论私人的还是公共的，其性质主要由我们对将来的目的和意愿决定。如果一个移民想要永久地居住在美国，成为美国公民，他自然就会——甚至在离开欧洲以前——让自己适应新生活的环境，他会学习这个国家的语言、制度，接着把自己的积蓄投资到美国，规划子女的将来，让他们拥有比自己更好的条件。如果相反，他只想在这个国家逗留几个月或者几年，自然他对美国制度和美国生活的看法就会改变。他的首要目的是为了将来回国的生活打算，而不是在美国过得悠游自在。掌握英语也不重要，除非它可以增加收入，而一两年的时间也不会让他在语言方面有什么重大改变。自然，怀有此种目的，他的首要任务就是把钱放进腰包；在这个国家尽量汇集财富，不是为了在这投资，而是回到祖国投资，这样回到原籍国以后，他就可以拥有更好的经济和社会地位。①

新移民的游弋不定和他们的产业工人角色决定了他们的报刊的特色。

即便报名不能体现，内容也能显示：近期的移民报刊主要关注的是原籍国的政治。由于大多数所谓的输出移民国家的国内政治围绕着各民族的和各阶级的斗争，近期移民报刊主要关注的正是这些主题，也就是民族主义和社会主义。

移民在美国的生活环境加强了他们对国内政治的兴趣。民族主义运动和民族主义报刊在那些新来的移民、而不是永久居住的移民中寻找到了支持。他们仍然关心原籍国的景况，对原籍国的未来存有热望。在流动中的移民劳工和居住在工业城市里的短期居民中间，社会主义和产业激进报刊大受欢迎。

271

民族主义

移民的民族主义通过各种想法和组织表达出来。波希米亚人和爱尔兰人似乎最早成为民族主义者，接下来是波兰人。最早的波希米亚民族主义者是反教权主义者和"自由思想者"。另一方面，波兰人的民族主义与教会是同义词。事实上，波兰人的宗教和民族是如此的统一，以至于拉尔夫·巴特勒（Ralph Butler）认为，连波兰人都要努力才能分辨"波兰人"、"拉丁人"和"天主教徒"。一个不是希腊人、而是拉丁人和天主教徒的俄国人经常自称为波兰人。波兰神父们也鼓励他那么做。②

---

① Jeremiah W. Jenks and W. Jett Lauck，*The Immigration Problem*，1917，pp. 36-37.
② See Ralph Butler，*The New Eastern Europe*，1919，p. 65.

然而，总的来说，是民族主义社团给予移民的民族主义情感以最张扬的表达。美国的所有语言群体都保留了这种民族主义组织。这些协会要么自办报刊，要么把现有报刊变成自己的报刊。

这些报纸中最重要的几份之一是 1878 年创刊的《和谐报》，它是全国波兰人联盟的机关报。战前这份报纸发行 10 万份，但是，战争期间对新闻和民族主义议题的兴趣使联盟成员大幅增加，它现在的发行量是 125 000 份。《和谐报》拥有如此众多的阅读公众，因此全国波兰人联盟的主管们在 1908 年决定创立一个每日版。日报《和谐报》发行量超过 4 万份，而只有一半的读者在芝加哥。它现在的发行量可与 1863 年创办的《美国回声报》（*Ameryka-Echo*）相匹敌，后者也有 4 万份发行量。

在各斯拉夫民族中间，至少民族主义性质的社团要多于文化的或爱国的社团。他们是兄弟会组织、联合互助社团，每一个民族协会的小单位就像社交俱乐部那样运作。其中最有趣的几个组织之一是全国克罗地亚人协会（National Croatian Society）。

> 当年轻人离开克罗地亚来到美国时，他们是成群结队地离开的。方圆 10 到 15 英里①的几百个人一同出发。在每个地方，来自邻近地区的男人们都在一起工作和生活。他们住在货车车厢和宿舍里。他们没有女人。直到他们在这里待上几年后，回到故乡，挑选一个女孩，那里有许多未婚女孩在等待着他们。

> 克罗地亚农民或山地人最初发现的事情之一是，在他生病的时候没有家眷可以照顾他。他必须依靠同伴的帮助，但与同伴的关系不可能像家人那样亲密。因此，他们就成立了互助会，在他们生病或死亡时提供帮助。

> 那些一起移民、拥有同样的童年记忆、在美国同居一地的人有一个组织是自然不过的事情。圣路易斯的达尔马提亚②人（Dalmatians）把他们的组织叫做圣西蒙协会（St. Simone Society）。那些

---

① 1 英里约为 1.6 公里。——译者注
② 今日克罗地亚共和国的一个地区。包括亚得里亚海沿岸的达尔马提亚群岛和附近 1 000 多个小岛。——译者注

272

来自克罗地亚海滨的人把他们的组织叫做 Krsno Primorje，意思是"乱石海滨"。

1894 年，匹兹堡的一些克罗地亚人因为和雇主敌对而遭解雇。他们看到波希米亚人和波兰人把他们的地方互助会联合为全国互助会，这样就形成了一个中心。他们感到美国的克罗地亚人，就像一个没有首都的国家。因此他们举行了聚会，选举干事，拟定章程，之后给他们所知的四五个互助会发出号召加入的通知。在财务上，这种集中化体现在地方团体负责疾病救助，全国克罗地亚人协会自身则承担死亡抚恤的任务。

273

当时的克罗地亚人无从知晓他们同胞的其他移民区在哪里。首先加入的 20 个地方都分布在宾夕法尼亚州匹兹堡周围。但是，随着越来越多的地方互助会建立和加入，情况显得明朗起来；26 个州建立了协会的分会。宾夕法尼亚州有 144 个分会；伊利诺伊州有 85 个。

随着组织的扩大，通过通信处理事务变得越来越困难，因此全国克罗地亚人协会决定出版一张报纸，刊登遍布全国的各个组织的新闻。这份报纸［《博爱报》（*Zajednicar*）］于 1904 年创刊。它的 56 栏中有 34 栏用于刊登全国克罗地亚人协会的事务。$6\frac{1}{3}$ 栏用于清算账目，$7\frac{1}{6}$ 栏刊登有关成员的消息，地方协会的言论占 20 栏，图书广告占三分之二栏，一共 34 栏。

其他 22 栏讨论美国克罗地亚裔工人在劳资冲突中的处境以及国内局势。这份报纸一直都刊登读者来信和小说。1919 年 10 月 6 日一期刊登了一个读者写的有关入侵波斯尼亚[①]后的那段岁月的小说，名为《乞讨和乞丐》。

实际情况是，许多克罗地亚人不能阅读，即便他们作为协会会员可能收到该报。而在宿舍里，总有人会大声朗读克罗地亚文报纸或美国报纸，这样所有人都听得到新闻。

---

① 指 1908 年奥匈帝国违反国际法入侵波斯尼亚—黑塞哥维那。——译者注

274

《博爱报》刚创立时，决定向会员收取订阅费，一个月 4 美分。这样该报年收入 25 000 美元，随着报纸办的时间变长，就不再进行设备投资，因此这 25 000 美元就可以用来提高编辑和写作水平。

这份报纸不接受广告，因此，它没有被列入艾尔父子广告公司的《报纸年鉴》，虽然它在全国克罗地亚人协会会员中的发行量达到了 5 万份。

全国克罗地亚人协会是该语言群体在美国唯一一个全国性互助协会，它的分支遍及美国全境，除了一些边缘地区。正因为如此，《博爱报》在它的群体中能达到的比例比其他机关报大得多。①

产业激进主义

早期移民中的激进派人士是反教权主义者——尤其是波希米亚人——或者是宪法共和党人，例如卡尔·舒尔茨和 1848 年的德国革命分子。近期移民的激进主义变得工业化和政治化了——也就是说，这是工薪者和无产阶级的激进主义。

在 19 世纪 80 年代的美国，社会主义开始以阶级运动的形式兴起。当时在欧洲一度出现动荡的局势，例如在 1878 年就有对德皇威廉一世（Wilhelm I）② 不成功的暗杀。这种恐怖行径在 1881 年 3 月重演，不过暗杀的对象是俄国的亚历山大二世，这次他们成功了。这些进攻激起了对德国社会主义者和俄国革命者的讨伐，许多领袖逃到美国来躲避迫害。

275

美国早期社会主义报纸多数是德文的。其中第一种似乎是纽约的《劳工共和国》（*Republik der Arbeiter*），它创刊于 1851 年，是

---

① Winifred Rauschenbusch, *Notes on the Foreign-Language Press in America*（手稿）.
② 威廉一世（1797—1888），普鲁士国王（1861—1888 年在位）和德意志帝国皇帝（1871—1888 年在位）。普法战争后的 1871 年 1 月 18 日，他作为普鲁士国王在法国巴黎凡尔赛宫称帝，亦即德意志皇帝。仪式过后，北德意志邦联（1867—1871）改为德意志帝国（1871—1918）。1878 年 5 月 11 日和 6 月 2 日两次遇刺但无大恙。——译者注

联合工会中央委员会的机关报。这或许是美国第一种社会主义报纸。现存最早的社会主义报纸是德文的《先驱报》（*Vorbote*），它创立于1872年，现在是《劳工新闻》（*Arbeiter Zeitung*）的周末版。

1876年至1877年间，大约有24种报纸支持北美社会主义劳工党；其中，8种是英文报刊（1种日报，7种周报）；14种用德文印刷，其中7种是日报——芝加哥《社会主义者报》（*Sozialist*）和芝加哥《人民报》（*Volkszeitung*）、《西部人民之声》（*Volkstimme des Westens*）（圣路易斯）、《新时代》（*Neue Zeit*）（路易斯维尔）、费城《日报》（*Tageblatt*）、《前进报》（*Vorvaerts*）（纽瓦克）、俄亥俄州《人民报》（*Volkszeitung*）（辛辛那提）。波希米亚人和斯堪的纳维亚人各有一种社会主义周报。1878年，一种新的日报、代表社会主义和工会的报纸纽约《人民报》（New Yorker *Volkszeitung*）创刊了。有像亚历山大·琼斯（Alexander Jones）、杜艾博士（Doctor Douai）[①] 这样杰出的主编，以及在后者去世后继任的赫尔曼·舒特尔（Hermann Schuter），《人民报》不久就成为社会主义运动的领袖，并且将这一地位保持至今。[②]

难民中的一员是约翰·莫斯特，因为他的报纸上登载一篇庆祝无政府主义者行刺沙皇的文章而在伦敦刚刚服完16个月的苦役。他是一个有趣的人物。

莫斯特曾是一个印刷工，在他当学徒的时候就曾经游历过德国、奥匈帝国、意大利和瑞士。在柏林，他成为《自由新闻报》（*Freie Presse*）的主编，1874年至1877年间是帝国国会议员。因为戏谑辛辣地表达对宗教、军国主义和爱国主义的看法，他一共服刑四年半。法律是禁止社会主义的，因此他被驱逐出德国而来到英国。在那里，他主编《自由》（*Freiheit*）直到1881年，这一年，他写了有关亚历山大二世的

276

---

① 即卡尔·阿道夫·杜艾（Carl Adolph Douai，1819—1888），美国报人、教育改革家。原为德意志萨克森—哥达—阿腾贝格公爵领地贵族，1848年参加欧洲革命后流亡美国。——译者注

② Albert B. Faust, *The German Element in the United States*, ii, 1909, p. 193.

文章，被投入监狱。正是那时，他成为一名无政府主义者。在纽约市，
277　他复刊了《自由报》，再次被投入监狱。在 1886 年芝加哥秣市骚乱中他
声名远扬，写作了《战争科学》（*The Science of Warfare*），被认为唆
使 8 名芝加哥无政府主义者投掷炸弹，这 8 名无政府主义者因此被判处
死刑。一年以后的 1887 年，莫斯特停止出版他的报纸。1906 年他死于
辛辛那提。

　　这个时期标志着移民大潮的来临。移民数从 1877 年的 141 857 人
增长到 1882 年的 788 992 人，最后，经历了几番起伏，在 1907 年达到
了 1 285 349 人。大多数移民都留在城市里充实产业阶级，他们注定要
分享刚开始兴起的社会主义和劳工报刊的利益和理想。

　　大多数现存的社会主义报刊创立于 1880 年以后。更确切地说，他
们创刊于 1890 年以后。毫无疑问，许多报纸在 1880 年到 1890 年间创
刊，但都没能生存下来。这是外文报刊的特点，有许多出现，但极少存
活（见表 11—1）。

　　美国社会主义报刊的出现是因为，移民已经不再是定居者和地主，
他们已经成为拿工资过活的人，用社会主义的话说，他们成了无产阶级。

表 11—1　　　　　　　　　激进外文报刊创刊年份 ①

文种	创刊日	报刊名	出版地
德文	1872	《先驱报》（*Vorbote*）	芝加哥
	1876	《劳工新闻》（*Arbeiter Zeitung*）*	芝加哥
	1879	《火炬》（*Fackel*）	芝加哥
波希米亚文	1886	《人民之声报》（*Hlas Lidu*）*	纽约
亚美尼亚文	1889	《祖国》（*Hairenik*）*	波士顿
波兰文	1895	《波兰工人》（*Robotnik Polski*）	纽约
意第绪文	1897	犹太人日报《前进报》（*Forward*）	纽约
德文	1898	《劳工新闻》（*Arbeiter Zeitung*）	圣路易斯
匈牙利文	1900	《前进报》（*Elore*）*	纽约
芬兰文	1903	《工人报》（*Tyomies*）*	威斯康星州苏必利尔
亚美尼亚文	1904	《青年亚美尼亚》（*Eritassard Hayastan*）	芝加哥

276

---

　　① See *American Newspaper Annual and Directory*，1920，N. W. Ayer & Son.

续前表

文种	创刊日	报刊名	出版地
波希米亚文	1905	《正义报》(Spravedlnost)*	芝加哥
芬兰文	1905	《先锋》(Raivaaja)*	马萨诸塞州菲奇堡
立陶宛文	1905	《旅行家报》(Keleivis)	波士顿
意大利文	1906	《无产阶级之声》(Parola Proletaria)	芝加哥
芬兰文	1907	《同志》(Toveri)*	俄勒冈州阿斯托里亚
亚美尼亚文	1908	《论坛报》(Asbarez)	加利福尼亚州弗雷斯诺
芬兰文	1909	《长筒靴》(Lapatossu)	威斯康星州苏必利尔
波希米亚文	1910	《保卫者报》(Obrana)	纽约
芬兰文	1911	《女同志》(Toveritar)	俄勒冈州阿斯托里亚
德文	1911	《回声报》(Echo)	克利夫兰
立陶宛文	1913	《利剑》(Kardas)	芝加哥
立陶宛文	1914	《新闻报》(Naujienos)*	芝加哥
芬兰文	1917	《产业工人报》(Industrialisti)	明尼苏达州德卢斯
波兰文	1917	《工人之声》(Glos Robotniczy)*	密歇根州底特律
俄文	1918	《人民公报》(Narodnaya Gazeta)	纽约

* 日报

移民新闻事业的氛围

与早期相比，1880 年以来的移民报刊不仅是都市的，而且是文雅的。大多数外语社区都有一些知识分子，他们中的一些人，尤其是纽约的犹太人，过着相当活跃的波希米亚式的生活，他们聚集在东区为数众多的餐馆和茶室。在第二大道，百老汇和下东区的第五大道，在这些人们通常称作城镇住宅区的地方，有一家叫斯特伦斯基的餐馆 (Strunsky's)，诗人、作家、艺术家和他们的奉迎者每晚都围坐在一张

278

张小桌子边。那些更具声名、社交广泛的人，例如，《新大陆》主编格雷戈里·魏因斯坦（Gregory Weinstein）[①] 或年轻的小说家肖莱姆·阿什，也在第 37 街的俄国旅馆徜徉；在那里，东区人、美国的激进派和美国化了的犹太人点燃了他们的香烟。但知识分子也不是总要自己聚会；他们光顾俄国区中心的餐馆，那里长凳取代了扶椅，有人用一根手指弹着钢琴；或者到第二大道的一个名为皇宫（Palais Royal）的匈牙利餐馆，看完戏的人们可以在走道上喝茶；或者去里文顿街设在地下室的德国饭馆莫斯科维茨（Moskowitz's），那里的甜酒和洋琴演奏很出名。

在欧洲，每个职业和行业都有自己的餐馆。在纽约，人们青睐的餐馆经常更换，所以来不及形成这种传统，除了新闻界。意第绪文报纸曾经在百老汇下东街出版，现在它们搬到了拉特格斯广场（Rutgers Square），他们的餐馆也跟着搬过去了。中午，犹太人日报《前进报》、《今日报》（Warheit）和《犹太晨报》的记者们聚集在邻人咖啡馆（Neighborhood Café）。傍晚，当其他餐馆开始营业的时候，邻人咖啡馆却主顾寥寥，记者们都回到他们在布朗斯维尔、布鲁克林和布朗克斯的家里去了。

279
历史悠久的纽约市犹太文人聚集的浪子吧（Kibitzarnia）（一个人们互相"嘲弄"的地方）几个月前停止了营业。《前进报》写文章赞扬它。如果没有这个地方，"犹太浪子们"（'Kibitzers'）——那些复杂的人和幼稚的人、伟大的人和渺小的人将何所适从呢？他们到哪里建造自己的世界，区分国家与风车呢？

对的，现在有一个新的浪子吧了……犹太作家必须要有一个聚会地，没有的话，世界都不会存在了。你知道一个没有贫民窟、没有澡堂、没有工厂的犹太小镇吗？以色列的子孙们靠奇迹活了下

---

① 即格雷戈里·伊萨科维奇·魏因斯坦（1880—1940），犹太裔社会主义报人。生于俄罗斯帝国的维尔纳（今立陶宛首都维尔纽斯），毕业于瑞士日内瓦大学，拥有理学硕士学位，1919 年离开《新大陆》，4 月 7 日起供职于俄国苏维埃政府驻美国代表处，1921 年回苏联任外交人民委员会英美司司长。——译者注

来。犹太人在一个地方受了罪，就必定在另一个地方走运，犹太作家也是同样的。在他们丢失了迪威森街浪子吧的时候，一个新的浪子吧在百老汇东街开张了。

我们至今对新的浪子吧还保持着沉默。我们不发一言是因为我们不确定它会给我们带来什么。我们不确定作家们会不会让他们神圣的精神充塞这个地方，他们能否在这里进行讨论。我们不确定年轻的文人会不会流连此处，老一辈文人会不会在这里品评咖啡，把牙签撅成碎片。现在，我们可以说，百老汇东街的浪子吧立稳了脚跟。年轻的诗人、老的文章写手、所有的爱国者和辩论家，都带着他们的全部行头和文学作品，迁到了浪子吧，把它带入全盛时期。

在那里，有人驯马，有人建造诗歌和罗曼史的风车，有人与世界共跳华尔兹，人们互相恭维，讨论另一个人的素描。每个人都宽以待人，玻璃上的水蒸气和文学战场的硝烟一起直上云霄。

让我给你这样描述一下纽约浪子吧的优劣吧：小桌子和老地方的是一样的，已经有超过 25 年的历史了。以前在那里聚集的人们，现在就在这里活动了；收集新闻和流言的人们讲述着文章被英文报刊录用的好运。还没有获得认可的"年轻"作家和现代艺术家也聚在这里。老一辈破了产的人，还没有意识到这一点，他们时常满怀激情和欢喜，相信自己仍然为知识分子所推崇。年轻的爱国主义者没有变得更年轻，也没有变得更可爱。在新的浪子吧里，人们大声朗诵着没能被编辑看中的旧手稿，就像在旧的浪子吧里一样。在这里，评论没有变得更明智，诗人们没有变得更谦让，"大话王"也没有收敛自己，变得头脑清楚——他们从来不讲什么荣誉，就如同他们从来不吃内脏。

但是，餐馆和餐馆主人可不一样。旧馆子宽敞，没有窗子。新馆子狭长，有窗子。旧餐馆主人不是文人，新餐馆主人有点文化。新餐馆主人对广告有些想法，终日和记者们混在一起。只要餐馆还是那么点大，只要餐馆主人是他们中的一员，这里就充斥着犹太文学的气氛。①

仅有的另一个知识分子所占比例如此之大的族群是太平洋沿岸的日本人，他们是各式各样的理想主义者和教条主义者。对于日本社会的热望和变迁兴衰，《日美新闻》的社论撰稿人释岛鹫头（Shakuma Washizu）给出了生动的说明：

> 我记得美国第一份日文报纸 1892 年春天在旧金山印发。报名是《19 世纪》（*Nineteenth Century*）。第一份杂志也在同年秋天出版，刊名是《探索者》（*Ensei*）。《19 世纪》的创办人是菅原（Sugawara）先生，在当下日本政党政治中很有名。他在山口（Yamaguchi）先生、熊野（Kumano）先生和其他自由运动成员的协助下创办了这份刊物。当时，旧金山有许多激进的政治煽动家，他们组织了一个名为"爱国联盟"的政治俱乐部，武力反抗当时日本政府的独裁和高压政策。报纸是油印的，在日本朋友圈中流传。政府官员痛恨这个报纸，它一到横滨就被没收。
>
> 第二年编辑们弄来了日文活字，俱乐部的所有成员都帮助出版这份月刊第一期的。至于这一期的内容，由于它是在前一期遭禁之后出版的，可以想见，它对政府施加了最恶毒的诅咒。
>
> 爱国联盟的每一个成员的年龄都在 18 岁到 27 岁或 28 岁之间，他们充满雄心和理想。他们议论俾斯麦和格拉德斯通（Gladstone）②的样子，就好像这两人都不如他们。他们直接安排这个国家的外交政策和政府系统，攻击日本领事的无能。
>
> 但是，他们只出版了一期。当我问到第二期时，俱乐部的一个人告诉我，因为第一期受到了日本政府的严厉压制，就没有接下去做第二期。后来我发现这完全是一个借口。真正的原因是，虽然这些业余印刷工愿意用日本活字来刊印报纸，但当工作分配下来，没

---

① 博特威尼克发表在《前进报》上的文章，纽约。
② 格拉德斯通（1809—1898），英国自由党政治家，曾四次出任首相。——译者注

有一个人肯承担这个麻烦，因为这项工作实在太乏味了。有几个成员开始做了几天，但是放弃了，这些贵重的活字最终就埋没在印刷所地下室的尘土里……

正是那一次我在旧金山上岸。我以前的历史是：我出生在一个日本中产阶级家庭，在锦衣玉食中长大，出版过一两份报纸，到一两个政府部门做过事，投身商业，却没能成功，最后来到美国。

让我来告诉你我对这个出众的主编长居（Nagai）先生的印象。在我到达美国之后，曾经拜访过他。编辑部同时也是厨房、饭厅、印刷室、营业室、卧室。他在和我交谈的时候正在操作印刷机，手黑黑的，沾满了墨水。他没有刮过的脸和褴褛的衣裳，让我觉得他像一个游民。在他身边有一张粗糙的桌子，上面撒满了面包屑，放着一个磨坏了的咖啡壶和煎锅。他说道："在这个国家每个人都工作，就连主管都是临时工。"这时，阳田（Hinata）先生和佐奈（Sanata）先生出现了，一个大概20岁，一个15岁，还穿着短裤。加上主编长居先生，他们就是《金门日报》（*Golden Gate Daily*）的全班人马。顺便说一下，佐奈先生后来在大学里完成了工程学的课程。

短暂停留之后，我来到了旧金山《纪事报》（*Jiji*），它那时在杰西街上。我在入口处看到有一张写有报名的纸贴在墙上。我进入了编辑室，看到泽木三郎（Sawaki Saburo）先生［现在是登世气仙（Toyo Kisen）（汽船）公司的一个部门经理］靠在桌边正翻译一个故事动人但毫无文学价值的小说。在隔壁的屋子是一间石版印刷室，纸张总管正在印刷。那时正当中日战争，报纸很好卖。他们发行130份，有80个订户。报社有许多人做帮手，我了解到有5个长期员工，但有大概15个或20个人吃饭。菜单是这样的：早点，咖啡和面包；午餐，水和面包；晚餐，米饭和肉汤。饭吃完了以后，剩下"5个"人继续工作，其他的四散而去，去哪儿我就不知道了。

1894年冬天，野口米次郎（Yone Noguchi）（诗人）在漫游全国之后进入报社。他主管报纸的发行。当时，只有主编是全职工作的。其他人要么上着学，做着散工，要么洗洗盘子或做其他活计。

283　　为了替代《奉承》（*Flattery*），野口和我编辑了一个类似的双月刊《东方》（*Orient*）。冈田（Okada）负责商业运作。让我们担忧的是，冈田是我们收入的来源，他每天是上都买两大块面包，但那是我们仅有的。一度，我们就着面包和水讨论世界形势。野口写了一些莫名其妙的散文和美国文学作品的蹩脚翻译。冈田外出卖杂志，三两天不会回来。我们就等着他，他一回来便缠着他把我们该得的给我们，他总是在桌子上丢下两角五分或者五角的硬币以求脱身。即便是圣人也不能没有面包过活，所以我们停止了出版《东方》，我去旧金山加入了《纪事报》（*Jiji*）。在那儿，我主要是校对，间或投递报纸。这是 1895 年秋天的事。我穿着自己的双排扣礼服大衣去投递报纸，受到了主管山户（Yamato）的表扬，他说我是第一个怀着真诚和尊严从事这项工作的人。正是此时，《金门日报》的加入壮大了旧金山《纪事报》的力量……

　　我自己这边，我发行一个连环漫画报纸《开口大笑》（*Agohazushi*），募集旧金山报界最出色的人。他们中有：大起（Ooka）、渡边（Watanabe）、孝越（Satsuke）、山田（Yamada）、吉羽（Yoshita）、石丸（Ishimaru）、小林（Kobayashi）博士、画家高桥（Takahashi）、深濑（Fukase）、野口米次郎、山田（Yamada）、《新大陆》主编伊藤（Ito）以及坂上（Sakakami）。此时是 1896 年秋天，杂志发行到了 12 期，但是总收入不超过 15 美元。我在 7 个月时间里，没有一天吃过一顿以上。在这时，在《东方》遭遇失败的冈田（Okada），突然创办了《日本先驱报》（*Japan Herald*），他招募了茂井（Moida）先生，现在是东京《朝日新闻》（*Asahi*）的外国部主管；还有高田（Takada）和横川（Yokokawa），后者在日俄战争中到满洲去炸铁路桥，被俄国人抓住枪毙了。我也受邀加入。

　　《日本先驱报》是一份平版印刷的对开四页报纸。当时只有两种报纸，即《新世界》和《日本先驱报》，它们在报上互相攻击。
有时，我们用整整一页来刊登对《新世界》的攻讦。冈田经常不能
从中国印刷商那里拿到报纸，因为上一期的账还没结呢，他发现让
报纸继续发行是很件烦心的事。20美元一个月的印刷费是很合理
的，但问题是，报纸的全部收入不过50美元，况且我们还要靠卡
尼街（Kearney Street）上餐车卖的5分钱的中饭过活。

　　大约此时，1897年夏天，福音会会长阿彦（Abiko）先生在
《日本先驱报》位于马丁街的编辑部里找到了我，笑着问我要不要
到福音会新开的家庭旅馆帮忙。我觉得自己不适合这个工作，就拒
绝了。于是，阿彦先生到街对面的华人商店找了一个人。等着墨水
干了的当儿，我们闲聊了一阵，我告诉他，有一个强大的公众报刊
界有多么重要。当然，我没有告诉他我们的"困难"。几天以后，
他又来找我，告诉我他想办一份报纸。我问他为什么不买我们这份
呢。他问了价钱，我告诉他25美元就可以全部买下来。他好像有
点吃惊，但他说，如果可以分10个月分期付款，他可以接下这桩
生意。我们去问了冈田先生，确定了收购计划，他同意以25美元
转让报纸，所有事在10分钟之内就敲定了。

　　班底被重组了：我负责平版印刷；前田（Maeda）负责编辑；
冈田负责发行；阿彦先生全权负责。《日本先驱报》改名为《日本
新闻》（Japan News），第一期在1897年6月刊发。这就是《日美
新闻》的前身，现在发行量已经达到了7000份。因为我以前的惨
痛经历，我觉着这份报纸喂不饱我们，所以我接着办我的连环漫画
报纸，它在12期以后一度停刊了。这里又一次聚集了众多报人，
这栋楼逐渐成为无家可归者和贫苦人的收容所。因为我经营这份报
纸，每个人都叫我国王。但我是个悲惨的国王——我必须亲自做所
有人的伙食。

　　来年，《日本新闻》从日本买来了活字，停止了平版印刷。我
想当时的发行量不会超过150份。

　　同时，因为印刷的一幅讽刺画激怒了一位美国女士，我们被告

284

285

上法庭。由于没有雇律师为我们辩护，我们输了官司。前田被罚款 50 美元，高桥和我被判监 9 个月。那段时间我们过得很好，因为我们有足够的食物。此外，我们用闲暇时间阅读和玩象棋（那些监狱里的快活日子），我还定期为城市里的报纸撰稿。从监狱释放之后，我到了《新世界》，若宫（Wakamiya）也加入了我们的团队。他后来成为东京《中央新闻》（*Chuo Shimbun*）的主编。在我入狱以前，野口米次郎就与华金·米勒（Joaquin Miller）开始交往，他的随笔在美国杂志上发表，变得非常有名。他和我们一起搬入波斯特街的房子，他自己出版一份英语随笔杂志，而我把自己的连环漫画报纸改名为《太平洋》（*Pacific*）。我入狱的时候，出到了第二期。自然，从此之后它就停刊了。

《新世界》与 Y 有了矛盾，搬到了布什街。同时 Y 的成员开始出版《北美人报》（*North American*）。这些报纸展开了激烈的笔战。但不久，《北美人报》和《日本新闻》就在 1900 年 4 月 3 日合并为《日美新闻》，就像我之前说过的，现在它的发行量已经达到了 7 000 份。

在我入狱以前，1899 年，佐野（Sano）、宫川（Miyagawa）和狄龙（Dillon）小姐出版了一份杂志《菊花》（*Chrysanthemum*），但是没能支撑多久。大约同时，汤浅（Yuasa）和松村（Matsumura）在洛杉矶开始出版一份油印杂志。虽然我忘了它的名字，但是我记得那是一个不成功的尝试。正是那时，美以美会①创办了它的机关报《好消息》（*Fukuin*）。1900 年 6 月，我离开了报界，到乡下去耕作。但是我在萨克拉门托的医院待了两个月以后，发现在萨克拉门托的日本人生活得很好，于是我建议《日美新闻》的经理阿彦先生，在萨克拉门托开设一个分支机构，报道当地日本人社会的新闻。其他的报纸也纷纷跟上，在各地开办分支。这是向真正的进

286

---

① 从 1784 年到 1939 年之间的一个基督教卫理宗的教派，从 1784 年到 1844 年是在美国的卫理公会所使用的宗派名称，南北分裂后到 1939 年，是在美国北方的卫理公会所使用的宗派名称。该会属于基督新教的一个较大的宗派——卫斯理宗。——译者注

步迈进了一步。报纸的兴趣向全国扩张，主编们也停止了彼此的人身攻击，把他们的注意力转向了为整个日本社会服务。这种转变得到了报偿。这些报纸建立了新的大本营，配备了现代印刷机。在日俄战争期间，这些报纸取得了很大进步，因为战时和战后有大批日本移民移入。虽然这些进步被 1906 年的旧金山地震打断，但是其影响只持续了一小段时间。地震前后，有许多报纸开始在其他日本人的聚居中心出版——例如洛杉矶的《新闻》（News）、萨克拉门托的《日报》（Daily）等等。[①]

《日美新闻》是 11 家在美国出版的日文日报中最大和最具影响的一份报纸，它的发行量达到 12 568 份。以上的日文报刊历史就是作者为庆祝它的发行量突破 7 000 份所作。

遗憾的是，其他语言群体中没有更多的人像旧金山的释岛鹫头那样给我们一幅亲密、坦率和幽默的报刊画面。

---

① 志功草间译。

第十二章 反映各自群体的报刊

不同外语群体报刊的发行区域很大程度上就是他们在美国的主要聚居地，这就标示出了"文化区域"，在这些地方，一个移民群体的影响力大大超过在其他地方。在这些区域出版的报纸，其特点和内容是它的读者的特殊兴趣、愿望和社会态度的表征。这样就不仅可以划分移民区域，而且可能大致勾勒出移民的道德、心理和政治状态。[①]

在较大的移民区所在的纽约和芝加哥之外，移民人口如同其报刊的所在地所示，分为三四个大群体。

中西部群体由德意志和斯堪的纳维亚人代表，将德意志人的一只手臂伸进西南部，一直深入到得克萨斯中部；斯堪的纳维亚人的一只手臂伸进明尼苏达州和西北部。这个群体还包括威斯康星州、艾奥瓦州和内布拉斯加州的波希米亚农民、若干荷兰人小群体以及更少的比利时—佛兰芒人和威尔士人等为数更少的群体。如果有可能用一个词来概括这个中西部群体的特点，人们也许可以根据他们作为移民的态度，把他们称为"定居者"（settlers）（见图 12—1）。

---

① 见第二部分，"外文报刊的内容"。

288

图 12—1　1920 年美国主要"定居者"和"移住民"报刊出版地

把波希米亚人放进这一类也许有欠准确，这是因为众所周知，除了 *289* 爱尔兰人和波兰人，他们在所有主要移民群体中是最显著的民族主义者。然而，与爱尔兰人一样，他们比除了德意志人和斯堪的纳维亚人以外的任何其他移民群体更加完全地认同这个国家。

第二个群体或许该包括西班牙人，他们从墨西哥越过边境进入南部。还有法国人，他们从魁北克省来到北部。这些人来美国之前就定居在那里（像发生在新墨西哥州的那样），他们进入美国一开始只是为了做季节性的工作或打短工。年复一年，越过边境的移民潮向腹地挺进。每次移民回去的时候，总有一些人留下成为永久定居者。但是，由此形成的人口三角形分布依然顽强地存在，以情感和传统作为纽带，与祖国联系起来。

这部分是因为在美国和祖国之间没有天然屏障，部分是因为巨大的文化差异使移民陷于孤立。根据其对美国生活的态度，这些人可被称为"移住民"（colonists）。

可以根据地域界定的第三个移民群体的主要代表是意大利人和各族斯拉夫人，包括：保加利亚人、克罗地亚人、芬兰人、匈牙利人、意大利人、立陶宛人、波兰人、罗马尼亚人、俄国人、塞尔维亚人、斯洛伐克人、斯洛文尼亚人和乌克兰人。他们组成了一支巨大的劳工队伍，根据美国工业对劳动力需求的变化，他们在大西洋两岸往返。他们在矿山干粗活，组成了我们工业城市中工厂工人的大部分。他们离开了祖国，但还没有安定下来。他们和移民明显不同，根据他们流动的特点，我们把他们叫做"流动产业工人"（migrant industrials）。

最后是一些小民族，他们多数居住在大城市里，从事贸易和轻工业。他们包括了那些流动的、爱冒险的商人，他们被远远地剔除在这个国家的政治和社会生活之外。他们来自近东——亚美尼亚人、亚述人、希腊人、波斯人、叙利亚人（阿拉伯人）和土耳其人。还有一些新近的移民，如阿尔巴尼亚人和为数寥寥的列托人，还有西海岸的东方人——中国人、菲律宾人、印度人和日本人。我们把他们归为"异域者"（exotics），因为他们比其他移民更为隔绝，几乎与美国生活没有任何接触，或者看起来是这样。

一些移民群体不完全属于某一类型。来自佛得角群岛（Cape Verde Islands）①、漂泊海上的葡萄牙人在东西海岸都建立了小移民区并办了报纸。他们对海岸的依附说明他们的职业有多么不稳定；从参与美国生活的观点来看，他们应被归为异域人。但是从产业来看，他们又属于流动产业工人。

犹太移民可以属于以上任何一种，但是又不能被完全归入某一类。犹太人确实钟爱商业，而且传统上居住在城市里。但是，犹太人因为没有祖国——不像挪威人的祖国是挪威——在他改变自己国籍的时候，他是全心全意的，他带上他的家人、全副家当和本民族的神明来到新的国家。除了中国人和日本人以外，哪个民族也没有比犹太人更独特的文化；哪个民族也不像犹太人那样一方面使自己的文化适应美国，另一方面又能很好地保存它，防止美国环境对它的破坏。

在以下对众多移民报刊的审视中，我们试图在报刊特征与其支持群体的生活之间找到关联，结果与我们之前描述的相同（见图12—2）。

---

① 非洲国家。由两大群岛（迎风群岛、背风群岛）组成，有10个主要岛屿和8个小离岛。1495年沦为葡萄牙殖民地，1951年成为葡萄牙海外省，1975年7月5日宣布独立，成立佛得角共和国。——译者注

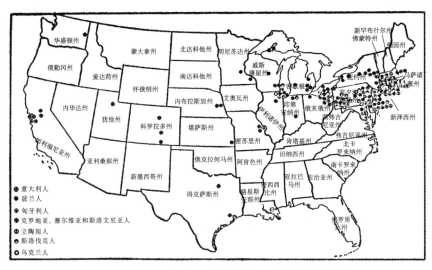

图 12—2 1920 年美国"流动产业工人"报刊出版地

定居的过程

在这些形形色色的文化区域，定居的过程与确定这些区域及其报纸
的性质息息相关。

正如人们长期公认的那样，移民热具有高度传染性。当它袭击一个
农民村落的时候，它就传染了整个社群，一直持续到可以移民的人走光
为止。在这个国家，一个新的社群被建立起来，它实际上是输出移民的
原籍国的一个村庄和省份移民的聚居区。

在美国，小定居点星罗棋布，每一个都几乎完全由来自海外的同村
或同省的人组成。

来自莱茵河谷（Rhine Valley）、奥尔登堡（Oldenburg）、威斯特伐
利亚（Westphalia）、莱茵地区普鲁士（Rhinish Prussia）和莱茵—黑森
（Rhine-Hessan）的移民，定居在得克萨斯州的巴斯特罗普（Bastrop）；
密歇根州的威斯特伐利亚（Westphalia）；威斯康星州的罗克斯堡
（Roxburg）、米德尔顿（Middleton）和贝里（Berry）；阿肯色州的小石

城（Little Rock）。符腾堡人（Würtembergers）定居在密歇根州的安阿伯（Ann Arbor）；萨克森人（Saxons）定居在密西西比州的奥斯纳布吕克（Osnabrück）。来自阿尔萨斯—洛林（Alsace-Lorraine）① 的德意志人定居在俄亥俄州的洛林（Lorain）和伊利（Erie）两县。

这些移民区中有的有特殊利益。宾夕法尼亚州的伯利恒（Bethlehem）以及刚刚跨越俄亥俄州边界的拿撒勒（Nazareth）②、戈申（Goshen）③ 和迦南（Canaan）④，是摩拉维亚⑤人（Moravians）、登卡德派教徒和阿米什派（Amish）⑥ 的早期宗教殖民地。密西西比州的蒙哥马利（Montgomery）和加斯科内德（Gasconade）两县、得克萨斯州的新布朗费尔斯（New Braunfels）和弗雷德里克斯堡（Fredericksburg）、威斯康星州的日耳曼妮娅（Germania），标志着在美国建立德意志邦国的三次尝试。密西西比州费姆欧塞奇河（Femme Osage River）畔的杜登（Duden）移民区和伊利诺伊州的贝尔维尔（Belleville），因为居住在那里的上流社会和受教育人士而闻名，其中大多数人是 1848 年的政治难民。它们被称为"拉丁移民区"。

犹太人和意大利人定居在纽约市曼哈顿岛的下东区和西区，其方式恰与斯堪的纳维亚人和德意志人定居在中西部乡村地区如出一辙。休斯顿街以下的犹太人区现在是、或者最初是一种众多小定居点的集合，每

---

① 今法国东部邻接德国的地区，即普法战争后法国在 1871 年割让给德国的领土，包括今法国上莱茵、下莱茵和摩泽尔省，1919 年归还法国。中世纪由西法兰克王国（德意志）控制，1552 年由法国占领。阿尔萨斯语作为一种日耳曼方言仍为当地通用语，学校既教法语，也教德语。在欧洲两强法德的争锋史上，阿尔萨斯—洛林的归属极具民族主义意味。——译者注

② 世界上有多个同名城市，最著名的位于以色列北部，即《圣经》故事中耶稣基督的故乡。——译者注

③ 语出《圣经》故事中出埃及前以色列人住的埃及北部肥沃的牧羊地，《圣经》中译本译为"歌珊地"。——译者注

④ 语出《圣经》故事中称其为上帝赐给以色列人祖先的"应许之地"，是巴勒斯坦、叙利亚和黎巴嫩等地的古称。——译者注

⑤ 今捷克共和国东部一地区。——译者注

⑥ 美国和加拿大安大略省的一群基督新教再洗礼派门诺会信徒，以拒绝汽车及电力等现代设施、过着简朴的生活而闻名。它是德裔瑞士移民后代组成的传统、严密的宗教组织，过着与世隔绝的生活，是 1525 年来自瑞士、从门诺派或重洗派分裂出来的宗派。——译者注

一个定居点都有一个犹太教会堂，以其成员迁出的外国村庄命名。每个意大利移民——南部意大利人尤其是如此——从一个意大利村庄来到纽约或某个其他城市中那个村庄的移民区。[①]

就主要定居在城市与定居在乡村社区的移民而言，其境遇的不同之处在于，前者的移民区实实在在地密布于人口稠密的地区，而后者被分散和隔绝在散见于美国国土三分之二的农业小社区之中。

城市生活的趋势是摧毁移民的地方主义，强化他们的种族和民族团结意识。这就解释了为什么犹太人虽然使用三种不同的外国语——德语、意第绪语和拉地诺语——但是他们在美国所达到的团结和社区组织的水平要高于自大流散（Dispersion）[②]以来在其他地方所达到的水平。

其他都市民族的情况与犹太人相仿，尽管在程度上略有不及。来自意大利各地的移民，虽然有着历史上和方言上的种种差异，但是在我们的大城市形成了一种在意大利也不存在的民族感情和团结意识。在爱国场合如此大量地出现在意大利文报刊上的意大利人全国性协会，其实不外乎是由互助协会那样的较小单位组成的；而在这个国家，一旦一个小移民区设立，它就会组成这样的互助协会。这些协会一个个只是意大利村庄的那种自发的、和睦的正式组织。

城市生活的影响可见于都市报刊上，它们的新闻栏和社论创造和保持了一种对原籍国国内和国际政治的积极兴趣。较大的大都会报纸由于其广泛的发行范围，所面向的既不是巴伐利亚人或威斯特伐利亚人，也不是萨克森人，而是德意志人；既不是热那亚人或那不勒斯人，也不是阿布鲁佐[③]人（Abruzzesi）或吉尔金蒂[④]人（Girgentesi），而是意大利人。通过这种方式，居住于城市打破了移民们与生俱来的对地方和省籍的忠诚，代之以一种不那么强烈却更具有民族性的忠诚。

---

① See R. E. Park and Herbert A. Miller, *Old World Traits Transplanted*, pp. 146 - 242.
② 指古代犹太人被巴比伦人逐出故土后的大流散。——译者注
③ 意大利中部一地区。——译者注
④ 意大利西西里岛一地区。——译者注

294

295

乡村生活的趋势自然而然地与之针锋相对。它强调地方差异，保存移民的记忆，培育一种对原籍国小社群的情感兴趣。这体现在德国外省报刊中，它们用一种不再得到德国报界承认的方言印刷。它们将德国外省生活理想化了，这种生活存在于50年前，却仍然活在这些报纸的主编和读者的记忆之中。

在美国，许多外语群体在都市和乡村都建有定居点，也都有其都市报刊和乡村报刊，但是通常一个类别比另一个更具有这个群体的特征。

统计数据来源

N. W. 艾尔父子广告公司的《报纸年鉴与名录》（*Newspaper Annual and Directory*）① 是有关外文报刊的最可靠的统计数据来源。自1884年以来，它一直发布外文报刊一览表。这些一览表是比较准确的，但绝不是完备的，在较小的外省出版物的统计方面尤其有缺陷。根据1918年的艾尔一览表，有57种挪威文和18种日文报纸，而根据研究报刊的学者的说法，实际上有115家挪威文和44种日文报纸。

与获得完整的报纸一览表相比，艾尔父子广告公司更关心的是获得作为广告媒介的报纸的准确发行量。其声望来自于宣誓证明的明细报告书、邮局声明书、明细报表、发行人报告和估计数。在报纸被列入一览表的第一年不会给出其发行量数字，而"如果所收到的信息不确切、相互矛盾或令人不满意，如果我们的关于当地情况的信息和寄给我们的数据不符，数据的准确性就会受到怀疑"，那也不会给出发行量数字。② 显然，这对外文报纸而言是常事，因为一览表所列出的外文报纸只有61.8%给出了发行量数字。

---

① 第一次以《报纸年鉴》为名发布于1880年，1910年加上了"名录"而更名为《报纸年鉴与名录》，一直出版到1986年。如今以《盖尔出版物和广播电视媒体名录》（*Gale Directory of Publications and Broadcast Media*）继续出版。——译者注

② See *American Newspaper Annual and Directory*，1920，N. W. Ayer & Son, p. 7.

不同年份的发行量统计数字彼此之间也不能充分加以比较，因为即便是艾尔父子广告公司所引用的发行量数字也不够准确。某些群体的报纸过去一直有、现在仍然有高估发行量的趋势，这种趋势在一份艾尔父子广告公司没有收录的报纸上得到了体现。根据纽约市的罗马尼亚文报纸《大罗马尼亚》（Romane Mare）主编的说法，该报 1919 年夏季的发行量约为 6 000 份。这份报纸多次易主，现在以芝加哥的《自由报》（Liberatatea）和《觉醒吧，罗马尼亚人报》出版。在 1920 年 7 月 15 日的一期上，报名下有这样的文字："美国最悠久和最受欢迎的罗马尼亚文周报，订阅量达到50 000。"

大型外文日报和周报由发行量审计局（Audit Bureau of Circulations）[①] 核查，较老的群体报刊的发行量可以期待相当可信的发行量报告书。虽然艾尔父子广告公司的《报纸年鉴与名录》没有外文报刊的完整一览表，但是它的确包含了那些积累了一定发行量的报纸，而且它只包括那些值得广告商信赖的发行量数字。

外文报刊的总发行量估计高达 1 000 万份。艾尔父子广告公司 1920 年 1 月的数字是 7 618 497 份。除非另外标识，以下图表所依据的数据来自 1920 年《美国报纸年鉴》（American Newspaper Annual）。　*297*

城市和乡村出版物

出版地的统计，无论是都市的还是乡村的，根据它们或分散或融合的趋势，大致反映了各种移民群体的特性。那些让它们的报界长期持续下去的群体通常选择在乡村地区出版报纸，而且一般而言，出版地显示　*298*了一份报纸所拥有的是城市的还是乡村的主顾（见表 12—1）。

---

① 世界上第一个核查报刊发行量的非营利组织，1914 年由广告商、广告公司和报刊发行人共同组建于美国伊利诺伊州的肖姆堡，今天业务范围从美国扩大到加拿大，在纽约和多伦多设有办事处。英国的同名机构成立于 1948 年。——译者注

297 表 12—1   外文报刊出版地

文种	纽约	芝加哥	克利夫兰	明尼阿波利斯	费城	匹兹堡	旧金山	圣路易斯	波士顿	密尔沃基	十个城市总和	十个城市以外	总计
阿尔巴尼亚文	2								2		4		4
阿拉伯文	6								1		7	1	8
亚美尼亚文	1	1							4		6	3	9
比利时文—佛兰芒文												3	3
波希米亚文	7	14	3		1		3		2		30	21	51
保加利亚文												1	1
中文	3						4				7		7
克罗地亚文	3	2				1	1				7	2	9
荷兰文		1									1	12	13
芬兰文	1	1									2	20	22
法文	10	1		1			3		2		17	29	46
德文	9	15	12	1	7	4		15	3	11	77	199	276
希腊文	6	3							2		11	4	15
希伯来文	2				1						3		3
匈牙利文	7	2	2		2			1			14	13	27
意大利文	12	5	1		7	2	6	2	3		38	60	98
日文	2							2			4	11	15
列托文	1										1	1	2
立陶宛文	1	5	1		1				3		11	5	16
挪威文—丹麦文	1	9		13			1				24	29	53
波斯文	1										1		1
波兰文	4	11	6	1	5	3		1	2	2	35	41	76
葡萄牙文	5						1		1		7	11	18
罗马尼亚文	1		2								3	1	4
俄文	5		1				1				7	4	11
塞尔维亚文	3	2					1	1			7		7
斯洛伐克文	4	5	3			4				1	17	11	28
斯洛文尼亚文	2	7	2							1	12	2	14
西班牙文	25	2			2	1	1		2		33	67	100
瑞典文	2	11		11				1			25	33	58
乌克兰文	1	2			1	2					6	4	10
威尔士文												2	2
意第绪文	19	7	1		2	1		1	1	1	33	3	36
总计	146	106	34	27	25	25	23	23	23	18	450	593	1 043[1]

[1] 不包括 9 份"其他报刊"。

在十个外文出版物为数最多的城市内外，分别出版 450 份和 593 份
报纸。在这 450 份报纸中，252 份地处纽约和芝加哥。表 12—2 根据各
自城市外文出版物的数目排列，显示了出版地。

在这些城市内外出版的报纸大致分别代表了较新和较老的
移民。

定居者和移住民群体发行的报刊绝大多数是乡村的，或者至少不在
这十个出版中心出版。

表 12—2　　　　　　　　　　"定居者"和"移住民"报刊出版地

种族	总计	在十个城市	不在十个城市	
			数目	百分比
比利时人—佛兰芒人	3		3	100
威尔士人	2		2	100
荷兰人	13	1	12	92
德意志人	276	77	199	72
西班牙人	100	33	67	67
法国人	46	17	29	63
瑞典人	58	25	33	57
挪威人—丹麦人	53	24	29	55
波希米亚人	51	30	21	41
总计	602	207	395	66

德文报纸中只有 28% 在这十个城市出版。在所有的外文报纸中，
德文报纸是迄今数量最多和最为分散的。1918 年，没有德文报刊的州
只有 16 个。这些报纸中有许多是地方小报，主要在地方上发行。在德
文地方报纸发行量不足 1 000 份的 27 个城镇中，有 16 个地处俄亥俄
州、威斯康星州和伊利诺伊州。这三个州有 129 份德文报纸，接近全国
总数的一半。

这并不意味着在美国的绝大多数德意志人住在乡村，也不意味着与
其他移民相比他们是拥有最大乡村人口的族群。1910 年对外国出生人
口的普查表明，在 8 个有最多乡村定居者的移民群体中，德意志人排名

末位（见表 12—3）。

表 12—3　　　　　　　外国出生者中乡村人口百分比 ①

出生国	百分比
挪威	57.8
丹麦	51.7
芬兰	50.0
卢森堡	48.7
荷兰	45.1
比利时	40.4
瑞典	39.4
德国	33.3

德文报纸的分布表明，德意志移民建立起了相对较多的永久性小社区，足以支撑一份地方性的德文报纸。

主要在城市出版报刊的语言群体是那些绝大多数人从商的语言群体——希腊人、亚美尼亚人、中国人、叙利亚（阿拉伯人）和犹太人。
300 还要给他们加上两个较小的语言群体，即列托人和阿尔巴尼亚人，他们也主要居住在较大的城市。这些人被归入异域者一类。他们的报纸几乎全部在那十个城市出版，其中大部分在纽约或芝加哥。

说意第绪语的犹太人只在 7 个州坚持办报刊，在他们的 36 份报刊中，就有 26 份在纽约或芝加哥。这些报刊虽然数量不多，但是发行量大，实际上覆盖了美国每一个说意第绪语的社区。

流动产业工人受雇于各主要产业，住在矿区和较小的工业城市以及各大人口中心，因此他们的报刊就两类皆有，他们可归入一个中间类别（见表 12—4）。总的来看，这个群体的城市和乡村出版物几乎平分秋色。

---

① See *United States Census*，1910，vol. i，p. 818，Table 22.

表 12—4　　　　　　　　　　"流动产业工人"报刊出版地

种族	总计	在十个城市	不在十个城市	
			数目	百分比
保加利亚人	1		1	100
芬兰人	22	2	20	91
意大利人	98	38	60	61
葡萄牙人	18	7	11	61
波兰人	76	35	41	54
匈牙利人	27	14	13	48
乌克兰人	10	6	4	40
斯洛伐克人	28	17	11	39
俄国人	11	7	4	36
立陶宛人	16	11	5	31
罗马尼亚人	4	3	1	25
克罗地亚人	9	7	2	22
斯洛文尼亚人	14	12	2	14
塞尔维亚人	7	7		
总计	341	166	175	51.3

　　除了其地理分布，移民报刊的其他显著特点也与支持它的群体有密切的关系。

刊期

　　对不同语言群体报刊的比较显示，在新近的和流动性更大的移民中，日报的数量和发行量大得不成比例。例如，瑞典人一种日报也没有。在 276 种用德文出版的报纸中，只有 29 种是日报。另一方面，保加利亚人在美国只办了一种报纸，而它恰恰就是日报。在艾尔父子广告公司《报纸年鉴》中提到的 4 种阿尔巴尼亚文报刊中，有 2 种是日报；8 种阿拉伯文报纸中有 5 种是纽约的日报（见表 12—5）。

表 12—5　　　　某些新近移民群体日报与其他期刊的比例

	日报	其他期刊	百分比
希腊文	2	13	15
意第绪文	12	24	50
亚美尼亚文	3	6	50

续前表

	日报	其他期刊	百分比
阿尔巴尼亚文	2	2	100
中文	4	3	133
叙利亚文（阿拉伯文）	5	3	167
日文	11	4	275

发行量数字证实了这个推断。如果超过一半的发行量来自日报，那么这个报刊界就属于异域者群体。图12—3显示，在异域者报刊发行量中，日报发行量所占的百分比最高：

302

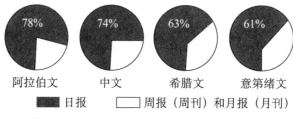

图12—3　不同刊期"异域者"报刊发行量之比

另一个自然群体由那些较早的农业移民组成——斯堪的纳维亚人、波希米亚人和德意志人，为了这种比较的目的，或许可以加上法国人和西班牙人（见表12—6）。

表12—6　　　　　较早的农业群体日报与其他期刊之比

	日报	其他期刊	百分比
挪威文—丹麦文	2	51	4
西班牙文	5	94	5
德文	29	247	12
意大利文	11	87	13
法文	8	38	21
捷克文（波希米亚文）	9	42	21

如果周报（周刊）或月报（月刊）的发行量占一半以上，那么这个报刊界就属于定居者或移住民群体（见图12—4）。

最后是流动产业工人，他们主要从事大型基础矿业和制造业（见表12—7）。

德文　　　挪威文—丹麦文　　西班牙文　　　瑞典文

■日报　　　□ 周报（周刊）和月报（月刊）

图 12—4　不同刊期"定居者"与"移住民"报刊发行量之比

表 12—7　　"流动产业工人"群体日报与其他刊期之比

	日报	其他期刊	百分比
乌克兰文	1	9	11
匈牙利文	3	24	13
意大利文	11	87	13
俄文	2	9	22
波兰文	15	61	25
斯洛文尼亚文	3	11	27
斯洛伐克文	6	22	27
克罗地亚文	2	7	29
罗马尼亚文	1	3	33
立陶宛文	4	12	33
芬兰文	6	16	38
塞尔维亚文	2	5	40

　　有些语言群体没有日报，其中最重要的是瑞典人。其他的有：葡萄牙文、荷兰文、比利时文—佛兰芒文、列托文、威尔士文和波斯文。

　　与较早的移民相比，新近移民有更多的日报，其中一个原因是新近移民不能阅读英文报纸。在这样的情况下，外文报刊是他们与外部世界接触和交流的一种媒介。至于较早期的移民，尤其是斯堪的纳维亚人和德意志人，移民报刊是他们在移民社群中保持接触和交流的一种手段。304

　　新近移民之所以有多得不成比例的日报，还因为他们绝大多数是城市居民，居住在人口密集的移民区。在这样的条件下，生活节奏快于农村，每天有更多的新闻产生，要获得成功就更有必要了解新闻。

出版物类型

　　出版动机也是重要的，绝大多数外文报刊是商业性报刊。移民报刊无论新老，凡是发展得好的，商业性报纸的发行量远远高于宣传性报纸和机关报的发行量。这个事实显见于表 12—8 和图 12—5、图 12—6之中。

表 12—8　　　　　　某些移民群体不同类型外文报纸发行量

民族	总计	百分比		
		商业性报纸	机关报	宣传性报纸
意大利文	691 353	93	6	1
德文	1 545 104	85	12	3
波兰文	986 866	81	16	3
瑞典文	538 598	77	21	2
意第绪文	827 754	70		30
芬兰文	125 397	51	2	47
亚美尼亚文	19 400	48		52

德文　　　　　意大利文　　　　波兰文

■ 商业性报纸　　　□ 其他报纸

图 12—5　德文、意大利文和波兰文商业性报纸与所有报纸发行量之比

305　　在任何一个语言群体中，机关报可能与全国性组织一样多。任何移民群体所维持的机关报的数目和多样性是对该群体被组织程度的一种测量。克罗地亚人只有一种机关报，而波兰人有 17 种。机关报的种类还揭示了成为一个外语群体特色的利益类型。波兰人有 4 种民族主义性质的机关报，一种社会主义机关报，但是宗教是主要分界线。罗马天主教互济协会有 7 种机关报，而代表非党派的或独立的互济协会的有 5 种。

对于塞尔维亚人来说，民族主义情感才是议题。南斯拉夫共和派有一个协会和一种报纸，即在匹兹堡出版的《美国塞尔维亚人保卫报》，君主派有两个协会，由纽约的《保卫报》（Srbobran）和较为晚近的《自由报》（Svoboda）代表。

艾尔父子广告公司没有给出机关报和宣传性报纸的完整一览表。克罗地亚文的《博爱报》（Zajednicar）等机关报没有被列入，因为它们不接受广告；一般而言，宣传性报纸发行量较小。宗教机关报即便有一定的发行量，但并不总是有人阅读。位于芝加哥沃伦大道（Warren Avenue）1612 号的德意志朝圣者出版社（The German Pilgrim Press）出版过一本关于它的报纸《教会信使》（Kirchenbote）的小册子，其中抱怨说：

> 几年前，我们的牧师之一告诉我：“我的教堂有这样的人：《教会信使》送到他们家中，但是他们不读。”一个女性去年对我说：“我只读《教会信使》上的讣告。”今年她没有续订。自然，谁也不会对一份没有人读的报纸感兴趣。如果不读的话，为什么还要为它付钱呢？谁也不会怪罪一名没有时间阅读的当代女性。当代女性必须做编织和刺绣活。但是那些应该读《教会信使》的牧师们也不读。如果你和一个牧师谈论最近三四个月刊登在《教会信使》上的某篇文章，你很快会发现，他们对此一无所知，而他们也是对报纸指手画脚最多的人。

> 或许有人会说：“如果《教会信使》的内容更有趣，我或许更愿意去读了。”也许错误不在《教会信使》，而在你的品味。即便面对最好的人间美食，人的胃口也需要被唤醒和开发。

图 12—6　亚美尼亚文、芬兰文和意第绪文报刊中宣传性报纸与报纸发行量之比

在那些社会主义是一种群体传统的群体中，宣传性报纸是它们的报刊的一个因素。

说来足够奇怪，拥有最多社会主义读者的恰恰是亚美尼亚人、芬兰人和犹太人。亚美尼亚人有 7 种商业性报纸——而只有 2 种宣传性报纸；但是这两种社会主义报纸的发行量都达到了 5 000 份。芬兰人有 6 种社会主义报纸和 3 种产联报纸，犹太人有 6 种激进报纸——1 种无政府主义报纸、3 种社会主义报纸、1 种共产主义报纸和 1 种产联报纸。

读者兴趣

从报刊的内容中有可能估计出，各移民民族实际上在美国扎根的程度，以及他们自己适应美国生活的形式、状况和具体目标的程度。

如果我们把某一语言群体的全部智识范围划定为一个圆，把移民对美国生活的关注和参与看作圆上的扇面，我们可以总结出不同的移民类型。例如，那些我们称作"定居者"的人——德意志人和斯堪的纳维亚人——对美国生活的关注可以定义为 300 度的扇面，剩下的 60 度的扇面代表对故国的关注。

另一方面，那些被看作异域者的人们则正好相反，60 度扇面代表对美国生活的关注，300 度扇面代表对祖国的关注。流动产业工人和移民则介于两者之间，他们对祖国和美国的关注也许各占一半。

流动产业工人和移民的主要区别在于，前者是流动的城市居民，从一个工业中心流动到另一个，生活在美国大都会的压力、兴奋和刺激之下。而移民，即便他们到城市找工作，或找寻同乡，他们还是无法分享那里的社会和工业政治，而这正是流动产业工人报刊的关注所在。

那些被分类为异域者的移民，他们生活的种种方面都联合起来限制他们关注和参与美国社会文化生活，但犹太人的情况又恰恰相反。

我们在这一章里对移民的分类是很不完全的，只表现出了显著的趋势。决定某一群体的特点的因素很多，种族只是其中一个。例如，移民为我们的国家生活所接受的程度，取决于他们在这个国家已经移民了几代，以及新近移民在这个群体中所占的比例。

对报刊的纵览不是各个语言群体的全息画面，如果我们不把他们的相互关系，包括相似之处、不同之处都考虑进去的话，就很难说公正地反映了实际情况。只有在研究了移民本身之后，我们才能理解他们报刊的特质。

第十三章　生存斗争

　　许多外文报刊问世，也有许多失败了。创办一份外文报刊比创办一份英文报刊容易，竞争不是很激烈，而且所需资金也不是很多。它们之所以失败，要么是因为理念偏差，要么是因为经营不善。移民报纸创刊和停刊的统计数据，多少反映了整个报业不成熟和不稳定的情况。

移民报刊的波动

　　最近的 35 年中，每年平均有 98 份外文报刊创刊，同时有 91 份停刊。正如表 13—1 展示的那样，在大多数年份里，新出的报纸超过了停刊的报纸。

　　新创办报刊数从 1914 年到 1915 年上升了 60 个百分点，涨势持续了 3 年。这是因为外国出生和讲外语的移民急切地想知道欧洲战事的缘故。因为无法阅读英文报刊，他们热切地期望阅读用自己语言报道的新闻，在这种需求的支撑下，外文报刊欣欣向荣。但 1917 年后，停刊的报刊数超过了新创的报刊数，因此在 1918 年，我们发现每创办 10 份报刊，就有 14 份停刊。1919 年，这个比例上升到了每新创 10 份报刊就有 40 份停刊。1920 年，这个比例反弹到了 10 比 15.8。要解释这种波动，就要考虑到德文报刊，因为它占了外文报刊的很大一部分，也是最重要的一部分（见表 13—1）。

表 13—1　　　　历年外文新创报刊和停办报刊：1885—1920 年[①]　　　310

年份	出版物总计					德文报刊		非德文报刊					
	总计	创刊		停刊		停刊与创刊百分比	总计	占所有报刊百分比	总计	创刊		停刊		停刊与创刊百分比
		数量	百分比	数量	百分比					数量	百分比	数量	百分比	
1884	794	—	—	—	—		621	78	173	—		—		—
1885	822	95	12	67	8	71	653	79	169	28	17	32	19	114
1886	884	136	15	74	9	54	679	77	205	65	32	29	14	45
1887	897	101	11	88	10	87	687	77	210	37	18	32	15	86
1888	942	134	14	89	10	66	717	76	225	57	25	42	19	74
1889	984	139	14	97	10	69	735	75	249	66	27	42	17	64
1890	1 028	123	12	79	8	64	750	73	278	68	24	39	14	58
1891	1 053	100	9	75	7	75	763	72	290	45	16	33	11	70
1892	1 124	120	11	49	4	40	794	71	330	73	22	33	10	45
1893—1894	1 170	119	10	73	7	61	796	68	374	78	21	34	9	43
1895	1 176	100	9	94	8	94	789	67	387	58	15	41	11	74
1896	1 181	126	11	121	10	96	787	67	394	75	19	68	17	90
1897	1 201	95	8	75	6	79	788	66	413	52	13	33	8	63
1898	1 179	94	8	116	10	81	781	66	398	48	12	63	16	131
1899	1 199	126	10	105	9	82	773	65	426	78	18	50	12	64
1900	1 163	58	5	94	8	162	750	65	413	27	7	40	10	148
1901	1 159	76	7	80	7	105	747	65	412	38	9	39	9	100
1902	1 153	52	5	58	5	112	737	64	416	28	7	24	6	86
1903	1 169	82	7	66	6	80	724	62	445	63	14	34	8	54
1904	1 178	90	8	81	7	90	721	61	457	62	14	50	11	81
1905	1 176	91	8	93	8	102	702	60	474	66	14	49	10	74
1906	1 183	82	7	75	6	91	693	59	490	64	13	45	9	75
1907	1 200	99	8	82	7	83	672	56	528	83	16	45	9	58
1908	1 183	89	8	106	9	119	656	56	527	67	13	68	13	100
1909	1 207	95	8	71	6	75	649	54	558	73	14	42	8	57
1910	1 198	70	6	79	7	113	634	53	564	58	10	52	9	90

续前表

年份	出版物总计						德文报刊		非德文报刊					
	总计	创刊		停刊		停刊与创刊百分比	总计	占所有报刊百分比	总计	创刊		停刊		停刊与创刊百分比
		数量	百分比	数量	百分比					数量	百分比	数量	百分比	
1911	1 196	66	6	68	6	103	627	52	569	50	9	45	8	90
1912	1 209	83①	7	70	6	84	603	50	606	73	12	36	6	49
1913	1 220	98	8	87	7	89	583	48	637	74	12	43	7	58
1914	1 231	82	7	71	6	87	564	46	667	68	10	38	6	56
1915	1 264	134	11	101	8	75	533	42	731	114	16	50	7	44
1916	1 277	117	9	104	8	89	519	41	698	111	16	72	10	65
1917	1 323	138	10	92	7	66	522	40	801	110	14	67	9	61
1918	1 295	72		101		140	483	37	812	63		52		83
1919	1 109	62	6	248	22	400	322	29	787	55	7	80	10	145
1920	1 052	99	9	156	14	158	276	26	776	94	12	105	13	112
平均	1 142	98	9	91	8	93	663	58	478	73	15	47	10	64

①原书数据如此。——译者注

1885 年，德文报刊占整个外文报刊的 79％，在 1920 年它只占到 26％。这两个数字大致反映了德文报刊最近 30 年的历史。虽然它比其他外文报纸的数量多很多，但这个优势在慢慢减弱，减弱的原因主要来自战争。1914 年，德文报刊还占所有外文报刊的 46％，到了 1920 年，已经缩减到 26％。讲德语的人组成了美国最大的移民群体，这或许能解释他们在外文报刊中的重要地位。战争无疑粉碎了这个群体报刊的支撑力量，德文报刊的衰落也是可以预见的。

德文报刊占据了优势地位，如果德文报刊的数量被扣除的话，移民报刊界的景象或许会显得更美好。德文报刊以外的其他报刊从 1884 年到 1920 年的数字已经在表 13—1 中有所体现。包括德文报刊在内，这几年新创报刊与停刊报刊之比例如此之高，这是绝无仅有的。平均来看，每新创 4 份报刊，就有 3 份停刊。最近两年报刊停刊对创刊的比例如此之高，或许是因为规模较小的外文报刊难以应对财政紧张和纸张短缺，也或许是战后读者兴趣衰减的缘故。现在就断言外文报刊会衰退下去还为时过早。当然所有的证据都指向德文报刊的衰落，而德文报刊占了外文报刊的大部分（见图 13—1）。

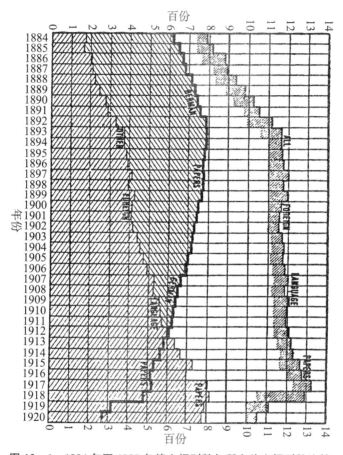

图 13—1　1884 年至 1920 年德文报刊数与所有外文报刊数比较

种族变化

对各种外语群体报刊的创刊和停刊数的分析显示了不同外语群体各有其特点（见表 13—2）。

表 13—2　1884－1920 年主要外文出版物净增长、总数和创刊停刊比例（按文种排列）　313

文种	1920 年总数	净增长数	1884 年总数	1884－1920		停刊与创刊百分比
				创刊	停刊	
德文	276	－3 45[3]	621	1 197	1 542	129

续前表

文种	1920 年总数	净增长数	1884 年总数	1884—1920		停刊与创刊之比
				创刊	停刊	
西班牙文[1]	118	83	35	417	334	80
斯堪的纳维亚诸文	111	58	53	451	393	87
意大利文	98	91	7	267	176	66
波兰文	76	73	3	192	119	61
波希米亚文	51	39	12	154	115	75
法文	46		46	155	155	100
斯洛文尼亚文[2]	42	41	1[4]	75	34	45
意第绪文	39	33	6[4]	95	62	65
匈牙利文	27	26	1	67	41	61
芬兰文	22	20	2[4]	63	43	68
立陶宛文	16	15	1[4]	38	23	65
日文	15	14	1[4]	24	10	42
希腊文	15	14	1	29	15	52
荷兰文	13	2	11	35	33	94
俄文	11	10	1[4]	26	16	62
乌克兰文	10	8	2[4]	19	11	58
总计	1 052[5]	258	794	3 444	3 186	92
除去德文	776	603	173	2 269	1 666	73

[1] 包括葡萄牙文。[2] 包括斯洛伐克文。[3] 下降。[4] 1884 年起。[5] 包括 66 种"其他报刊"。

从 1884 年到 1920 年，报刊的净增长数是 258 份，增长率是 33%。在这一时期内，新创报刊有 3 444 种，停刊报刊有 3 186 种，也就是每 100 种新创报刊对应着 93 种停刊报刊。如果除去德文报纸的话，报刊净增长数是 603 种，增长率 349%，每 100 种新创报刊对应 73 种停刊报刊。

德文报刊是唯一在这 36 年里负增长的报刊。法文报刊在这段时期的报刊数没有变化。荷兰文、斯堪的纳维亚诸文字、西班牙文和波希米亚文报纸有些许增长①。这些语言群体比表中的其他群体移民的时间更早。近期移民的大部分报刊创刊于 1884 年以后，例如斯洛文尼亚文、匈牙利文和波兰文报刊，它们报刊的净增长是很惊人的。

如上所述，在新近的移民中间，无论新创的报刊还是停刊的报刊占其全部报刊的百分比都是很大的。这些移民群体的报刊出生率与死亡率

---

① 原文如此。——译者注。

之比也是最低的。

虽然在大多数情况下，报刊死亡与出生的比例超过了二分之一，但是在老一辈移民中间，死亡率要高一些，这个比率，德文报刊是 129，法文是 100，荷兰文是 94，斯堪的纳维亚诸文字是 87。而日文和斯洛文尼亚文的比例最小，分别是 42 种和 45 种。这些数据说明，早期移民报刊普遍下滑，新近移民的报刊有所增长，站稳了脚跟。这是外文报刊和移民之间关系所决定的。

移民因素

移民潮的结构大致显示了移民报刊的语言构成。总的来说，移民报刊的读者是各个移民群体中新到的移民。他们还没有学会英文，与外界的隔绝使得他们尤其依赖通过母语了解这个国家和祖国的新闻。移民是支撑移民报刊的一个因素，虽然它的重要性依各自的群体而有所不同。如果把移民和发行量的统计数字加以比较，我们就可以更准确地预测二者之间的关系。由于发行量的数据并不完全，有必要列举外文出版物的数量加以补充（见图 13—2）。

用于比较的最佳数字是来自 1900 年人口普查中对操单一语言各国的移民的出生国统计，以及自那时起各种族相应的移民数量，就像移民专员报告中记载的那样。在表 13—3 中，移民增长的百分比可以与过去 20 年新创报刊的百分比进行比较。

总的来说，在这 20 年中，移民的增长数和新创报刊数之间存在很强的对应关系。移民增长快的国家，新创报刊也多；相反，移民增长少的国家，新创报刊也少。

不少人也许会惊异地发现，表 13—3 中列出的所有移民群体中，希腊人是 1900 年以后移民人数增长最多的种族，他们的新创报刊增长也最多。日本人和意大利人紧随其后。波兰人虽然移民人数多，新增报刊却不多；而芬兰人正好与之相反。但是，总的来看，新创报刊数和移民增长数之间存在很紧密的关系。

315

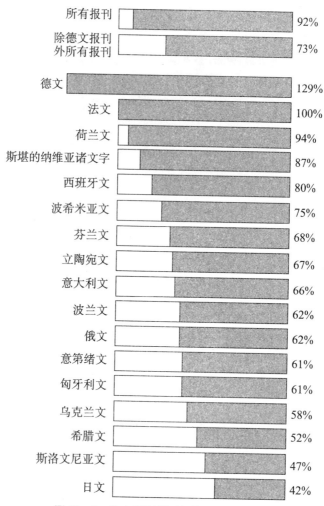

图 13—2　外文新创报刊与停办报刊之比

317　　表 13—3 1901—1920 年部分移民增长数与移民报刊新增数比较

出生国	外国出生				移民报刊[3]							
	1900年在美人数[1]	1901—1920年新增人数[2]	增长百分比	排名	1901年总数	1901—1920创刊		排名	1901—1920停刊		停刊创刊之比	排名
						数量	百分比		数量	百分比		
希腊	101 282	449 217	444	1	1	29	2 900	1	15	1 500	52	2
波兰	383 510	1 347 886	352	2	41	122	298	6	85	207	70	3

续前表

出生国	外国出生				移民报刊[3]								
	1900年在美人数[1]	1901—1920年新增人数[2]	增长百分比	排名	1901年总数	1901—1920创刊		排名	1901—1920停刊		停刊创刊之比	排名
						数量	百分比		数量	百分比		
日本	67 744	216 444	320	3	2	24	1 200	2	10	500	41	1
意大利	1 343 125	3 269 455	243	4	36	212	589	4	149	414	70	3
西班牙、墨西哥、中南美洲	253 987	431 699	170	5	41	239	583	5	178	434	75	6
芬兰	129 680	194 412	150	6	6	47	783	3	33	550	70	3
荷兰	172 534	171 142	99	7	19	20	105	10	25	132	125	10
波希米亚	156 999	136 498	87	8	44	71	161	7	64	146	90	7
法国、加拿大④	502 501	290 129	58	9	44	66	150	8	69	157	105	8
德国	2 813 628	1 043 744	37	10	747	379	51	11	850	138	271	11
斯堪的纳维亚国家	1 250 733	244 722	20	11	128	163	127	9	179	140	110	9

[1] 美国第十二次人口普查。[2] 移民总局专员报告。[3] 艾尔《报纸年鉴》。[4] 只包括讲法语者。

移民数量与他们的报刊确实有关，这一点从新创报刊和停刊报刊的比例中得到了进一步的验证。那些大量新近移民的种族的报刊最稳定。日文报刊拔得头筹，在这段时期内，每新办 10 种报刊，只有 4 种停刊。希腊文报刊新创 10 种，停刊 5 种。波兰文、意大利文和芬兰文报刊尾随其后，每 10 种新办报刊对应 7 种停刊报刊。荷兰人、法国人、德国人和斯堪的纳维亚人是新近移民增长最少的群体，他们的报刊死亡率也最高。

图 13—3 显示了不同种族移民增长的百分比，新创报刊和存活下来

的报刊的百分比。这三个指标上显示出了老一辈移民的国家和新近移民的国家，存在非常大的差异。

表13—4列举了1884年到1920年每个文种的报刊数。从各个语言群体报刊数的波动可以读出他们报刊的历史。

表 13—4   **1884—1920 年历年美国外文报刊数**

	1884	1885	1886	1887	1888	1889	1890	1891	1892	1893—1894	1895	1896
总计	794	822	884	897	942	984	1 028	1 053	1 124	1 170	1 176	1 181
非德文报刊总计	173	169	205	210	225	249	278	290	330	374	387	394
阿尔巴尼亚文												
阿拉伯文											1	1	1
亚美尼亚文							1	2	3	3	1	1
比利时文—佛兰芒文												
波希米亚文	12	15	21	19	23	20	23	24	28	33	32	35
保加利亚文												
中文		2	2	2	2	2	2	2	3	3	2	3
克罗地亚文												
芬兰文		2	3	3	4	3	5	4	6	5	4	4
法文	46	37	45	48	45	44	44	44	51	47	49	48
德文	621	653	679	687	717	735	750	763	794	796	789	787
希腊文											1	1
希伯来文[1]						6	7	7	11	14	16	16
荷兰文	11	13	11	12	13	13	14	14	16	19	19	18
匈牙利文	1	1	1	1	1	1	4	5	3	3	3	3
意大利文	7	6	5	7	9	12	11	13	14	15	17	24
日文												
列托文												
立陶宛文		1	1				1	1	2	3	4	5
波斯文												
波兰文	3	4	6	5	10	13	15	16	17	22	24	33
葡萄牙文[2]									3	3	3	3
罗马尼亚文												
俄文				1	1	1	1	1			3	3	2

续前表

	1884	1885	1886	1887	1888	1889	1890	1891	1892	1893—1894	1895	1896
斯堪的纳维亚诸文	53	54	63	61	75	84	96	104	117	135	137	131
塞尔维亚文												
斯洛文尼亚文				1	1	1			3	4	6	8
斯洛伐克文[3]												
西班牙文	35	29	42	45	36	43	49	48	48	56	60	53
乌克兰文												
威尔士文	5	5	5	5	5	6	5	5	5	5	5	5

	1897	1898	1899	1900	1901	1902	1903	1904	1905	1906	1907	1908
总计	1 201	1 179	1 199	1 163	1 159	1 153	1 169	1 178	1 176	1 183	1 200	1 183
非德文报刊总计	413	398	426	413	412	416	445	457	474	490	528	527
阿尔巴尼亚文												
阿拉伯文	1	1	2	2	2	2	2	2	2	2	2	2
亚美尼亚文	1	1	1					2	2	5	7	6
比利时文—佛兰芒文												
波希米亚文	35	36	47	44	44	44	44	45	43	42	48	50
保加利亚文												
中文	4	3	3	3	4	4	4	4	5	5	5	5
克罗地亚文			3	3	2	2	3	3	2	3	4	3
芬兰文	3	4	6	8	6	6	12	11	11	11	16	15
法文	50	50	49	49	44	43	45	37	41	41	36	32
德文	788	781	773	750	747	737	724	721	702	693	672	656
希腊文	1	1	1	1	1	1	1	1	1	2	7	9
希伯来文[1]	13	15	14	16	16	16	17	19	18	18	17	17
荷兰文	18	17	17	18	19	18	17	18	17	16	16	16
匈牙利文	3	4	5	5	5	5	6	5	7	7	6	8
意大利文	29	29	36	35	36	39	42	46	57	63	71	76
日文	1	1	1	1	2	3	4	4	5	2	3	5
列托文												
立陶宛文	5	5	6	6	5	6	6	7	8	10	10	10
波斯文												
波兰文	34	37	40	39	41	44	45	48	44	42	53	46
葡萄牙文[2]	5	4	4	4	3	4	5	6	6	7	6	8
罗马尼亚文												

续前表

	1897	1898	1899	1900	1901	1902	1903	1904	1905	1906	1907	1908
俄文	2	2	2	2	2	2	3	3	3	1	2	2
斯堪的纳维亚诸文	139	129	131	127	128	124	123	133	134	135	138	146
塞尔维亚文			1	1	1	1	1	1	1	1	1	
斯洛文尼亚文	8	8	7	7	7	7	11	13	4	6	7	7
斯洛伐克文[3]									9	9	9	10
西班牙文	57	48	47	39	41	42	51	46	52	58	61	51
乌克兰文										2	1	1
威尔士文	4	3	3	3	3	3	3	3	2	2	2	2

	1909	1910	1911	1912	1913	1914	1915	1916	1917	1918	1919	1920
总计	1 207	1 198	1 196	1 209	1 220	1 231	1 264	1 277	1 323	1 295	1 109	1 052[4]
除德文报刊外总计	558	564	569	606	637	667	731	698	801	812	787	776
阿尔巴尼亚文									2	5	6	4
阿拉伯文	3	3	7	10	10	13	11	8	13	12	10	8
亚美尼亚文	4	5	5	7	5	5	6	7	7	7	8	9
比利时文—佛兰芒文									3	3	3	3
波希米亚文	55	51	44	47	52	52	55	61	63	62	60	51
保加利亚文	1	1	1	1	1	1	1	1	1	1	1	1
中文	6	6	7	7	7	7	7	6	6	6	6	7
克罗地亚文	4	8	8	9	11	11	16	16	15	13	10	9
芬兰文	16	15	18	16	18	16	18	18	20	20	21	22
法文	33	34	32	35	36	43	45	46	45	43	41	46
德文	649	634	627	603	583	564	533	519	522	483	322	276
希腊文	8	8	9	14	12	10	16	16	16	18	19	15
希伯来文[1]	19	21	22	23	23	31	38	37	44	45	43	39
荷兰文	18	21	20	19	18	19	19	19	17	17	16	13
匈牙利文	10	12	9	8	15	19	21	20	24	27	26	27
意大利文	75	73	73	77	84	86	96	93	103	110	103	98
日文	9	9	11	12	13	16	16	18	17	18	16	15
列托文				1	3	3	4	4	4	4	1	2
立陶宛文		11	14	14	14	14	18	16	19	17	17	16
波斯文									1	1	1	1
波兰文		51	48	56	61	61	68	71	77	78	80	76
葡萄牙文[2]		8	10	10	13	14	12	16	17	16	17	18
罗马尼亚文		2	2	2	2	2	2	3	3	5	5	4

续前表

	1909	1910	1911	1912	1913	1914	1915	1916	1917	1918	1919	1920
俄文		4	9	7	5	5	8	8	11	14	13	11
斯堪的纳维亚诸文种		139	132	128	129	131	134	130	132	126	119	111
塞尔维亚文		1	2	2	6	7	9	11	9	8	7	7
斯洛文尼亚文		7	8	10	11	11	10	10	11	14	14	14
斯洛伐克文[3]		16	17	15	13	18	19	21	24	24	27	28
西班牙文		55	58	72	68	64	73	88	84	87	86	100
乌克兰文		1	1	2	5	6	7	12	11	9	9	10
威尔士文		2	2	2	2	2	2	2	2	2	2	2

　[1] 包括意第绪文。[2] 1892 年前包括在西班牙文中。[3] 1905 年前包括在斯洛文尼亚文中。[4] 包括 9 种"其他报刊"。

百分比

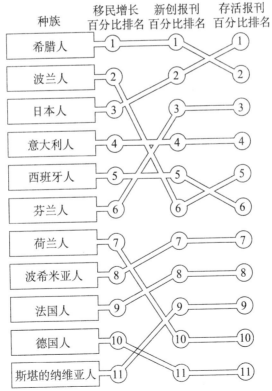

图 13—3　各种族移民增长百分比、新创报刊百分比和存活报刊百分比排名

德文报刊

自从有报刊统计以来，德文报刊在出版物数量上一直高居榜首。德国的移民有 3 次大浪潮，几经反复，在 1854 年、1873 年和 1882 年达到顶峰。1882 年以后，德国的移民开始退潮，因此虽然他们组成了我们最大的外语群体，但是表 13—3 显示，他们在 1900 年以后的新增移民数目上只排在第三位。德国移民读者人数众多，而且建立了强大的乡村社区，因此他们拥有的大量小型乡村报刊存活了很长时间。

依照报告，德文报刊在 1893 年到 1894 年之间最多，但是之后报刊数就不断减少，然而减少的速度远不及移民减少的速度。1900 年以后，德国人新办了 376 种报刊，但是停刊的德文报刊也很多，这样德文报刊就很快让出了报刊数第一的位置。最大的德文日报——芝加哥《晚邮报》（*Abendpost*）的主编保罗·米勒（Paul Mueller）说过，如果没有战后移民的话，德文商业性报刊就不可能生存。然而，比起其他告别了移民高峰的外文报刊来说，德文报刊还是显示了极强的生命力，熬过了移民数目衰减的危机。

斯堪的纳维亚诸文字报刊

丹麦文、挪威文和瑞典文报纸的总和占据了 1920 年出版物数量的第二位。1899 年以后，斯堪的纳维亚移民的增长最为缓慢。斯堪的纳维亚移民最多的时期是 19 世纪最后 20 年，与德国移民一样，在 1882 年达到高峰。正是在这个时期，他们的报刊呈现跨越式发展。根据艾尔父子广告公司的资料，1884 年有 53 种斯堪的纳维亚诸文字报刊，而在 1894 年这个数字是 135 种。在 1909 年他们有 149 种报刊，在战时，斯堪的纳维亚诸文字报刊还是保持了良好稳定的发展。根据艾尔父子广告公司的数据，战后它们的数量才开始下降。

挪威文报刊的生命史

虽然总体而言不可能保证获得更准确的斯堪的纳维亚诸文字报刊数据，但是由雷夫·O·M·诺利牧师（Rev. O. M. Norlie）汇编、挪威人联合路德教会 1918 年出版的《公理会历书》（*Congregational Calendar*）[①] 提供了关于任何一种外文报刊的几乎是最完整的统计资料。这显示了挪威人路德教会会众以及挪威人社群的力量和分布。诺利先生的统计数据包括了所有在美国创办的挪威文报纸，这使得获取一幅外文报刊生命史的完整画卷成为可能。

挪威文报刊为生存所做的斗争不能代表其他外文报刊。挪威人或许是所有移民群体中最依赖乡村的，而新近的移民大多居住在城市并四处迁移。然而，正是因为挪威人是最老的移民群体，他们在美国已经有第一代、第二代和第三代移民，他们都会阅读美国报纸，因此人们与报刊之间的联系就仅限于兴趣了（见图 13—4、图 13—5）。诺利搜集了许多艾尔父子广告公司没有收录的报刊，他认为，虽然最早的挪威文报刊出现于 1847 年，但是挪威文报刊直到现在还没有出现下降的趋向。在 1847 年至 1918 年间，新创的挪威文报刊有 458 种，有 343 种停刊，其中 115 种直至 1918 年还在刊行，这也名列各个时期之冠。

许多挪威移民在艾奥瓦州、明尼苏达州和（南、北）达科他州的乡村生活。明尼苏达州的挪威文报刊最多，报刊存活率也最高。

挪威文报刊的读者大多居住在乡村。虽然只有 53％ 的挪威人是农村人口，但是 1906 年的数据表明，挪威文报刊 75％ 的发行量来自乡村。

挪威文报刊绝大多数不是商业性的，定居者报刊的兴趣集中于地方

① Rev. O. M. Norlie，"Study of the Norwegian Press"（手稿）。

321

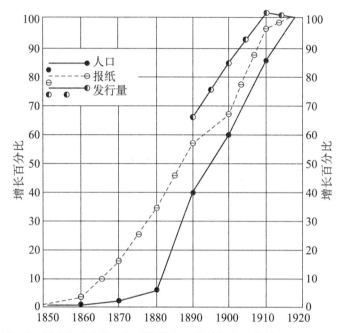

图 13—4　挪威移民人数、报刊和发行量增长百分比比较：1850—1920 年

322

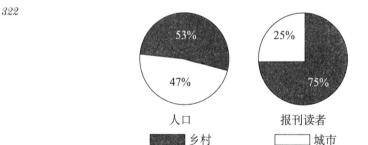

图 13—5　挪威移民的分布与城市和乡村社群中报刊读者的比例

和宗教新闻。挪威人以及其他斯堪的纳维亚群体不再主要依靠挪威文报刊获知这个世界的新闻，他们通过阅读美国人的报纸来获知。只有 49%①的挪威文报纸涉及政治和时事新闻；36% 的报纸是宗教报刊；17% 是文化和改革性质的（见图 13—6）。

---

①　此处原文有误，应为 47%。

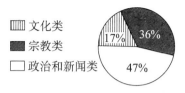

图 13—6　三类挪威文报刊的比例

　　由于如此众多的挪威人不再阅读其旧文字，或者阅读有困难，一些　*324*
挪威人报纸就用挪威文和英文两种文字印行，有的如今完全用英文印行
（见图 13—7）。这一变化通常从教会出版物开始，它们不想失去对较年轻
一代的影响。

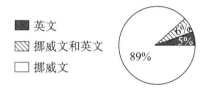

图 13—7　不同文字的挪威人报纸发行量

　　诺利先生的统计数据显示，挪威人的报纸及其发行量至少在战时没
有下降。然而，根据未收录宗教机关报的艾尔父子广告公司的数据，挪
威人的商业性报刊没有在增长。

西班牙文报刊

　　不算葡萄牙文，西班牙文报刊在 1920 年的出版物数量上位列第三。
1884 年有 35 种出版物，之后显示出了相当稳步的增长。1912 年有 72
种，1920 年达到了 100 种。这个趋势与移民的增长相当契合。西班牙
移民主要来自墨西哥，从 1907 年超过 10 000 人开始，有了可观的增
长，1917 年超过 17 000 人，1920 年超过 27 000 人。这显然是这样一个
群体：其报刊对说西班牙语的移民在数目上的增加做出了迅速反应。这

个报刊界与其主顾的数目和分布地域密切相关。

意大利文和波兰文报刊

325 意大利和波兰这两个语言群体表现出了平行发展。两者的移民数量都很多，并在本世纪稳步增长。两者大约在欧洲爆发战争的同时达到顶峰。随着移民的增加，出版物的数量也稳步和持续地上升。1884 年有 7 种意大利文出版物和 3 种波兰文出版物，到 1920 年，意大利文出版物是 98 种；波兰文出版物是 76 种。

波希米亚文报刊

1920 年，波希米亚人群体有 51 种出版物，排名第六。近 20 年来，这个群体移民相对较少。移民报告显示，1906 年有超过 12 000 名波希米亚移民，是移民最多的一年。虽然在 1899 年以前没有单独的数据，但是可以肯定，作为早期移民的一支，波希米亚人报刊持续出版的时间要比许多群体长得多。1884 年，波希米亚文报刊有 12 种，到 1920 年上升为 51 种。波希米亚文报刊的情况表明，这个早期移民群体对外文报刊的支持可能会越来越少。

法文报刊

法文报刊紧随波希米亚文报刊之后，1920 年共有 46 种出版物。虽然在 1900 年之后略有下降，但是总的来说，还是保持了稳定。1884 年有 46 种出版物，1907 年至 1913 年间这个数字有所下降，战争爆发后又有所反弹，1920 年重新回到 46 种。

326 从 1908 年开始，越来越多讲法语的移民涌入美国。与其他许多群

体不同，法语移民在战时没有减少，在 1920 年达到顶峰，数目为 27 000人。他们大部分来自加拿大，新移民的加入无疑是近 10 年法文报刊复兴的主要原因。

希伯来文和意第绪文报刊

希伯来文和意第绪文报刊共有 39 种，名列第八，尽管希伯来种族是获准进入这个国家的最大的移民群体代表之一。直到 1914 年，艾尔父子广告公司的一览表才单独列出了意第绪文报刊，当时的记录是 30 种意第绪文、1 种希伯来文报纸。有记录的第一种意第绪文报纸出现在 1889 年，从那以后意第绪文报刊开始了稳步发展。在那期间，意第绪语作为书面语言，在满足大批犹太移民的需要方面不断进步。犹太人报刊包括几种发行量很大的日报，因此尽管数量不是很多，但是发行量之广，足以覆盖大部分犹太移民。在外文报刊中，它的发行量仅次于德文报纸。

对移民的依赖

所有的数据都表明，外文报刊是一种移民现象。如果没有不说英语的人到来，那么几年之内移民报刊也将不复存在。正因为它的读者是新来的移民，它的存在就很大程度上取决于我们的移民政策。不可避免的是，当老一辈移民学会了这个国家的语言之后，他们的外文报刊就会被英文报刊所代替。

受多种因素影响，不同的移民群体，移民报刊和移民之间的紧密程度各不相同。在德国移民数量从顶峰回落的很长一个时期内，德文报刊显示了自己顽强的生命力。移民数量的波动似乎对法文报刊影响不大，它们始终占有稳固的位置。趁着移民大潮，近来的斯拉夫人报刊和其他种族报刊迅速地建立了自己的报刊体系。

　　不同移民群体的特质、特色和移民数量，无疑影响着它们的报刊。移民是城里人还是乡下人，他们的工作是固定的还是短期的，他们是否有阅读的习惯，都影响了他们对自己报刊的依赖和支持。重要的事实是，一定有一个不说英语的核心人群，否则外文报刊就没有主顾。

第十四章　适者生存

在移民报纸进行的生存斗争中，商业性报纸，也就是旨在赚钱的报
纸，将被视为赢家。

按照目前的组织方式，日报主要是捕捉和聚焦公众注意的一种设
计。自从电报和电话将世界变成一条巨大的耳语长廊以来，一份报纸可
以使用的材料就没有限制了。因此，编辑加工的问题很大程度上就是一
个选择的问题。从每天发生和被外驻记者、本埠记者以及通讯社记录的
林林总总的事件中，主编要选择刊登那些他认为比其他新闻更重要或更
有趣的条目。剩余的他就宣告要忘记和进废纸篓。每天"被毙掉"的新
闻为数甚多。

一旦选好打算在次日报上刊登的新闻之后，主编会按照其重要性给
每个条目排序。他改写了条目中的一些文字，以赋予它更震撼和更吸引
人的形式。根据他认为的该条目的趣味性和重要性，他在出版前夕把它
的许多文字压缩了。由于所有新闻都只具有相对的价值，一则新闻要占
据的版面和版位以及标题的大小，不到报纸付印时不会最后确定。最终
构成一份日报内容的每个条目的相对价值每时每刻都会发生变化，而随
着新消息送达主编的办公桌，他就要修正较早的估计。因此，在整个准

备出报阶段，稿件之间就要进行生死之战。每一个要上报纸的条目都要卷入与其他条目的生存斗争。每一个条目都要与其他条目竞争，首先只是求生存，其次才是在报纸最终付印时的版位和地位。在早先版次中处在重要位置的新闻在较晚版次中退居靠后的版面，或者干脆被舍弃——"被毙掉"。

　　每一位主编所追求的理想安排就是每期报纸一则、最多两则大新闻，这样就可以在报纸出版当天聚焦读者的注意力，制造他们谈资的主题。假如一份报纸有一则掌控公众注意的新闻，而一个竞争对手没有发表这则新闻，那就是一则"先发新闻"（scoop）；一则"先发大新闻"（big scoop）对"被先发新闻"（scooped）的报纸来说不啻为一场灾难。从长远来看，本埠记者、外驻记者和主编，甚至报纸本身的命运取决于这样的能力：与其他相同层级和诉求相同公众的报纸的记者和主编竞取新闻。

　　也许可以说，报纸对于公众和"公众心理"（public mind）发挥着个人的注意力的那种功能。个人受到无数刺激的冲击。注意力以这样一种选择机制介入：它在每一时刻决定每个这样的刺激的相对重要性。大多数刺激完全受到抑制，或者被排除在意识之外。约一两个以精神意象的形式反映在意识的焦点中，其余的被推回到意识的边缘，在那里它们占据着一个位置，并发挥着一种臣服于那些反映在意识焦点中的刺激的"影响"。至于报纸和公众，新闻条目扮演着个人精神意象的角色，出版和公开对于共同体所发挥的功能就类似于对于个人意识的功能。报界由于成功地捕捉到和聚焦于公众的注意力，因此成为社会控制的一个机关，而社会控制是共同体据以行动的一种机制。正是这一点界定了报界的功能并塑造了它在可理解沟通的共同体中的角色。

　　因此，在主编选择他的材料的时候，显然并不像人们普遍认为的那样随心所欲。他选择那些他认为会令他的公众感兴趣的东西。公众就是以这种方式来对报界的形式和内容实行控制的，而从长远的观点来看，这一点是重要的。

　　商业性报界显然发现了大多数报纸公众想要的那种读物。这个报界非常重视新闻。另外两种报纸的情形多少有所不同——那就是机关报和意见报纸，即宣传性报纸。

机关报

一份机关报的发行经常由一个组织的成员所保障。在严格的字面意义上，一份机关报根本就不是一种报纸；它只是开展一个社团或机构工作的一种行政手段。每一个机构、政治组织或企业，凡是达到一定规模和组织复杂程度的，就会发现办一份报纸是有益的。这样一份出版物立即成为一种传播媒介和一种维系士气的工具。在各移民民族中，一旦某个组织——无论是宗教的、兄弟会的或者是民族主义的——不再囿于一隅而成为全国性机构，就要有一份出版物。一份机关报的读者出于共同事业的利益而被吸引。

意见报

与机关报密切相关的宣传性报纸，其最佳范例是社会主义和激进报纸。这些报纸也叫"机关报"，但是严格说来，一份政治性/宣传性报纸与机关报还是有所区别的。宣传性报纸追求发行量；它总是在它所代表的圈子之外寻求新读者。因此，它面向的主要不是组织和政党的成员，而是公众。它寻求新读者，因为新读者就是该政党新的支持者，或者是该报存在的理由。犹太人日报《前进报》（第三章提及）就是宣传性报纸的一个优秀例证。

与机关报不同，宣传性报纸所依赖的不是商业利益集团，而是知识利益集团，它更加脆弱，更加难以组织。在这些报纸上，社论——也就是对新闻的评论和阐释——相对而言比新闻重要。但是意见是分化的，侧重意见的报刊往往成为一个政党或小集团的发言人，这样就为另一份代表反对党的报纸创造了空间。在这种情况下，它们就在它们中间分化了阅读公众。党报可以通过制造对一场冲突的兴趣来增加发行量，这并不少见。但是意见是不稳定的，讨论只兴盛于有分裂的地方。随着新的意见门派的兴起，它们需要新的报刊来代表自己。

宣传性报界虽然包括若干民族主义报纸，但几乎都是激进的。战争期间，曾有 240 种美国英语激进报纸，而面向更保守读者的意见报纸不超过五六种。然而，激进报纸数量虽多，发行量通常却不大。知识兴趣所生产的东西似乎与其说是显著的繁荣，不如说是躁动的副产品。激进意见永远是一个少数派的意见，而这个少数派越小，报纸就越激进。

波兰裔社会主义者日报《人民日报》在战争期间对民族主义议题感兴趣，它是支持毕苏斯基的报纸中最重要的一种，其发行量达 22 050份。创办于 1895 年的《波兰工人》（Robotnik Polski）代表更激进的势力——宾夕法尼亚州的波兰裔矿工。现在它是一份共产主义报纸，只有4 000 份的发行量。此外，激进报纸的寿命常常是短暂的。在已经停刊的波兰裔社会主义者报纸中，《里拉》（Lila）存续了 2 年，《里拉邮报》（Postem Lila）3 年，《前进报》（Naprzod）5 年。

乌克兰裔知识分子、政治难民和报人米罗斯拉夫·西钦斯基（Miroslav Sichinsky）的编辑经历是有特色的。这些经历说明了宣传性报界如何不稳定、新报纸创刊如何容易以及它们如何突然消失；还反映了一名移民知识分子在一个变化的世界上为了保持他的平衡有时被迫进行的种种漂移和改变。这些经历也是有趣的，因为它们照亮了一个内景，让我们得以瞥见一个不经历这些就会对我们几乎完全封闭的大型语言群体的内部生活。

333

> 我在 1914 年秋来到美国，是一个来自东加利西亚的政治难民……我在欧洲与报纸没有任何关联，除了在学生时代给伦贝格（Lemberg）① 的乌克兰文报纸《土地与自由》（Zemlia i Volia）写

---

　　① 即今日乌克兰西部邻近波兰的主要城市利沃夫。该城建立于 1256 年，创建者是鲁塞尼亚的哈雷斯基公爵，以他的儿子列夫命名。此后历经沧桑，几易国别：14 世纪归波兰管辖；1772 年第一次瓜分波兰后隶属奥地利，称为伦贝格，成为奥地利加利西亚及洛多梅里亚王国首府。1918 年又归属波兰，1939 年最终回归乌克兰。——译者注

过几篇文章之外。

我到这个国家后不久，与周三报《自由报》（*Svoboda*）的发行人有了交往，它是美国最大的乌克兰文报纸，在泽西城（Jersey City）出版。我不是编辑部成员，但是我在另一件事情上与编辑们合作。目前该报开始采取一种非常明显的亲奥地利和亲德国态度，而这对我似乎是不幸的。他们发表激烈批评美国物质主义和赞扬德国的社论。我特别记得一篇溢美文章，是关于一位奥地利大公①在访问加利西亚时抚爱一名乌克兰儿童的。在那之后，我试图让《自由报》的编辑们相信他们犯了一个错误，但是没有成功。在芝加哥的一个公共集会上，我因为奥地利政府鼓励在东加利西亚对乌克兰人的多次屠杀而公开谴责它。《自由报》以间接攻击我作了回应。我们的关系变得更紧张，我们不久就分道扬镳。我和乌克兰人联合会（Ukrainian Federation）的同事们继续抨击奥地利政权，《自由报》则开始抨击我们。最终，一次乌克兰人联合会全体委员会得以召开，种种困难经过研究讨论得到解决。最近的发现之一是《自由报》编辑部由奥地利陆军部长资助。其他编辑对这一披露感到惊讶和懊恼。而违规者的唯一借口是"我是士兵，我得从命。"似乎可以理解的是《自由报》要改变方针了。但是这样的改变没有发生……因此，我开始感觉到需要创办一份提供不同观点的报纸。

1916年夏，我掌控了俄亥俄州克利夫兰的一份名为《工人》（*Robitnyk*）的社会主义小型周报。我的社论雄心是，将在美国的各乌克兰人圈子中的所有更加进步的力量与由我担任副会长的乌克兰人联合会联系起来。我们不希望与《自由报》对立，但是旨在将我们的报纸完全建立在现实主义的基础之上。我的目标有三：（1）确保战时救济；（2）为这个国家的短期的或永久的乌克兰移民提供教育；（3）广泛传播，激发人们争取乌克兰自由的兴趣……《工人》隶属于美国社会党，但是我希望不要采取太狭隘和太具有

334

---

① 昔时公国君主，特别是奥匈帝国皇太子的称号。——译者注

党派性的观点，而要更多教育性的和解释性的观点。为此目的，我尽一切努力结交美国新闻工作者和担任要职的人，我努力了解美国政治和经济，以便按照美国人的思路来感受和思考。我与本土出生美国人的友谊增强了我对亲德态度的敌意，因为我发现，所有我敬佩的和我尊重其意见的人都越来越坚定地反对德国。

一开始，我的工作极其艰难。我的周薪约为 18 美元。我围绕民主、资本主义和战争原因等写作。报纸发展很快。1916 年 5 月 1 日，它是一份有 300 个订户的周报。到 1917 年 2 月，它是有 3 000 份发行量的日报了。我们的大部分读者是满意的，但是更激进的社会主义者不然，他们觉得它太温和，革命性不够。还有人认为，既然我从事报纸活动，就不应继续担任乌克兰人联合会副会长。在美国参战之前的几个星期，我开始鼓吹美国积极介入这场冲突。在那之前，报纸一直代表我们的中立性。

我的一个举动——我认为我将不得不列为一个"错误"——是我写的关于斯帕戈（Spargo）① 的《社会主义与无神论》（*Socialism and Atheism*）的一篇评论。在乌克兰移民中，许多人，可能是大多数人将社会主义等同于无神论，事情的确如此。它造成了神职阶层与无产阶级的不和。我与斯帕戈达成一致，并采取这样的立场，即一个人尽管是一名社会主义者，他也可以信奉上帝，到头来我疏远了这两个阶层的大部分人。出于某种原因，这种中间派立场两头不讨好。于是一段感觉糟糕的日子便开始了，我有一段时间在纽约代表联合会和反德立场而工作。我得到了谢苗什科（Semeshko）先生的帮助，他是来自西伯利亚的一名职业新闻工作者，曾经为《自由报》工作。他现在帮助编辑《工人》。有人筹划乌克兰人募捐日，而《自由报》反对此事，但是它顺利举行，而且筹集到一大笔战争救济款。这段时间我一直为《工人》写稿，但是没有连续待在克利夫兰。

①　即约翰·斯帕戈（1876—1966），英国出生的美国马克思主义作家和黑幕揭发者。出身贫寒，自学成才，1901 年到美国。——译者注

　　1917 年 3 月，联合会在纽约创办了一份名为《人民报》（*Narod*）的周报，由尼古拉斯·塞格林斯基（Nicholas Ceglinsky）先生任主编，我作为副主编；在出版两期之后，塞格林斯基和我决定互换职位，他去克利夫兰的《工人》——他的更加激进的态度也许能取悦那份报纸的读者——我留在纽约任《人民报》主编，在那里我能更方便地履行在乌克兰人联合会的职责。不幸的是，这次调换并不成功，塞格林斯基在克利夫兰只待了很短一段时间，就把《工人》交给了新主编们，在他们的指导下，这份报纸在性格上变得越来越激进了。

　　我在《人民报》待了 10 周，但是我们的态度太保守了，因此不能取悦激进派；我们的态度又太反德了，因此又不能取悦乌克兰人中的亲德派别。我再次因为一篇关于美国状况的文章而树敌，在那篇长文中我揭示了我十分熟悉的克利夫兰、纽瓦克（Newark）和其他城市劳工情形的真相。这被我的一些对头所利用，他们叫来警察阻止我在泽西城主持的联合会的一次会议。……我们读者中的更具革命性的那些人对我的文章不悦，因为它以太亲美和乐观的结语收尾。最后，《人民报》因不能满足两头的需要而停刊，于是我就全身心地投入到联合会的活动中去。

　　但是，我仍然怀有创办一份报纸的念想。1917 年秋，我成功地让许多人对合伙在纽约创办一家合作型印刷所发生了兴趣。当时我正在对乌克兰裔听众做历史主题的讲演，晚上常常泡在图书馆里，阅读有关希腊和罗马的文献，白天打理印刷所。我买了机器，招揽合伙者，在纽约东第 7 大街为这个新事物租了一个地方。一开始我们只是出版图书和小册子。我本人与设在华盛顿的公共信息委员会有了交往，办报的事就此耽搁了下来。但是在 1918 年 12 月，联合会在华盛顿召开了一次大会，资金筹集到了，我们开始尝试创办我们最大的报纸——推出《乌克兰人新闻报》（*Ukrainska Gazeta*）。

　　《乌克兰人新闻报》最初几期在 1 月份问世。主编是埃米尔·雷夫尤克（Emil Revyuk）先生，他兼任编辑主任、本市新闻

336

主编和记者……雷夫尤克先生大约在 6 周后离开了报纸，我就成了主编。塞格林斯基先生名义上多少也帮点忙。我们都有其他工作要做，因此报纸不时委靡不振。还有让报纸遭罪的事情：这个国家出版的许多乌克兰文报纸与兄弟会组织有联系，所支付的订费名义上是缴纳这些组织的会费。结果是许多个人感觉到，他们因为与兄弟会的联系，所以所获取的报纸是"免费"的，真要掏钱订报就心生厌恶了。最终，《乌克兰人新闻报》也因为经费不足而停刊，时值 1919 年秋。自从《乌克兰人新闻报》停刊之后，我就再没有从事过报纸工作。[①]

337　　外文报刊的高出生率和高死亡率发生在各种宣传性报纸上。幸存的报纸通常将重点从教条转为新闻并且变得商业化了。

商业性报纸

商业性报纸与其他类型新闻期刊的区别在于，商业性报纸主要是一桩生意。商业性报纸的生意就是售卖广告版面。广告版面的价值由发行量的大小和特征决定。主编们发现，如果他们刊登新闻，就能获得发行量，于是他们就刊登新闻。

在生存斗争中，幸存下来的是商业性报纸。

起源

商业性报纸似乎是伴随着新移民而第一次成功登场的。在源头上，它与汽船代理商和移民银行有着直接和间接的联系。这两种机构都是新近移民的各民族所特有的。

为了在汽船回程时捎上下等客舱乘客，汽船公司在全美国所有有大规模移民区的地方都分设了代理商。

---

① Miroslav Sichinsky, *Editorial Experiences*（手稿）。

这些代理商的部分日常业务是确认那些可能期待回国或者要为家人买船票的移民的姓名和地址。无论如何，重要的是与潜在顾客保持联系。除此之外，汽船代理商还在外文报纸上大做广告。在这样的情况下，汽船代理商经常发现，从长远来看拥有他自己的报纸就更便利了。 *338*这样，订户名单就向他提供了他希望接触的那些人的姓名，而报纸就是一种广告载体。

汽船代理商通常也是一个银行家——这就是说，他综合了汽船票售卖的生意与钱币兑换商的生意，后者承接将移民所挣的钱汇回老家的业务。1910年，美国有2 625家所谓的移民银行，而据估计所有汽船代理商中有94％开展银行业务。

> 即便是最漫不经心的观察家也会学会不断将"移民银行"与汽船公司贴满海报的移民代表办事处联系起来。在移民的心目中，这两者几乎是不可分的。对他而言，汽船代理商是他与祖国的唯一联系。他赋予作为多条著名航线代表的代理商一种地位和责任，而这种地位和责任是不会委派给美国任何其他机构的。因此移民将他的积蓄交给代理商，请代理商为他汇寄回家，那就再自然不过了。既然有了开头，自然而然的便是，他将每周和每月的余款交由代理商妥为保管，以期他攒足再次汇款，或者为家人购买前来这个国家的，抑或是他自己回欧洲的船票。不久，代理商就承办了银行的核心业务，他承担的银行功能接踵而来。于是转型就完成了——汽船代理商成为移民银行家。①

汽船代理商发现，一份报纸对他的银行生意相当有帮助。

> 外侨报界在扩散移民银行家的宣传方面所扮演的角色，是一件 *339*值得认真考虑的事情。在一些大城市，银行家表面上是为了迎合移民订户感兴趣的内容而拥有和出版报纸，但是实际上是为了开发订户的其他业务。在一两个例子中，移民银行一再重复的广告是唯一出现在一期报纸上的广告。而其他许多与移民银行家没有直接财务

---

① *Reports of the Immigration Commission*, vol. xxxvii, 1911, pp. 212-213.

联系的报纸上尽是这些康采恩的业主的大量广告。由于有如此众多的银行和如此广泛的广告商，因此这些报纸的发行人就不倾向于在他们的各栏上揭露这些出手阔绰的恩主的欺诈行为，以致于危及这个收入来源。例如，一名银行家在 11 种报纸上做广告——4 种匈牙利文的、2 种波兰文的、3 种斯洛伐克文的、1 种克罗地亚文的和 1 种德文的。而且，据指控，这些报纸中有许多还对这类银行家的破产不作应有的公开，尤其是那些在自己的报纸上刊登广告的银行家。后果更严重的是以下这种说法，即一些报纸的主编积极参与给银行家的消失或恶行提供似是而非的借口，进而让这种事件秘而不宣。①

成功的类型

汽船票代理商的报纸，或者成为他的报纸的那种东西，首先只是分发给潜在顾客的一种广告传单。最后，业主雇用一名知识分子，由他来主编这种广告传单，撰写新闻条目和社论，这样就将它改造成了一份既定的正规报纸。如果该主编使报纸办得成功的话，他也许有一天会成为业主。事情经常是另一个样子。某个没钱的知识分子创办了一份报纸，但是未能把它操办下去，这时代理商和银行家就把它从他的手里夺走。

1910 年，一名受过教育而健康不佳的罗马尼亚人来到美国。他听从移民官员、一名罗马尼亚犹太人的建议，从每个朋友那里收集两三美元，在纽约市办了一份报纸。然而他总是负债，因为他不是一位优秀商务经理，但是他文笔上乘，尤其是在酒酣脑热之际。一家汽船代理处的业主乔治·昆珀纳斯（George Cumpanas）先生来做他的财务合作人，最后将他赶出报社。

周报《觉醒吧，罗马尼亚人报》的出版只是昆珀纳斯先生商

---

① *Reports of the Immigration Commission*，vol. xxxvii，1911，pp. 288 - 289.

业活动的一个附带产品。他在纽约市第 7 大道 146 号拥有面向罗马尼亚人的一家餐馆、一栋宿舍和一栋供膳寄宿处。当一名罗马尼亚人希望回到罗马尼亚时，他可以在《觉醒吧，罗马尼亚人报》的社论中发现如何联系昆珀纳斯先生的明细信息，昆珀纳斯先生的外勤员在火车上与他见面，将他引导到昆珀纳斯先生的供膳寄宿处。

昆珀纳斯先生为罗马尼亚人购买汽船票不收分文，他只按照汽船公司的要价收费。然而，在为了买船票而将美国钱币兑换成罗马尼亚钱币的时候，他从 100 美元中获利 50 美元，在将美国钱币兑换成罗马尼亚和意大利钱币的时候，他从 100 美元中获利 40 美元。

昆珀纳斯先生自己写不了多少东西。他要写也是用巴纳特方言写的。他的报纸上仅有的令他感兴趣的东西，就是有关他的生意、他的银行、他的汽船代理处的广告，再有就是社论。他将社论内容口述给他的主编，主题是有关罗马尼亚人在纽约如何被各色人等诓骗。现任主编是一名刚刚在纽约市上岸的年轻的电气工程师。他来自罗马尼亚王国，因此昆珀纳斯先生不得不教他使用特兰西瓦尼亚方言中的某些词汇，在美国的特兰西瓦尼亚裔农民习惯使用这些词汇。

头版刊登罗马尼亚题材的新闻。工程师兼主编说，他想那是面向"更聪明的"和关心那种新闻的那些人的；另一方面，报纸上的小说很受欢迎，报纸收到许多读者来信说，读者订阅《觉醒吧，罗马尼亚人报》只是因为小说。这种小说是用特兰西瓦尼亚方言写的，以历史为主题。许多诗歌来自读者投稿。[1]

一份报纸作为一家汽船代理商和一家移民银行的附属机构来开办，最典型的例子是《民族报》（*Narodni List*），它是这个国家中的南方斯拉夫人日报中历史最久、最受欢迎、阅读最广的一个。《民族报》创刊

---

① 原译者札记。

于 1898 年，当时是周报；1902 年它成为第一种克罗地亚文日报。当时，它的主编弗兰克·佐蒂作为汽船代理商兼银行家生意兴隆。据报道，他前后拥有和控制过 8 种之多的不同报纸。其中一份是《铁路、航行与美国商船报》（*Rail，Sail，and American Merchant Marine*），1901 年到 1908 年间，他用它来宣传汉堡—美国航线。他现在拥有的其他报纸有：斯洛文尼亚周二报《斯洛文尼亚人民报》（*Slovenski Narod*）、意大利文报纸《银行家报》（*Gazzetta del Banchiere*）和《工人》（*Robotnik*）。

《斯洛文尼亚人民报》是针对纽约的一个银行家对手弗兰克·L·达克瑟（Frank L. Dakser）出版的《人民之声》（*Glas Naroda*）而创办的。所有这些出版物的出版都是为了佐蒂的银行利益，佐蒂被移民们称为"克罗地亚人之王"。1908 年，佐蒂的银行倒闭了，但是他设法继续出版《民族报》，虽然发生了与银行倒闭有关的丑闻，以及它给 8 000 个储户造成了损失，但是该报一直是成功的。

佐蒂的报纸之所以成功，不是因为它的暴烈的和私人化的社论方针，而是因为它新奇、煽情以及写作的语言和关注的事情是克罗地亚裔农民能够理解的。报纸的主编猛烈而持续地抨击克罗地亚人中所有野心勃勃的知识分子，这可能没给构成报纸读者主体的达尔马提亚裔和波斯尼亚裔羊倌们造成多大痛苦。

这份报纸是在一个完全商业的基础上运作的。社论部门用它自己的一种风格——粗俗的和私人化的风格——来吸引未受教育的人民大众。除了这种获得发行量的方式，它还有大批直接征求订阅的上门推销员。至于广告，其收费居最高之列，刊登的广告占据很大版面。

该报的重要性，在于它的极端沙文主义性质的克罗地亚民族主义和反塞尔维亚主义，而这些东西永远是那些没有勇气公开站出来支持奥地利的亲奥地利报纸和个人的掩饰。

该报的发行量是覆盖全国的，它的读者生活在全国各地。他们大多是劳工，来自遥远的波斯尼亚、克罗地亚和达尔马提亚山区。

他们没有受过如何讲话的教育，大多数人甚至没有上过正规学校。[①]

在美国，最大和最成功的意大利文日报《意大利裔美国人进步报》（*Progresso Italo-Americano*）分明是一份商业性报纸。它在 1879 年由卡洛·巴尔索蒂（Carlo Barsotti）创办，不是一个商业企业，其创办之初是因为在巴尔索蒂先生看来，当时存在于纽约的唯一的意大利文报纸的主编没有重视他的，也就是巴尔索蒂的投书。然而，巴尔索蒂不是一位知识分子，而是一个商人。他不久就有了独立发现，即报纸可以办成让人付钱的对象。当时，巴尔索蒂开办了一家银行。银行倒闭了，但是报纸继续办，如今发行量达 127 000 份，在美国是除了犹太人的《前进报》之外发行量最大的外文日报。

1880 年，当一个名叫卡洛·巴尔索蒂的有进取心和胆量的人决定创办一份意大利文日报时，在纽约只出版一种意大利文报纸——《意大利回声报》（*Eco d'Italia*）。纽约当时约有 25 000 名意大利人。巴尔索蒂是托斯卡纳[②]人，属于因白手起家而令人感兴趣的那一类。他来美国时一文不名，靠在铁路上指挥意大利人站队糊口。最后，在多次换工作之后，他与另一个意大利人经营三四栋公寓。每栋被分隔为 100 个单间，每间每夜租金 25 美分。巴尔索蒂成为唯一业主。

意大利人彼得罗·巴尔多（Pietro Baldo）因为谋杀妻子，被纽约一所法院判处死刑。为了争取为他减刑，有人成立了一个委员会。巴尔索蒂的投书没有得到《意大利回声报》总监的应有注意；美国唯一一份意大利文报纸对一名同胞的命运如此不闻不问，于是被激怒并感到诧异的巴尔索蒂决定自己创办一份报纸。

这份报纸名叫《意大利裔美国人进步报》，一开始规模很小。在纽约，不仅没有职业报人，而且甚至难以找到一个能正确书写自

---

① 《民族报》译者札记。

② 意大利以佛罗伦萨为中心的一个地区，被公认为意大利的艺术摇篮。——译者注

已文字的意大利人。报社雇用几个年轻人，但是他们中谁也没有任何经验。罗西（Rossi）被他的雇主介绍给了巴尔索蒂。当罗西说他对政治一窍不通时，他被告知这样更好。报纸只有 4 版，两版用来记述多数发生在意大利的重大事件，其他两版是广告。罗西的周薪是 15 美元。

344

　　报社位于安大街（Ann Street），在纽约《先驱报》后面一座老楼的顶层。一间昏暗的屋子、三把摇摇晃晃的椅子、两张桌子和一个破炉子，屋角有一张没有床单的睡椅。"一张是编辑桌，另一张是行政管理用的。"住在报社的西格诺·帕维亚先生（Signor Pavia）一人任四人职：经理、秘书、行政管理员和总管。他是一名不走运的前骑兵军官，因此才沦落到今天的地步。他和罗西都不会翻译英文。最后，他们找到一些在博洛尼亚（Bologna）出版的旧报纸，给新闻改头换面，变动日期以自恰。1880 年 12 月 6 日，罗西成为报纸主编。他实际上是光杆司令。巴尔索蒂、帕维亚和波利多里（Polidori）负责行政管理和招徕广告。

　　不久，波利多里周游美国各地争取订阅；后来（报社）在钱伯斯大街（Chambers Street）有了一间较大的办公室。排字工中有一名法国人、一名西班牙人、一名瑞士人、一名罗马尼亚人、一名加拿大人和一名美国人。这样就必须说英语、法语和意大利语。给罗西配了一名叫路易吉·奥梅蒂（Luigi Omedei）的助理，此人曾经在花园城堡（Castle Garden）① 当过口译。"他的一个缺点是啤酒喝得太多了。"

　　《意大利回声报》也成了一份日报。这时，巴尔索蒂开办了一家银行——"一家为想给意大利寄钱和购买汽船票的意大利人提供方便的正式银行。"②

---

① 今名克林顿城堡，位于纽约曼哈顿岛南端，始建于 1808 年，为美国第一个移民站。——译者注
② 原译者札记。

在归入商业性报纸一类的报纸，也就是主要作为广告媒介来出版的商业企业中，现存最早的阿拉伯文报纸是《向导报》（*Al-Hoda*）。

阿拉伯文报纸《向导报》1898 年创办于纽约。当时，华盛顿大街（Washington Street）的叙利亚移民依靠他们与圣地（Holy Land）的联系从商，售卖念珠和圣徒画像。他们是来自黎巴嫩山（Mt. Lebanon）①的人民，是天主教徒或马龙派②教徒，他们的村落习俗一直没有被一座城市消解。

作为现存最早的阿拉伯文报纸，《向导报》成为这一群叙利亚人的代言人，今天仍然是马龙派读者最多的报纸。据说在 1905 年，它的主编、美国最优秀的叙利亚裔新闻工作者纳欧姆·穆卡泽尔（Nahoum Mokarzel）决定扩大它的发行，引发了与希腊正教报纸发行人的一场关于宗教的激烈争论。结果两份报纸都扩张了，就像同一时期犹太人的《前进报》和另一份意第绪文报纸就雅各布·戈丁（Jakob Gordin）③的剧本开展的争论一样。一些希腊人因为穆卡泽尔污蔑希腊正教会而决定杀死他，但是他们从未进入穆卡泽尔的办公室。他们转而杀害了他们偶然碰上的第--个马龙派教徒。这种玩弄宗教宗派主义的把戏在 1905 年之后也没有得到扭转，此时来自阿勒颇（Aleppo）④、大马士革（Damascus）和巴勒斯坦的城市移民开始涌入。

《向导报》与叙利亚人的经济利益关系紧密。报纸的四分之一刊登进出口批发商、零售商和服装商人的"广告"。约有 3 栏音乐

345

---

① 位于今日黎巴嫩中部。黎巴嫩和叙利亚 16 世纪被奥斯曼帝国占领，第一次世界大战后成为法国委任统治地，黎巴嫩 1943 年 11 月 22 日宣布独立，成立共和国。叙利亚 1946 年 4 月取得全部独立。——译者注

② 基督教中属于东仪天主教会的一个分支，公元 5 世纪早期由叙利亚教士圣马龙创立。7 世纪时正式形成教会，首任宗主教是若望·马龙。现今马龙派信徒在全球约有 400 万人，其中在黎巴嫩约有 100 万人，占该国人口约四分之一。马龙派教会语言为古叙利亚语，实际生活中信徒多使用阿拉伯语。——译者注

③ 此人在第三章已出现过，但英文拼法不同。——译者注

④ 叙利亚北部重要城市，第二大城市，邻近土耳其，奥斯曼帝国时为近东最大贸易中心。——译者注

"广告"，一些公然的处方药"广告"，常见的银行、汽船代理商、餐馆、杂货店、寄宿公寓和仓储公司的广告。杂货店专卖波斯烟草，布鲁克林咖啡店里的男人们抽的就是这种。

广告诉求显示，《向导报》在美国之外有可观的发行量。人们寻求联系失散的亲戚，最后一次得悉亲人的消息是在古巴哈瓦那（Havana）、墨西哥、巴西或者其他地方。有大量的墨西哥服装和百货公司"广告"，其中一则宣告来自爪哇（Java）的新丝绸和小饰品到货。一个救济委员会恳请在美国的叙利亚人与在阿根廷的叙利亚人竞争，看谁给马迪恩（Madeen）寄钱多。

主编纳欧姆·穆卡泽尔提供给读者的，是这些会让马龙派教徒感兴趣的关于故国形势的新闻，故国意味的不是叙利亚，而是黎巴嫩山。黎巴嫩山的居民是十字军的后裔，深受法国学校和耶稣会学院的影响。直至这场战争之前，它是未被征服的山地领土。如今，土耳其人赶走了一半人口。有一个黎巴嫩山解放联盟（Mt. Lebanon League of Liberation），其分支遍布世界各地。它寻求在法国的保护下实现叙利亚独立。该报赞成的自然是法国的控制，而不是美国、英国或波斯的控制。

《向导报》还亲犹太复国主义。黎巴嫩山人是犹太复国主义者竭力拉拢的（迁就的）唯一的叙利亚人群体。结果，天主教徒支持犹太人，而犹太人支持天主教徒。

穆卡泽尔先生的编辑部撰稿人中有一位女性，她是在美国的唯一一名叙利亚裔女新闻工作者。在她还是一名 16 岁的女孩时，她就向报纸投书，抨击一名神父的行为。她刚把投书寄给《向导报》编辑部，就对自己的做法感到很羞耻，并试图让邮局将那封信还给她。但是，穆卡泽尔看好她的写作能力并鼓励她。事实证明她很有用处，因为她不仅翻译和写作了许多被女性读者如饥似渴阅读的历史浪漫小说，而且还就家庭和爱情事务给数百名叙利亚裔女人和女孩回信。①

---

① 原译者札记。

机会主义方针

只要主编或发行人认可这样的理念，即他的出版物主要是一个面向广告商的公共论坛，而新闻栏主要是为了让报纸有人阅读而存在，他就会对出现在新闻栏和社论版上的东西采取一种相当超然的态度，只要它似乎是报纸订户想要阅读的就行了。在这样的情况下，编辑方针就倾向于机会主义而不是教条主义，报纸就会寻求保有流行口味之风而不是去抵触它。在刚刚过去的战争中，当这种风向发生巨变时，人们似乎只期待愿意并能够改变方向的商业性报纸拥有自行裁决权和体现出对美国和故国的双重忠诚。宣传性报纸，尤其是社会主义报纸，受到僵化的政治教条的制约，因此不能如此轻易地作出这种转变，结果其中有许多处在新闻审查制度的禁锢下。克利夫兰的匈牙利文报纸《自由报》就是一种典型的商业性报纸。

《自由报》作为一份周报，是由年轻的匈牙利裔新闻工作者E. T. 科哈尼（E. T. Kohanyi）在1890年创办的。他来自一个属于无品无衔和后来几乎没有土地的马扎尔小"绅士"家庭，总是尽其所能地从与他同属这个阶级的人中招募更亲密的部属。在匈牙利，这个阶级形成了贵族政治和官僚制度的扈从，是保守的和沙文主义的贵族地主统治的堡垒。它受到主要来自布达佩斯中产阶级的激进知识分子和非马扎尔人各民族的强烈反对。

在最初几年里，《自由报》不得不开展严酷的生存斗争。科哈尼本人几近身无分文，他通过发行5美元股份而募集了数千美元。两名匈牙利裔制造商特奥多尔·孔茨（Theodor Kundtz）先生和布莱克（Black）先生购买了一些股份；剩余部分被匈牙利移民以小额形式认购。

创刊一年后，报纸抵押给了一家工厂，科哈尼随报纸和没有债务负担的工厂迁往纽约，但是不久就回来了。随后科哈尼筹集了一

347

些资金，买下了所有股份。从那时起直到去世，科哈尼一直经办着他所拥有的作为一家独立企业的这份报纸。据说他在财务责任方面，特别是在同美国人打交道的时候两手并用，将无情和暴力的打斗方式与审慎的诚实相结合。

348

　　经过多年起伏，随着克利夫兰的匈牙利人人口的增加，报纸状况逐渐改观。几个较小的竞争者被吞并，《自由报》在1906年转型为一份日报。两年后，科哈尼买下了他的最强劲竞争者《匈牙利人报》(*Magyar Napilap*)，获得了它的4 000个订户。当地的匈牙利人圈子认为，此举"造就了"科哈尼。事实上，根据匈牙利裔美国人的标准来衡量，短短几年内，《自由报》就被视为一家兴旺的商业企业，而且从此后一直是这样。

　　作为其种族，尤其作为其阶级的典型代表，科哈尼当然从来没有成为一个美国人。有理由相信，他甚至从来没有尝试过理解美国式理念和理想的真正意义。[他当然也从不用美国精神（American-ism）激励他的大多数刚到美国的手下人，而据我所知，从或多或少无意识的美国化过程的观点来看，举例来说，这种精神使得斯堪的纳维亚裔的主编们如此重要。]我相信，科哈尼根本就不是刻意地反对美国式理念，甚至也不大是受到了故国的明显影响，而只是出于智识的不适应和根深蒂固的阶级偏向。他有一种浪漫气质，入乡随俗为一种外向的和感性的美国精神。关于他的手下人的故事就多得多了。有人这样说到《自由报》的编辑部：它是一块来自故国、遭遇海难的匈牙利绅士的避难礁石。这句妙语在某种程度上道出了科哈尼通常选择为他的合作者的那些人的特质。总的来看，在美国参战以前，《自由报》可以说是一份碰巧在美国出版的匈牙利人报纸。它的压倒性的关切是与故国有关的事情。在匈牙利政治中，它反映的是反动的、极端沙文主义的、反奥地利的和反斯拉夫倾向的。它的观点和总调门比布达佩斯的自由主义日报落后了至少

349

30年。虽然它以准流行的措辞作为伪装，但是它所移植和所从事的是科哈尼所属的那个阶级的战斗。

　　然而必须强调的是，就其绝大部分经历而言，《自由报》并不是有意识的、系统的外国宣传的喉舌。它当然也不是匈牙利政府的工具。在科哈尼看来，他自己的商业利益居于第一位，匈牙利裔美国人的利益其次，接下来才是故国的利益。他的商业利益促使他借助于利用普通匈牙利农民移民的感情寄托而遵循最小抵抗路线。这对他来说是再简单不过了，就像他借助于那种感性的沙文主义玩弄马扎尔人下层阶级，只不过是在延续他那个阶级在故国的政治老把戏。

　　但是与此同时，他的商业利益使他意识到了将他与这个新祖国联系起来的种种纽带。他的发达有赖于匈牙利移民的增加。按照匈牙利法律，通过报刊进行的移民宣传是不正当的行为。因此，假如从事这种宣传，《自由报》将无法在故国发行。科哈尼转而寻求诱导他的读者通过私人信件邀请他们的亲戚"跨过大海来这里吧"。匈牙利政府对他的做法感到不悦。

　　我之所以不惜笔墨地描述科哈尼的个人性格，是因为我相信在评价外文报界时，美国人太容易不将个人因素考虑在内。对于一些外国出生者群体来说，方言报界在真正同化方面也许一直是最大的障碍。但是，将这种情况归于事先用不怀好意的高超心计策划的阴谋，归于有组织地为邪恶影响造势，那就是一个巨大的错误。与其本土出生的同行一样，外国出生的报人其实也是普通人。他们有智识和道德的局限，他们不得不克服这些局限来谋生。就匈牙利裔美国人报界而言，他们普遍远远达不到他们那个职业的故国标准。大多数匈牙利裔美国新闻工作者（极少数例外）代表了危险的那一类人——这种危险与国籍无关——半吊子文化的不成功"绅士"、养尊处优、游手好闲、辜负家人期望。兽医要获准执业就不得不经过严格的考核，但是任何人都可能成为报纸撰稿人，成为公众舆论的铸造者，成为通俗文化的建设者。职业标准低下不只限于匈牙利裔美国人报界，商业主义鼓励使得这种情况肆无忌惮。

350

　　另一个似乎逃脱了许多外文报界批评家法眼的显著事实是，大多数外文报纸都是作为私人商业企业运营的，它们对利润情有独钟。兴旺发达的关键在于发行量。这些外文报纸的新发行人发现，要提高发行量，既不能靠提升其公众的智识和道德标准的理想主义尝试，也不能靠用不熟悉的"高端材料"来绷紧读者的头脑，而是要靠利用他们的情感、偏见和特质。通过"给予它们的公众想要的东西"——换句话说，通过遵循上文提到的最小抵抗路线，外文报纸的发行人肯定是在较小的程度上模仿了大多数成功的美国报纸组织树立的范例。正如加州公众主要对挪揄中国人感兴趣，然后他们就会得到它，马扎尔移民对挪揄斯洛伐克人感兴趣，然后他们也会得到它。

　　这就解释了外文——尤其是匈牙利文——的报界在世界大战的最初 3 年在这个国家扮演的角色。战争爆发对此地的匈牙利报人与对故国的报人产生了大致相同的效应。它释放了一切代代相传的阶级、种族偏见和仇恨，一切加起来被称为战争热情的原始本能和激情。但是，如果说在匈牙利，首先是个人风险，其次是严酷的现实和战争的繁重任务，发挥了抑制报人脾气的作用，那么他们在这个国家的同行们所面对的没有别的东西，只有发行量和声望双双大大提高的前景。他们发现他们嗓门越高，传之越远。结果是，就大多数匈牙利裔美国人报纸而言，其仇恨、嗜血和爱国主义自大狂的放肆无度，任何国家和任何报界的历史都无出其右。在同时期的匈牙利报界上找不到这样的东西，其中大多数至今仍保持了罕见的调门上的（如果不是观点上的）平衡。

　　是商业主义，而不是"外国阴谋"，导致了匈牙利裔美国人报界的亲德过头；商业主义，还要加上编辑部人员低下的智识和道德标准。

　　有这样一个孤立案件，其中一名匈牙利裔报人被发现涉嫌违反美国法律——我指的是威廉·沃恩（William Warne）——化名马

丁·迪恩斯博士（Dr. Martin Dienes）① ——的著名案件。作为
《自由报》主编，他在 1915 年试图与当时的奥匈帝国大使杜巴博士
（Dr. Dumba）② 联手扰乱美国的军火工业。他的活动一经美国特工
处（U. S. Secret Service）③ 披露，就被科哈尼太太解雇；在其丈夫
1913 年去世后，这位《自由报》创始人的年轻寡妇以一家新成立
公司名义上的主管负责报纸事务。有理由相信，科哈尼太太对沃恩
策划的阴谋并不知情。

　　虽然骨子里极端亲德和好战，《自由报》还是一直留意不与美
国法律相冲突。它的社论告诫读者要"在敌意的环境中压抑自己的
情感"。然而与此同时，大字标题、伪造的快讯和漫画都竭力将马
扎尔沙文主义煽动到极点。

　　《自由报》在战争最初 3 年的态度可被公正地评价为：即便是
在匈牙利，它也能被列为一份极端反动和好战的机关报。事实上，
这份报纸之亲德要超过亲匈牙利。这是因为从 1916 年秋开始，报
纸的方针就由斯蒂芬·普基（Stephen Puky）先生指导，他出生于
与贵族地主有关系的家庭，是一个受过良好教育的干练之人，德意
志军国主义的热情崇拜者，马扎尔贵族地主领袖蒂萨伯爵（Count
Tisza）的党羽。再加上一句话才是公平的，即普基先生虽然绝不
是美国事物的爱好者，但是在美国参战前后一直遵守美国法律条
文——至少就我对他的行为的评价是这样的。

　　1917 年 4 月，科哈尼太太嫁给了安德鲁·切尔纳（Andrew

352

---

① 此处有误，根据 1917 年 6 月 12 日《纽约时报》的讣告，马丁·迪恩斯（1867？—
1917）为匈牙利新闻工作者和国会议员，1903 年因财务丑闻被开除出匈牙利国会。到美国
后化名威廉·沃姆（William Warm），而不是书中的威廉·沃恩（William Warne），1915 年
写剧本《血浓于水》，呼吁在美国的德国人和匈牙利人放弃他们在矿井和军火工厂的工
作。——译者注

② 即康斯坦丁·特奥多尔·杜巴（Constantin Theodor Dumba，1856—1947），希腊裔
奥地利外交官。法学博士，曾任奥匈帝国驻英、俄、意、罗、法大使，1913—1915 年任奥
匈帝国驻美国大使，因被控从事间谍活动而被美国驱逐出境，后成为和平主义者。——译
者注

③ 1865 年成立的美国联邦执法部门，2003 年 3 月 31 日以前属于财政部，现由国土安全
部下辖，主要任务是保护总统等国内外要人以及防止和侦查伪造货币。——译者注

Cserna）博士；切尔纳博士曾经是该报驻芝加哥的代表，在匈牙利做过律师，担任过一家小银行的主管。通过这次联姻，切尔纳博士取得了对报纸的控制权，兼任总编辑和总经理。他掌管报纸时，正好赶上美国参战，《自由报》的社论方针随即在一夜之间起了变化。它从一家亲德的好战喉舌变为亲协约国的好战喉舌。不难想象，这种180度的陡然转变不可能增加读者对报纸的尊敬和信任。另一方面，必须承认的是，从此以后《自由报》自身着力于传播政府公报、义务兵役制和自由公债之类事项。若不如此就非常难于触及该报的数千名订阅者。

对于该报编辑们的内心态度来说极具启发性的是，在7月4日的报纸上，一篇社论横跨头版，饰以4栏宽的美国国旗。社论就是《独立宣言》（Declaration of Independence）精选——那就是控诉英国国王的段落，舍此无他。这种"取得成功"的方式无需赘言。①

走向美国式报界之路

353   总的来说，外文报界处处想跟随占优势的美国式报纸——也就是商业性报纸——亦步亦趋。它们倒也不是自愿那么做的，但是它们早晚都会明白，一般人宁愿阅读新闻或貌似新闻的东西，而不是主编们的意见。因此长远来看，每一种外文报纸都可能符合赫尔曼·里德（Herman Ridder）对纽约《合众国报》（*Staats-Zeitung*）的描述，他说它是"一份用德文出版的美国报纸"。这种描述适用于大多数有年头的外文日报，但是特别适用于德文报界。

作为一种仿效美国式报纸的外文报纸，密尔沃基《先驱报》（*Herold*）是最有趣的德文报纸之一。

《先驱报》的业主们与密尔沃基的制革和酿酒工业关系密切，

---

① 尤金·S·巴格尔（Eugene S. Bagger）关于匈牙利报界的未出版的札记。

与密尔沃基的商业和政治生活密不可分。《先驱报》不是一份孤独的报纸；它是美国最大的德文报纸公司日·耳曼妮娅[①]公司（Germania Corporation）的一份晨报。

不谈这份报纸有什么美国味，真正有必要指出的是它有什么德国味。煽情的总汇新闻，多样化的"广告"，诸如市场报告、女性时尚和体育栏此类的特稿、美国报纸的特色，有关家庭关系崩解的煽情新闻，凡此种种标志着这份报纸是美国式的。

当然，这份报纸完全是商业性的，它迎合的是被美国方式同化和未同化的德国出生者。针对后者，报纸保留了它的系列报道和一个版的组织启事，带有欧洲报纸那种标题简短和完全按主题安排的特色。这个本应用来反映密尔沃基的德国人移民区生活的版面，却好笑地穿插了美国式的习俗和内容。圣迈克尔天主教会（St. Michael's Catholic Church）的圣阿洛伊修斯联谊会（St. Aloysius Sodality）在星期日上演了一出名为《一个来自丹佛的人》（A Man from Denver）的戏剧。在总部鼓动委员会（Headquarters Agitation Committee）要求召开的一次特别会议上，G. U. G. 日耳曼妮娅协会洪堡第六分会（Humboldt Verein No. 6，G. U. G. Germania）允诺让那里的 G. U. G. 日耳曼妮娅协会后援俱乐部活跃起来。一个教友分散的路德派教会在汽车上展现它的牧师，以避免这个德国人教会被迫解体。

与大多数德文商业性报纸一样，《先驱报》对德国局势的态度相当让人迷惑。它在战争期间明显亲美——它的业主们入乡随俗了，足以懂得如何使自己与政府交好。没有公开挖苦，社论非常谨慎。当协约国中的一国说另一国的坏话时，它在新闻栏里找到一席之地；当纽约《世界报》、《新共和》杂志（New Republic）或《民族》杂志（Nation）表达对威尔逊或和平条约的失望时，这些报刊也会在社论栏被引用，而《先驱报》自身就不会受到牵连。尽

[①]　日耳曼妮娅是历史上象征德意志帝国的妇女形象。——译者注

管没有对德国局势的直接而坦率的感情表达，但是在编者和读者之间显然有着一股理解和纠结的潜流，它们乃是在战争期间的压抑性审慎下汇聚起来的。①

商业性报界的特点——将它与其他类型报纸，即机关报和宣传性报纸区别开来的一切——是由它是一种商业企业这一事实决定的。正如之前分析的那样，这种生意就是创造和出售一种商品——广告版面。然而，广告版面的价值是由付费发行量的特点和大小决定的。只有付费发行量才有意义，因为要成为一种好的广告媒介，一份报纸不仅要发行，而且还要有人阅读。经验已经表明，一个买报纸的人会读它。

355　　因此，商业性报纸就具有一项公用事业的特征，就像电话和无轨电车系统一样。

例如，《犹太晨报》之所以成功，在很大程度上是因为它是纽约唯一一种犹太人晨报。它成为发布招聘广告的天然媒介，因为劳动者早晨外出寻找工作，他们自然就要买一份晨报看看哪里需要人手。《犹太晨报》就是东区犹太人的《纽约时报》，它有 75 000 份的发行量，它作为新闻采集者具有进取心，其编辑方针保守而明智，它是雇主和雇员之间进行沟通的天然媒介。

既然商业性报界主要对发行量有兴趣，它就不注重意见——它的意见也不激进，但是新闻要重于对新闻的解释。以 50 年前新闻事业的原始形式呈现（它们仍然保留在像《新共和》和《民族》这样的"意见刊物"上），主编自视甚高。他追求的不仅是当一名旁观者，而且要做戏剧中的一个演员。他认为，每个事件必须得到解释，这样关于时事的每项表述都成为主编的一种意见而不仅仅是一个事实。没有什么仅仅是因为它的人情味而刊登的。但是商业性报纸的发行人明白，普通人宁愿选择艺术而不是真相，宁愿选择人情味而不是教条，他给公众提供公众想要的东西。

据说美国最成功的报人之一詹姆斯·E·斯克里普斯（James

---

① 威尼弗雷德·劳申布施（Winifred Rauschenbusch）关于德文报界未发表的报告。

E. Scripps)① 先生早年就有重大发现：新闻条目的阅读率与它们的长度成反比；根据这一原理，他与他的手下人办了一整个系列的成功报纸。赫斯特（Hearst）先生将嬉戏这个娱乐元素引入新闻事业，据说他的报纸之所以成功，主要是因为它们所刊登的连环漫画。

356

  美国的许多外文报纸读懂了这些非常简单的套路的价值。它们专注于普通人，而不是"高端人士"；它们使用日常交流语言，而不是高度专门化的语言，即知识分子划分的有剧烈差异的思想门派的语言。关于外文报纸最糟糕的一点是，它们更关心的是广告商的、而不是读者的利益。

  商业性报界对个人的福利的兴趣，要大于对任何组织或社团的福利的兴趣。它对普通人感兴趣，因为他的利益具有普遍的人性，而且易于理解；这些兴趣是出生、死亡和婚姻这样的事情；关于家庭生活的戏剧性事件；所有当日新闻提供的，实际上制造闲话和可能制造文学的东西。新闻就是让人们谈论的东西。

  正是新闻让报纸可读，而且从长远来看，也正是新闻让报纸被人阅读。当《前进报》用东区犹太人的生活制造文学，当它通过它的《来信集束》（*Bindel Brief*）② 开始涉及个人的问题的时候，当它不再仅仅作为一小群知识分子的机关报的时候，当它不再作为某个政党的、而是作为生活的机关报的时候，它就成了一份成功的报纸。

  因此，从长远的观点来看，每一种报纸在纯粹的生存斗争中往往会变成它也许原本无意变成的东西。这又是报界的自然史。

---

  ① 詹姆斯·E·斯克里普斯（1835—1906），美国报纸发行人。生于伦敦一装订工家庭，1844年随其鳏夫父亲到美国，在伊利诺伊州纳什维尔的一个农场长大。1857年受雇于《芝加哥论坛报》，1862年任《底特律论坛报》（*Detroit Tribune*）经理，兼任《底特律每日广告报》部分业主和经理（*Detroit Daily Advertiser*）。1873年创办面向劳工阶级的《新闻晚报》（*The Evening News*），后易名《底特律新闻》（*The Detroit News*）。他给报纸拉来大量广告，命令记者按照一种新理念去实践："像人们谈话那样"写作。竞争对手蔑称《底特律新闻》是"廉价垃圾报纸"，它的记者是"海盗"，而底特律人喜欢它。他后来与同父异母的弟弟爱德华·怀利斯·斯克里普斯（1854—1926）对位于克利夫兰、圣路易斯、辛辛那提和芝加哥这些中西部城市的报纸发生了兴趣。他的这位弟弟后来创办媒介复合体E.W. 斯克里普斯公司和著名的合众社，在美国新闻史上名声更大。——译者注

  ② 卡恩1906年在《前进报》上首创的意第绪文忠告专栏，不署投书人的姓名，征求帮助别人的答案。又拼写为Bintel Brief，bintel意为"束"、"群"，brief意为"信件"。该意第绪文专栏至少持续到1970年。——译者注

第四部分

对报刊的控制

第十五章　控制的杠杆

正像我们在本书中努力要说明的那样，外文报纸是在移民的美国化的过程中要考虑的一种力量。在移民对故国和对美国的情感和态度的变化方面，它们扮演了一种重要的角色，因为只有通过其母语的出版物，不同种族群体广泛散布的代表才能维持联系和沟通，来保存他们的民族组织、他们的共同传统和他们的共同语言。根据其内容，报界可以加快或阻滞他们的同化。报界可以将移民的兴趣引回故国，或者聚集于使之革命化的努力中；它也可以将美国介绍给移民，向他提供据此可以产生兴趣和感情的材料。

"控制"任何报界的念头都会让言论自由的热爱者厌恶。然而不可否认的是，许多中介机构和利益集团基于敌视美国的目的，已经成功地尝试去控制移民报界。如果诚实的和忠诚的美国人拒绝在此事上采取任何步骤的话，他们就会将其潜在的控制权拱手让给不那么规矩的人。

没有哪份报纸是一个自由的行动者，它是各种影响的产物。如果我们知道这些影响以及它们的相对力量是什么，我们就会知道如何让移民主编免于受到胁迫而走上危险的道路，如何给予美国一个至少与外国利益集团对等的机会。

主要收入来源

　　报界状况的神经是收入。一般而言，揭示报纸收入来源的分析也会同时直接或间接地披露它们受到控制的方式。

　　报纸的收入来源是订阅费、广告费和补助金。从控制的观点来看，这三种收入来源的意义迥然不同。产生这些差异的因素有：（1）任何个人或团体对收入来源可强制控制的程度；（2）一份报纸的生存所依赖的那部分收入能够被控制的程度。

津贴的和化缘的报刊

　　从某个政党或其他组织——无论是兄弟会的还是宗教的——获得收入的报纸，不是通常理解的"独立"报纸。只有当主编处于这样的地位，即他的意见不听命于政党的苛求或体制性的利益集团、不受政党学说和教条的圈定时，报纸才是独立的。

　　宣传性报纸很少能够自给自足。大多数激进的、社会主义的和劳工的报纸都是"化缘的"。它们要么定期得到它们所代表的政党和社团的支持，要么不断受到驱策去诉诸它们的赞助者的慷慨解囊来维持生存。

　　社会主义周报《火炬》（*Die Fackel*）自从 1879 年起在芝加哥出版，与作为其星期日版的《劳工新闻》（*Die Arbeiter Zeitung*）一样，得到了芝加哥的 42 个德国人劳工组织捐赠的资助。这些组织中有 9 个仍然在会议上使用德语。1919 年 9 月 21 日的一期刊登了下列呼吁，捐赠名单被列出，金额从 25 美元到 25 美分不等。大笔捐赠主要来自俱乐部和社团。

太慢了！

25 000 美元的经费在缓慢到来——太慢了。

我们的读者和朋友似乎觉得没有必要着急。

恰恰相反，时间是一个要素。我们不得不了解我们处在什么境地。

在近在眼前的未来，我们的支出将会猛增。

8 月 25 日，工会已经获得加薪，这样我们每周需要支付 2 000 多美元。迄今为止我们一直未能加薪。我们当然不得不加薪。工会坚持这一点，我们的其他支出也会上升。

存在着真正的危险，同志们！

为偿还所有债务，尽管有这些负担，《劳工新闻》的主管们应当知道是否要采取措施，确保报纸的未来生存。

正是这些环境火急火燎地逼迫着我们关注这个事实：每年要承担像 15 000 元这种数额的债务是不可能的，除非与此同时有同等数量的收入唾手可得。

为了确保这一点，我们至少需要 25 000 美元。

其他报纸也一直面临类似危机。纽约《号角报》（Call）成功地获得了 150 000 美元，因此被拯救了。

如果你们愿意的话，你们也可以拯救《劳工新闻》。

不是用言词，而是用奉献，你们可以拯救它，如果你们每个人都将 362 手伸向荷包的话，就会集腋成裘，凑齐 25 000 美元资金。①

大多数意大利文和西班牙文社会主义和无政府主义报纸刊登捐款人的名单，附上他们捐助的金额。在得克萨斯州拉雷多（Laredo）出版的西班牙文报纸《劳工文化》（Cultura Obrera），有一期刊登了赞助清单，金额从 5 美分到 1 美元不等，地点远至亚利桑那州约克、马里兰州巴尔

---

① Die Fackel，September 21，1919（91 个人在一周内捐款，大多数捐款人的捐款数少于 2 美元。其中 22 人捐助 25 美分）。

的摩（Baltimore）。其中一份清单包含 110 个来自伊利诺伊州加里（Gary）的人名，总计捐款 49.50 美元。

最有趣的化缘报纸是意大利文无政府主义报纸《革命纪事报》（*Cronica Suvversiva*）。该报主编路易吉·加里安尼（Luigi Galleani）在 1901 年左右来到美国。他当时显然是一个逃犯。他在马萨诸塞州的林恩（Lynn）创办了他的报纸。世界大战期间，邮政部竭尽全力压制这份报刊，但是从来就不大成功。加里安尼总是能找到一种方法来规避新闻审查。同时，他继续对美国政府和所有政府怒吼。然而，他最终被驱逐出境了。

加里安尼得到美国各地的意大利劳工小额捐助的支持。他的呼吁方法独特。以下就是加里安尼风格的样本：[1]

> 记住，《革命纪事报》的读者，这些人质将自己的同伴和孩子交给我们保护；在这里，冷漠呈现可恶的背叛外表；每个人应该毫不迟疑地捐助西雅图的反动的受害者。[2]

363

> 这是一份破烂报纸，它靠面包皮和面包屑维持生计，支持它和为它掏钱的是 5 000 个乞丐。[3]

列托文报纸《公报》（*Biletins*）1918 年 1 月 9 日以一种就职演说的语气对它未来的读者说："对于一份新期刊来说，在它的创刊号上向公众就它的需要和纲领进行陈述是非常普遍的事情。"最后，发行人将他们自己托付给公众的慷慨，他们这样声称："《公报》的生存依赖美国有组织的无产阶级的意志，并且主要取决于列托人联合会（Lettish Federation）会员的意志。"

这是宣传性报纸特有的一种态度表达。关于这个事业的代表性和公共性有一种大而无当的承担，但是无意于保证提供个人读者想要和需要的东西。正是社会主义的、激进的和宣传性的报纸的这种大话通常将它

---

① 原译者札记。
② *Cronica Suvversiva* (Italian)，Lynn，Massachusetts，January 26，1918.
③ *Cronica Suvversiva* (Italian)，Lynn，Massachusetts，March 9，1918.

们与商业性报纸的个人主义区别开来，或许还心安理得地呼吁公众伸出援手，而一个单纯的商业企业是不能和不会这样做的。

力量天平向广告倾斜

独立报界近年来的最重要事实之一是，作为一种收入来源，广告额相对订阅费稳步增加。这种变化可以追溯到英文印刷的美国报界。50年以前，报纸还主要靠来自订户的收入为生。那时，报纸售价为每份5美分。

根据哥伦比亚大学新闻学院负责人塔尔科特·威廉斯的说法，　*364*
从1850年到1870年，"广告生意占美国日报总收入的比例从三分之一增加到二分之一。"从1870年到1890年，广告费和发行费各占一半的报纸是"健康的"。①

到1900年，广告占了报界总收入的55%。当时，大都市日报的发行人感到，当销售报纸的回报能抵偿新闻纸和发行成本时，他们操持的就是安全的生意。5年以后，广告占总销售的比重已经提高到56.6%。1910年，广告收益占总收入的60%。

揭示新闻出版物的收入来源的调查统计数字没有区分日报与其他形式新闻事业。有各种理由相信，日报的广告收入百分比高于其他定期出版物。西雅图《时报》（*Times*）经理约瑟夫·布莱森（Joseph Blethen）在1915年12月号的《发行人指南》（*Publisher's Guide*）上称，他的报纸的发行只占报纸总收入的20%，仅仅每个订户每个月的新闻纸成本就达25美分，而同期来自订户的收入也只有25美分。从那时起报价大约翻了一番，但是新闻纸的同期成本则从100磅②2.25美元涨到6.50美元左右。事实上，公开市场

---

①　*Publisher's Guide*，September，1915. p. 21.
②　约为45千克。——编者注

上的纸价在 1917 年已经高达每吨 200 美元。①

外文报纸与英文报纸的广告收入与发行收入之比可能是不同的。一般而言，外文报纸在组织上和内容上与 40 年前的英文报纸相仿。在外文报界的发行人中，几乎没有人学会对自己所印制报纸的内容采取美国报人那种超然的和非个人的态度。他们还没有完全接受主编的那种"愿意刊登任何上帝放行的事件"的哲学。外文报纸从来没有达到作为一家商业机构的美国报纸的程度。

订阅者和广告商的相对控制

个人或个人所在的群体可以控制的报纸收入来源是发行量。一份发行量大而稳固的报纸就有一种收入来源，使它比它所获得的任何其他来源更能独立于来自外部的专断控制。其中一个原因是，支持一份报纸的公众，尤其那些支持一份独立报纸的公众，是无组织的，不能整体行动的，因此不可能专断行事。这就是发行收益与广告收益之间平衡的变化的意义所在。只要报界的主要收入来自发行，那么报界就是相对独立于广告商的。但是，发行争斗不断导致降低售价。而较低的售价意味着较高的发行量，较高的发行量又意味着较高的广告收益。广告商正如其行为那样，代表了资本家阶级；在近期关于报界的讨论中，广告商日益增大的影响力经常被认为是对民主的一种威胁。

然而，报纸广告的价值是由发行量创造的。如果我们假定有发行量的报纸代表或者寻求代表一般公众的利益和意愿，而广告代表商业利益，那么明显的是，在报社中这两者不只仅相互平衡，它们还是相互依存的。商人愿意在发行量最大的报纸上做广告，而发行量最大的报纸至少有可能是这样的报纸，即它能最有效地反映最大公众群的利益，并代

---

① *Printer's Ink*，December 25，1919. 美国报业协会（American Newspaper Association）经理 L. B. 帕尔默（L. B. Palmer）的来信。

表他们的态度和立场。

正如商人不会拒绝出售他的商品给那些与他的宗教或政见不同的个人一样，在正常情况下，他也不会拒绝在一份不表达他的政治和社会问题观点的报纸上做广告。他更可能是引诱政府去打压一份讨厌的报纸，或者制造公众对它的偏见，以此来减少它的订户，而不是以拒绝在它上面做广告来打击它。商人对报界的态度相当准确地反映在广告商的当下哲学之中。

另外，商人的利益，无论其致善与否，都对报界产生了巨大的以及可能是日益增加的间接影响。其中一个原因是，报纸自身已经成为商业企业，经常动用庞大资本。然而，至于比较弱势的报纸——它们依赖广告而生存，通过其发行对于吸引公众没有很大把握——政客和广告商的金钱就有分量了。正是这些比较弱小的独立的和商业性报纸，它们的社论和新闻方针最容易受到广告的影响，因为它们没有政党和其他组织的支持。

367

如今，为数甚多的外文报纸属于这种类型。它们用一小笔资金开办，也只有很少的经验储备。为了生存，它们愿意，有时甚至渴望将自己卖给即便不是敌意的、至少也是无关痛痒的利益集团和企业。

需要强调的一点是，即使在外文报界中，广告的影响也不像有时候看起来那么直接和强大。事实在于，几乎任何一份发行量足够大的报纸，它都能保护自己抵御商人基于非商业原因通过撤销广告资助而施加的任何不正当影响。它可以这么做，方法是号召注意广告被撤销的事实并解释其原因。

在考虑广告对外文报纸可能和实际施加的影响时，重要的是区分不同类型的广告——例如，地方性的和与之相对的全国性的，即"外来的"广告。

无组织的地方性广告

移民报界是移民社群的一部分。因此，它成为这样的广告媒介：不仅面向社群中的地方推销商，而且面向社群中的外文书店、银行、剧院、汽船代理商以及该社群的律师和医生这些职业。

368　　有人测算了 170 种不同类型、分属 24 个语言群体的报纸的广告版面，并确定了提供给不同条目广告的版面比重。根据这些表格，地方性广告占所有广告版面的 64%。组织、银行、医生和百货公司"广告"比其他任何一种广告占据了更多版面。

　　在战时重要性大大增加的另一类地方性广告是"招工"广告——它在英文报界上被称为"分类广告"。在过去的一些年里，外文报纸的发行人一直呼吁雇主和职业中介所注意，接触移民劳工的最快方式是借助他①自己的报纸。在世界大战期间，对各种劳工的需求突然加大，外文报纸上分类广告的数量也随之激增。《犹太晨报》是除了《意大利裔美国人进步报》之外这类广告的最大媒介，经常每天刊登 13 到 14 栏之多。

　　战争期间，纽约涌现出六七家以上专门招揽这类广告的广告公司。每家广告公司都集中了数份用两三种文字出版的报纸。广告以它们为中心而汇集，然后投放在那些期待它们可能产生最快回报的报纸上。

　　报纸如此热衷于分类广告，尤其是"招工广告"，一个原因是这种广告具有新闻价值。在一个像纽约这样的巨大城市，大量的制衣业和其他产业的工人不断寻找机会变换工作和地点。机会是如此之多，又是如369　此多变，以至于阅读"招工"栏成为一种消遣方式；由于劳动力短缺和其他原因，这种消遣方式在战时和战后有了极大发展。

　　人们发现，招工"广告"尤其多见于流动产业工人报纸和大都会报纸。日文日报有大量招工广告。洛杉矶的《新闻》（*News*）占 20%，丹佛的《格州时事》（*Colorado Times*）占 22.2%，盐湖城的《犹他日报》（*Utah Nippo*）占 30.7%。这些报纸的读者是受雇于各种公共工程和铁路工地的日本劳工。

　　地方性广告和分类广告一直没有、或不可能被用来在很大程度上影

---

　　①　指移民劳工。——译者注

响或控制报界。地方性广告就像新闻，它让报纸更有趣；它诉求的是公众，而不是对刊登其广告的报纸的方针施加专断控制的任何有组织的群体。

全国性广告的潜力

至于所谓的"外来的"，即全国性的广告，情况就不同了。所有地方性不鲜明的广告都是全国性广告。

第一批全国性广告商是处方药制造商。有人发现，在 1868 年或 1870 年前后，可以通过邮寄来销售一些种类的商品——例如处方药。以一种忽悠地方报纸读者的方式设计的广告，让处方药流行于遥远的村庄。

医药广告的特点各有不同。其中一些公然进行欺诈，以至于邮政当局将它们剔除出邮件。其他的措辞很谨慎，因此它们规避了这种审查。

医药和邮购广告不久就引起了争议，而这长期遏制了全国性广告的合理成长。制造商不想让自己的商品与处方药为伍，不在同一版面上做广告。这种情形导致美国报纸发行人将比较粗鄙的广告欺诈清除出他们的版面。多年来，职业广告人与公共当局合作，致力于将这样那样成问题的广告从报界的各栏上清除出去。而外文报纸从来没有开展这样的门户清理。相反，它们已经成为英文报纸不再能够容忍的种种欺诈广告的避难所。①

处方药制造商投放了大笔广告资金。较早前邮购生意的一条规矩是，一件成本为 $33\frac{1}{3}$ 美分的物品卖 1 美元。在 $66\frac{2}{3}$ 美分的毛利中，$33\frac{1}{3}$ 美分用于广告，剩下的 $33\frac{1}{3}$ 美分就是净利。邮政部估计，这种"无耻诡计"的销售额高达 1.2 亿美元。其中一部分以广告形式投放报界；而

①　See Michael M. Davis, Jr. , *Immigrant Health and the Community*，chap. viii.

这使许多不如此就要破产的外文报纸得以存活。①

371　　几乎从一开始，外文报纸就刊登处方药和邮购广告。在外文报界的各栏中，医药广告至今仍然占有非常大的位置。它大约占整个外文报界12.7％的广告版面，占外文大型日报14.7％的广告版面。这些数据取自两个广告统计表：第一个基于对170种不同类型、以24种文字出版的报纸的广告分析；第二个基于对20个语言群体的20份最大日报的广告分析。

　　在12.7％的医药广告中，5.8％是医生广告，6.9％是处方药广告。医生"广告"通常是为这个移民群体中的地方名医做的。然而，哪里有大量的处方药广告，哪里通常也有江湖郎中广告。在最大的中文日报即旧金山的《中西日报》（*Chung Sai Yat Po*）上，所有广告中占44.5％是处方药广告。该报也刊登大量医生"广告"。

　　　　在做广告的5名医生中只有一名是老派中医："会号脉"。事实上，华人的整个美国化进程可以在医药广告中看得非常清楚。在墨西哥的索诺拉（Sonora），一名医生有他身穿中式长衫的照片；另一名医生穿着白领上衣，架着玳瑁眼镜。这些医生"广告"的主要内容是来自夏威夷和加拿大的患者的证词。有3种药店广告；有典型的中药——人参和鹿茸，它们是最昂贵的中药；有的中药店为20到30多种中草药做广告，包括治脑药和促孕药；也有为某种特殊处方做广告的美国药店——最后就是直截了当的处方药"广告"。②

372　　中文报纸都有大量的处方药和医药广告，其他群体的大型日报也有一些。克利夫兰的保加利亚文日报《民族先驱报》（*Naroden Glas*）有37.5％的处方药广告，芝加哥的波兰文报纸《和谐报》（*Zgoda*）有24％。总的来说，与定居者和移住民的日报相比，异域者和流动产业工

① See C. W. Palman, secretary-treasurer, National Advertisers, "Fake Advertising," in *Publishers' Guide*, December, 1914.

② 原译者札记。

人的日报有更多的江湖骗子兜售的假药（quack medicine）"广告"。

瑞典文的福音派教会报纸《教会之友》（*Missions-Vännen*）和匈牙利文杂志《新闻画报》（*Berko Kepes Ujsazja*）的医药广告分别占31％和40％（见表15—1）。

表15—1　　　　　　　　　处方药"广告"比例高的报纸

文种	报名	发行量	类型	处方药"广告"百分比
德文	《回声、邮政与观察家报》（*Echo，Post，Beobachter*）	10 000	机关报	100.0
波希米亚文	《西部进步报》（*Pokrok Za-padu*）	21 000	日报	45.5
法文	《公共舆论报》（*Opinion Pub-lique*）	5 390	日报	41.5
匈牙利文	《新闻画报》（*Berko Kepes Ujsazja*）	25 000	文学类	40.0
挪威文-丹麦文	《斯堪的纳维亚人报》（*Skan-dinaven*）	22 000	日报	33.0
瑞典文	《教会之友》（*Missions-Vännen*）	18 000	福音派新教会	31.0

在《回声、邮政与观察家报》上，医药"广告"占100％，该报以前是由乔治·H·冯·马索（George H. von Massow）和 A. H. 瓦戈纳（A. H. Wagoner）共同发行的。瓦戈纳以前与伊利诺伊《合众国报》（*Staats-Zeitung*）有联系，他还办过一个为多家小型德文报纸服务的广告公司。该报是用以下的方式为自己做广告的：

> 并入《回声报》（*Echo*）的有以下报纸：芝加哥的《观察家报》（*Beobachter*）、福里斯特帕克（Forest Park）的《邮报》（*Post*）、伊利诺伊州威尔县（Will County）乔利埃特（Joliet）的《人民报》（*Volksblatt*）、伊利诺伊州麦克亨利县（McHenry County）的《麦克亨利家庭之友报》（*McHenry Familienfreund*）和芝加哥的《协和报》（*Concordia*）。

《回声、邮政与观察家报》也是一份地方报纸，它面向福里斯特帕克、奥克帕克（Oak Park）、里弗福里斯特（River Forest）、梅伍德（Maywood）、梅尔罗斯帕克（Melrose Park）、贝尔伍德（Bellwood）、希尔塞德（Hillside）、里弗格罗夫（River Grove）、富兰克林帕克（Franklin Park）、曼海姆（Mannheim）、科尔兹（Kolze）、埃尔姆赫斯特（Elmhurst）、朗伯德（Lombard）、艾迪生（Addison）、本森维尔（Bensenville）、莱昂斯（Lyons）、萨米特（Summit）、奈尔斯（Niles）和奈尔斯森特（Niles Center），这些地方的德国人超过人口总数的一半。

《回声、邮政与观察家报》作为杜佩奇县（Du Page County）的公务报纸已经超过 25 年，作为普罗维索镇（Proviso Township）的公务报纸已经长达 15 年。

大西洋城（Atlantic City）的《自由新闻报》（*Freie Presse*）是这样言及《回声、邮政与观察家报》的："它是许多大型的德裔社团的公务报纸，它刊登它们的新闻……在现在的情况下，由于德裔在为个人自由而斗争，支持这样一份报纸是值得赞许的。"《回声、邮政与观察家报》最近放弃了成为一份报纸①的努力，转而成为一个德裔互助社团"德裔美国人联盟"（Deutsch Amerikanischer Burger Bund）的机关报。要衡量报纸在选择广告时所显示的良知和责任心，一个实际指标就是它们刊登的医药广告的相对数量。

社会主义报纸通常宣称，它们既不接受假药广告和假房地产广告，也不接受政治广告。在广告被测量的 17 种社会主义报纸上，处方药广告占 5.9%，而所有类别报纸平均为 6.9%。立陶宛文社会主义报纸《旅行家报》（*Keleivis*）是少数几种财务自立的社会主义报纸之一，它有 16.2% 的处方药广告。

374　　真实情况也许是，如果离开医药广告，许许多多外文报纸就不能继续生存，除非它们自我改造为某个协会、政党或派别的机关报。

---

① 指独立报纸。——译者注

近期以来，全国性广告的其他形式已经开始支持外文报纸了。

〜〜〜〜〜〜〜〜〜〜〜〜〜〜〜〜〜〜〜〜〜〜〜〜〜〜〜〜

美国现在（1914 年）有 10 177 个全国性广告商。在皮尔斯肥皂（Pears' Soap）开始做广告的年代，所有的全国性广告商都在大城市，如今它们分布在 282 个城市。大多数早期的全国性广告开始于新英格兰，那里生产出第一批北方佬的廉价小商品。如今，不仅在新英格兰，而且在中西部各地，都有若干因制造商提供广告而著名的城镇——沃尔瑟姆（Waltham）表、布罗克顿（Brockton）皮鞋、特洛伊（Troy）衬衣、罗切斯特（Rochester）柯达相机、大急流城（Grand Rapids）家具、贝城阿拉丁（Bay City Aladin）住宅、巴特尔克里克（Battle Creek）葡萄核和玉米片等，以及阿克伦（Akron）轮胎。外来广告如今大约占报纸全部广告的 20%，而且在不断增长。[1]

1917 年 5 月 15 日的《马丁商品广告销售报表》（*Martin's Merchandising Reporting Service*）称，一些主要的全国性广告商的广告开支占销售额的比例如下：[2]

百分比

箭牌衣领	3.5
高露洁牌制剂	1.5
法蒂马牌香烟	5
象牙牌香皂	3
柯达牌相机	3
老荷兰人牌清洁剂	10
波特兰牌水泥	2
天鹅绒牌烟草	6
宣威牌油漆	3.5

〜〜〜〜〜〜〜〜〜〜〜〜〜〜〜〜〜〜〜〜〜〜〜〜〜〜〜〜

---

[1] *Printer's Ink*，June 5，1914.
[2] *Printer's Ink*，May 17，1917，p. 99.

今天，美国各烟草公司、美国的机械、美国的蜡唱片留声机（gra-
phophones）① 在外文报界上展示。战争期间，大量版面被自由公债
"广告"占据。目前，美国外文报纸协会正在弗朗西丝·凯勒（Frances
Kellor）② 小姐的指导下推介马佐拉和华盛顿炸土豆片（Mazola and
Washington Crisps）等美国食品"广告"。在《意大利裔美国人进步
报》、希腊文的《亚特兰蒂斯》（*Atlantis*）、挪威文—丹麦文的《炉边邮
报》和意第绪文的《晨报》这些大发行量的日报上，这种全国性广告超
过了 15%。

大量的全国性广告通过专门的广告公司来分配。这种体系让广告公
司能对相当比例有业务往来的报纸的收入加以控制，当它在几乎不为人
知的移民报界领域为美国广告商做代理时尤其是如此。

然而，医药广告一直不太被用来影响外文报界的意见和方针。

这是因为，医药广告从来没有像其他类型的全国性广告那样被集中
和被控制。那些专门向外文报纸销售医药广告的广告公司规模小，并且
没有责任心。许许多多特效药制造商有它们自己的广告公司，而它们没
有什么愿意花钱来支持的政治和社会观点。

外语广告公司数量庞大，其中只有德文和斯堪的纳维亚诸文字报纸
创办的或面向它们的享有高效、诚实和服务货真价实的声誉。

明尼阿波利斯的 C. 拉斯穆森公司（C. Rasmussen Company）是这
些广告公司中最老的之一。丹麦人拉斯穆森是许多报纸的发行人——挪
威文—丹麦文月报《家庭画报》（*Illustreret Familie Journal*）、一种与
之相似的瑞典文出版物和每周出版的丹麦文政治报纸《周报》（*Ugebla-
det*）。他还写过许多研究丹麦裔美国人历史的著作。创建于 1874 年的
拉斯穆森公司代理加拿大和美国的 75 种斯堪的纳维亚诸文字报纸——
65 种周报、7 种月报、3 种半月报——的广告，声称发行量总计达
917 750 份。

---

① 一种早期的留声机，原为商标名。——译者注
② 弗朗西丝·凯勒（1873—1952），美国社会学家。1909 年任纽约州移民委员会的秘书
兼司库，1910—1913 年任纽约州工业移民局首席调查员。——译者注

375

376

德文报纸保持了一定数量的独立的小广告公司，但是它们在大多数情况下还是选择美国广告公司。它们从来不与其他外文报纸为伍，也从来不做哈默林广告公司的客户。

在路易斯·哈默林（Louis Hammerling）[①] 以美国外文报纸协会之名建立他的广告公司之前，大多数外文报纸都不入全国性广告商的法眼。这个不寻常的人展示了一个寡廉鲜耻而富有效率的组织在控制移民报界方面能走多远。

---

① 路易斯·哈默林，即下页出现的路易斯·N·哈默林（1874？—1935），波兰犹太人。生平有多个版本，1870 或 1874 年出生在夏威夷、波兰或加利西亚。家境贫寒，1879 或 1886 年到美国，赶过骡子，当过甘蔗种植工人、煤矿工人，可能在 1901 年加入美国籍，1908 年到 1919 年任美国外文报纸协会会长，能够左右 33 种文字的约 800 种报纸，被称为"美国外文报界教皇"。此后回国，以波兰公民身份当选波兰参议员。1928 年重返美国创立广告公司美国外文报纸协会。《纽约时报》1933 年报道他重新加入美国籍。1935 年 4 月 27 日从他的纽约公寓 18 层神秘地坠楼身亡。——译者注

第十六章　哈默林的操纵

　　通过控制广告对外文报刊施加不当影响的范例是由路易斯·N·哈默林和他的广告公司美国外文报纸协会提供的。该组织受到第66届美国参议院的调查，其报告名为《酿造与制酒利益集团与德国和布尔什维克宣传》（*Brewing and Liquor Interests and German and Bolshevik Propaganda*）。委员会①的发现充分展示了哈默林先生在10年间所使用的方法及其业绩。

　　美国外文报纸协会是独特的。它在哈默林先生的领导下获得声望，一方面对外文报界的发行人，另一方面对全国性广告商具有影响力，这使得它对两者而言都不可或缺。顺便提及，哈默林——根据他自己的说法，他是一名没有受过教育的移民劳工——通过他所具有的对协会700家成员报纸的影响，成为一名在政治上具有国家级重要性的人物。

　　该广告公司1908年成立于纽约。它的起源多少有点不明。哈默林有一段曾经与威尔克斯—巴里（Wilkes-Barre）的一家波兰文报纸有来往，也给《联合矿工报》（*United Mine Worker's Journal*）拉过广告。

---

　　①　指参议院调查美国外文报纸协会的特设委员会。——译者注

他与这些报纸的联系使他步入政界，1904 年，他来到纽约为共和党处理外文报界事务。此后，他在全国范围内为共和党提供这项服务到 1916 年。 *378*

　　显然，由于哈默林与政治的联系以及处理外文报界事务的成功，他和美国外文报纸协会占据了优势地位。哈默林先生就《酿造与制酒利益集团与德国……宣传》向参议院的委员会所做的以下证词讲述了事情原委并同时介绍了哈默林先生本人。

路易斯·N·哈默林的证词

　　问：你住在哪里？

　　回：纽约东 40 街 104 号。

　　问：你干哪一行？

　　答：我是美国外文报纸协会的会长。

　　问：美国外文报纸协会是一家合股公司吗？

　　答：是的。

　　问：什么时候成立的？

　　答：1908 年。

　　问：合伙人是谁？

　　答：合伙人是 E.M. 格里拉（E. M. Grilla）和卡朋特先生（Mr. Carpenter）——我不记得他的名字了，不过他是一名律师。

　　问：是埃德温·E·卡朋特（Edwin E. Carpenter）吗？

　　答：他在公司组建的时候是公司的律师。奥利弗·C·卡朋特（Oliver C. Carpenter）是他的姓名，我想；盖茨先生（Mr. Gates）是卡朋特先生的助理，我想。

　　问：特许状是在谁的请求下获得保证的？

　　答：是卡朋特先生的请求下，我想。

　　问：他们是在谁的请求下得到这个特许状的？

　　答：是我的请求下。

　　问：你们为什么组建它？你们的目标是什么？

答：我买下了一家广告公司，名叫意大利裔美国人广告公司（Italian-American Advertising Agency）。

问：你不是意大利人吧？

379　答：不，我不是；但是我过去跟那些意大利文报纸打交道；我们看到，要避开意大利人——你知道跟意大利文报纸没有多少业务可做，我们就要把它改名为协会……

问：你们得到它（该广告公司）是为了什么目的？

答：为了拿到外文报纸上的广告。

问：政治的还是商业的？

答：商业的。

问：是清一色商业的吗？

答：不，先生。我们拿政治广告，如果他们把它给我们的话。

问：政治广告和商业广告双管齐下——这不是你们的一部分图谋吗？

答：这不是一种图谋，每个广告公司都是这么做的……

问：你没有那种想法吗？

答：没有。

问：你来纽约之前住在哪里？

答：宾夕法尼亚州的威尔克斯—巴里。

问：你在那里一直做什么业务？

答：我和那里的一家波兰文报纸有来往，为《联合矿工报》和那家波兰文报纸代理广告。

问：是什么事情或什么人诱使你来纽约的？

答：是共和党全国委员会。

问：是在 1908 年吗？

答：不，是在 1904 年。我在 1904 年来到纽约，为他们就选战打理外文报纸——广告。

问：你是根据谁的建议组建美国外文报纸协会的？

答：是根据我自己的建议。确切地说是在 1908 年 5 月，我和格里拉

(Grilla) 先生决定在纽约进入这一行，我们在 11 月开业，是在 11 月初。

问：尼尔森（Nelson）参议员问你一个问题，这家广告公司是否与政治广告有关联？

答：噢，在我做梦想到广告之前，我得到奎伊（Quay）参议员和彭罗斯（Penrose）参议员的要求，来帮助他们处理那次选战。

问：是 1904 年那次吗？

答：是的……

问：你在 1904 年选战之后没有回到威尔克斯—巴里吗？

答：没有回去……我在 1908 年又当选为……共和党全国大会的代表。

问：你在 1908 年是为那个共和党的委员会负责政治广告事务吗？

答：是的，打理一些外文报纸……

问：当你决定创办这个新组织的时候，你用什么手段把外文报刊的发行人集合起来？

答：我寄出一封传阅信件（circular letter），在空白处告诉他们，如果他们愿意认购本组织的优先股，我们可以发展成一桩大生意。我说，他们不需要付现金，因为我们要在他们的报纸上投放的广告有二分之一可用来冲抵他们的股票负债，从 1 股到 4 股不等。谁也不能多于那个数。股票可以作为优先股出售……

问：你持有多少股？

答：我持有 290 股普通股（占了普通股总数的大头）……没有哪个发行人持有普通股。

问：……你开始做政治广告了，不是吗？

答：是的……我在 1912 年为共和党人做政治广告。

问：你们怎样管理业务？你们为所有报纸收费吗？你们代表全体为刊登政治广告收费吗？你们是怎样分配这笔钱的？

答：州委员会把它们想利用的报纸名单提交全国主席，这些报纸都有固定费率；它们有一个广告收费卡，标明广告如何收费。1916 年，他们在日报上买了 30 000 行广告，在周二报上是 20 000 行，在周报上是 10 000 行，按照这个费率支付……1912 年……超过 10 万美元……共和党全国委员会为它付账。

问：你们不是在一个宴会上成立这个协会的吧？

答：不是。一年之后我们才办了第一次宴会，是在 1909 年……纽约的共和党俱乐部……庆祝一周年……我们总是派发一件纪念品——一支钢笔或铅笔——每年（给发行人）。

问：你还邀请什么人出席宴会？我是说除了发行人之外。

答：我想，科特柳（Cortelyou）① 先生是一个，他是联合燃气公司（Consolidated Gas Company）的新总裁。我真的记不起来了，但是有许多杰出的商界人士。我们邀请他们是为了让他们知道我们没有任何傲气……美孚石油（Standard Oil）的广告经理和美国烟草公司（American Tobacco Company）……一年……三四个内阁成员……我想是在 1911 年（到场）。

问：你邀请这些杰出人士和政府要员出席这些宴会，然后以这作为资本来忽悠全国各地外文报纸的发行人，你没有……抬高你的地位？

答：我不知道我怎么就以这作为资本了。那些公共生活中的人士都很高兴来……我在他们中间已经有了我想要的地位。我从不跟广告行业中的骗子打交道，什么江湖郎中、股票卖家，所有这些人……

问：你到纽约来的时候有多少财产？……

答：几十万美元……在广告和印刷上……挣来的。

问：你们是什么时候开始从美孚石油公司和美国烟草公司以及一些这样的康采恩得到大宗广告合同的？

答：大概是 1909 年。

---

① 即乔治·B·科特柳（George B. Cortelyou, 1862—1940），美国政界人士、企业家。1895 年任格罗弗·克利夫兰总统的内阁书记员，1901 年任威廉·麦金利总统的私人秘书。他为白宫和新闻界的沟通多有建树，为记者提供工作场所、简报要闻、通稿。1903—1904 年任美国商务和劳工部长，1905—1907 年任邮政部长，1907—1909 年任财政部长，1904—1907 年兼任共和党全国委员会主席，为老罗斯福成功赢得连任。1909 年起任作为公共事业公司的纽约联合燃气公司总裁，1935 年退休。——译者注

问：在你们公司刚成立的时候？

答：是的。

问：创办美国外文报纸协会的最初目的是对全国的外文报界施以政治控制，这是事实吗？

答：不是。我对它们（这个国家的外文出版物）有多大政治控制力，教皇对一所犹太教会堂大概就有多大政治控制力——如果您允许这种说法的话——道理就是我对密尔沃基的一家报纸有多大影响力，对纽约犹太人的《前进报》就有多大影响力。说我通过掌握美国全部全国性广告的5%，来控制800家具有极大重要性的报纸，这样小看它们是不公平的。我所能控制的也就是——5%左右。①

哈默林在政界占据了优势。美国外文报纸协会最为声名狼藉的操作是在政治广告领域。政客们虽然对外文报刊真的一无所知，但是早早意识到了它们对政治的潜在影响。他们意识到：做广告不吃亏。

政党政治

哈默林1918年12月3日在参议院的委员会作证时说，他在1912年的共和党选战中经手的钱"超过10万美元"。这笔钱有可能除了购买广告版面，还用在了别处。

战争期间，由于与德国和奥地利在这个国家的宣传有着直接或间接的联系，以下两人在一段时间中多少都受到了抨击。克罗地亚文《民族报》的主编弗兰克·佐蒂向邮政当局出示了哈默林在1916年向他提供的一份政治广告，但是他（佐蒂）拒绝了。佐蒂是民主党人。合同文字如下：

① 第66届美国国会，参议院第62号文件，《酿造与制酒利益集团与德国和布尔什维克宣传》，美国参议院司法委员会报告和听证会，第1卷，465~472页。

```
《民族报》              克罗地亚文

原件            广告订单编号 No. 19997

纽约 1916 年 7 月 19 日        《民族报》发行人（D）
                                          纽约市

先生：     请植入       政治广告

版面       每次 50 英寸①

刊期       一周两次    除非有其他订单

起始       1916 年 8 月 1 日

位置       尽可能最佳

备注：

植入须安排在周三和周六，1916 年 8 月 1 日起，1916 年 11 月 7 日
止。11 月 7 日之后的植入将不算。定期将有广告的样报寄给我们。

附文案              单独封面下的剪报

记入我们账下         毛额，少于

总计实价 1 000 美元……一半将在 9 月 15 日支付，另一半将在 10
月 15 日支付……
```

关于这份广告订单，有趣之处在于收费率。平均发行 14 450
份——佐蒂的报纸在 1916 年大致就是这个发行量——的报纸植入一次
广告每英寸价格是 44 美分，而给出的费率是每英寸 75 美分，也就是
1916 年正常价格的将近两倍。这或许是政治广告的相对成本相较其他
形式广告的一个指标。启示在于，在这样的情况下广告价格被认为买的
至少是比"版面空间"更多的某种东西。佐蒂出示它首先是为了显示，
当事情涉及政治和爱国主义时，他可以不为金钱所动。

许多外文报纸的主编和发行人并非不愿意售卖他们的社论意见。他
们中一些人办报——尤其是在一次激烈的大选前夕涌现出来的那种报
纸——不是为了其他目的。即便购买报纸社论是有可能的，但永远成问
题的是，各政党购买外文报纸的社论支持是否物有所值。更有可能的
是，那些将提供这种支持当做一个原则问题的为数寥寥的报纸却是最物

----

① 1 英寸 = 2.54 厘米。——编者注

有所值的。通过报刊媒介来影响公众的更精妙和更有效的方式是有的，报纸代理人和职业宣传家深谙此道。

反禁酒造势

关于宣传艺术的一次富有启发性的展示，是由美国酿酒商协会的报界代理人珀西·安德雷（Percy Andrae）① 做出的。安德雷是新型政客，他为酿酒商和酒类经销商的造势引入了前所未闻的创造和动员公众舆论的种种方法。在那些酒吧（saloon）成为一个议题的州，他对"干"派和"湿"派民意进行了系统调查②。他组织了规模宏大的宣传，而哈默林先生帮助了他——开价收费。

　　而我有信心断言，在那些地区中的绝大部分选民的真实情感，三个人中有两个是支持宽松法令的。然而，只有情感是无用的，除非它知道如何在投票站将自己表达出来。为了将这种知识传授给我们许许多多的朋友，我们自己首先就必须得到它。而要通过你们的组织获取这种知识并在实践中运用它，就需要一批受过训练的专家。我不会接受道听途说的报告。每个事实必须得到确认，每种人格的调查必须当场进行。此外，我们还必须有每个地区的城市和乡村人口的档案，来展示所谓的外来势力的比重、酒吧势力的特点以

385

---

　　① 珀西·安德雷（Percy Andrae 或 Percy Andreae，1858—1924），美国 20 世纪早期反禁酒主义者。创立和领导商业和劳工协会在全国范围内同禁酒组织开展斗争。——译者注

　　② 美国有清教徒传统，许多人认为，饮酒不利于法律的执行和秩序的稳定。禁酒被看作是重塑美国精神、摒弃欧洲人恶习的一种方式。1920 年 1 月 16 日，全国性禁酒令《沃尔斯特法案》生效，并引起强烈反响，之前已有 25 个州制定禁酒法。根据宪法《第十八修正案》，禁止酿酒、出售啤酒、葡萄酒和白酒。但是没过多久，禁酒运动就产生了种种意想不到的后果：美国人分成了支持禁酒的"干"派和抵制禁酒的"湿"派；当然，商家一定是站在"湿"派一边。禁酒产生的另一个严重后果就是犯罪率上升，腐败横行。1926 年报界进行的一次民意调查表明，每 5 个美国人中就有一个人反对禁酒，甚至卡尔文·柯立芝总统也是心口不一。富兰克林·罗斯福在竞选总统时许诺撤销禁酒令助了他一臂之力。13 年之后，《沃尔斯特法案》终于在 1933 年 12 月 5 日被宪法《第二十一修正案》废除，这项"伟大"运动就此以失败告终。——译者注

及在选举工作中适合领导和引导别人的那些人名、劳工组织及其成员的力量，他们的兴趣被我们在劳工运动中的朋友登记下来，这是为了我们那些成千上万的生计受到禁酒令威胁的兄弟们。总之，如果要进行系统和有效操作的话，一大批有能力、有经验的人就有事情可做了；他们完成这件事情之后，我们就详细研究并把它制表，在它向我们所提供的内容的基础上策划我们在每个地区的斗争，这时我们的工作才真正开始，我们的每一个下属组织，包括劳工团体、自由联盟、所谓的外国公民联盟、酒吧业主协会等，它们接受号召并派出代表，他们有了我们的总部传授的知识，在我们的指导下将他们的力量集中在投票站，在那里让我们的劳工得出他们最后的结论……

如果我让你说，在这个国家谁是我们的产业所拥有的最优秀、最强大和最忠实的朋友，你会给我唯一一种正确答案。他们就是数以百万计的被虚假描述的外国公民，先生们，美国的伟大今天要归功于他们的，完全不亚于要归功于她的最早定居者的后代，当然还有很大一部分要归功于她的开化和她在知识上的至高无上……是什么使得以下的理想，即热爱自由、精神独立和憎恶虚伪在这些人身上保持鲜活？是这一样东西，并且只有这一样：他们借以形成人生观及其人类博爱和公民精神的理想的语言。是哪种主要力量使得这种语言在我们国家保持鲜活并代代相传？是外文报界。

先生们，我告诉你们，除了极少的个别例外，这个国家每一种外文报纸的死亡，都意味着我们的产业据以立足的一块基石被搬走了。它们中有多少在逐渐衰亡？那不是因为缺少读者，而是因为缺少每一份报纸为了维持和增加发行量所需要的手段——来自广告栏的收入。

不要让外文报界挨饿，而要喂养它、帮助它、支持它，无论你在哪里发现它，无论你发现它是多么小，要用尽你的一切手段，使出你的最大气力。我要求你们这么做不是一种奉献，因为这不是奉献。你们这么做可以成倍获利。有人不是在寻找这样的广告渠道，来到达有意购买他的产品的那些人，而不是无意购买的那些人吗？

广告费是准确地按照广告媒介发行量的大小支付的。如果你在一份英文报纸上刊登广告，那么你抵达的是这样的阅读公众：其中可能只有 50% 或 60% 的读者回应你的广告。而如果你在一份外文报纸上做广告，那么你抵达的是这样的阅读公众：几乎 100% 都可能是你的产品的购买者。在一种情况下，你投资 1 美元，可以获得 50 或 60 美分的利润。在另一种情况下，你获得 100 美分的利润。问题是：作为纯粹的商业计划，哪一个最佳呢？[①]

安德雷组建了附属于酿酒商协会的全国商业和劳工协会，由与酿酒业直接或间接相关的产业的代表组成。正是这个组织的资金支付了美国外文报纸协会的服务费用。

在服务于酿酒商协会的 3 年中，安德雷的花费略多于 80 万美元。*387* 在这些钱中，据估计哈默林获得约 20 万美元。这笔钱的大部分用于协会和哈默林先生的个人服务。在参议院的委员会的完整报告中，被提及的仅有一份涉及 10 000 美元的广告合同，用于在 5 个月的期限内在 68 份报纸上植入 120 英寸大小的广告；还有几份总计为 1 644 美元的小额合同，用于在俄亥俄州的克利夫兰、托莱多和辛辛那提的小型报纸上为"卢卡斯县（等地）的地方自治"做广告。

投入协会的多数大笔资金用于每月两次将一篇 1 000 个单词的文章译成 27 种文字。这些文章都是安德雷写的，由哈默林签发，在《导刊》(Leader)[②] 上发表。该刊是协会的内部喉舌和广告纸，但是即便为了这个，哈默林也知道怎样让人们购买它。他向酿酒商们每月收取 1 400 美元，用来翻译和寄送这些文章。他向他们收取文章译者和打字员的办公室的租金，就查阅用的词典收钱，就订阅刊登这些文章的《导刊》每年收取像 8 000 美元这样的数额。他甚至向他们每年收取——哈默林是犹太人——2 518 美元，为的是给他的办公室人员购买圣诞礼物。

为了寄发刊有安德雷关于个人自由文章的《导刊》，哈默林在 1915

---

① 第 66 届美国国会，参议院第 62 号文件，《酿造与制酒利益集团与德国和布尔什维克宣传》，美国参议院司法委员会报告和听证会，第 1 卷，第 953 页。珀西·安德雷言论摘录。

② 即下文提到的《美国导刊》，双月刊，1912—1918 年出版。

年支付了以下账单：

624 名犹太教拉比	…………………	936 美元
2 002 名天主教神父	…………………	3 003 美元
1 700 名新教牧师	…………………	2 550 美元
1 358 份德文和法文报纸	…………………	2 032 美元
206 只波兰鹰	…………………	309 美元
		8 880 美元

388　　其间，外文报纸——对于它们来说哈默林几乎是不可或缺的——无偿刊登"个人自由"文章——至少哈默林说它们是这么做的。无疑，许多报纸乐于得到文章。文章表达了它们的愿望，又免除了它们的写作负担。哈默林在参议院的委员会作证时说，约有一半报纸刊登了寄给它们的文章。如果这是真实的，那么至少在此例中，美国外文报纸协会的职能就像是报刊通讯社，而不是广告公司。区别在于，广告公司为报纸版面付费，而报刊通讯社则无需这么做。

　　在哈默林向所谓的全国商业和劳工协会提交账单的其他服务中，有一笔用于向 96 名参议员和 425 名众议员①拍发电报，每份 2.32 美元，总计 1 231.92 美元。电文如下：

　　　　美国外文报纸协会——总发行量超过 700 万份，影响的公民有 2 000 万——代表那些反对规定全国性禁酒的霍布森（Hobson）②。

　　　　绝大多数公民对决议发出强烈抗议。我们的人民认为这是对联邦宪法保障的权利的干涉，将憎恶这个决议的通过，这个决议是用来摧毁他们最为珍视的习俗、普遍剥夺公民的如同生命自身一样宝贵的个人自由的。在过去的这 3 个月中，几乎整个外文报刊界在它的数百万读者一致的支持下，用最强烈的措辞表达了这种情感。③

---

　　①　这些是当时美国国会参众两院议员总数。美国在 1959 年之前有 48 个州，每州选出两名国会参议员，共 96 人。——译者注

　　②　即里奇蒙·皮尔逊·霍布森（Richmond Pearson Hobson，1870—1937），美国海军军官、国会众议员。他对日本、俄国和欧洲列强态度强硬。——译者注

　　③　第 66 届美国国会，参议院第 62 号文件，第 1 卷，493 页。

另一个关于账目的说明如下：

~~~~~~

纽约，1914 年 9 月 21 日。

珀西·安德雷先生，伊利诺伊州芝加哥南密歇根大道 3357 号

付给美国外文报纸协会有限公司出版的《美国导刊》（American Leader），伍尔沃思大楼 912—926 号

L. N. 哈默林和 E. H. 乔敦（E. H. Jaudon）9 月 18 日到 9 月 20 日斯塔特勒旅馆费，含旅馆结算单和 L. N. 哈默林的开支 ……… 194.64 美元

波希米亚人俱乐部饮料和雪茄费 ………………………… 30.00 美元

出租车费 …………………………………………………… 15.00 美元

电报费 ………………………………………………………… 4.90 美元

俄亥俄州各地长途电话费 …………………………………… 9.80 美元

小费，含发行人午餐小费 …………………………………… 22.00 美元

发行人午餐后饮料 …………………………………………… 10.00 美元

周日 6 名教士和 4 名发行人汽车和午餐费 ……………… 53.00 美元

总计 ………………………………………………………… 339.34 美元

~~~~~~

在美国酿酒商协会 1915 年 10 月 15 日的一次会议上，酿酒商协会报界代理人兼全国商业和劳工协会会长珀西·安德雷在解释哈默林及其副手为这项事业提供的服务时，虽然有点前言不搭后语，但是他的意思足够明晰。他说：

> 现在，让我给你们只举一个例子。此时，在克利夫兰，这个时候，就像一年前所做的一样，通过报刊的中介作用和围绕在它周围的人们——围绕在它周围的人们，先生们，并不是无所事事的——我们有学校——你现在到克利夫兰，我可以带你到克利夫兰各地转转，那里有学校，在许许多多场合，外来单位的教士在黑板前向选民们展示，而在许许多多的事例中，领头人就是精神上的导师。例如，我可以给你们一个例子，三四周以前哈默林先生在克利夫兰。这个协会的会长，一个举国崇拜的人——因为他为他们做了那么多

事——把这个城市属于这个协会的教士集合到一起，制定在他们的教会、他们的会所和他们的学校要遵循的政策，并无时无刻给予必要的指导。到处都可以这样做。在扬斯敦、托莱多，在一切有这种报界的地方一直是这样做的。①

德国的宣传

哈默林在这个国家为德国所从事的宣传有一个更大的规模。有可能的是，他成功地获得了更大份额的德国和奥地利政府花费的金钱，来影响美国的外文报界。

他的最大手笔是在 1915 年 4 月 15 日的所有重要英文日报上刊登《向美国人民呼吁》（*An Appeal to the American People*），以人道的名义阻止为欧洲制造和运输军火。这项呼吁有 450 名外文报纸发行人的签名或疑似签名。为此哈默林获得了 204 900 美元。他能说明 48 138 美元的用途，他说这笔钱付给了约翰·E·马汉广告公司（John E. Mahan Advertising Agency），由它负责投放在英文报纸上。这笔钱是由德国在美国的特工海因里希·阿尔贝特博士（Dr. Heinrich Albert）② 通过鲁梅利博士（Doctor Rumely）③ 向哈默林付现的。最终支付出现了某种困难。

---

① 第 66 届美国国会，参议院第 62 号文件，第 1 卷，第 1194 页。美国酿酒商协会执行委员会会议备忘录，在马萨诸塞州斯普林菲尔德的金博尔饭店（Hotel Kimball）召开，1915 年 10 月 15 日，上午 11 点。

② 海因里希·阿尔贝特（1874—1960），德国律师、官员、间谍。第一次世界大战期间任驻美国大使馆商务参赞，负责给德国在美国的破坏活动发款，并给破坏者、劳工煽动者和想要返回故里为祖国而战的德国人提供假文件。他还与别人创办一家公司购买和销毁运往协约国的军火。他身份的暴露源于与亲德周刊《祖国》（*The Fatherland*）的主编乔治·西尔威斯特·维雷克——这位被监视的德裔美国人的交往。他将装有敏感文件的手提箱落在了电车上，被一名跟踪他的反情报官员捡到。这些文件刊登在《纽约世界报》上。然而，官方没有对阿尔贝特采取行动，他直到美国参战才离境。回国后，阿尔贝特负责处理外国资产，后任德国财政和重建部长。他是一名成功的柏林律师，为许多外国公司做代理。第二次世界大战后曾重返国际商界。——译者注

③ 即下一段中的爱德华·A·鲁梅利。——译者注

阿尔贝特似乎一直坚持所有开支要有证明人，他在支付最后一张4 900
美元支票之前造访了哈默林的家。哈默林说，他试图兑现这张支票，而
银行称票款不符。"我最后去见了阿尔贝特，跟他撕破脸皮吵了一架，　*391*
才从鲁梅利那里拿到了钱。"

爱德华·A·鲁梅利（Edward A. Rumely）① 博士曾经与哈默林商
量，将这一"呼吁"刊登在外文报纸上。但是，哈默林作证说，在他
（哈默林）的建议下，决定在英文报界刊登这一"呼吁"。

在刊发的那一天（1915 年 4 月 6 日），《纽约时报》援引了哈默林
的以下陈述：

> 我对此事负全部责任。这背后根本就没有什么德国宣传家或德
> 国利益。钱是通过我在 8 月 14 号发起的一次造势活动募集的。捐
> 款的有个人、社团、教会和其他组织。②

哈默林在向参议院的委员会作证时否认了这次访谈，但是他的否认
经常是完全不计后果的。他甚至否认他知道这项呼吁是为了德国的利
益，也否认他的这些钱来自德国。

哈默林在参议院的委员会作证时解释说，"向人道呼吁"是一个广
告。"我要这个广告。《时报》是严格的，而我认为得到它是好买卖。"

哈默林的力量

除了以上政治和半政治活动，哈默林先生和他的协会还为制造商
和劳工雇主做了大量工作，为他们平息罢工和处理劳动纠纷。通过他　*392*

---

① 指爱德华·A·鲁梅利（1882—1964），美国医生、教育家、报人。曾就学于美国圣
母大学、英国牛津大学和德国海德堡大学，1906 年获德国弗赖堡大学医学博士学位。1915 年
任纽约《晚邮报》（*New York Evening Mail*）主编兼发行人，该报被怀疑被德国收买，鲁梅利
也被怀疑是德国特工。1918 年 7 月，他因违犯《与敌贸易法》被捕并被定罪。他被控接受一
名在德国的美国公民的金钱来收购报纸，最终获总统赦免。第一次世界大战后从事维护宪法
和教育工作。——译者注

② 第 66 届美国国会，参议院第 62 号文件，第 1 卷，552 页。

与外文报纸主编们的往来，他立即处在这样一个位置上：给雇主们出谋划策，直接或间接充当他们与雇工之间的协调人。据说针对这种服务，他精明地拒绝收受分文。然而，正是这项私人服务，在一次选举和一场罢工的关键时刻回报了他，酿酒商和其他全国性大广告商对他刮目相看。他因此与大商人们建立了亲密的关系，这不仅为外文报纸争取到了广告，而且允许他以他认为非常合适的方式处置交托给他的广告资金。

除了德文报纸和斯堪的纳维亚诸文字报纸以外，没有谁会假装明了外文报纸广告的价值。结果是，哈默林可以提供广告，也可以拿走广告。他可以向正在苦苦支撑的小发行人夸口，他既能成就他，也能让他破产，而经验也证明他所言非虚。通过这种方式，美国外文报纸协会经手的所有广告无论如何都可以提升哈默林的名望，增加他的个人影响力。不久他几乎完全垄断了外文报纸上的广告。较小的广告公司要与该协会竞争，其努力几乎总是以失败告终，哈默林有本事将他们兼并掉，也就是说——迫使他们并入他的组织，给他们挂副会长的头衔，实际上不过是办事员或广告推销员。

他在几年之内对主编和发行人们获得了这样一种优势，以至于他出售服务的对象——政客、商人、酿酒商、蒸馏酒商和德国政府——似乎产生了这样的印象，即他对外文报界的控制是绝对的。

协会的运作

美国外文报纸协会官员之一阿瑟·加布里埃尔（Arthur Gabriel）的证词，大量披露了该协会的运作，这不仅是根据他讲述的东西，而且还根据他不能讲述的东西。加布里埃尔先生在 1909 到 1917 年间为哈默林的机构工作。在此期间，他担任过从办公室杂役到副会长的每个职位。与协会的其他副会长一样，他实际上只是一名广告招徕者。他作证说："正如哈默林先生向我们解释的那样，他之所以给我们头衔，主要是为了抬高我们的身份，这样当我们去见 P. 洛里拉德公司（P. Lorillard compa-ny）的洛里拉德先生（Mr. Lorillard）时，他会知道他是在跟一个副会长谈话。"

加布里埃尔在 1914 年到 1917 年任副会长，但是他对这一行当似乎所知甚少。虽然哈默林被普遍认为是一个半公共组织的会长，但是该组织的性质、方法和收入是一桩只有哈默林和他的私人秘书伯莎·W·莱夫勒（Bertha W. Leffler）才知道的秘密。协会的账簿每年都要销毁。加布里埃尔在协会的会议记录上签字，但是他不知道其内容是什么。

阿瑟·加布里埃尔先生的证词

问：你能告诉我们美国外文报纸协会这个组织的性质——它的组成、宗旨和活动是什么吗？

答：嗯，据我所知，在我打交道期间，他们的宗旨就是从这个国家的各种大公司拉广告，对任何涉及外国人的事务采取行动，例如可能提交美国参议院或众议院的立法事务；围绕广告商的产品与他进行全方位的合作——例如，一些州投票反对香烟议案或要阻止香烟和鼻烟的销售；深入到这些州去帮助香烟和烟草公司挫败该议案；在各方面切实帮助广告商。例如，如果一场跟美孚石油公司有某种关联的罢工要发生。

问：在立法悬而未决的地方，那是通过当地的外文报纸来处理吗？

答：是的。

问：或者到存在劳工矛盾的地方？

答：是的，到那个地方去。

问：外文报纸被用作宣传工具，用来反对不利于广告商的立法？

答：是的，少校①……

问：有过任何借助慈善和公益组织的影响来促进广告商利益的行动吗？

答：我记得没有。

①　指下文提到的埃德温·休姆斯少校（Major Edwin Humes），他是宾夕法尼亚州的一名地区检察官，协助询问佐蒂。

问：这里有一些账单证明协会曾经多次为神父和其他人士举办晚餐会和宴会。

答：我唯一记得的一次为神父举办的宴会是在广场酒店（Plazate Hotel）。那是在 1916 年 11 月，是为了杰拉茨基阁下（Monsignor①Je-latsky）举办的。他那时刚刚被红衣主教法利（Cardinal Farley）② 授予阁下称谓。红衣主教法利出席了那次晚宴，当然还有神父们、鲁梅利博士、哈默林先生和我。这是我出席的唯一一次有神父在场的晚宴……

问：你见到过冯·伯恩斯托夫（von Bernstorff）③ 大使到哈默林先生的办公室吗？

答：我见到过冯·伯恩斯托夫到哈默林的办公室，1915 年，我记得，大约在 3 月……

问：当时哈默林先生在办公室吗？

答：有一个长长的门厅，有 3 间专用办公室，哈默林先生的办公室在最里面的右边，我的在中间，我正好从我的办公室出来，在走廊看见冯·伯恩斯托夫，我马上认出了他，他穿一件波斯羊毛领长大衣，他取下帽子，正好踏进哈默林先生的办公室。

问：在哈默林先生的独立办公室？

答：他的专用办公室。以后我再没见过他。

问：他在那里待了多久，据你所知？

答：这个我不知道，参议员，因为哈默林先生的专用办公室有一个门通向门厅。

问：说说这事过去以后多久，跟这次呼吁（外文报纸主编们针对美国停止向协约国运送军火的呼吁）有关的活动开始的？

答：活动是在 3 月的某个时候开始的，一直持续到 3 月末。那也许

---

① 音译"蒙席"，天主教大主教等高僧之称呼。——译者注

② 即约翰·墨菲·法利（1842—1918），爱尔兰裔美国红衣主教。从 1902 年起任天主教会纽约大主教，1911 年升任红衣主教。——译者注

③ 即约翰·海因里希·格拉夫·冯·伯恩斯托夫（1862—1939），德国外交官。1908—1917 年任驻美大使兼驻墨西哥大使。他是战时谍报工作的中心人物，第一次世界大战期间参与了很多针对协约国的破坏行动和阴谋。——译者注

是在呼吁发表前的两个星期……

问：对我们讲讲你对"呼吁"知道什么，还有你可能跟哈默林先生围绕这件事的任何谈话……

答：在广告呼吁刊登之前，我被叫到哈默林先生的专用办公室——我相信那是一个星期五的晚上。他召见我一个人，莱夫勒小姐也在场。他对我说："阿瑟，我要你带上你的妻子，带她去伯利恒，让她尽兴，不要省钱；最好乘私家车去。到那以后弄清楚在当地军火工厂工作的外国人的比例。去酒吧，去总公司，如果有必要去走访神父和拉比；然后给我带回他们是否对工作状况满意、平均薪资是多少、每周挣多少钱的数据，把数据带回来。"第二天我没有出发——我应该在第二天出发，不过第二天是星期六——而我在星期天早上出发，我没有带妻子去，而是去了大学好友戴维森博士（Doctor Davidson）那儿。我对他说："拉尔夫（Ralph），我要去伯利恒南部，我弄到了钱，所有的花费我来出，你跟我一起去吧。"我们两人就去了伯利恒南部，住在伊格尔饭店（Eagle Hotel），在那里收集信息。他去找意大利裔神父交谈，搞到了当地意大利人的百分比。我们最后带回了数据——那里有多少人、对状况是不是满意等；但是我们得到指示不要接近军火工厂。所以我相信我在那个星期的星期三返回；我们所有的小伙子都已经被派出去跑这件事了……

问：其他人也在那时被派出去了？

答：噢，是的。达特纳先生（Mr. Dattner）被派往布里奇波特，G. H. 伯格先生（Mr. G. H. Berg）被派往到新英格兰地区各州，莫曼德先生（Mr. Momand）被派往布鲁克林，利昂·维兹特先生（Mr. Leon Wazeter）被派到费城某个地方，我相信，亨利·加布里埃尔（Henry Gabriel）被派往乌蒂卡（Utica）。

这样，我们回来的时候都见面了。哈默林先生那几天正好不在，我们就在伍尔沃思大楼的德式地下餐馆（Rathskeller）碰头；我们比较彼此的开销账目，这样行程较短的人的负担就不会超过行程较长的人了，然后我们提交了一份账单。事实上，当我把账单交给哈默林先生时，他对我说："你们花的就这些吗？"这样，我们后来每人写了一份关于花销的书面报告，并签上我们的名字。

接着，那份文稿就是在哈默林先生的专用办公室酝酿的。

问：什么文稿？

答：他对美国人的呼吁。那是在哈默林的办公室由莫曼德先生和他自己酝酿的，没有人知道在里面要发生什么。

问：你知道鲁梅利先生是否也参与起草工作了吗？

答：鲁梅利博士三番五次去那儿，但是这件事情进行的时候，那间专用办公室里只有哈默林先生、莫曼德先生和今天的兰金广告公司的兰金先生（Mr. Rankin）；然后我去了帝国城电力公司（Empire City Electrical Company），碰巧看见一份呼吁书的文稿，而帝国城公司正在斟酌它，所以我自然就读了这份呼吁书；我回到办公室的时候，正好 G. H. 伯克尔（G. H. Berkel）前来——事实上，他在我的办公室也有办公桌——我弟弟在那儿给印刷品打包；他走进我的办公室说，他听到坊间传闻，哈默林收受德奥同盟①政府的资金。他带着这条消息去找哈默林。哈默林随后给我打电话——通过一条内线——问我是否知道一个叫德雷西克西（Dresiecksi）的人。我告诉他我知道的，因为他是波兰文画报周刊《Krij》的发行人，Krij 的意思是"国家"。他告诉我，据指控他收了德国人的钱。我说："哎呀，哈默林先生，你是德奥同盟政府资助的，这在纽约的波兰人中间是一个公开的秘密。"

大约 10 分钟后，戴上帽子、穿上外套的哈默林先生来到我的办公室，示意我到他的专用办公室去；我去了，那里只有莱夫勒小姐、哈默林先生和我三个人。接着谈到这件事，他问我知道些什么。我说："我知道的就这些。你拿了德奥同盟政府的钱，我在纽约的波兰人中间听到

---

① 1879 年德国和奥匈帝国在维也纳结成的秘密军事同盟。同盟条约主要内容：（1）缔约国一方遭到俄国的进攻，他方应以全部兵力援助，并不得单独媾和；（2）一方遭到第三国（指法国）进攻，他方应采取善意的中立；如进攻的国家得到俄国支持，缔约双方应共同作战；（3）条约的有效期暂定为 5 年；（4）缔约国双方对条约应保守秘密。事实上条约一直存在到第一次世界大战结束。该条约成为德国外交政策的基石，也成了当时欧洲国际关系的轴心，后来的德奥意三国同盟是德奥同盟的扩大。然而，德奥同盟带来的严重后果则是法俄同盟的成立。德奥同盟条约实际上成了欧洲列强分裂为两大对峙的军事同盟体系的开端，也是第一次世界大战爆发的主因之一。——译者注

的就这些。"听完这个，他转向莱夫勒小姐，问她有没有对她妹妹玛格丽特（Margaret）说了什么。

问：玛格丽特也是那儿的雇员吗？

答：她也是那儿的雇员。她是伯莎的一个妹妹。她说："没有。"然后哈默林先生转向我说："阿瑟，不管你知道什么，闭上你的嘴。人们不知道的东西是不会伤害他们的。"然后我坐着跟伯莎·莱夫勒说了一会儿话，我说："这不是真的吗？"她不置可否。这样，在那个星期的最末——我不记得是不是那个星期，但是我知道是下一个发薪日——我收到了我的信封，我说不准是 500 美元还是 1 000 美元的奖金。事实上，办公室从勤杂工起的每个人那次都收到了某种礼物。我对呼吁书就记得这么多。

问：你拿了 500 美元外快。

答：我真的不记得，参议员，是 500 美元还是 1 000 美元。我每个月或每两个月就会拿到钱，我不知道是什么名目。在圣诞节，我拿到的多达 2 000 美元；我女儿出生的时候，我还没有开口，哈默林就付了账，所以我不知道那次我为什么拿到那笔钱。

问：你以为你拿的是广告商的钱吗？

答：不是，我估摸着我拿钱是让我闭嘴。

问：你能说说哈默林先生或这个协会如何跟外文报纸做生意吗？

答：好的，举个例子，会有这么一条广告：举个例子，我要被派去见 P. 洛里拉德公司的人，他们想刊登奇拉牌（Zyra）香烟的广告。我回来了，按照规矩，哈默林先生和我自己来选择报纸，哪些报纸会接受这个广告？它们会接受多少？有时候给报纸付钱是根据价目表来的，例如斯堪的纳维亚各种文字的报纸——对斯堪的纳维亚各种文字的报纸我们得严格遵守价目——但是，举个例子，一些波兰文报纸，你付多少钱都行。比方说，你给它们付 20%，它们就会接受的。我们会给它们一定数额，然后把这个数额交给客户，然后我们的文案和价目就会得到确认，因为据我对外文报纸的体验，一般的美国广告商实际上对外文报界什么也不知道——也就是说，不知道每一份外文出版物的价值。我可以去见美孚石油公司的人，对他们说这份布里奇波特的报纸比纽约的任何

398

报纸都好，他们就会相信我的话；可是他们不知道这份出版物有什么价值或者它的名声怎么样；这样，不管我们给多少钱都行，接着就把它送给各家报纸，它们就会照单付账。

399　　问：你们一英寸广告收 30 或 40 美分，付 20 美分？

　　答：我们过去还收过一英寸 1.50 美元那么高的，而只付出 25 美分。这都取决于人们接受什么。

　　问：换句话说，你们做生意不按固定价格，而是尽可能向广告商多收费，尽可能给报纸少付钱？

　　答：这都取决于广告商。如果广告商好对付，我们就会大概估个价。如果广告商把他的广告转给美国公司做，那么他们就会要求我们给他们关于发行量的宣誓声明，并了解这份出版物的细节，那么他可能把价格压低甚至 10％这么多；好多次只是为了拿下生意，我们也做了亏本买卖。这些都取决于广告商是什么人。

　　问：你从哈默林先生那里弄清楚没有，根据这一行的常规，这个呼吁广告的情况，也就是那个广告收入的数额和付给那几家报纸的数额？

　　答：我从来没有。就像我前面说的，那个秘密保守在那间屋子里。我对它什么都不知道。①

〜〜〜〜〜〜〜〜〜〜〜〜〜〜〜〜〜〜〜〜〜〜〜〜〜

　　《民族报》主编弗兰克·佐蒂——在将哈默林的协会带入公众视野方面，他比任何人做的事情都要多——无疑是一个有偏向的证人；但是，他在参议院的那个委员会上的一部分证词，虽然没有加入新的事实，却使协会对外文报界所施加影响的实质更为清晰。在回答参议院委员会的休姆斯少校（Major Humes）的问题"协会是怎样组织起来的"的时候，佐蒂这样说：

　　　　它主要是为了获得政治广告而建立的，通过这种政治广告的影响来得到大公司的支持；通过这种支持来征服或至少控制那些只能求生存的较小的报纸；最终把哈默林先生推到外文报界的一个独裁

---

　　① 第 66 届美国国会，参议院第 62 号文件，第 1 卷，625～632 页。

者的位置上……第一次聚会是在共和党俱乐部，当时办了第一场晚宴……跟以后的聚会比，我觉得它并不成功，但它是一个序曲……乔治·B·科特柳先生是出席晚宴的（名）人之一，那次还有几名内阁成员……哈默林先生主持……他被科特柳先生介绍为"由这个外文出版物的伟大团体正式选举产生的美国外文报纸协会会长"。科特柳先生也许对这件事一直是认乎其真的。而从政治的角度看，这也许对双方有利，一个有他这种才干的人是一桩好买卖的先法条件，向他这一方显示他有像哈默林这样的人，掌管 500 到 600 种外文报纸的组织的会长，可以随时送货——服务于他自己的目的……有好几家大公司的广告代表出席……我相信美孚石油公司有代表，电话公司（Telephone Company）、美国烟草公司和另外几家。第二场晚宴是真正的亮相……第二年，也就是 1910 年是在尼克博克（Knickerbocker）①。在那里，科特柳先生更加明显地颂扬路易斯·N·哈默林。晚宴大获成功。要发给嘉宾的礼物在宴会前做了广告，每件值 15 美元到 20 美元。除了晚餐，每位出席宴会的人还会得到一只金火柴盒，像这个（展示），一套雪茄切刀和水果刀；有人告诉我们，整个美国内阁，包括老大塔夫脱（Taft）② 先生都会到场。从那以后，一份外文报纸的发行人不需要再去银行贷款来维持生存了，因为钱会从不同的渠道来……我记得清楚，彭罗斯参议员称颂了哈默林先生以及我的朋友科尔德福格尔（Goldfogle）和贝内特（Bennet）众议员；事实是，可以理解，至少我可以理解：所有那些大公司都会打开银柜，而哈默林先生的支持抵得上好几百万美元……世界上最简单的事情是说明这种情况，是这样说："哈默林坐在中间，美国内阁围绕着他，司法部长称颂他。我们做得最好的事情就是打开我们的钱包，让一部分美国钞票流通；有了他的影响力，他就可以让事情改变，可以做事情；他代表这样

400

401

---

① 可能是指纽约市于 1906 年建的尼克博克饭店，又名"时报广场 6 号"。——译者注
② 即威廉·霍华德·塔夫脱（1857—1930），美国政界人士、律师。美国第 27 位总统（1909—1913），共和党人。——译者注

一个重要的人群——这些发行人。"①

佐蒂在回答哈默林在协会中的报纸生意时说:

> 它不是当成一桩合法买卖来做的。它是这样的:你从广告商那儿挣的越多越好,你付给发行人的钱越少越好,除了几个坚持价目的发行人,那是他没法插手的。例如,我通过哈默林拿到了美孚石油公司和爱迪生公司的广告。他得把它给我。他企图把它拿走,但是两个公司说:"我们要那份报纸,因为那份报纸发行量大。"这样做的还有联合燃气公司。可是他仍然经手广告,而因为我的报纸的优点,那些公司迫使他把广告给我……就像前面解释的,那些基础不牢的、那些需要他帮助的报纸,就像我要说的,会害怕直接跟他争斗,它们自然就通过他,总是被这样的威胁"我们会撤回全部资助"控制了;例如,关于个人自由的题材。我从来没对他说到它,也从来不想得到它,尽管我知道他从每一行广告获利很多。我知道我救了没有刊发那个的其他发行人。但是还有别人呢,因为最简单的方式就是最好的方式,他们不想跟这样一个一年给他们10 000美元、20 000美元或30 000美元广告费的人抬杠;他们就接下了广告,把它们刊发了……我们会说这些报纸完全是依附性的——在纽约有一些,发行量不小,在芝加哥和其他大的中心——它们是不同的。他们不在乎。你举出《进步报》和《意大利裔美国人报》② 和大的意大利文日报,他们就不在乎……其他报纸的发行人,就像我说的,宁愿走最容易走的路去赚钱,拿了钱,然后不吱声。那些小城镇的小报纸,哈默林自然一直按他想用的任何一种老办法操纵它们。例如,乔敦这个人做过哈默林机构的稽核员,他向我解释过——现在他在美国海军陆战队——美孚石油公司要给几家局外的外文报纸,在全州发行1 000份的小报纸投广告,它们刚刚拿到要第二次植入的30英寸广告,就收到了哈默林的一封来信,说他们

---

① 第66届美国国会,参议院第62号文件,第1卷,640页。

② 这里应该是同一份报纸,即《意大利裔美国人进步报》。——译者注

的报纸没有发行量，美孚公司要撤回广告，但是他可以运用他的影响力，这样公司就继续做这个广告，不过他不能按照原价给他们付钱。如果他再次拿到这个广告，他付的钱就会比原价低一些；但是，他建议这位发行人暂时继续刊发这个"广告"，来显示他的善意。最后，许多这样的可怜人把这个"广告"登了52个星期，而只有2个星期是收到钱的。哈默林先生从美孚石油公司拿到了50周的差额，装进了腰包。

还有其他的乔敦拿到钱去修理报纸的例子；他们每个星期从这么多次的植入中盘剥他们。他（乔敦）这么做会得到额外的礼物。[①]

弗兰克·佐蒂的证言描述了美国外文报纸协会的组成方式和它对外文报界施加的控制，它被一个不那么世故的证人杜尚·波波维奇（Dushan Popovich）先生所证实，他是纽约市《塞尔维亚人哨兵报》（*Serb Sentinel*）的主编。《塞尔维亚人哨兵报》是一份苦苦挣扎的小周报，但是它因下列事实而受到尊敬：它是拒绝签署《向美国人民呼吁》的报纸之一，因不服从而迅速受到了惩罚。《塞尔维亚人哨兵报》是第一批加入哈默林的组织的报纸之一。波波维奇先生的证言如下：

他（哈默林）到我这儿，问我是否为我的报纸接受一条广告。我说："啊，是的，为什么不呢？"然后他就问我价位是多少。我告诉他我的价位——我想是一英寸25美分——他马上就拿来了广告，我不记得多少，反正他给我付了钱。每天一大早，邮件里面就有账单和支票，一直是这样……

他告诉我说，我可以从他那里拿到广告，只有一个条件——要买这个协会的股份；然后我告诉他，我不想买任何股份；我没有钱买股份。我不认识这个人，他一来就要我买100美元的股份——然后他就说："你不需要为它付钱。我会给你广告，我每个月扣除这么多，这样我就给你股份。"就这样，我用那个法子得到了广告，

_____

① 第66届美国国会，参议院第62号文件，第1卷，644~645页。

它们是用钱换来的，我用同样的法子得到了股份——2 股……

从一开始我就没有拿到多少（广告）。我拿到的大概——我记不清了——一个月 15 到 25 美元，渐渐地它越来越多了；然后我有——直到他把那份要我签字的呼吁书放在我面前——我一个月有 70 美元到 80 美元……他让加布里埃尔先生来找我……一天下午，他来到我在第 2 大道 384 号的办公室，我记得，晚饭后他对我说："波波维奇先生，请签这个；哈默林先生希望你签这个。"我在签字以前想弄明白我要签的是什么东西；于是我开始看一行、两行、三行，然后对我来说事情就完全清楚了。我再看下去，明白了他想让我在一份对美国人民的呼吁书上签名，让他们阻止制造军火和阻止向我们的协约国盟国运送军火。作为一个塞尔维亚裔好人和一个美国好公民，我马上就火了；我对他大声说："加布里埃尔先生，告诉哈默林先生吧，波波维奇先生永远不会签那个东西的。"

他一上路，过了两三分钟，我拿起电话机，马上给塞尔维亚文的《价值报》（Vallie）、给兰科维奇（Rankovich）先生打电话。我告诉他："兰科维奇先生，加布里埃尔先生今天来你的办公室了吗？"他说："没有。"我说："他马上就会来让你签一个东西，你也许不看的。不要签他带来的东西。你是个忙人，你也许不会看的；他每个月给你那么多广告，你也许一粗心就签了，它是违背我们塞尔维亚裔美国人利益的。"我告诉他是怎么回事，"请马上通知你的译员"——塞尔维亚文日报都有一个译员——"让他们知道不要那么做"；他照着做了，通知了各家塞尔维亚文日报；我看见一篇他第二天、兴许是几天以后写的社论。我发现，波希米亚文报纸马上给全国各地的其他波希米亚文报纸寄信，要它们不要在呼吁书上签字。

对我来说这还不够，我已经打电话给兰科维奇先生，我马上又打电话给哈默林先生。我说："作为我们协会的一个会员，我抗议你派人去让会员们签那个东西。"这时他告诉我："波波维奇先生，你可以做你想做的事，但我要劝告你，如果你不签这份呼吁书，你会后悔的。"这些就是他对我说的话……以后的两三个月，渐渐地……当然他没有一下子就停止所有的广告，但是时间很短——我记不清是多少天了——在三四个月或者四五个月以后……他从一个月70美元到80美元下降到4美元，还从他的服务中拿走了10%，我一个月从他那儿得到了大概3.60美元广告费。大概两个月之后，我就一分钱都没有了；而我并不为这个后悔，因为作为一个塞尔维亚裔人和一个美国好公民，我不能签署那个，永远不能。①

哈默林雇了一些人从《导刊》上翻译"个人自由"文章，波波维奇是其中之一，哈默林为此向酿酒商们每月收取200美元。这个工作包括排字和印刷分发给其他塞尔维亚报纸的校样，他为此付给波波维奇10美元。

> 我昨天听说他为那个每月从塞尔维亚政府那里拿200美元，那10份校样和邮寄还要单独给他付费；所以我觉得他对我不公。他是一个富人，而我20年来一直在苦苦挣扎。我有一间小印刷所，花了大约20 000美元买了3台莱诺整行铸排机等，老机器了，我不知道现在值不值5 000美元；我一辈子都扑在它上面……可是他连我这几个小钱都不放过……②

哈默林其人

要了解美国外文报纸协会的多种多样的业务，撇开创立和控制它的人是不可能的。路易斯·N·哈默林是美国的生活条件用欧洲移入的原材料生产出来的最为有趣和最成问题的名人之一。他属于这种被认为是一个类型的阶级，该阶级在关于《旧大陆特质的移植》的研究报告中被称为"暴发户"（allrightnick），用的是一个由犹太人报纸《前进报》的主编亚伯拉罕·卡恩首先散播开来的术语。一个"暴发户"首先是一名

---

① 第66届美国国会，参议院第62号文件，第1卷，621～623页。
② 同上书，624页。

移民，他获得了成功，但是他为了成功抛弃了他的所有传统忠诚。在极
端情况下，他成了一个与国家、同族或宗教没有联系的人。哈默林就是
这样的一个人。说他是一种过于仓促的美国化的普通而自然的产物，这
是不公正的。然而，这个卑微移民的财富和影响力的突然上升，仍然是
美国生活最有特色的事情之一。这样说是妥当的，即哈默林这样的人是
不会出现在世界上的任何其他地方的。

▼▼▼▼▼▼▼▼▼▼▼▼▼▼▼▼▼▼▼▼▼▼▼▼▼▼▼▼▼▼▼▼

　　路易斯·N·哈默林1870年或1874年生于加里西亚省。根据他自
己的自白，直到1915年他处在应征从军的危险之中，他从来不能确定
他的年龄。然后，他通过他的亲戚，才发现自己生于1870年。至少在
1915年2月25日，当他在布鲁克林申请一纸结婚证时，他起誓说他生
于1874年。但是哈默林说，他这样做不过是为了前后说法一致，他最
初在1901年领取了入籍文件。他当时声称他生于夏威夷。他解释说，
他以为每个人在进入这个国家时都可以获准选择他自己的出生地。他到
过夏威夷，喜欢那种气候。

　　哈默林在向纽约州司法部长助理艾尔弗雷德（Alfred）作证时说：

　　"我在9岁时就被赶出家门。对不起我自揭家丑了，一个不和睦的
家庭。我父亲一星期也挣不到合2美元的奥地利元，而我们兄弟姊妹5
个；后来他第二次结婚，又第三次结婚，但这是在我的早年。后来我被
一个农民出于好心收养了；因为我的家人按种族是犹太人，那个农民就
让我做了一个基督徒，那是他的想法。那是教给农民帮助壮大基督教的
方法；他把我带到德国不来梅（Bremen）那么远的地方，我们在那儿
上了一条船。他用他的钱把我带到宾夕法尼亚州的上利哈伊（Upper
Lehigh），靠近黑泽尔顿（Hazleton）。几星期以后，他发现他有一个兄
弟在那儿；他在地下3 000英尺①的矿井干活；最少——我太年幼了，
记不得了——挣好几千克朗（kronen）②。他有另外一个亲戚在夏威夷

----

　　①　约为914米。——编者注
　　②　1892—1924年奥匈帝国的货币单位。——译者注

群岛，他把我带到那儿；我们去了那个地方，我在那儿要求入籍；万能之神就在那儿，地球上最壮丽的景色，怡人的气候，那是我从没见过的；我为它跟日本人、中国人、黑人一起在甘蔗种植园干了18个月，它很好，我喜欢它，我开始热爱上了这个国家。"①

哈默林第一次到美国是在1879年，当时他9岁。他在纽约待了几个月，随后去了宾夕法尼亚州无烟煤地区的上利哈伊。他在那里大约待了5年。正如哈默林所说，大约在那个时候，"莫利·马圭斯会社（Molly Maguires）②开始杀人"。把他带到那里的那个人去了一个农场干活。哈默林回到纽约，在一家餐馆工作，几个月后回到欧洲。那时他大约14岁。

他说，1896年或1897年，他应征入伍。他逃到了德国的不来梅港（Bremenhafen），从那里乘船到了夏威夷。显然，哈默林和他所谓的"同事"去夏威夷是作为合同工，作为无票乘船赴美移民（redemptioners）③，他们答应通过在甘蔗种植园劳动来抵偿船费。

我们实际上是被一些德国骗子出卖了……大多数随我一起来的同事死于困苦，我们被鞭打成那个样子。我背上还有我挨揍留下的三个疤痕……

"在美国领事的帮助下，一个叫哈希费尔德—海岑贝格（Hachfeld & Heizenberg）的德国康采恩签约把我们送上那条船。我们得白干5年，上了那条船上的500个人中有300人死了，其余人逃走了。我就是逃走的人中的一个。我们上了一艘美国运输舰；如果记得准的话，舰名叫"阿拉梅达"号（Alameda）。我们睡在床底下。水兵们出于怜悯接济我们。"④

1889年，哈默林在威尔克斯—巴里，他在矿山做木工。他在那里　　408

---

①　第66届美国国会，参议院第62号文件，第1卷，546页。

②　西弗吉尼亚州和宾夕法尼亚州无烟煤矿工人组织，19世纪70年代该组织十分兴盛。由于秘密性质，加之该组织奉行纵火、殴打公司雇员等直接行动，因此招致公众的谴责和反对。该组织活动有限，会员较少，后自行衰败。——译者注

③　指18—19世纪由欧赴美后做一定时间仆役以偿还赴美船资的人。——译者注

④　第66届美国国会，参议院第62号文件，第1卷，537、545页。

干了三四年，与一家报纸有了往来。1904 年，他应参议员奎伊（Quay）和彭罗斯（Penrose）的邀请，到纽约打理当年选战中的外文报纸，4年后他当选为共和党全国大会代表。这一年他组建了美国外文报纸协会，通过它来投放当年选战期间共和党的政治广告。

从美国化的观点来看，关于哈默林的趣事是，他在所有的政治和商业活动中一直坚持他所发现的美国政治和商业惯例。

在参议院的那个委员会的交叉讯问中，他被指责用他能够提供给外文报纸的广告来交换他的影响力，哈默林对此答道：

"一般的报纸，包括美国最大的，以不同的方式支持它们的广告商。我不过是根据我在这个国家从美国报人那里学到的东西、用他们的方式做事罢了。几乎没有哪个广告商不被人问到他，当他做广告时，是不是想在那份报纸上得到什么。"

休姆斯少校问："那么你做广告生意的方法是利用你的影响力，向广告商提供报纸的社论支持，而不管广告商是一些什么人。事情是这样吗？"

"是这样，在一般事情上，少校。"①

✦✦✦✦✦✦✦✦✦✦✦✦✦✦✦✦✦✦✦✦✦✦✦✦

以下是关于无烟煤矿地区和纽约市地方政治状况的证词，它说明了这样的方式，一个缺乏知识的移民用它误解了美国民主的意义和意旨。

✦✦✦✦✦✦✦✦✦✦✦✦✦✦✦✦✦✦✦✦✦✦✦✦

问：关于你的归化，归化是在归化的时候居住的地方进行的；在那里，对于外国人来说普遍的做法是不是不管在这个国家居住多久都可以归化？

答：在选举之前，是的，先生。

问：在大选之前，普遍的做法是不是引进大量外国人，让他们归化，好让他们取得选民的合法资格？

409

---

① 第 66 届美国国会，参议院第 62 号文件，第 1 卷，592～593 页。

答：我知道的是那样。

问：在那个社区是不是有一个组织来做这种事情？

答：我不说是在那个社区。整个无烟煤矿地区都是这样的。

问：整个无烟煤矿地区？

答：是的，先生；据我所知。

问：是不是有什么人把集合这些外国人、让他们迁移过来和让他们归化当作一桩生意？

答：那不需要他们。那是县组织的事；政党。

问：政党？

答：是的。

问：这些政治组织中的一个来找你，要你归化，他们为你准备文件，你看都不看，然后他们就走了吗？

答：根本不用准备。只要写上名字就可以了。那样就可以入籍。现在情况变了。现在是美国政府管。以前是县法院办。

问：他们让你归化是为了你可以在那次选举中投票？是这个原因吗？

答：是的。

问：谁来找你的？

答：我不记得了，参议员。

问：当时你在哪儿？

答：宾夕法尼亚州的威尔克斯—巴里。时间绝不会早于那个县选举的大概一两个星期以前，他们告诉你他们想选谁。这事情错不了。事情这样做了。如果我们有一个像杜里埃（Duryea）这样的小镇，只要两个党都同意这个人当选，选举就结束了。

我给你们举一个例子。我们推出一个名叫亨利·W·帕尔默（Henry W. Palmer）的众议员，他是一个品位很高的人。我在联合慈善会（United Charities）做他的手下。帕尔默先生是个好人，可是他推荐的一个邮政局长爱尔兰人不满意。在威尔克斯—巴里，他们看中的是一个名叫阿西纳（Athener）的爱尔兰人。这个选区，正如诸位会在《国

410

会指南》（*Congressional Directory*）上看到的那样，是共和党的天下。可是，我们以绝大多数选票选出了民主党人约翰·T·拉纳汉（John T. Lanahan），那可是来自老板——我指的是来自华盛顿，不管谁是党的头头——的命令。

问：归化欺诈在无烟煤矿地区是一种普遍的做法吗？

答：没人认为这是一件错事。就是这样做的。当他们在一个选区缺人的时候，他们常常派人到另一个镇——到斯克兰顿（Scranton）——装满几车人来，投他们的票。这是千真万确的。

问：他们拉整车人吗？

答：是的，他们拉整车人。1个人可以到10个不同的地方投票——我指的是知识比较少的人——不仅是外国人，而且是每个人。

问：那么他们重复投票？

答：是的，我认识的人谁都不反对这个。①

哈默林称，他一生中没有上过一天学。他不会写英文，这是他的伙伴们长大的那种传统的一部分。然而，在他不激动的时候，他说的英语相当正确，口述既快速又流利。

这个美国外文报纸协会的创立者在参议院的委员会的作证并不成功。他被迫承认，他不是合法的美国公民；他通过欺诈和伪证获得归化文件；他的"协会"是一个有问题的公司，它的官员只是办事员和傀儡；他甚至不是在做合法的广告生意，因为他是在出卖他作为一个广告代理商获得的影响力，为的是通过外文报界来影响立法和政治行动。

哈默林似乎是一个私下密谋和谈判沟通的天才。在一个任何一方都不大了解对方能够无需内行帮助就能成功谈判的时代，他作为一个中间人周旋于两个利益集团，即外文报界和美国商界之间。他的突然崛起得益于这样的事实：他能够利用每一个利益集团销售他对另一个利益集团

411

① 第66届美国国会，参议院第62号文件，第1卷，608~609页，哈默林的证词。

的影响力，而无论这种影响力是真是假。这不是将哈默林给两者提供的服务最小化。哈默林是在健全的商业基础上向外文报界投放广告的第一人。虽然"诚实的"贪污机会有的是，但是哈默林高度创造性地利用了它们并取得了巨大成功。

第十七章　敌方宣传与政府干预

　　　　控制移民报刊言说的第一次认真的公开尝试，是在世界大战期间作为政府对敌方宣传的反制的一部分而做出的。这一尝试除了对成功的战争行为产生效果之外，还对作为一种同化手段的外文报刊的发展产生了重要和持续的影响。今天，宣传已被公认为是战争大战略的一部分。

　　当世界大战史的最终版本即将撰写的时候，最有趣的章节之一描写的将是双方军队所使用的摧毁敌军和各条战线后方各民族的战争意志的方法和手段。如果现代科学在战争中的应用提高了杀伤力的话，那么各国人民交流和互相渗透的增加赋予战争以这样的性质，即它是一场各文明民族中间的内部的或自相残杀的争斗。在这样的环境下，在诡诈地利用纷争和躁动的意义上，宣传可能彻底改变战争的性质，如同战争曾经被火药的发明改变一样。

　　　　宣战伊始，美国给敌方宣传提供了大量的机会。有鉴于我们的人口据以构成的情感分化和异质元素，对于美国是否有能力采取有力而一致的行动曾有严重的怀疑。

　　据估计，美国人中有2 000万人或是出生在德国，或是德国移民的后代；爱尔兰移民及其后代据说有1 500万人。德国人和爱尔兰人都反对英国。瑞典人倾向站在德国一边。波兰人和犹太人反对俄国。立陶宛人和鲁塞尼亚人反对波兰。南斯拉夫人反对意大利，但是在与奥匈帝国结盟上意见不一。希腊人分别支持韦尼泽洛斯首相和康斯坦丁。捷克人反对奥地利，斯洛伐克人反对匈牙利。

在这场冲突中，美国的每一个民族都有它自己的特殊利益，从各自的民族利益的观点看待这个国家参战。我们的一些移民民族不认为美国是一个国家。它只是人们生活的地方，如同奥地利帝国——一个地理上的说法而已。最后还有社会主义者、产联成员、和平主义者和无政府主义者，他们出于信念反对战争。

除了和平主义，所有这些态度主要反映在各移民民族中和移民报刊上，反映在宣传者为了阻挠我们在战争中的进展而操弄的那些材料中。

移民效忠的基础

从世界大战期间所做的种种披露来看，德意志民族的领袖们显然比其他民族更早和更全面地认识到了宣传的力量，掌握了他们使之出名的有条不紊的程序，在这场逝去的战争爆发很久之前，针对可能伴随冲突而产生的所有国家现实和潜在的不安源头开展了详细研究。他们在这些研究的基础上作出算计和控制政策。

例如，在这场战争之前很久，德国积极地在德国商业和德国移民所渗透的世界的每个地方建立文化移民区。

在美国，保持德意志精神的活力、使美国成为德国文化移民区的任务，在很大程度上是在德裔美国人联盟的赞助下实施的，出生在美国的德裔美国人查尔斯·J·赫克萨默（Charles J. Hexamer）[①] 担任该联盟的主席。1907 年，这个社团获颁了一份全国性的特许状，在战前有

414

[①]　查尔斯·J·赫克萨默（1862—1921），美国工程师，1848 年欧洲革命志士的后代。1901 年建立德裔美国人全国联盟，并担任第一任主席。他既谴责帝制德国，也批评美国的外交政策，但自认为是骄傲的美国人。——译者注

6 500个地方分会，就像《全德意志新闻报》（*Alldeutsche Blätter*）说的那样，"用德意志精神的纽带凝结在一起"。

欧洲一开战，这些分会就成为德国宣传的中心。交战一个月后，赫克萨默主席就在正式机关报《德裔美国人联盟通报》（*Mitteilungen des Deutsch-Amerikanischen Bundes*）上发表如下通告：

> 每个城市都应该有一个文献社，设立一名高效率的报刊代理人；一名报刊代理人应该立即用文字反击英文报纸不负责任的记者的所有敌意攻击和无知陈述。①

415

在德国以及在德裔美国人中间，关于比利时的公众舆论仅仅被视为英国宣传和英文报刊的映射。这似乎不但使得德裔美国人有理由去做对抗英语影响的某种事情，而且还使这样的行为成为一种义务。战争初期阶段，德裔美国人的态度至少有可能充分反映在 K. L. 施托尔（K. L. Stoll）博士写给辛辛那提大学校长查尔斯·W·达布尼（Chas. W. Dabney）②的信件中，这封信抗议一场爱国演说中反对德国的言论。施托尔博士在信件的结尾写道：

> ……努力去了解这场可怕战争的真实原因，并和我一起祝愿吧——愿全能的上帝打击那些导致这场战争的空前苦难的人；愿上帝惩罚他们和他们的子孙；愿上帝让所有那些基于仇恨或者希冀个人私利而破坏和歪曲真理的人感到羞愧。让我们为"权利和荣誉"而战！
>
> 您诚挚的
>
> 医学博士 K. L. 施托尔③

领导所谓的德裔美国人运动的德裔美国人认为，美国的整个英国政

---

① *Propaganda in Its Military and Legal Aspects*，Military Intelligence Branch，Executive Division，General Staff，U. S. A.，p. 80.

② 查尔斯·W·达布尼（1855—1945），美国教育家。1880 年获德国哥廷根大学博士学位。1887—1904 年任田纳西大学校长，1904—1920 年任辛辛那提大学校长。——译者注

③ 第 66 届美国国会，第一次会议，参议院第 62 号文件，2109～2110 页。

治传统必须受到抨击和铲除。

> 全国联盟领导着反对盎格鲁—萨克逊主义、反对政治和个人自
> 由狂徒的战斗。它反对狭隘、灰暗的不可知论，反对英国的影响，
> 反对从英国蔓生的狂热主义（zealotism），反对清教的奴役。①

如果德裔美国人联盟认为，它在美国的文化苦旅与诸如美国斯堪的　*416*
纳维亚人基金会（American Scandinavian Foundation）或犹太人七扦枝
大烛台②协会（Jewish Menorah Society）此类的机构在本质上有所不
同，那么这一情况不会出现在任何地方。它们和其他组织的部分宗旨，
就是在这个国家的移民中间永久保持祖国的传统和文化。主要差别在
于，保持德意志文化的努力呈现出一个分离主义运动的特点。据报道，
赫克萨默主席曾在德裔美国人的一次代表大会上说："我们长期遭受这
种喋喋不休的劝诫之苦：'你们德国人必须允许自己被同化。你们德国
人必须与美国人民融合。'但是，谁也不会看到我们准备去迁就一个等
而下之的文化。"

德裔美国人联盟的这种言论和全部行为被给予了一种更有恶意的解
释。1918 年，当废除该联盟的特许状的问题提交给参议院司法委员会
时，托莱多商会会长古斯塔夫斯·奥林格（Gustavus Ohlinger）声称，
该联盟的目的不只是保存德意志精神和培养德意志文化，而且实际上是
德军总参谋部有意摧毁美国国民精神的军事计划的一部分。

> "我可以郑重地说，德国针对美国的军事准备始于 20 年前，对
> 美国所遵循的方法与对许许多多其他国家所遵循的并无不同；那就
> 是通过宣传进行渗透的政策，目的是摧毁一个国家的国民精神。"③

存在着认为德军总参谋部全知全能的危险。但是手头有证据表明，　*417*
德国预见到了在海外推广德意志 *Kultur*④ 的政治、军事和商业优势。

---

① *Mitteilungen des Deutsch-Amerikanischen Bundes*，vol. vii，no. 9，p. 4.

② 犹太教堂仪式中使用的有七个分支的枝形烛台，象征上帝创世纪的七天。——译者注

③ *Propaganda in Its Military and Legal Aspects*，Military Intelligence Branch，Executive Division，General Staff，U. S. A.，p. 80.

④ 德语：文化、文明。——译者注

早在这场战争开始之前德国就提出了如下计划：将纽约《合众国报》改造成一份英文报纸，这样德国人就会有一种以当地文字出版的报纸来抵消英国对美国事务的影响。

没有必要假定，德国影响的扩展之发生仅仅服务于德国的军事野心。然而事实是，在实际宣战时，德国已经做好这样的充分准备，即在世界上几乎每一个地方打一场诡诈的宣传和瓦解战。在美国，德国为这种战斗的准备尤为充分，这里当时有 532 种德文报纸，主编们无疑多多少少都受到"新德意志精神"的影响，这种精神从 1904 年起就一直由德裔美国人联盟和其他德裔美国人社团在美国辛勤培植。①

早在这场战争开始之前，奥地利人，更加特别的是匈牙利人，就一直忙于阴谋在美国发展对各个种族和语言群体进行间接控制的方法。从欧洲战端开启到美国进入这场冲突的那段时间，这种已经建立的机制立即成为进一步密谋和利用的手段。

⌄⌄⌄⌄⌄⌄⌄⌄⌄⌄⌄⌄⌄⌄⌄⌄⌄⌄⌄⌄⌄⌄⌄⌄⌄⌄⌄⌄⌄⌄⌄⌄⌄⌄⌄

418　　　1911 年 7 月，布达佩斯通用信贷银行（General Credit Bank）的副经理科恩费尔德男爵（Baron Kornfeld）到纽约来，在美国建立一个名为跨大西洋信托公司（Transatlantic Trust Company）的组织。根据战时进行的调查，跨大西洋信托公司实际上是匈牙利邮政储蓄银行（Hungarian Postal Savings Bank）在美国的代理商。它表面的目的是"增进和保护匈牙利人在这个国家的利益"。实际上，它的目的是为了匈牙利政府的利益，垄断向故国汇寄美国的匈牙利移民积蓄的业务。也就是说，接管、组织和扩展那些长久以来其运作已经成为所在社区丑闻的许许多多小移民银行的业务。然而，如同一名匈牙利裔美国人拉约什·施泰纳（Lajos Steiner）作证时所言："跨大西洋信托公司不是一家恰当的字面意义上的银行。它是一个抽干匈牙利人积蓄"、转移到欧洲去的"泵站"。根据施泰纳先生的说法，正常年景匈牙利人外流的积蓄总计达 4 亿美元。

另外，跨大西洋信托公司的存在是为了鼓励移民返回他的出生国，

---

① 第 66 届美国国会，第一次会议，参议院第 66 号文件，1681～1686 页。

与政府补贴的教会合作来防止移民的美国化。

施泰纳先生在回答参议院委员会的一个问题时说：

"……匈牙利政府想要跟我们的邮政系统竞争，让移民远离美国的一切，根据我们的记录，他们把这个想法推进得这么远，以至于为了让在美国出生的第二代儿童再次移民、重返故国而保存他们。"

问：他们阻止在我们的学校教英语吗？

答：他们阻止的。一个先生、军事情报部的克罗克特少校（Major Crockett）做了一个调查，得到了许多证据。他在大概 6 个星期前写信给我说，他们得到一本祈祷书，由匈牙利政府补贴的那个教区、主教教区（原文如此）印制，那本祈祷书敦促家长们不要让他们的孩子到美国公立学校读书，否则对匈牙利就是一个损失；有关章节以这句话收尾：

"把孩子送到美国公立学校的父亲应该被绞死。"[1]

跨大西洋信托公司与接受津贴的匈牙利人教会的联系如此紧密，以至于在 1914 年 10 月 27 日，以下传单被寄到东部主教教区的各匈牙利人教会，它被念给教区的会众听：

亲爱的教友兄弟们：

你们的上级教会当权者，也就是你们所在主教教区的教长给你们捎来一个讯息。他给你们捎来的讯息是，我们可爱的祖国匈牙利处在危险之中。所有她怀抱的儿子们已经在旗帜下应征，尽管前路百死一生，他毅然准备将健康之躯投入战火，高呼："为了祖国，我们不胜利毋宁死！"但是，只有男子汉才战死疆场。他们撇下家中的妻小；老人还活着，他们也许在挨饿；因为负担家计者上了英雄的战场——为我们所有人！兄弟们！家中是伤悲和饥饿。孩子们用嘴唇向可怜的母亲索要面包。你在家中，并且能为孩子提供足够的面包，你想到这个就感到高兴，这是真的吗？啊，你听见吗？在大洋彼岸，无论海洋

---

[1] 第 66 届美国国会，第一次会议，参议院第 66 号文件，第 2 卷，2833～2834 页。

有多辽阔，成千上万可怜的匈牙利人向你呼喊："帮帮我们吧，你们这些在美国的人！"兄弟们！在国内有父母、孩子、兄弟或亲戚的人，不要忘记他们；将钱寄给他们吧，越慷慨越好、越多越好、越快越好，因为你不是在可怕的岁月里抛弃自己人并听凭自己的血亲落难的匈牙利人。汇钱回家的人应该通过跨大西洋信托公司（纽约第 2 大道 207 号），它得到**最尊贵的和非常可敬的修道院院长**的**正式推荐**，汇款单会将在活动之后在教堂门口分发，汇款机构绝对可靠。兄弟们！听我的话，然后行动吧！通过跨大西洋信托公司汇款给你们在匈牙利的家庭成员，给你们的亲戚；你们的每一美元乃至美分都会得到祝福！

你们所有人都会得到我带着爱的问候。

佐尔坦·库西博士（Dr. Zoltan Kuthy）

美国东部归正教主教教区教长①

通过给神父和牧师提供的薪俸，匈牙利政府保持了对美的匈牙利人天主教会和新教教会的控制。反过来，神父和牧师充当了跨大西洋信托公司的代理商，而这正如一名证人所说："用他们当旅行推销员，向他们付佣金来促使移民积蓄外流。"这些钱在寄回故国之后被回迁的移民用来置地。结果大大抬高了匈牙利农场土地的地价。"25 年或 30 年前一英亩②卖 50 美元的土地，战争前夕和现在卖到了一英亩 500 美元"。这样，与意大利一样，移民成为匈牙利的一种全国性投机。

匈牙利政府向神父和牧师发放薪俸来直接控制它的教会，通过广告媒介使教会受惠于跨大西洋信托公司，来间接控制匈牙利文报界。皮尔尼策（Pirnitzer）③ 先生一年花费 120 000 美元在外文报界广告和印刷传单上。1915 年，他在美国各地的匈牙利人聚居区有 1 005 名"秘密代理商"。

---

① 第 66 届美国国会，第一次会议，参议院第 66 号文件，第 2 卷，2816 页。

② 1 英亩约为 4 049 平方米。——编者注

③ 即尤利乌斯·皮尔尼策（Julius Pirnitzer），时任跨大西洋信托公司总裁。——译者注

一封给匈牙利首相蒂萨伯爵的信函向他保证，跨大西洋信托公司与美国著名马扎尔文报纸的友好关系"在未来将更加亲密，而且在一段时间后美国的马扎尔文报界有可能完全接受该机构的服务"①。

在美国出版的奥地利人和匈牙利人报纸与它们故国政府的关系是显而易见的。在各种来自奥地利和匈牙利移民中，不存在对帝国的真正忠诚。奥匈帝国的各民族对它们的种族和地域的关切远甚于帝国的长存。

匈牙利政府之所以能够控制马扎尔文报界，是因为在马扎尔人中有一种匈牙利政府认同的强烈的民族主义情感。而其他民族对这种情形是不以为意的。像皮尔尼策先生致布达佩斯的跨大西洋信托银行理事会的信中说的那样，即便在美国参战前，大多数克罗地亚文报纸也是反国家的。② 美国参战后，极少数将版面卖给敌人的主编遭到了彻底排斥，他们对大众的影响很小或者丧失了。

敌方宣传套路

德国的宣传当然不限于外国出生者和移民报界。美国的公众舆论就是目标，而移民的舆论只是其中一部分。德国在美特工的活动包括纵火、爆炸军火舰船、组织"和平之友"和其他反军国主义运动。就德国在美特工而言，纵火、犯罪暴力和宣传并没有在《德国总参谋部作战手册》(*War Book of the German General Staff*) 所包含的指令中加以清晰区分。

海因里希·阿尔贝特博士与德国特派使团（High Commission）在1914年8月15日抵达美国。这是宣战之后了。这支队伍有31人，他们与大约同时来到美国的伯纳德·登伯格（Bernard Dernberg）③ 博士一起

① 第66届美国国会，第一次会议，参议院第66号文件，第2卷，2888页。
② 克罗地亚当时是奥匈帝国的一部分，这里的国家是指奥地利。——译者注
③ 伯纳德·登伯格（1865—1937），德国自由主义政界人士、犹太银行家。1906年作为普鲁士代表进入国会。1907—1910年任殖民事务国务秘书和殖民大臣，推行改良主义殖民政策。1919年任财政部长兼副总理。第一次世界大战后参与创建德国民主党，被选入魏玛国民大会。1919年任短期财政部长和副总理。1920—1930年任德国民主党国会议员。——译者注

组成了可以说是德国对美宣传战总参谋部。德国前殖民大臣登伯格博士任使团团长，官方职务为大使商务参赞的阿尔贝特博士是财政代表和薪酬发放人。

　　一家德国新闻社在百老汇街 1123 号建立，由汉堡—美国航线公关代理人 M. B. 克劳森（M. B. Claussen）负责。登伯格博士把自己塑造成某种派驻到美国人民中间的非官方大使，在"卢西塔尼亚"号（Lusitania）[①] 沉没前的几个月里，巡游全国各地发表演讲，就战争主题接受个人和报界采访。1915 年 6 月以后，他在克利夫兰发表一次演讲为"卢西塔尼亚"号沉没辩护，当时有来自公众的这样一种呼声，即我们的政府应该向德国政府的代表们建议让他回国。从那以后，阿尔贝特博士全盘掌管了德国在这个国家的宣传，直到 1917 年 4 月宣战。

423　　德国的宣传，在该术语的通常意义上，遵循四条主线，带有以下目标：（1）阻止向协约国运送军火；（2）散布和平主义；（3）使美国公众舆论转向德国观点；（4）促发人口中不同成分之间的纷争。

　　为了阻止运送军火和培养和平情感的双重目的，德国的宣传或者通过它的代理人运作，或者用它的资金支持美国禁运联合会（American Embargo Conference）、和平之友、美国中立同盟（American Neutrality League）、美国相互独立联盟（American Inter-Independence Union）、美国真相协会（American Truth Society）和全国劳工和平理事会（Labor's National Peace Council）。全国劳工和平理事会是在臭名昭著的"华尔街之狼"戴维·拉马尔（David Lamar）[②] 的指挥下组建的，据报道已经花费了德国政府不少于 50 万美元。[③] 美国参战前，正是对和平情感的利用最有效地服务了德国政府在这个国家的目标。

---

　　① 英国皇家邮轮"卢西塔尼亚"号是一艘豪华客船，1915 年 5 月 7 日在爱尔兰外海被德国潜艇 U—20 击沉，造成共 1 198 人死亡。由于伤亡者中包括大量美国人，"卢西塔尼亚"号的沉没同齐默尔曼电报事件一道成为美国参加第一次世界大战的催化剂。——译者注

　　② 戴维·拉马尔（1877? —1934），绰号"华尔街之狼"的美国江湖骗子。1915 年充当德国特务，负责通过全国劳工和平理事会制造美国军火工厂的罢工和怠工，经常虚报功绩。——译者注

　　③ 第 66 届美国国会，第一次会议，参议院第 66 号文件，1572～1573 页。

　　（德国在美的宣传机构）做过一次旨在教育美国人民赞赏德国观点的认真尝试。基于这个目的，德国认为有必要拥有一种用英文出版的报纸。本来准备谈判购买纽约《太阳报》和华盛顿《邮报》（*Post*），最后以 75 万美元的费用购买了纽约《每日邮报》（*Daily Mail*）。除了最初的买价 75 万美元外，在它充当其机关报的短暂时间内，德国政府还为它花费了约 60 万美元的运营费。

　　一些较小的出版物也被德国购入，包括乔治·西尔威斯特·维雷克主编的《祖国》（*Fatherland*）和马库斯·布劳恩（Marcus Braun）在华盛顿特区出版的《公平竞争》（*Fair Play*）。

　　德国还组建了一个电影公司，发行德国的战争片和"教育"片，但是公众不接受教育片，战争场面似乎也没有为德国制造朋友。

　　很早就得到公认的是："这里（美国）的公共舆论不能通过报界以任何实质性的方式来影响"，并且"直接行贿将会一无所成"。因此有人敦促："可以在记者［采访新到者的所谓登船记者（ship reporters）］以及处理海外新闻和制作标题的地位较低的编辑身上下工夫。"①

　　事实上，许多驻外记者，尤其是传统上是反英国的赫斯特报团的那些记者，是由德国政府付钱的。最著名的例证是威廉·贝亚德·黑尔（William Bayard Hale）②，他作为德国信息（报刊）社［German Information (Press) Bureau］的社长和顾问，从 1914 年 12 月到 1915 年 12 月领取了 15 000 美元的薪金，在他代表赫斯特的辛迪加派驻海外期间充当德国驻华盛顿大使馆的秘密特工。

　　这一部分的德国宣传似乎一直是失望之举。在日期为 1916 年 10 月 29 日的致德国外交部的一封密电中，伯恩斯托夫大使似乎基于痛苦的经历做了如下陈述：

　　　　如果有一份美国报纸接受津贴，这种事情从来不能保密，因为这个国家百无禁忌。到头来我总是要为任何一份这类报纸上的所有

　　①　第 66 届美国国会，第一次会议，参议院第 62 号文件，1392 页。
　　②　威廉·贝亚德·黑尔（1869—1924），美国新闻工作者。1912 年曾为伍德罗·威尔逊的总统竞选写传记。——译者注

文章负责。[1]

425　　随着战争的旷日持久，德国对美国全盘心理打击的成功机会被摧毁了，正如伯恩斯托夫 1916 年 11 月 1 日在致德国外交部的一份报告中所承认的那样，这是因为美国"百无禁忌"和"一切公开"。

　　战争伊始，登伯格的宣传做了许多工作，而如果我们可以预见到战争将如此漫长，宣传就不会做那么多，因为在美国什么东西也不能长时间保密。自从"卢西塔尼亚"号事件以来，我们将宣传严格限制在如果公开也不会损害我们的范围之内。唯一的例外也许是和平宣传，它的花费最大，好在也一直是最成功的。[2]

　　总体来看，随着战争的进展，敌方宣传家在美国的战略所追求的与其说是为德国的事业赢得同情，不如说是在美国人口的异质成分中激发纷争。

　　对于训练有素的宣传家们而言，公众精神是一个词组和思想像酸一样滴入其中的水缸，并事先知道发生什么反应。正如洛克菲勒研究所（Rockefeller Institute）的洛布（Loeb）[3] 教授只要将一小滴化学药品滴入水中，就能使上千只甲壳纲动物在水缸中停止漫无目的的游动，一齐猛然冲向发出光亮的那一边一样。

　　我们无从知晓德国的宣传在这个国家有多成功。我们永远无从知晓。但是众所周知，德国政府的代理人一直在精明地利用内部的

---

①　第 66 届美国国会，第一次会议，参议院第 62 号文件，1481 页。

②　第 66 届美国国会，第一次会议，参议院第 62 号文件，1494 页。

③　即雅克·洛布（Jacques Loeb, 1859—1924），美国生理学家和生物学家。生于德国，在柏林大学、慕尼黑大学和斯特拉斯堡大学受教育，1884 年获医学博士学位。1892 年任芝加哥大学生理学和实验生物学助理教授，1899 年晋升教授，"行为主义之父"约翰·华生是他的神经学课程班学生。1902 年任教于加州大学。1910 年进入洛克菲勒研究所直至去世，在夏季从事海洋无脊椎动物实验，其中最著名的是人工单性生殖实验，让海胆卵在不与精子接触的情况下开始胚胎发育，方法是稍微改变水的化学性质来作为刺激。洛布因这类实验名声大噪，被报刊大量报道。他是美国第一个获得诺贝尔文学奖的小说家辛克莱·刘易斯（1885—1951）1925 年发表的普利策奖获奖小说《阿罗史密斯》中的主人公马克斯·戈特利布的原型，《阿罗史密斯》成为第一部将纯科学理想化和偶像化的虚构作品。马克·吐温也曾写随笔《洛布博士难以置信的发现》，敦促读者不要墨守成规，而要对科学新发展持开放态度。洛布多次获诺贝尔奖提名。——译者注

不和与不满。他们已经煽动起了爱尔兰问题。他们可能在财务上帮助新芬党①制造骚动，而在刑事起诉开始时又戛然而止了。他们一直在寻求激发黑人的怨愤。他们一直在帮助复活 A. P. A.②与天主教会之间的世仇。他们一直在促成将这样的社论刊登在美国报纸上：它们可以在墨西哥被引用，来证明美国人对那个国家的背信弃义。他们一直在广泛而熟练地启发日本从一个极端邪恶的角度想象美国。他们一直针对我们的协约国盟友，尤其是英国和意大利散布悲观的想法。他们一直帮助在激进派人士中散布资本家的战争观。他们一直非常有效地在这个国家维系许许多多和平主义观点，近来伪装成谋求外交和平的观点。

426

这不是说德国宣传家曾经积极创造出任何东西。他没有这么愚蠢。他的工作是处理现成的因素、材料和条件，对它们加以科学塑造和发展。他没有发明黑人问题，而只是利用了它。一切都是如此。③

没有证据证明有哪一家社会主义报纸接受敌人津贴——社会主义和激进报界从根本上反对这场战争——但是，社会主义报界大力培养的神话是，那是一场资本家的战争，而这来自敌方宣传。

即便是坦承憎恶一切形式战争的和平主义者，当他们担当煽动家的角色时，也不能避免参与到这场冲突中来。纽约市弥赛亚教会的约翰·海恩斯·霍姆斯牧师（Rev. John Haynes Holmes）④的布道被收集和引入德国，向总参谋部提供了对付协约国的弹药。在 1918 年 3 月 21 日德国重大攻势⑤前夕，英国第五集团军被这些布道狂轰滥炸，而第五集团

---

① 北爱尔兰政党，由爱尔兰共和国前总统阿瑟·格里菲思在 1905 年建立。新芬党也是爱尔兰共和军的官方政治组织，主张用武力手段去建立一个全爱尔兰共和国。20 世纪末宣布改走和平道路。——译者注

② 美国保护协会（American Protective Association）的缩略语。该组织 1887 年成立于艾奥瓦州的克林顿，主要宗旨是反对天主教对美国的"威胁"。——译者注

③ New York *Tribune*, Editorial, July 12, 1918.

④ 约翰·海恩斯·霍姆斯（1879—1964），美国牧师、和平主义者，以反战闻名。——译者注

⑤ 1918 年 3 月 21 日凌晨 4：40，德军在法国圣康坦发起了代号为"米歇埃尔行动"的大会战，英军战线被突破，英国第五集团军被全歼。——译者注

军在德国重大攻势中一败涂地。这些布道的副本现存于总参谋部设在华
盛顿的军事情报分支机构中。

族群间的纷争

除了这种和平宣传，还有激起各移民民族中的种族敌视的努力。这
种努力特别针对移民报界。报界的态度主要由民族忠诚和历史传统决
定：德国人支持德国人，犹太人支持犹太人。当这些传统与美国民族精
神相抵触时，赢得战争的意志就被削弱了。移民的和美国人的传统在哪
里形成了天然的联盟，哪里的美国民族精神就得到了拓展和强化，就像
塞尔维亚人、波兰人和波希米亚人的情况那样。德国宣传家玩弄所有这
些他们所代表的传统和利益。那是计谋。

在美国，印度人的民族主义运动是用德国资金来促进的。一份名叫
《起义报》（*Gadho*）的报纸在加利福尼亚州出版①，它由牛津大学毕业生、
利兰·斯坦福大学（Leland Stanford University）讲师哈尔·戴尔（Har
Dyal）主编。最终，一支远征军在1914年8月向印度扬帆进发。②

艾萨克·施特劳斯博士（Dr. Isaac Strauss）③被从德国带来，为的
是影响犹太人报界的特殊目的。一封日期为1914年10月20日、写给
阿尔贝特博士的密信说："对美国犹太人报界的操纵以前是偶然的，如
今已经变为一种定期的系统信息服务"；为了证实这种服务的必要性，
随信附上了犹太人的《今日报》（*Warheit*）的一篇文章。不久以后，就

---

① 有资料称它是一份杂志，1913年11月1日在加利福尼亚州旧金山创刊，为印度人的
民族主义组织"太平洋海岸印度斯坦协会"（人称"起义党"）喉舌，最初用乌尔都文出版和
免费发放，随后增加印地文、旁遮普文等文字版，在印度、欧洲、加拿大、中国香港、中国、
新加坡、菲律宾、缅甸、埃及、土耳其和阿富汗等地的印度革命者中迅速流行，引起英属印
度政府的警惕和查扣。——译者注

② 当时印度革命党人的"第一远征军"从韩国向印度进发。——译者注

③ 艾萨克·施特劳斯，生物学家，为德国充当间谍的德裔犹太人。1914年9月，即战
争爆发之初，到美国拉拢犹太人报界，美国参战后被捕。——译者注

有人试图买下《今日报》。

对爱尔兰人的宣传是在詹姆斯·K·麦圭尔（James K. McGuire）[①] 的指导下开展的，他为德国人组织了爱尔兰人报刊和新闻服务业务。麦圭尔拥有纽约州奥尔巴尼（Albany）的《光明报》（*Light*）、宾夕法尼亚州斯克兰顿的《真相报》（*Truth*）、纽约州锡拉丘兹（Syracuse）的《太阳报》（*Sun*）和《全国天主教徒报》（*National Catholic*）。麦圭尔通过他组建的新闻社，每周两次或三次给18到20家报纸供稿。所有这些机构为德国宣传服务。

在战争的初期阶段，德国做了一些努力来利用美国黑人的不满，但是没有切实效果。

几乎没有证据表明德裔美国人报纸在任何程度上受金钱影响。它们在美国宣战之前或之后凡是支持德国事业的，不是出于对故国的忠诚，就是为了回应长期和持续抱有的对英国的一贯仇视。

已知唯一一份直接或间接收受德国政府财务援助的德裔美国人报纸是纽约《合众国报》。《合众国报》的业主兼发行人赫尔曼·里德（Herman Ridder）死于1915年，他去世时该报负债高达30万美元。在美国参战之前，该报一直是德国政府联系这个国家的德裔美国人的非正式机关报。根据布鲁斯·比拉斯基（Bruce Bielaski）[②] 的证词，德国驻华盛顿大使馆海军武官博伊-埃德（Boy-ed）[③] 上校与《合众国报》的主编们经常沟通，就所写的文章发表意见，对应该写什么东西提出建议，他甚至走得如此之远，以至于在他的一封信函中告诉主编说社论应该写得短些，并用较大号字印刷。已知这份报纸收受的来自德国政府的全部资金为15 000美元，从

---

① 詹姆斯·K·麦圭尔（1868—1923），美国政界人士，爱尔兰民族主义者。曾就读于锡拉丘兹的德国学校，长期任锡拉丘兹市长，第一次世界大战中主张借助德国力量为爱尔兰争取独立。——译者注

② 即下文中的A·布鲁斯·比拉斯基（1883—1964），美国律师。曾任调查局（联邦调查局前身）局长。——译者注

③ 即卡尔·博伊-埃德（1870—1932），德国海军军官。1911年任驻美国大使馆海军武官，1917年被驱逐。58岁时死于坠马事故。——译者注

1876 年起就住在美国的德国富翁阿道夫·帕温斯塔德（Adolph
Pavenstadt）又给了 5 000 美元。据报道帕温斯塔德说过："我期待
如果生意破产，那它就不再属于里德家族了，而该家族为了德国在
这里的利益总是遵循一条非常好的路线"。①

美国参战之后，总体来看，德国移民报界在战争目的上保持了阴郁
沉默的态度。然而，它在本土报界的新闻条目和社论中发现了说明它的
先入之见合理的材料。

奥地利特别着力于推动在美国的不同种族之间的，尤其是波兰人和
南斯拉夫人之间的纷争。这只不过是奥地利在欧洲大陆对付其喧嚣不安
的各民族的"分而治之，各个击破"原则在美国的运用。德国宣传家通
过外文报界这个媒介所策划或实施的最有前途的企图，就是煽动宾夕法
尼亚州匹兹堡和康涅狄格州布里奇波特的军火工厂罢工。在奥地利大使
杜巴给冯·布里安男爵（Baron von Burian）② 的急件中，有当时的外文
报界撰稿人威廉·沃恩③准备的一份备忘录，导致了奥地利大使的召
回；这些急件是从美国驻外记者詹姆斯·F·J·阿奇博尔德（James
F. J. Archibald）④ 那里查获的。这份文件详细地描述了他如何计划利用
匈牙利报纸来破坏工业秩序；而由于他在这类工作中已经有经验，他的
关于这件事情如何实际去做的证词就是有趣的和有用的。

∨∨∨∨∨∨∨∨∨∨∨∨∨∨∨∨∨∨∨∨∨∨∨∨∨∨∨∨

我必须将事情分为两个部分——伯利恒和中西部的业务，但是二者
有共同的出发点——那就是通过报界进行煽动；这对我们匈牙利裔美国
工人是最重要的，通过报界我们可以抵达伯利恒和中西部。在我看来，

---

① 第 66 届美国国会，参议院第 62 号文件，《酿造与制酒利益集团与德国和布尔什维克
宣传》，美国参议院司法委员会报告和听证会，第 2 卷，1569～1571 页。

② 即伊什特万·布里安·冯·劳耶茨（Count Istvan Burian von Rajecz，1851—1922）
奥匈帝国政治家。第一次世界大战期间两度出任帝国外交大臣（1915 年 1 月—1916 年 12 月，
1918 年 4 月—10 月）。此前曾任财政大臣和波黑总督。——译者注

③ 应为威廉·沃姆。——译者注

④ 詹姆斯·F·J·阿奇博尔德（1871—1934），美国战地记者、驻外记者，在第一次世
界大战中立场亲德。——译者注

我们必须在主要的机关报《自由报》上针对伯利恒的工作和那里的状况发起一次非常强有力的鼓动。这可以用两种方式来做，并且二者要并用。第一，每天都要开辟一个固定的版组，矛头指向这些不可名状的悲惨状况。当罢工运动在布里奇波特开始时，《自由报》不久前已经做了某种类似的工作。它当然一定要采取强烈、深思熟虑、果决和勇敢的行动形式。第二，这些文字的作者在那份报纸上一定要以酷似厄普顿·辛克莱（Upton Sinclair）① 的著名小说的文字那样给劳工小说开篇；而且，这要刊登在其他地方性的匈牙利文、斯洛伐克文和德文报纸上。在此我们提出一点，即我们还要对其他报纸提出要求。毫无疑问，美国马扎尔文报纸《人民言论报》无论愿意还是不愿意，都被迫去追随《自由报》发起的这场运动，因为它将令在美国的全体匈牙利人高兴，这是一种《人民言论报》这份公开刊物不能对其采取敌视态度的绝对爱国行为。

当然，另一个问题是，那份报纸会在多大程度上、以多大的能量和热忱来坚持这条行动路线而无视其他影响，就像问题在于其他地方性的爱国报纸能做到什么程度一样。理由极其充分的是，匈牙利裔美国人报纸虽然有它们的爱国主义，但是迄今为止一直对发起这样的行动感到犹豫。情况如下：从爱国的观点来看，从一开始起，如今在各方面都是在美国印制的最佳外文报纸之一的《自由报》就已经做出了重大牺牲。其他报纸对于将在战争一结束出现的返国移民潮几乎茫然不知，而匈牙利文报纸有直接的和更好的机会观察到返国移民大潮发生之前总是会出现的蛛丝马迹。事实上，举例来说，《自由报》单单用来印刷送达拖欠订报款的订户的那些报份的纸张，每月花费至少高达 1 000 美元，而该报的全部开支不超过 3 500 美元。有鉴于全部订户中有三分之一不付分文或者赊账得到报纸，你可以看出这份报纸正在采取的是一种多么爱国的

431

---

① 厄普顿·辛克莱（1878—1968），美国小说家、社会改革家、社会主义者。以创作"黑幕揭发"小说闻名，主要作品有《屠场》(1906)、《石油》(1927) 等。1920 年参加社会党国会众议员竞选，1926 年和 1930 年为加利福尼亚州州长候选人。1934 年为民主党加利福尼亚州州长候选人，竞选纲领提出要在加利福尼亚州消灭贫困和为老年人发放养老金。此处的小说指《屠场》。——译者注

行动。当然，在如此这般的情况下，你几乎不应该期待一份这样的报纸会在强烈煽动的道路上走得很远，这种煽动势必造成这样的结果：使他们如今有固定工作的订户不能订报，例如，伯利恒的那些工人。我一直希望在这份报纸上发起一次直接的运动，但是以上考虑束缚了我们。

美国匈牙利人报纸《人民言论报》的处境也非常相似，你也许可以从开战不久主编向他的读者发出的特别呼吁中得出结论。地方性的匈牙利文报纸还苦于它们的部分订户拖欠订报款，因为他们没有工作；而其他人付款迟缓，因为他们想返回匈牙利。重归故里的打算对整个事情的影响达到什么程度，这表现在以下的事实中：目前许多订户只提前支付一个季度的订报费，这与他们之前的习惯相反，因为他们认为战争将在季度末结束。总之，重归故里大潮的阴影以及在许多地方事情的糟糕状况，将美国匈牙利人报纸带到这样的境地：它们必须在所有可能影响他们的订户提前支付订报费能力的事情上小心翼翼，以免给它们造成进一步的损失。在这样的情况下，如果我们意欲倚仗这些报纸给予热情的和自我牺牲的支持，那么我们就要提供某种程度的支持，让它们不至于因其行动、因着眼于在伯利恒和中西部的成功行动而受苦，这样做不仅是公正的，而且是必要的。

除了《自由报》以外，匹兹堡新问世的日报《人民言论报》以及布里奇波特和扬斯敦区（Youngstown District）等地的报纸也应当投入行动，还包括两份斯洛伐克文报纸。在这样的情况下，第一位的必需品是资金。我必须将我所能召集的更多可靠的匈牙利和德国工人派往伯利恒，他们将加入到工厂里去，在他们的工人同伴中秘密开始其工作。基于这个目的，我在钢铁厂安插了车工。为了工会的利益，我们必须派出一名组织者，他用自己的方式开始从事这项业务。我们还要派出懂得如何发动有效煽动的所谓肥皂箱演说家。我们需要有用于群众集会以及可能组织野餐的资金。一般而言，同样的原则适用于中西部。我首先想到匹兹堡和克利夫兰，关于它们只要我能回来并用几天时间就能提供细节。

最后，我斗胆指出，我至今对与报纸有联系的任何人一言不发，因

432

此对于推动这个计划而言，我处在一个幸运的位置上，在必要时我可以使用其他名字，因为我已经在别的事情上通过其他个人付过钱。无论如何，就报纸而言，最高程度的谨慎是必要的，而除了业主，没有人应该知道钱是从哪个渠道获得的。[①]

在美国调查德国宣传期间，美国司法部长办公室的 A·布鲁斯·比拉斯基（A. Bruce Bielaski）出示了一份基于该部所拥有的影印副本的备忘录，显示了奥地利政府向外文报纸支付的其他款项。这份备忘录绝不是完全的，但是它的有趣之处在于，它显示了支付给某些较小的和相对不重要的报纸的津贴的数量和性质。

433

比拉斯基第 135 号陈列品

《觉醒吧，罗马尼亚人报》——罗马尼亚文报纸——纽约市。

1915 年 9 月 16 日，奥匈帝国大使馆的 E. 茨维迪内克（E. Zwiedinek）写信给驻纽约市总领事，内有支付给该报的 400 美元支票，并要求寄送先前支付给该报的 200 美元的收据。

《画报》（*Illustrovani List*）——纽约市。

1916 年 1 月 10 日，奥匈帝国大使馆的 E. 茨维迪内克写信给驻纽约市总领事，指示他在 1916 年 2 月和 3 月每月向该报支付 100 美元。给出的指示还说，如果需要的话，每月向该报支付的 100 美元津贴可以延续到 1916 年 7 月份。

《同胞报》（*Krajan*）——斯拉夫人（Slavish）周报——纽约市东第 71 街 319 号。

1915 年 9 月 3 日，奥匈帝国大使馆寄给驻纽约市总领事 250 美元，用于支付该报。

《每日电讯报》（*Telegram Codzienny*）——波兰文报纸——纽约市。

---

① 第 66 届美国国会，第一次会议，参议院第 66 号文件，1466～1468 页。威廉·沃恩备忘录。

1915 年 11 月 5 日，驻纽约市副总领事函告奥匈帝国驻美大使馆称，应允给上述报纸的 700 美元津贴已经悉数支付。①

美国参战后，邮政部和公共信息委员会基于国家利益，开始全面管理报界，顺理成章也管理外文报界。邮政部门的目标主要是被动的，旨在压制敌方宣传。公共信息委员会的目标则是主动的，旨在加强全国的民心士气。

434

通过邮政的控制

这场战争之前，美国对于政府控制报界的种种困难几乎没有什么经验。这样进行的控制总是基于个人的利益，而决不是基于政府的利益。没有人预期政府需要保护任何人可以说的事情或者一份报纸可以发表的任何东西。人们只是缓慢地承认了这样的观念，即在现代生活的条件下，激起纷争的宣传就是一种战争形式。让事态变得更为困难的是，在敌方宣传与独立的美国公民所进行的日常表达之间实际上没有清晰的界限，这样的公民习惯性地以他直率的方式、他的传统权利来自由批评即便是他所支持的一个政府。有必要应对这种紧急情况，通过新的立法，劝导人民形成新的约束习惯。

实际上，邮政部门根据 1917 年 6 月 15 日的《间谍法》（Espionage bill）第一条第三款，开展了遏制敌方宣传的努力。

1917 年 6 月 15 日《间谍法》节选：

第一条
间谍活动

第三款　在美国处于战争时期，任何人故意制作或传递虚假报道或

① 第 66 届美国国会，第一次会议，参议院第 66 号文件，1586 页。

虚假陈述，带有干涉美国陆军或海军作战或成功，或者帮助美国的敌人获得成功的意图；以及在美国处于战争时期，任何人故意在美国陆军或海军中造成或试图造成违抗、不忠、兵变或拒绝履职，或故意阻碍美国征兵或入伍以损害美国军队，将被处以 10 000 美元以下罚款，或 20 年以下监禁，或二者并罚。

435

这部法律以下列条款适用于邮政部：

第七条
邮件使用

第一款　每件信函、作品、传阅信、明信片、绘画、印刷品、雕版印刷品、照片、报纸、小册子、图书或其他出版物及其他违反本法任何条款的一切物品，都要被定为不可邮寄物品，不得作为信件运送或经任何邮局、任何信差投递；本法任何内容不得被组合起来，用以授权任何个人拆开不是寄送给他的信件的，除非是获得正当授权的死信局（Dead Letter Office）[①] 雇员，或者是根据法律授权获得搜查令的其他人。

关于邮政部的所谓审查制度，人们已经说了很多。实际上，美国以前没有，也一直没有一种针对报界的审查制度。各报在战时实际上都没有被邮政部查禁过，虽然其中有些受到了极大阻碍。事实上，如果司法部的报告正确的话，今天存在的激进报纸的数量至少是世界大战战前和战时的两倍。[②]

436

目前，美国有 222 种以外文出版的激进报纸和 105 种以英文出版的激进报纸。此外，144 种国外出版的激进报纸被接收并向这里的订户发行。这个数字不包括上百本图书、小册子和其他发行量广大的出版物，

---

①　美国邮政部 1825 年设立的处理无法投递信件的分支。——译者注
②　司法部调查活动；来自司法部长的一封信，信中传递一份反对鼓吹无政府状态、煽动、推翻政府的个人的报告（1919 年 11 月 17 日）。

其中有许多是用外文出版的。这些激进出版物的数量和印刷的文种分布如下（见表17—1）：

表 17—1　　　　　　　　　外文激进出版物数量

亚美尼亚文	1	希伯来文	20
波希米亚文	9	列托文	11
保加利亚文	3	立陶宛文	15
克罗地亚文	4	波兰文	7
丹麦文	4	葡萄牙文	1
爱沙尼亚文	1	罗马尼亚文	16
芬兰文	11	斯洛文尼亚文	8
法文	1	西班牙文	8
德文	21	瑞典文	6
希腊文	2	乌克兰文	8
匈牙利文	23	意第绪文	15
意大利文	27		
合计		222	
外国出版的报纸		144	
美国的英文报纸		105	
合计		249	
总计		471	

437　　　1918年最接近的确切数字是：激进外文报纸不超过65种，而司法部1920年的报告有222种。实际上，差异可能不像数字表现出来的那样巨大。情况似乎可能是：在这222种列入"激进"类的报纸中，有许多是用不同报名的相同报纸，或者是夭折的报纸。真实情况也有可能是，1918年的数字不如1920年那么完备。显然，激进的移民报纸至少没有被查禁过。实际上邮政部的所作所为，是将以前对付刊登欺骗性广告的报纸的同样管理方法运用于刊登敌方宣传的报纸。它禁止那些报纸使用二类邮寄（second-class mailing）① 特权。

　　伴随着政府抑制乐透彩票和保护公众抵御欺诈的努力，授权邮

---

　　① 美国邮政部（现邮政总局）为报纸和其他期刊规定的优惠性邮寄类别。期刊至少按季出版，不得主要刊载广告。寄费取决于广告内容、运送距离以及期刊是否在本县范围内邮寄。——译者注

政部取消某些报纸邮寄特权的法律已经成长起来。1890 年 9 月 19日的法案禁止通过邮寄来发行带有乐透彩票或任何礼品企业的广告的报纸。根据该部的裁定，即便是作为新闻条目，报界也不得刊登乐透彩票开奖结果；这个裁定很少在法庭上受到质疑，因为一则给出开奖结果的新闻是一种比一则公认的广告更好的乐透彩票广告。①

这个法律由于是对新闻自.由的一种侵犯而一直受到抨击。1878年 5 月，它在最高法院审理奥兰多·杰克逊（Orlando Jackson）案时引起争议：**"国会无权禁止通过邮件传递公共的或私人的信息；任何根据用以传送的信息的性质来区分可邮寄的和不可邮寄的物品的法令都是违宪的。"** 最高法院在回应中说："国会从邮件中剔除各种文章，其目的不是干预新闻自由，而是拒绝为注定会损害公共道德的东西的流通提供便利。"②

这项裁决通过稍后的一个决定性的案例得到确认，在该案中引起争辩的是，该部门据以运作的法律是对新闻自由的剥夺，并在邮政部设立了一种报纸审查制度。因为"这个法律既然由于一份报纸刊登了乐透彩票广告而将它排除，那么它无疑就是在审查该刊物所刊登的材料；它由于材料这样发表就去惩罚主编，如果剥夺一项普通权利是一种惩罚的话"。

然而最高法院认为，取消邮寄特权既不是禁止报纸发行，也不是在宪法条文的意图和意义之内剥夺传播自由。事实不过是"政府拒绝做它认为会伤害人民的印刷品流通的代理人"。

邮政部在世界大战期间实施的所谓报刊审查制度，在形式上至少与1890 年以来实行的具有完全相同的性质。《间谍法》只不过是将该部门的监督扩展到了根据该法被定为非法的那些材料。邮政部拒绝向从事敌方宣传的个人提供服务。如果这使得邮政部长成为一名公共审查官，那

438

---

① See John L. Thomas, *Lotteries, Frauds and Obscenity in the Mails*, Columbia, Missouri, 1900, p. 224.

② Ibid., p. 243.

也不是因为该法律在某些情况下拒绝向某些报纸提供邮寄服务，而是因

439 为它将以下问题的裁量权交给了一位行政官员——邮政部长，即什么东西应该和什么东西不应该被视为敌方宣传。

邮局工作程序

　　然而，要了解这样的审查制度在实践中的影响，就有必要了解它是如何实际运作的。为了控制外文报界，就必须让人去读外文报纸。基于这个目的，美国的所有此类报纸的副本被收集起来，在华盛顿归档保存。特别囊括纽约市出版的外文报纸的类似档案保存在纽约市邮局。在华盛顿和纽约维持了一支 40 人的翻译、审读和助理队伍，他们阅读并就这些报纸提交报告。除此之外，邮政当局还使用司法部的报告和公共信息委员会外语部的记录。最后，还建立了志愿读者服务，其中许多人来自高校。志愿者通常是对语言和某些报纸发行的当地社区的状况有特殊知识的个人。

　　邮政部门正在调查外文报界一事一公开，投诉就开始从全国各地纷至沓来，涌向华盛顿的办公室。这些投诉中有许多是读者对他们认为是报刊上的不忠表达的抗议。更多的投诉来自以下这些报纸的发行人：他

440 们的报纸因为没有遵守《与敌贸易法》（Trading with the Enemy Act）第 19 条而被当地邮政局扣留，它规定任何一种用外文出版的报纸，必须提交涉及美国政府或战争行为的所有新闻条目和社论的译文。

　　如果有针对报纸的投诉或接到的通知称，某期报纸因不可邮寄而被扣留，一项调查就会展开。这些调查有时涉及为期几个月的该报所有存档报纸。这是为了尽可能发现该报的一贯方针是什么。根据以这种方式获得的证据，一张印刷许可证可能会发放；而如果根据《间谍法》，该出版物被视为"不可邮寄"，它就被禁止使用二类邮寄特权。作为最后一招，一份报纸可能被完全禁止邮寄。那样一来，就不会有邮件投递到违法出版物的地址了。

公平地说，很少有必要去诉诸极端措施。无论如何，发行人即便是发布了虚假的订货单，也从来没有被剥夺通过邮件、个人、代理人、律师或至友去申辩的机会。在许多案例中，发行人被给予几次听证会的机会。"很可能根本就上不了法庭，"前任负责邮政事务的助理司法部长约翰·L·托马斯（John L. Thomas）说，"当案件中的事实影响该公民的私人权利时，与邮政部的处理相比，这些事实要接受更为全面的调查和公开讨论。"[①]

在法律上，邮政部以一种纯粹的行政权力掌握着二类邮寄特权，它既可以剥夺这份报纸，也可以授予那份报纸邮寄权。事实上，邮政部法务官威廉·H·拉马尔的办公室在战时成为一座基于应对报刊目的的特殊法院。该部在华盛顿的档案包括数百场听证会的记录，在这些听证会上，移民报纸有机会回应针对它们的投诉。这些记录显示，最严格的调查针对的是受到投诉的报纸的性质和内容。它们显示，真正被邮政部取消服务的报纸为数很少，可能不超过 10 种。的确有多家报社在不同时间遭到司法部的突然搜查，但是没有报纸被邮政部查禁。

另一方面，从 1917 年 10 月 5 日到 1919 年 1 月 14 日，650 张许可证发给了美国的外文报纸，允许它们出版时无需向邮政部提交翻译稿。其中有 74 种德文出版物。除了犹太人的《前进报》、波希米亚文社会主义报纸《正义报》（*Spravedlnost*）、《人民利益报》（*Zajny Lidu*）、《人民之声报》（*Hlas Lidu*）和《保卫者报》（*Obrana*）以外，所有社会主义报纸和激进报纸都必须提交翻译稿。这不是说，除了特例之外，这些报纸不得邮寄；而是说它们处在察看期，单期报纸随时有可能被扣留。

如果邮政部确信，从一份报纸在战时的整个路径来看，它无意遵守该法律而积极帮助敌人的话，这份报纸就会被永久剥夺邮寄权。这样一来，发行人就可能通过快递、乃至通过货运投递他们的报纸。事实上，这正是产联在战争爆发之初的所作所为。然而，在这样的情况下，主编们和发行人就完全明白，他们早晚要处在司法部的监督之下。根据《间

441

442

---

① John L. Thomas, *Lotteries*, *Frauds and Obscenity in the Mails*, p. 347.

谍法》的条文，他们今后或许会因为在战时为敌人提供帮助而受到起诉。

成功的控制

在一个自由政府所保障的所有自由权中，言论自由和良心自由无疑是美国人民最为珍视的。正是因为如此，即便是在战时，关于任何对美国报界或美国人民强行实施新闻审查的企图是否明智，势将引发不同意见。即便是在某种新闻审查有必要的地方，实施的个人也是不得人心的。然而，邮政部长在战争期间对外文报界所实施控制的有效性是无可质疑的。这由以下事实得到证明：在全国一度普遍要求全面查禁德文和所有外文报纸的情况下，实际上被取消邮寄权的报纸少而又少。

另一方面，有理由相信，停战以来司法部的突击搜查、耸人听闻的逮捕和对激进分子的驱逐已经成为出版新的激进报纸的一大刺激物。

从停战协定签署之日起，一股激进主义浪潮似乎席卷了全国，最好的证据是，从那个日子起，已有约 50 种激进报纸创刊。这些报纸中有很多公开鼓吹消灭美国政府，鼓励和建议他们的读者为即将到来的革命做准备。同样引人注目的是，大多数这类出版物实际上没有广告材料，这说明它们从外部获得金钱来开展进一步的宣传的。①

公诉没有压制住激进报纸，但是的确造就了殉道者。一名殉道者是为某个事业而受难并让他的受难得到宣扬的人。大多数激进派人士乐于殉道。对他们中的许多人来说，殉道是每个灵魂欲求的不朽的一个希望所在。此外，它对事业有帮助。对人类大众来说，无论对与错，有人愿意为一项事业受难，仅凭这个事实就证明这个事业是正当的。

邮政部在战时没有查禁任何外文报纸，但是它确实控制了这些报

443

---

① 司法部的调查活动，司法部长通信（1919 年 11 月 17 日）。

纸。邮政部的成功部分归因于它没有制造殉道者，部分归因于它只有在进行一次彻底调查和举行一个双方意见都得以表达的听证会之后才做出最后裁决，这样它犯下的错误就相对较少。

在关于报刊的调查、听证会和审读中，政府通过它在邮政部的官员，对各移民民族的动机、利益和共同目标有了某种知悉。与此同时，各移民民族通过他们的主编和发行人这个媒介，对美国在世界大战中的宗旨和目标有了更充分的了解。这种相互了解使得邮政部不去试图查禁就能比较容易地控制外文报界，或许是所谓的新闻审查制度最重要的成果。

然而，针对外文报界的审查制度之所以有效，最重要的原因就是宣战之后全国的爱国情感的爆发。正如国会和法院所表达的那样，美国人民捍卫共同利益的决心，甚至是反对它自己公民的居心叵测的攻击，向广大的外国人揭示，这个国家存在着一种他们以前不知道的民族精神。

无论如何，在国内为确保民族生存而斗争的各民族能够理解忠诚的美国人的爱国主义。只是在停战之后，当这种情感蜕变为一种粗鄙和愚蠢的民族主义性质的沙文主义时，各移民民族才感到他们自己被排斥和隔绝在国民生活之外。

公共信息委员会

幸运的是，美国在战争进行时没有作出认真的尝试，就像澳大利亚和一些其他国家那样，去查禁外文报纸。如果那种事情发生，美国本来是会失去赢得战争所必需的达致移民与本土居民之间的理解和团结的有效和必要的手段。约瑟芬·罗奇（Josephine Roche）① 小姐指导的公共信息委员会外国出生者工作部（Division of Work Among the Foreign Born）的任务是动员外语社团和外文报界为美国服务。

---

① 约瑟芬·罗奇（1886—1976），美国女性社会活动家。一生为争取工人和儿童权利而努力，1936 年被选为美国十大杰出女性之一。——译者注

445　　　　我们从**内部**、而不是从外部做工作，帮助每个群体发展它自己的忠诚联盟，利用其天然和现有的领袖、机构和机制。我们提供协作和监督，我们提供咨询，而不是命令。每个群体有它自己的任务，它自己的责任，一旦这些事实得到清晰的理解，回应就接踵而来。①

在这个部门之下，如同最后所组织的那样，政府与 14 个外国裔美国人种族群体建立了直接联系，它们是意大利人、匈牙利人、立陶宛人、俄国人、南斯拉夫人、捷克斯洛伐克人、波兰人、德国人、乌克兰人、丹麦人、瑞典人、挪威人、芬兰人和荷兰人。每一个语言群体由独立的科室分管，一名主任负责，并有翻译和助手协助。这 14 个语言群体约有 865 种报纸，其中 745 种接受定期的新闻服务。

外文报纸最想得到的是新闻，尤其是关于政府活动的新闻。在征兵条例生效 4 天之前，外语人口就通过外文报界的各栏得到了完整的指令。为此项服务，宪兵司令克劳德将军（Provost-Marshal General Crowder）在一封致乔治·克里尔（George Creel）② 的信函中写道：

与不熟悉我们语言的外国出生者沟通，这对我而言似乎是最困难的任务之一，并且也许是无法达成的。

外文报纸每天送达显示了贵部门的影响分布得多么广泛，并让我感到政府拥有一个多么强大而有效的机构。您将这个机构用到了极致，您的老练、精力和机智使我钦佩，我谨表达我个人的谢意。

446　　　　委员会以解释涉及外侨的税收议案条文为国税部（Internal Revenue Department）③ 提供了同等重要的服务。这样，外语部就成为感到困惑的外侨的问讯处。它收到并回复的信件不少于 3 000 封，努力向外国出生者说明他们在针对"非常住"外侨的税务方面的权利和义务。

---

① George Creel, *How We Advertised America*, p. 184.
② 乔治·克里尔（1876—1953），美国调查性报道记者，政界人士。第一次世界大战期间任官方宣传机构公共信息委员会（通称克里尔委员会）主席。——译者注
③ 此处似有误，应为国税局（Internal Revenue Service），1862 年成立，隶属于美国财政部。——译者注

在各移民民族中发行的自由公债获得了显著成功，这在很大程度上归功于投放在外文报刊上的广告。由公共信息委员会准备和发布的关于政府其他部门工作的类似信息被急切接受和发表。即便是像俄文《新大陆》这样的不带有任何战争宣传气味的极端激进的报纸，也乐于刊登这样的信息：让它们的读者能够把握公共图书馆和其他教育机构提供的国民教育的机会。[1]

公共信息委员会的宗旨是让移民了解美国，第二个宗旨是让美国了解移民。它向本地文字报刊发送关于外文报刊和外语协会在战争中帮助美国的事迹的新闻。50 多篇这样的"新闻报道"发布给了 3 360 种美国报纸。标题显示了所提供的信息——"南斯拉夫人俱乐部"、"乌克兰人在美国渴望接受教育"、"立陶宛人支持第四批自由公债"。人们公认，就互相理解而言，对美国人进行关于外国出生者的教育与对外国出生者进行关于美国的教育，是相当重要的。

对本地和外国出生者进行教育，这必然是一个相互的过程。关于美国生活、机会、习俗和法律的完整信息，必须传给从外国土地上来到这里的男男女女，而且是在他们刚刚抵达的时候。当然，这些信息必须是用他们自己的语言。他们以这种方式了解到我们的基本民主，这个国家给他们和他们子女的可能性越多，他们学习"美国语言"的欲望和努力也就越强烈。根据理论上的计算，扣押或者延迟这个信息，直到这些移民有时间习得英语，那就是要蓄意制造一个对他们而言的残酷困惑期和虚假印象期，这个时期挫伤了他们最初抱有的那种学习英语的热情。必须消灭导致如此众多的移民沦为受害者的许许多多非美国状况和不公正行为。当个人受到不公平损害时，对美国的解释和说明即便再全面，也没有什么分量。

许多本土出生的美国人对欧洲的各民族毫不了解，他们对有不同于自己习俗的个人的蔑视态度，都是同化和团结的严重障碍，就像一些移民坚守旧大陆的习惯一样；对我们而言，必须理解来自这

447

---

[1] See George Creel, *How We Advertised America*.

些新来者的传统、他们在欧洲的苦难和斗争，以及他们为我们做出的贡献，如果我们要接受他们的话。[①]

　　美国参加的战争总是用来带领构成我们的人口的不同民族形成共识。公共信息委员会给予没有参战的那部分外国人一个机会，通过他们自己的社团和报刊这样的媒介，能比他们过去的所作所为更充分和更真挚地分享国家的共同目标。

---

①　George Creel，*How We Advertised America*，p. 198.

第十八章　通过联盟的控制

本土美国人控制外文报界的欲望，除去我们本能地不信任任何外来的和无法了解的事物以外，是有一个逻辑基础的。移民的一些传统与我们自己的是如此不同，以至于他们在报刊上的表达有可能教唆有损于我们的国家目标或干涉我们的社会制度的行为。为了防止这种不和，一项立法正在进行中。

美国人也许走出了更远的一步。通过鼓励外文报界强调与我们相契合的移民传统，通过向外文报界展示美国友好的一面，有可能将它加速发展成为一种美国化的工具。

不当方法

没有人认真建议查禁外文报纸。德国和俄国曾经尝试查禁，它们的经验是与此相反的。为了控制这个报界，许多计划被建议出来。其中大部分没有考虑那个伦敦警察的睿智意见，他认为，让肥皂箱演说家发泄（blow hoff）要强于让他们发狂（blow hup）。

这些建议包括计划向移民出版物收税或罚款。例如，海军少将库珀·F·古德里奇（Cooper F. Goodrich）建议：

> 每一种在美国和邻国出版的外文期刊，无论是完全还是相当一部分用外国文字印刷，都必须向财政部上缴执照费，每份日报每期1美分；每份周二报、周三报、周报每期2美分；每份月刊、双月刊、季刊每期10美分，等等。①

这个建议建立在以下理论之上，即外文报刊对于那些"身在我们当中，不愿费劲学习英语的人"来说是"一种奢侈品"。而且，"那些人有能力购买这些读物"。

另一个建议是，每份用外文出版的报纸必须在它的各栏中刊登"关于它所说的内容的浅显的英文行间翻译"②。

对这些建议最激烈的反对是，与其他强制性美国化的形式一样，它们行不通。

移民报刊的用处

实现移民美国化的一个途径是邀请他合作，并在合作过程中使用他们自己的机构。移民报界对美国赢得世界大战是有帮助的。情况似乎是这样：它在和平时期也应该是非常宝贵的。

移民自己倾向于使用他的语言和他的报刊帮助他在新大陆找到自己的出路。如果说外文报刊保存了旧时的记忆，那么，它同时也是通往新的经验的途径。

正是这个原因，外文报纸经常不知不觉地成了美国化的动因。③ 当它们刊登新闻，或者即便是像弗朗西丝·凯勒小姐所坚信的那样，当它

---

① New York *Times Magazine*，June 24，1917，p. 14.

② Cleveland *Topics*，Editorial，February 8，1919.

③ 参见第一部分第三章。

们为美国商品做广告的时候，它们总是实现美国化的影响因素。

　　向美国的外国出生者销售美国商品花费 100 万美元，比所有开　　*450*
始实施的调查和侦察要有用得多。这仅仅是因为发行人们将会感到
美国在乎他们，是他们的朋友，希望他们取得成功，他们也会回报
它。试试看吧。[①]

　　全国性广告是最强大的美国化推手。它讲述的是这样的故事：
美国在发现和开采地球的资源上，在制造业、贸易、文学、科学和
发明以及艺术上的事业心、胆量、进取心和成就。

　　美国的理想和制度、法律、秩序和繁荣，还没有推销给我们所
有的移民。

　　美国产品和生活标准还不为在美国的外国出生者购买。如果他
们对它们一无所知，他们又怎会购买呢？

　　如果美国人希望将商业和爱国主义结合起来，他们应该在美国
的外文报刊上为他们的产品、产业和美国的制度做广告。[②]

　　有这样一些迹象：美国人正在尝试与外文报界合作。两个独立机构
自从停战以来就一直寻求以修改过的形式将战时确立的政府与外文报界
之间的关系永久化。这些组织是：（1）跨种族委员会（Inter-Racial
Council），T·科尔曼·杜邦（T. Coleman Du Pont）任会长；（2）美
国红十字会平民救济部外语处（Foreign Language Bureau in the De-
partment of Civilian Relief of the American Red Cross），约瑟芬·罗奇
主管。

　　事实上，跨种族委员会的前身是美国商会美国化委员会
（U. S. Chamber of Commerce Americanization Committee）。自从开战以　　*451*
来，它的成员更多的是从大量雇用移民劳工的大产业的代表中招募的。

---

　　① Frances A. Kellor, "The Place and Purpose of the American Association of Foreign-
Language Newspapers," in *Advertising and Selling*，july 5，1919，pp. 5 – 7.

　　② Circular of the Foreign-Language Press in America, "The Foreign-Language Press in
America: an American Institution; an American Advertising Medium, an Americanization Agen-
cy," 1919.

红十字会平民救济部外语处是公共信息委员会外语部的继任者。克里尔委员会突然解散后，外语处一度以外语信息服务局（Foreign Language Governmental Information Service）之名继续运作。

善意控制的尝试

在杜邦先生 1919 年 7 月接手的时候，跨种族委员会是政府的美国化工作的延续，这项工作在战争期间由内政部长莱恩（Lane）[①] 和教育专员克拉克斯顿（Claxton）[②] 指导。但是，它不同于政府的美国化项目中所尝试的任何东西，是一种更明确的事情。它已经成为本土雇主、移民劳工与劳工组织之间的一个中介组织。它的宗旨是向另一方解释这一方。

它有意向雇主讲述"关于他们的工厂的现状，提出补救措施"；另一方面，向移民劳工讲述商人"通过分红和保险以及他正在他的工厂做的、而移民不了解的其他事情意欲如何"。不仅移民渴望和急于了解所有这些事情，而且如同杜邦先生所言："工业有许多好东西深藏不露，而它们本来是很可能会驱散布尔什维克主义阴云，并且明确而务实地回应对资本的种种攻击，如果人民了解的话。"

然而，为了传达给移民，不仅需要一个组织，还需要一份机关报。

452　　　　事情从底端做起是对的——例如，改善车间的现有工作条件是对的——但是猜想一下移民们通过他们的报刊、他们的出版物和在他们的社团会议上，从顶端源源不断得到胡言乱语。无论政府做什么，他们被告知说它总是错的；无论一件事看上去怎样，他们都确信总有不可告人的动机；无论企业做什么，它总是与工人对着干

---

① 即富兰克林·奈特·莱恩（Franklin Knight Lane，1864—1921），美国政界人士。民主党人，1913—1920 年任美国内政部长。——译者注

② 即菲兰德·普里斯特利·克拉克斯顿（Philander Priestly Claxton，1862—1957），美国教育家。1911—1921 年间曾在三任总统手下担任教育专员。——译者注

的。每一个真诚的努力都受到嘲弄和干扰。一个人的人体系统装够了这种东西，他就会停止诚实思考或正派生活。美国商人并不害怕讲述真相，劳工也是如此，但是他们希望它确实是真相。因此我们要问：送达这些人的报刊是否讲述了故事的两面？是美国有一种公道，还是故国、习俗、传统和制度坚守堡垒？是美国政府有了一个表现机会还是它受到了外部敲打？[①]

正是基于这一原因，跨种族委员会与美国外文报纸协会取得了联系。哈默林先生的广告社被跨种族委员会的一些商人买下，现在成为委员会的机关。通过这个中介，立即抵达所有外文报纸就有了可能。

与过去的情况一样，美国外文报纸协会仍然是一家私人公司。它计划以合法方式经营哈默林的生意。弗朗西丝·A·凯勒是这个现存组织的会长。

这个新组织的第一批任务是：将协会置于一个健全的商业基础之上；获得关于发行量的事实；规范佣金和获得统一的协议；将哈默林先生的私人机关改造成一个公共事业机构。

哈默林显示，基于外国的、非美国的目的，外文报界可以被控制到什么样的程度。跨种族委员会建议，基于美国的利益、尤其基于"加深劳资双方理解"的考虑而控制它。[②]

跨种族委员会想要投放的那种广告由凯勒小姐解释如下：

> 有第二种本协会需要的广告——善意或政策广告……协会不抬举任何事情或任何个人，但是它的确相信，应该由实业界领袖通过广告来讲述关于他们在做什么的真相。它是对布尔什维克主义的回答；如果它不是，我们就应当创制这些政策，因为没有其他回答。
>
> 有第三种名为"宣传"的广告，那就是教学英语和讲解美国的制度，协会相信应该将它们作为替美国做的广告来进行，跨种族委

---

① "The Inter-Racial Council: What It Is and Hopes to Do," in *Advertising and Selling*, July 5, 1919, pp. 1-2.

② See T. Coleman Du Pont, "The Inter-Racial Council: What It Is and Hopes to Do," in *Advertising and Selling*, July 5, 1919, pp. 1-2.

员会正在为这个目的操作一笔资金。它已经推出了"留在美国"、国旗日献词和国庆日献词，并正在向美国人解释外语群体。[①]

　　1919 年 6 月 2 日犹太人《前进报》的以下广告是委员会投放于外文报刊的"美国"广告的一个范例。

<center>~~~~~~~~~~~~~~~~~~~~~~~~~~~~</center>

你想回到你的故国吗？

454　　在这里，在美国，没有人正确了解如今弥漫欧洲的恶劣的商业和贸易状况。一个熟悉国内状况的人说，英国政府将不得不把五六百万英国人送出国，为的是或许更容易供养它的其余人口。荷兰正在发放救济食品。意大利的庞大军队至今还没有复员，因为害怕它的士兵找不到工作。在比利时，80 万人依赖政府的帮助。在法国，情况也像每个地方那样糟糕。波兰成了废墟。罗马尼亚农民既没有牲畜，也没有种子可以种地。

你来这里时美国接纳了你
现在她要你留在这里

　　美国有实现你的理想的空间，欢迎你的思想；你的种族在美国的缔造中前景看好。事业、希望和回报，尽在新大陆。

　　你还记得在汽船甲板上度过充满疑惑和恐惧的漫长的日日夜夜吗？你思念留在身后的家乡是多么痛苦？

　　你的船抵达的那天是个好日子——第一个迎接你的就是屹立在新大陆大门口的雕塑——自由女神像。

　　你可以感觉到她屹立在那里欢迎你，举着大火炬——那是向你表示热烈欢迎、作出许诺，向所有靠上她的海岸的人提供指南的火炬。

　　你上岸了。你得到了工作。

　　不久你就变得快乐和满足了。你看到"自由女神"兑现了她的诺言。

　　你得到了与其他人一样的均等机会。教育是免费的，你将你的孩子

<hr />

　　①　*Advertising and Selling*，July 5，1919，pp. 7，57.

送去上学。你本人去上夜校，学习英语和学会做贸易。

你开始考虑买一处房子并留在美国。

接着战争来临了！

你知道的第一件事就是，美国要求你帮助赢得战争，为的是装扮着　455
美国的同样自由能装扮世界其他地方。

你是一个货真价实的男子汉。你做出了男子汉的回答。

你帮助制造舰船。

你制造军火。

你购买自由公债。

你毫无保留地支持你的新国家。

现在你的新国家希望你成为完完全全的美国人——她希望与你分享
她赢得的胜利。现在，美国与协约国的胜利意志进入了一个他从未有过
的繁荣期。

战时陷于停顿的建筑业的复苏已经开始——新住房、新公寓、新商
厦，这意味着工作——工作——工作；更多的住房、更便宜的房租、更
多提供工作岗位的工厂。

旧大陆的食物匮乏是可怕的。

美国必须养活全世界。这意味着在美丽、多产的农场工作，为了那
些向往这个国家的人们。

你的出生国需要你留在美国稳定市场，用美国盈余的材料和全世界
需要的资金来帮助建设全世界。

各地的雇主都承认工人已经觉悟了——承认了劳动权利和光荣。

这意味着更好的工作条件、更好的生活状况和更丰厚的薪水。

对你来说离开你的家，开始生活在一个新国家，这需要勇气——也
就是美国人说的"胆量"（pluck）。

既然你已经在这里，既然你已经开始——成功地开始——为什么不
留下呢？

美国需要有勇气的公民。

今天对你自己说："我身处一个好国家，这个国家不是为自私目的

而战，而是为了让整个世界成为更好的生活场所。我想留在美国，像美国人那样思考。我会穿得像美国人。我会说美国话，我会继续做美国人!"

456 不要放弃工作到欧洲去，如果不清楚情况以及他们是否需要你的话。

在你开始之前，确认你是对的。不要无意识地开始行动。

首先要掌握所有事实。

在你决定动身之前，咨询你的雇主或你的报纸。我们会乐于帮助二者回答你的问题。①

控制外文报界的社论方针不是跨种族委员会的目标。它期待为它使用的所有版面支付广告费。它不会要求主编们在他们的社论栏中支持它的政策。

据说这些新业主（买下美国外文报纸协会的跨种族委员会的成员们）寻求控制这个报界的社论方针。如果这样做意味着将所有权从外国转到美国，那么他们认罪。但是，如果这样做意味着任何一个阶级为了它自己的利益而主宰报刊，那么答案已经做出了。新业主们做的第一件事就是召集这些出版物的500名代表开会，向他们直言它们的报纸上的社论和新闻问题；他们组成了美国外文出版报纸发行人协会（Publishers' Association of Amercian Newspapers Published in Foreign Languages），它全面和单独处理此类事项，而美国外文报纸协会是一个只关注广告的纯商业组织。②

然而，外文报纸在衣食无虞时比它们忍饥挨饿时更加爱国，也更加会考虑美国商业利益；事实上，这是制造商和生意人应邀为理事会的广
457 告和推广捐资的基础。到目前为止，外文报界一直是由全国性广告支撑

---

① Jewish Daily *Forward*，June 2，1919.

② Frances A. Kellor，"The Plan and Purpose of the American Association of Foreign-Language Newspapers," in *Advertising and Selling*，July 5，1919，p. 6.

的，"对美国是非常陌生的"。而且，

> 在它后面或下面没有多少美国金钱，与它有联系或对它有兴
> 趣、或对它有所了解的本土美国人少而又少。许多小报纸都是在惨
> 淡经营，一年到头央求订阅或借贷，或者诉诸其他手段，来支付它
> 们的账单。我们认为，是美国而不是欧洲应该控制一个在美国出版
> 的报刊界。我们有兴趣让它获得自由，心甘情愿地为美国工作。①

虽然委员会无意采取哈默林先生的操纵方式来"不适当地影响"外
文报纸，但是它期待为它的客户争取到本土报刊的广告价位，而它将被
看成是加给主编们的一定条件。

1919 年 1 月 16 日，在纽约的一次会议上，这个广告事务顾问委员
会基于下列主张提出建议：

1. 收费标准。

2. 发行量标准（例如加入发行量审计委员会）。

3. 辅助性工作（例如对它们读者的服务）。

4. 美国贷款委员会协会处理小报纸的财政困难（如机器、改善
等），防止它们受制于寻求控制它们的势力。

这个顾问委员会推迟考虑第 3 条和第 4 条，但是就第 1 条和第 2 条
提出了以下试验性建议：

1. 委员会认为，最近被跨种族委员会一些成员收购的名为美国外
文报纸协会的社团，不是一家代表广告商的广告公司，而是一个代表外
文报纸招徕和投放广告的特殊的报纸代表的协会。

2. 这个协会通过招徕和投放广告，将成为连结广告商、广告公司

---

① *Advertising and Selling*，July 5，1919，p. 2.

和外文报界的一条纽带，充当外文报纸领域的顾问，并确保以下标准：社论、新闻和广告栏；价位和期限；发行量数据的可靠性；这些标准为保证广告业的健全行为是绝对必要的。

3. 为了明确界定协会的目标范围，应在协会内部建立一个名为外语广告处（Foreign Language Advertising Bureau）的部门，要么协会自身改用上述名称，如果它要将其工作仅限于之前的建议概述的广告业务的话。

4. 为保护广告商，协会应采纳和坚持，并向广告商保证使用为美国广告公司协会（American Association of Advertising Agents）采纳的收费标准。

5. 所谓有伤风化的广告有可能误导公众或冒犯好品位，应尽快从仍然接受它的外文报刊上淘汰。

新闻和信息服务

外语信息服务局现在①是美国红十字会的一个部门，它从一个不同角度处理外文报刊事务。跨种族委员会是一个宣传家的组织，它正在寻求控制激进主义和布尔什维克主义。它想改善劳动状况，但是它想维持现存秩序。它寻求教育外国出生的雇员和本土的雇主。

另一方面，外语信息服务局是一个信息社。它将自己的职能限定为向外文报纸提供不同政府部门活动的信息。它不直接关注激进主义或阶级战争。它是一个通讯社。它根据它成功付印的条数来衡量它的成功。

10月份，576篇关于政府信息的文章被外语信息服务局的外语处发送出去，比9月份总数增加了76篇文章。根据为这些文章提供信息的

---

① 1921年1月。

政府消息来源的说法，农业部和劳工部提供了117篇，而那些来自财政部的文章是通过下列分支各自提供的：

储蓄局	51
美国公共卫生局	30
国税局	24
战争风险保险局	10
联邦农场贷款局	2

内政部提供了51篇；劳工部40篇；国防委员会（Council of National Defense）[①] 87篇；国务院11篇；商务部23篇；铁路管理局22篇；美国红十字会15篇；美国救济管理局25篇。其余的来自司法部、陆军部、邮政部；联邦储备委员会、航运委员会、公务员委员会、联邦职业教育委员会、国会图书馆；军营社区服务局（War Camp Community Service）。

10月，外文报刊显示采用的外语信息服务局材料比先前的月份上升了23%。[②]

除了向外文报界提供新闻，该局还是那些从事美国化工作的个人和中介机构的一个信息来源。 *460*

外语组织名单、外语领袖姓名、民歌译本、民族节日和祭祀日一览、外文报刊信息、外国演讲者名单、著名历史事件概要、各民族历史上的今天，这些都是外语信息服务局提供广泛信息的各种主题。

向在华盛顿召开的国际职场女性大会（International Congress of Working Women）提供解释和分发资料的帮助。

应财政部储蓄局的要求，几个处向储蓄局提供了关于欧洲邮政

---

① 1916年8月24日成立的美国政府战时机构，由陆军部长、海军部长、内政部长、农业部长、商务部长、劳工部长组成，第一次世界大战末期撤销。——译者注

② Foreign Language Governmental Information Service, in *Bureau Bulletin No. 6*, October，1919.

和其他储蓄系统的文章。

　　外语信息服务局与说外语群体的日常接触不断揭示，本地出生者对影响移民生活的问题和状况有进一步了解的需要。关于外国人的不实说法、对说外语群体的大量不公正的批评和责难，正在被证明是被如此强烈要求和如此广泛讨论的同化的一个严重障碍。①

　　自从停战以来，该局成为个人了解他们与政府关系的信息来源。从1919年6月到12月，该局对报刊和个人服务的工作量增加了201%。

　　10月，向4 200多人提供了有关政府关切的事务的信息或帮助，其中主要涉及所得税、战争风险分配拨款、卫生、公民资格、护照管理、土地管理以及农业开放和就业。②

461　　红十字会外语信息服务局或者任何其他美国化中介机构的价值，从长远来看必须用其满足移民需要和获得移民本人支持的程度来衡量。对外文报界的"控制"，如果仅仅是成功地让爱国宣传登上报纸，而没有获得这些报纸读者的广泛或自发回应，那么对外国出生者或本土美国人而言，就不可能具有永久的价值。

　　下面这封俄亥俄州一名斯洛伐克裔矿工的妻子给红十字会外语信息服务局的投书具有启发性，这不仅因为它显示了一个有趣的状况，而且因为它显示了移民对一个能够与美国、它的政府和它的人民直接而充分交流的媒介的需求和渴望。

俄亥俄州剑桥

　　亲爱的先生，——我想告诉你报纸上正在讨论的一些事，但是它们是说错了的。

　　一天，我从一份捷克裔美国人报纸上看到，煤炭价格高是因为劳动力短缺，特别是在俄亥俄州。我忍不住把报纸扔了。我对我丈夫说：

---

　　①②　Foreign Language Governmental Information Service, in *Bureau Bulletin No.* 6, October, 1919.

"他们怎么能这么写呢？这里有大群大群的人，老的少的，从一个矿到另一个矿，哪儿也找不到工作。美国人还好办，可要是一个穷移民、'东欧佬'呢，没人在乎他，没人问他怎么糊口。"

比如，在我丈夫干活的这个居民区的矿上，5 个月雇了 19 批工人。如果养家人 14 天才拿这么点工资回家，那么这些家庭怎么过日子呢？说真的，这样的矿工老婆不知道到哪个银行去存钱；当然，谁也不愿意收她的钱。

这个矿最后全部停产了，工会宣布要把矿工们分流到周边的矿上。当然人人都想去最近的矿；最后只好抓阄来决定每个人去哪儿。结果我丈夫和其他几个捷克人不得不去一个很远的矿。我劝他去那儿"打光棍"，可是他说："你以为我是吉普赛人吗？我还不如在树上吊死算了。"除了它没有别的去处，他们只好每天坐火车去，每人要花半美元，也不管钱哪儿来。结果他们到了那儿，人家告诉他们"今天没活"，他们只好转身又坐火车折回。他们花了半美元，一分钱都没挣到。这种情况经常连续两次发生，现在我在报上读到"因为劳工短缺"什么的。那还不足以引起愤怒吗？ ₄₆₂

一个成年的、或者更老点的人来到这里，比方说捷克人、德国人或者法国人。他来到边远地区，在那儿他能做什么呢？他要为自己买一个小矿灯和铲斗，然后走进矿井。他整天在那儿，要么是自己一个人，要么有一个伙伴，那个人通常是不懂英语的。所以他一天到晚都听不到一个英文词。当然，在城里是不一样的。一个人容易拿到"首填归化申请书"（first papers），可是很难拿到"正式归化申请书"（second papers）①。最后他想："得，我再试一次吧，我可以申请'正式归化申请书'。"所以他请到两个证人，调动他的全部英语知识就去了。让我告诉你吧，他去以前好几宿睡不踏实，害怕自己不能成功。然后他出现在委员会的面前，回答了几个问题；突然他犯了一个错误，一切都乱套了。他像一个刚刚被训斥过的小学生那样离开那个地方，他失去了再次尝试

---

① 申请入美国籍的"正式归化申请书"在递交"首填归化申请书"两年后才能拿到。——译者注

申请公民资格的愿望了。这是很少有移民申请公民资格的主要原因之一。

463

我同意西默达夫人（Mrs. Simurda）的说法，也就是对他们高昂的生活费的调查已经进行了很久，可是他们还是不知道有什么确切的东西。我想，那些做调查的先生们自己既没有迫切的需要，也不必每天听他们的妻子絮叨："过来，孩子，你的靴子又穿破了；是的，耶稣和玛丽亚，他的裤子也穿破了！看看吧，咱们的女儿又要光脚了。""你别拉扯你的裙子；你不该那么做，现在什么东西都那么贵；你得小心翼翼；还有这一小块肉；看看，卖那么贵，不过是块骨头；那个面粉，一包才50磅，居然要卖4美元。想想这对我们意味着什么！……"

这些都是委员会的先生们每天听不到的牢骚，难怪他们为什么这么慢腾腾的……

玛丽.S（Marie S）[1]

一个英语说得不好、或者根本就不会说的人，一个永远不会、也不能用除母语以外的其他语言充分表达自己的人，他怎样了解美国呢？美国又怎样了解他呢？

本卷书主要致力于充分陈述这个问题。由弗朗西丝·A·凯勒小姐领导的跨种族委员会和约瑟芬·罗奇领导的红十字会外语信息服务局承担的工作是有希望的试验，而在我看来，这似乎昭示了我们寻找解决之道的方向。

然而，它们本身并不是解决之道；在这一点上指出它们的不足是恰当的。

---

[1]　Foreign Language Governmental Information Service，in *Bureau Bulletin No. 6*，October，1919.

联盟中的缺点

在本质上，红十字会所承担的工作是一种公共职能。问题在于，一 *464* 个私人组织是否能永久执行一项如此明显地属于联邦政府的任务，而它是由政府为英文报纸所做的事情。

另一方面，对作者来说跨种族委员会似乎在尝试明显不可能完成的任务。它想通过控制广告来改革外文报界，迫使它演化为美国报界的形态。

成功的美国报纸是众多力量作用的结果。这些因素包括：新闻、读者的党派利益和知识旨趣、广告商经济利益和情感旨趣的奇怪混合、利润追求以及经理和员工作为人的局限性。如同我们所知道的那样，这些和其他力量生产出报纸，报纸处在不稳定的平衡中，并随着上述力量的变化而变化。这种动态平衡是逐渐形成的。经理们已经了解了确保广告、有保障的发行量、固定的价位和明确的读者分级的价值。读者被各种新闻和社论方针锁定。广告商为了从某些读者群那里得到预期回报而细心挑选报纸。根据他的性情，他受到报纸对他自己所珍视偏爱的态度的影响。报纸经理总是试图在上述所有因素中寻找对他自己最有利可图的平衡。

经过许多年的试错法试验，伴随着有意识的和无意识的动机，这些深思熟虑的和自生自发的行为，为我们造就了今天的英文报纸。

本报告已经表明，外文报纸处于发展的初级阶段。但是，跨种族委员 *465* 会要求它们采用英文报纸的商业标准。此外，杜邦先生还期望它们呈现广告商的产业和政治理念。问题是，一个未成熟的报界是否会对这些商业标准、对广告商的偏爱给予那种他们在更成熟的报纸上获得的重视？

此外，广告公司是承认除了行业利益还有其他利益的，而它的业主们会对他们努力改造移民报界的速度满意吗？他们能将自己的影响限制在他们给英文报纸施加的一样吗？那就是说，他们会满足于仅仅以商业控制本土报界的程度和方式去控制移民报界吗?

跨种族委员会内部的目前冲突表明,美国外文报纸协会的业主们在运作方式上难以达成一致。这也许是因为,他们试图与这些报纸建立一种人为的,而不是自然的关系。如果连这些美国商人自己都意见不合,那么他们要与一个观点和经验更为多样的群体建立有效的关系,岂不是难上加难?

从超越移民主编经验的观点来看,影响外文报界社论、广告和商业标准的计划如果能奏效,那会是值得称道的。但是,在标准问题上,尤其是在标准问题上,移民和他们的主编与其他人一样,宁愿制定他们自己的一套。这些标准也许会提出,无疑是会提出的,然而它是一个漫长的过程。我所确信的是,只有摈弃其职业性的美国化推手的角色,转而成为一个为广告商购买物有所值的外文报刊广告版面的单纯商业组织,美国外文报纸协会才能成功(如果真的成功的话)地完成目前的任务。随着发行人逐渐发现是什么建立了这种价值,广告商的标准才会在移民报界的控制方面取得份额。

我们的一些知识圈非常关切所谓的资本家报刊界以及它对民众舆论的邪恶影响。美国外文报纸协会掌握在一群资本家手中。在一些激进报纸上,这样的担心已经得到了表达:移民报界如今将受到同样的邪恶影响。①

然而,谁也不比那些曾经尝试过的人更清楚,要推广一个不得人心的事业有多么困难。酿酒商反禁酒造势的历史说明了这一点。

试图宣扬令其大多数受众倒胃口的意见的报纸,即便靠津贴也难以存活。一份报纸仅印刷出来是不够的,它还必须发行流通。没有发行量的报纸不能叫报纸,无论它多么频密地印刷。人们不会阅读他们持续地不认同的报纸。从长远的观点看,报纸表达、而不是制造公众舆论。

当下形势令人乐观的方面是:美国人民和美国报界开始关注外文报纸;外文报纸关于那些比美国其他报纸更加关心的问题的意见如今正在被讨论和援引。这些事情显示了美国公众态度的一个显著变化。②

---

① See New York *Call*, December 16, 1919.

② See *Literary Digest*, September 18, 1920.

　　如果移民主编和读者们了解到他们的报纸在它自己的语言群体之外被人阅读，如果美国对它说的内容感兴趣并考虑它的意见，那么这就建立了一种控制手段。

　　当邮政部一视同仁地"审查"移民报界和其他报纸时，当一个美国化组织在移民报界做广告，而另一个提供有关政府的新闻时，美国就已经在与移民报界的关系上取得了一种积极进展。通过这些联系，自然的、而不是专断的控制就建立起来了；这种控制与关于报界生存的基本结论并行不悖。

　　一次调查反映了在国内和国外向我们的大部分移民提供各语言群体支持的报界的情况。它表明，这些特征鲜明的种族和文化群体在所有地方开展着生存斗争。从形式上看，这是保存种族母语，让普通人的语言成为口头和书面语言的斗争；究其实质，这是文化上孤立的各民族的以下斗争：在保存本民族文化遗产的同时，通过它们了解最深切的语言媒介来接近欧洲和全世界的大都会文化。总体而言，这也是一场融入大社会、进入和参与该种族理性生活的斗争。这场运动最重要的工具就是报界。

　　在美国，移民希望尽可能地保存故国的文化遗产。这些文化遗产中首先就是他的语言和他的宗教。与此同时，他想参与共同生活，在美利坚共同体中找到自己的一席之地。在这两种动机中我们立刻发现了外文报界的问题和解决之道。

　　移民的语言与他的记忆一样，是他的个性的一部分。这些不是他在奔向目的地的旅途中可能丢失的行李。而且，即便有可能，消灭或摒除这些文化遗产也不总是值得追求的，而这就是前文提到的向外文报纸课税或做出其他惩罚的建议的最终目的。有这样一种危险，那就是向公民资格候选人强加他们不能满足的种种条件。美国化的目的不是移民的屈从，而是同化。当没有精神冲突、新的关系从旧的文化遗产中孵化出新的忠诚时，同化就欣然发生了。

468

索 引

（所注页码均为英文原书页码，即本书边码）

---

① 原书正文中此人名为 T. Coleman Du Pont。原书中拼写前后不一的情况不一一标注。——编者注

M

译后记

由于美国的外文报刊语种众多，一些专名的拼法与今日也不同，用英文转写后要翻译出其意义颇为不易。此外，本书还涉及众多民族的文化风俗，在理解上也有不少困难。为此，译者多次请教好几位外国朋友和国内的师友。幸得他（她）们的帮助，才大体解决了上述难题。

特此感谢如下国内外友人的帮助。

清华大学秦晖教授：俄罗斯与东欧问题。

荷兰莱顿大学副教授施达尼（Daniela Stockmann）博士：德语和荷兰语相关问题。

英国牛津大学博士候选人玛利亚·雷普尼科娃（Maria Repnikova）：俄语和犹太文化相关问题。

日本北海道大学渡边浩平教授：日语相关问题。

法国《国际邮报》亚洲主编郭妮（Agnes Gaudu）女士。

此外，我的研究生、《IT经理世界》资深记者、自诩为"日文畅销小说"译者的郑悦也为本书翻译提供了帮助。

展　江

2011 年 10 月